JUGENDLICHE + ERWACHSENE '85

GENERATIONEN IM VERGLEICH

CIP-Kurztitelaufnahme der Deutschen Bibliothek

Fischer, Arthur:

Jugendliche und Erwachsene '85: Generationen im Vergleich / Arthur Fischer, Werner Fuchs, Jürgen Zinnecker.
Hrsg. vom Jugendwerk d. Dt. Shell. -
Leverkusen: Leske und Budrich
ISBN 3-8100-0562-2 kart. in Kassette
NE: Fuchs, Werner:; Zinnecker, Jürgen:
Bd. 2. Fischer, Arthur: Freizeit und Jugendkultur. - 1985.

Fischer, Arthur:

Freizeit und Jugendkultur / Arthur Fischer; Werner Fuchs; Jürgen Zinnecker.
Hrsg. vom Jugendwerk d. Dt. Shell. -
Leverkusen: Leske und Budrich, 1985.
(Jugendliche und Erwachsene '85 / Arthur Fischer; Werner Fuchs; Jürgen Zinnecker; Bd. 2)
ISBN 3-8100-0554-1
ISBN 3-8100-0562-2 (Gesamtw.)
NE: Fuchs, Werner:; Zinnecker, Jürgen:

Herausgeber: Jugendwerk der Deutschen Shell,
Überseering 35, 2000 Hamburg 60

Grafische Konzeption, Titelentwurf, Herstellung:
Walter Hagenow, Charlotte Schröner,
Friedhelm Spiecker, Frankfurt/M
Titelillustration: Martina Bernasko, Peter Bregula
Fotosatz: Eiling+Roth, Kaufungen; Dhyana Fotosatz, Frankfurt/M; Opaque Verlag + Werbung, Frankfurt/M
Reproduktion: Spiecker Repro GmbH, Frankfurt/M
Druck und Verarbeitung: Presse-Druck, Augsburg

Printed in Germany

JUGENDLICHE + ERWACHSENE '85
GENERATIONEN IM VERGLEICH

BAND 2
FREIZEIT UND JUGENDKULTUR

Studie im Auftrag des Jugendwerks der
Deutschen Shell, durchgeführt von
Psydata, Institut für Marktanalysen,
Sozial- und Mediaforschung GmbH,
(Arnsburger Str. 70, 6000 Frankfurt/M 60)

Leske+Budrich, Opladen 1985

Gesamtkonzeption der Studie:
Dipl. Psych. Arthur Fischer (Psydata Frankfurt / M.)
Prof. Dr. Werner Fuchs (Fernuniversität Hagen)
Prof. Dr. Jürgen Zinnecker (Philipps-Universität Marburg)

Repräsentativstudien:
Psydata, Institut für Marktanalysen, Sozial- und Mediaforschung, Frankfurt / M.

Koordination / Auswertung:
Dipl. Soz. Hanna Resch (Frankfurt / M.)

Koordination Feldarbeit:
Hans Palm (Psydata)

EDV-Arbeit / Auswertung:
Horst H. Stein (Psydata)

Jugendaufruf 1983
Arbeitsgruppe „Jugend '83" (Philipps-Universität Marburg)

Pressedokumentation:
Dipl. Päd. Cornelia Fischer (Frankfurt / M.)

Wissenschaftliche Beratung:
Dr. Heinz-Ulrich Kohr (SOWI, München)
Dr. Georg Raeder (SOWI, München)

Literaturdokumentation, Auswertungen:
Dipl. Soz. Harald Baerenreiter (Offenbach/M.); Dr. Imbke Behnken (Wiesbaden); Dipl. Pol. Klaus Dörre (Marburg/L.); Dipl. Päd. Charlotte Heinritz (West-Berlin); Thilo Kämmerer (Rodgau); Dipl. Soz. Rolf Kirchner (Offenbach/M.); Dipl. Päd. Lotte Rose (Schwalmstadt); Dipl. Päd. Gerhard Schneider (Schwalmstadt); Dipl. Soz. Paul Schäfer (Marburg/L.); Dipl. Päd. Gerhard Walper (Marburg/L.);

Inhalt

Entspannung im Alltag
(W. Fuchs) 7

Entspannungstechniken:
Aus dem qualitativen Material 10
Eher weibliche Techniken 11
Skizzen der einzelnen Entspannungstechniken 12
Zusammenhänge zwischen den Entspannungstechniken 19
Intensität von Entspannungstechniken 21
Nachtrag: Alltagsflips, das „extrovertierte" Pendant? 27

Rauchen und Trinken
(A. Fischer) 35

Technik
(A. Fischer) 49

Tanz
(C. Fischer) 59

Einleitung 60
Vom Menuett zum Breakdance oder
Tanz im historischen Wandel 61
Das Instrumentarium 87
Des Tänzers Lust und Pflicht. Stilkonjunkturen,
Verhaltenskonzepte, Sozialprofile 88
Zum Zusammenhang von Tanzstilen,
Lebensentwürfen und Wertvorstellungen 101

Sport und Sportverein
(W. Fuchs) 107

Von der Geige zur Gitarre –
Zur Musizierpraxis von Jugendlichen
(R. Kirchner) 127

Literarische und ästhetische Praxen in Jugendkultur und Jugendbiografie
(J. Zinnecker) 143

Über das Interesse am Thema 144
Historische und theoretische Vorfragen 145
Literatur und Kunst im Lebenslauf:
Aus repräsentativen Umfragen 176
Lesekultur und Medienkonsum
im Jugendalter 1954 - 1984 189
Streiflichter der jüngsten Geschichte von
Jugendmedien 210
Jugendliche Leser/Leserinnen der
kommerziellen Jugendpresse 1984 224
„Möglichkeiten,
sich mit seinem Leben zu beschäftigen" -
Ein Katalog biografisch - kultureller Alltagstechniken 233
Bericht über fünf literarisch - ästhetische Praxen 256
Tagebuchschreiben im Lebenslauf 297
Tagebuchschreibende Jungen und Mädchen.
Ein Doppelportrait 309

WERNER FUCHS

Entspannung im Alltag

In den Sozialwissenschaften der fünfziger Jahre bedeutete Entspannung passive Teilhabe an den Medienangeboten. So stellt Blücher aufgrund der NWDR-Studie von 1953 fest, bei den meisten Jugendlichen sei in der Freizeit „ein Sich-treiben-lassen, eine Entspannung in der Freizeit getreten, die Akzeption des Angebots der Kultur- und Vergnügungsindustrie.“ (Blücher 1956, 29f). Seitdem hat Entspannung einen spezielleren Sinn hinzugewonnen, den von gezielt einsetzbaren Techniken des Umgangs mit sich selbst, mit der eigenen körperlichen und seelischen Befindlichkeit. Dazu haben Kurse an Volkshochschulen über autogenes Training und Einführungen in Meditation beigetragen, die Beratungsangebote in den (Frauen-)Zeitschriften, die zeitweise breite Diskussion über den Zusammenhang von Therapie und Körpertechniken in verschiedenen Gruppen und Sekten, die Popularisierung körperbezogener Therapie-Angebote. Unverkennbar ist in dieser Thematisierung von Entspannung ein psychohygienisches Motiv: In ihrer auf das breite Publikum zugeschnittenen Sprache jedenfalls geht es nicht um Wege zum wahren Sein, sondern um „Streicheleinheiten für die Seele“ (Cosmopolitan, 3.3. 1985); unterschiedlichste Verfahren werden ihres oft religiösen Sinns entkleidet und als Ausgleichsmethoden gegen Streß und Gehetztheit, gegen innere Unruhe und soziale Unsicherheit als Techniken empfohlen.

Noch aus den qualitativen Materialien von Jugendlichen und Erwachsenen geht dieser Unterschied hervor: Betonen die Erwachsenen eher die Ruhe nach getaner Arbeit, den Ausklang des Tageslaufs („nach der Tagesschau“ oder „Feierabend“ heißt es hier), so hat Entspannung bei den Jugendlichen fast durchweg den Charakter gezielter, jedenfalls aus der sonstigen Alltagsbeschäftigung fast absichtlich herausgehobener Aktivitäten. Man unternimmt etwas gegen die Angespanntheit; dagegen stellen uns mehrere Erwachsene Entspannung als ein Sich-Überlassen vor, als eher passives Ausklingenlassen (wiewohl auch die meisten von ihnen Entspannung als absichtsvolle Technik kennen).

Aus sozialtheoretischer Perspektive kann angenommen werden, daß der Umgang mit Körper und Befindlichkeit zunehmend den Charakter von absichtsvoll einsetzbaren Techniken gewinnt, „Befindlichkeitsmanagement“ (von Ferber 1981) wird. Im Anschluß an die Zivlisationstheorie von Elias hat von Ferber die Überlegung vorgebracht, daß die Verstaatlichung bzw. die Monopolisierung von Gesundheitsproblemen, des Alterns, von Lebensrisiken überhaupt im Aufgabenkreis von Experten-Institutionen als Gegenwehr eine verstärkte (gezielte) Beschäftigung der einzelnen mit ihrer Befindlichkeit in Gang gesetzt hat. So sei mit einer verstärkten Bedeutung der Körperpflege zu rechnen, mit Zunahme des Gebrauchs von Alltagsdrogen und Ausbreitung der Selbstmedikation, mit einer „Kultivierung der Befindlichkeit." (von Ferber 1981, 363).

Vorarbeiten

In der qualitativen Vorstudie haben wir uns durch mehrere Fragen nach Formen erkundigt, durch die die (körperliche) Befindlichkeit im Gleichgewicht gehalten wird bzw. solches Gleichgewicht wieder gewonnen werden kann („Tun Sie etwas für die Gesundheit/den Körper? nicht nur Sportarten ..." und „Wie erreichen Sie eigentlich körperliches Wohlgefühl?"). Die Analyse dieses qualitativen Materials ergab die folgende Materialsammlung:

wandern
mal richtig ausschlafen
Gymnastik machen
in die Sauna gehen
Fahrradfahren
schwimmen gehen
gut essen gehen
Entspannungsübungen machen
Diät halten
in der Badewanne herumliegen und dösen
was Entspannendes lesen
mit dem Auto in der Gegend herumfahren
bei guten Fernsehsendungen abschlaffen
irgendwo ganz ruhig sitzen und gar nichts machen
die Freundin/den Freund im Arm haben und schmusen
mit der Freundin/dem Freund schlafen
eine längere Strecke laufen, duschen und dann ins Bett legen
sich ins Bett legen und ein Buch lesen
sich vor das Aquarium setzen
heiß duschen und danach eine Tasse Kaffee trinken
mit irgendjemandem telefonieren
sich mit Freunden oder Bekannten treffen
sich mal richtig pflegen
autogenes Training/Atemübungen
meditieren
den Ärger vom Tag dem Ehepartner erzählen
seinem Hobby nachgehen
im Garten arbeiten
spazierengehen/an die frische Luft gehen
Musik hören
mit dem Hund rausgehen

In der quantitativen Vorstudie ist dann der Versuch gemacht worden, 16 dieser alltäglichen Techniken der Normalisierung von Befindlichkeit in einer gemeinsamen Liste mit Praktiken der biographischen Reflexion und Kommunikation abzufragen (z.B. ,,sich von älteren Menschen ihre Lebenserfahrungen erzählen lassen", „persönliche Briefe schreiben", „von einem Vorbild träumen", ,,selbst Bilder malen"). Die Eingangsfrage, die beide Praxisbereiche zusammenfassen sollte, lautete: ,,Es gibt ja verschiedene Gelegenheiten, sich mit seinem Leben zu beschäftigten. Welche der folgenden Möglichkeiten kommen bei Ihnen/ Dir vor?"

Die Analyse der Ergebnisse der quantitativen Vorstudie (Faktoren- und Clusteranalyse) hat dann aber eine erhebliche dimensionale Heterogenität der insgesamt 37 Items aufgewiesen. So haben wir uns entschieden, die biographiebezogenen Schreib- und Kunstpraktiken zu einer Frage zusammenzufassen, die Entspannungstechniken zu einer anderen. In der Haupterhebung lautete die Eingangsfrage nunmehr: ,,Es gibt ja verschiedene Dinge, die man so tun kann, um zu sich zu kommen und sich wieder gut zu fühlen. Sage mir/ Sagen Sie mir bitte, was Du machst/ Sie machen." (sehr häufig /häufig /gelegentlich/ nie).

Entspannungstechniken: Aus dem qualitativen Material

,,Oft leg' ich mich in die Badewanne, mit ganz viel Wasser drin und ganz viel Schaum, dann leg' ich mich grad' rein und tu so vor mich hindösen. Oder lesen ist für mich auch Entspannung. Oder vielmal sitz ich vor dem Aquarium, dann werd' ich dann unheimlich ruhig. Und Autofahren noch, das muß ich sagen, das hilft mir auch viel. Da kann ich, da bin ich schon manchmal eine Stunde in der Gegend 'rumgefahren, da geht's mir dann auch gut dabei, kann ich mich auch richtig entspannen." (23jährige, Hauptschulabschluß, qualitative Vorstudie 1983)

,,Ich brauche halt körperliche Bewegung ..., weil, wenn Du den ganzen Tag im Betrieb stehst, da bist Du ja im Grunde nicht viel ..., da mußt Du vielleicht auch mal etwas haben ..., aber daß Du läufst oder in die Natur hinauskommst, das tust Du ja nie, und deswegen mach' ich das oft." (19-jähriger, Hauptschulabschluß, qualitative Vorstudie 1983)

,,... ich bin so ziemlich verträumt, liege gern 'rum und stelle mir vor, wenn ich meine eigene Wohnung habe, wenn ich verheiratet bin und wenn ich ein Haus habe, und wie ich das einrichten würde und so..." (17jährige Realschülerin, Accessoires-Studie 1981)

,,Wenn ich etwas ‚runtergeschrieben' habe, dann liegt darin eine große Befriedigung, und meist tötet es meine innere Unruhe ... Es schafft mir einen klaren Kopf, wenn dieser zuvor am Überquellen war." (Schülerin, Jugendaufruf 1983)

,,Am einfachsten entspanne ich mich, daß ich meiner geduldig zuhörenden Frau den täglichen Kummer und die tägliche Arbeit einfach mal berichte. Und dann ist das weg, was mich gedrückt hat. Und dann, ja, etwas lesen oder spazierengehen, oder wir fahren miteinander irgendwohin. Oder mit der Eisenbahn spielen, an der Eisenbahn noch einiges aufbauen. So etwa, irgendwelche harmlose Tätigkeiten." (Architekt, 53 Jahre, Abitur, qualitative Vorstudie 1983)

„Ich hab' eigentlich nicht leicht so angespannte Gefühle, oder daß ich mich also so gestreßt fühle, daß es unangenehm ist, oder daß ich merk', ich bin total daneben, auch körperlich, oder angespannt. Das habe ich sehr selten, also, daß ich mich in der Weise dann unwohl fühle. Wenn ich aber, wenn ich mich beispielsweis entspannen will, mache ich einfach autogene Trainingsübungen oder Atmen und diese bekannten Dinge. Und auch, naja, auch so Meditation." (Angestellter, 43 Jahre, Realschulabschluß, qualitative Vorstudie 1983)

„Wenn ich mich mal nicht wohlfühle, dann gehe ich in den Garten; viel an die frische Luft, gehen spazieren — das müssen wir mit dem Hund ja sowieso. Und wenn ich mich mal gar nicht wohlfühle, dann fahren wir mit dem Auto bis zum ersten Parkplatz auf der Autobahn Richtung Darmstadt und gehen dann ein, zwei Stunden mit dem Hund im Wald spazieren. Und dann geht's mir an sich schon immer wieder ganz gut. Und im Wald wird nicht geraucht, die Zigaretten bleiben dann immer im Auto." (Hausfrau, 44 Jahre, Volksschulabschluß, qualitative Vorstudie 1983)

„Eigentlich — bei mir ist das so, wenn's meine Familie sich wohlfühlt, wenn ich merk', daß ... es klappt alles schön, und dann fühl' ich mich auch in Hochform. Und sonst, dazu beitragen, ach Gott, wenn man mal a bißle abgespannt ist, daß man vielleicht mal heiß duscht, oder eine Tasse Kaffee wiederum, um das ein bißle auszugleichen. Das, oder auch mal ein Telefongespräch mit irgendjemendem, den man mag, und das bringt einen dann auch wieder in Hochform." (Hausfrau, 43 Jahre, Volksschulabschluß, qualitative Vorstudie 1983)

Eher weibliche Techniken

Die meisten Entspannungstechniken werden vor allem von Mädchen und Frauen praktiziert. Dies gilt sowohl für die aufs Körpergefühl und die Präsentation des Körpers bezogenen Entspannungstechniken (sich pflegen, was Neues kaufen, auch: in der Badewanne dösen) als auch für die, die das persönliche Gespräch (Telefon, mit Freund/Freundin) zur Wiederherstellung des inneren Gleichgewichts nutzen (bei den Erwachsenen ist dies nicht in allen Fällen so ausgeprägt). Einen Teil des Tages zu verträumen, das nutzen männliche und weibliche Jugendliche zu gleichem Anteil (jedoch nur wenige Erwachsene). Nur der Rückzug in die natürliche Umgebung (Garten/Natur) ist — bei den Erwachsenen — eine stärker männliche Technik.

Tabelle 1: Entspannungstechniken („sehr häufig" / „häufig" zusammengefaßt) von Jugendlichen '84 und Erwachsenen '84, nach Geschlecht. – Angaben in Prozenten –

	Jugendliche '84			Erwachsene '84		
	männl. n = 725	weibl. n = 747	Gesamt n = 1472	männl. n = 358	weibl. n = 371	Gesamt n = 729
einen Teil des Tages verträumen	23	24	24	4	4	4
einfach mit irgendj. telefonieren	21	45	33	11	28	20
in den Garten/die Natur gehen	38	45	41	70	61	65
in der Badewanne herumdösen	21	29	25	12	13	13
sich mal richtig pflegen	19	51	36	29	40	34
sich was Neues kaufen	25	44	35	16	28	22
mit Freund/Freundin sprechen	72	86	79	42	47	44

Skizzen der einzelnen Entspannungstechniken

„einen Teil des Tages verträumen":

Tagtraum und ausgreifende Phantasie gehören der Tradition der Jugendforschung zufolge zur Adoleszenzproblematik. Das noch unsichere Ich des Jugendlichen erprobt sich spielerisch in ausgedachten Räumen und Kontexten, wandert zwischen möglichen Identitätsfolien und ausgedachten Lebenswelten, entwirft sich ins noch Unverbindliche. Von diesem vielfach beschriebenen Zusammenhang her müßten wir eine klare Beziehung dieser Entspannungstechnik zum Lebensalter erwarten, könnten wir damit rechnen, daß sich das Träumen und Verträumen als verantwortungsfrei-introvertierte Praxis mit steigendem Lebensalter verliert, mit der Gebundenheit in gebahnte Wege und handfestere Anforderungsstrukturen.

Solche Beziehungen zu Lebensalter (als Indikator für die Stadien der Adoleszenz) und zu sozialen Bindungen ergeben sich jedoch nur undeutlich. Nur bei den weiblichen Jugendlichen geht diese Entspannungstechnik mit dem Alter um einige Prozentpunkte zurück, bei den männlichen Jugendlichen bleiben die Anteile in den verschiedenen Altersgruppen stabil. Zwar deutet sich im Vergleich der 21 bis 24jährigen Schüler bzw. Studenten mit den ebenso alten „Anderen" an, daß in dieser Altersgruppe der Status des Nicht-Erwerbstätigen zu größerer Verträumtheit führt (ebenso im Vergleich von 21 bis 24jährigen Arbeitern und Studenten, Zusatzquote). Auch sind es eher Jugendliche mit gehobenem Schulniveau, die diese Entspannungstechnik praktizieren. Im Ganzen aber ergibt sich der Eindruck, daß mit dieser Vorgabe eine generellere Dimension als die der in den Irrungen und Wirrungen der Adoleszenz auftretende Neigung zum Träumen getroffen ist. Darin macht uns im übrigen der starke Zusammenhang zum sozialen Orientierungsmuster „Träume" sicher.

„einfach mit irgendjemand telefonieren":

Das Telefon ist erst in den letzten drei Jahrzehnten zum Bestandteil der Mehrzahl der Privathaushalte geworden. 1953 hatten 13% der Befragten (von 18 bis 79 Jahren) ein Telefon in ihrem Haushalt, 1979 waren es 75% (Noelle-Neumann/ Piel 1983, 217). Auch wenn sich diese Entwicklung nach Berufen und nach Haushaltstypen unterschiedlich vollzog (Ballerstedt/ Glatzer 1979, 289 ff), kann doch kein Zweifel an der Veralltäglichung des Telefons seit den fünfziger Jahren sein. Für die meisten Jugendlichen ist das Telefon alltäglich verfügbarer Bestandteil der elterlichen Wohnung (und dann der eigenen Wohnung), und dies bei einem erheblichen Anteil von Kindheit an (Muchow hat 1953 bereits den Einbruch des Telefons in die Kinderwelt vermerkt, Muchow 1953, 43. Zum heutigen Verhältnis der Kinder zum Telefon: Zeiher 1983). Ganz anders für die allermeisten Erwachsenen: Sie sind erst lange nach ihrer Kindheit in den Besitz eines Telefons gelangt.

Es geht aber nicht nur um die alltägliche Verfügbarkeit dieses Apparates; gelernt werden mußte auch, daß sich mit ihm persönliche Gespräche führen lassen, daß es nicht, wie dies noch vor wenigen Jahrzehnten üblich war, allein darauf ankommt, kurz das mitzuteilen, was mitgeteilt werden muß (vgl. Liede/Ziehe 1983, 66). Die Reklame der Bundespost hat eben diese „Privatisierung" des Telefonierens gefördert: „Ruf doch mal an!"

Kern dieses Lernprozesses war die Einübung einer Kommunikationsmöglichkeit, die es vordem nicht gab, die Möglichkeit, ein persönliches Gespräch mit einem anderen Menschen zu führen, ohne daß dieser anwesend ist:

> „Gerade in einer Zeit der intensiveren Mobilität, die sich in relativ früher Trennung von Familien und privaten Beziehungen niederschlägt, gewinnt das Telephon als Transportmittel intimerer Formen der Kommunikation ständig an Bedeutung. Auch Beratungsdienste und Seelsorgeeinrichtungen, deren Tätigkeit die persönliche Begegnung zur Voraussetzung hatten, greifen mehr und mehr zum Medium Telephon. Für viele Menschen scheint das technische Medium Telephon eher die ihrer Gefühlslage entsprechende Mischung von Distanz und Nähe, von Plötzlichkeit und Kürze zu garantieren als die herkömmlichen Formen der Begegnung." (Hoppe 1984, 7)

Schließlich kann eine soziale Voraussetzung für das Gespräch übers Telefon, das weder einer Verabredung dient noch Verhandlung oder sachliche Mitteilung ist, darin gesehen werden, daß die Chancen zum kleinen Gespräch mit der Nachbarin, das sich fast unabsichtlich ergibt, zum Tratsch in der Arbeitspause, zum Klatsch auf dem gemeinsamen Weg aufgrund der heutigen Wohn- und Verkehrsbedingungen drastisch gesunken sind. Insofern kann das ziellose Telefongespräch als Fortsetzung des alltäglichen Austauschs über die Straße und über den Zaun hin gelten (vgl. Elias/ Scotson 1965, 46), als „eine Form des Plauderns, die es früher eben auf der Treppe oder beim Kaufmann gab und die jetzt mit Hilfe eines hochmodernen Mediums, des Telefons, wahrgenommen wird." (Liede / Ziehe 1983, 67).

Mit Recht ist so unter den „drei technischen Gerätschaften ..., die mehr als alle anderen unsere Lebenswirklichkeit verändert haben und prägen", neben dem Auto und dem Fernsehgerät das Telefon genannt worden, „als Gelegenheit der elargierten, raumdistanzindifferenten, leibhaftigkeitsfreien Dauerkommunikation". (Noelle-Neumann / Piel 1983, 20).

Daß Mädchen und Frauen häufiger als Jungen und Männer zum Telefon greifen, um über die Ferne ein entspannendes Gespräch zu beginnen, ist erwartbar gewesen; daß Frauen häufiger als Männer „privat" telefonieren, ist mehrfach belegt (vgl. Noelle-Neumann / Piel 1983, 182). Ein Einfluß des Schulniveaus auf diese Entspannungstechnik ist sichtbar, aber nicht besonders eindrucksvoll — weder bei den Jugendlichen noch bei den Erwachsenen: Jugendliche mit Hauptschulniveau praktizieren diese Entspannungstechnik zu 29% „sehr häufig / häufig", solche mit gehobenem Schulniveau zu 35%; Erwachsene mit Volksschulniveau zu 19%, mit gehobenem Schulniveau zu 26%.

Ähnlich wie „einen Teil des Tages verträumen" hängt auch das Telefonieren als Weg der Entspannung bei den Jugendlichen mit dem sozialen Orientierungsmuster „Träume" zusammen, hier jedoch klar nur bei den Jungen und jungen Männern. Bei den Erwachsenen deutet sich ein analoger Zusammenhang an.

„in den Garten/die Natur gehen":

In den Garten oder in die Natur zu gehen, das ist als Entspannungstechnik bei den Erwachsenen weiter verbreitet als bei den Jugendlichen.

Während sich bei den Erwachsenen nach Alter und Geschlecht keine Variation ergibt, steigt der Anteil bei den Jugendlichen, die diese Entspannungstechnik ,,sehr häufig" bzw. ,,häufig" nutzen, mit dem Alter, kommt mit steigendem Alter eine Angleichung der Werte der Geschlechter zustande. Während auch das Schulniveau bei den Erwachsenen keine unterschiedlichen Werte erbringt, ist das bei den Jugendlichen anders: Eher die Jugendlichen mit gehobenem Schulniveau gehen in den Garten oder in die Natur zu ihrer Entspannung. Recht klar zeigt sich dies bei den Jugendlichen der Zusatzquote, die den Vergleich von 15 bis 17jährigen Hauptschülern mit ebenso alten Gymnasiasten gestattet: 28% der Hauptschüler (n = 163) und 39% der Gymnasiasten (n = 163) nutzen den Garten oder die Natur zu ihrer Entspannung (differenziert nach Geschlecht proportionale Werte; analog der Unterschied zwischen den 21-24jährigen Arbeitern — n = 174 — und den ebenso alten Studenten — n = 124 — dieser Zusatzquote: 37% bzw. 53%).

Bei den Erwachsenen mindert die Erwerbstätigkeit bei Frauen den Anteil derer, die diese Entspannungstechnik praktizieren: 53% bei den erwerbstätigen Frauen (n = 152), 67% bei den nicht erwerbstätigen Frauen (n = 218).

Auch hier bestehen Zusammenhänge zu einzelnen sozialen Orientierungsmustern, insbesondere zur Skala ,,Träume", weniger deutlich auch zu den Skalen ,,Selbstbehauptung" und ,,Privatisierung" — allerdings nur bei den Jugendlichen.

,,in der Badewanne herumdösen":

Ähnlich wie das Telefon ist auch das Badezimmer in den meisten Wohnungen eine Errungenschaft erst der letzten Jahrzehnte. 80% der Wohnungen war 1950 ohne Bad, 1960 waren es 53%, 1968 knapp ein Drittel, 1972 noch knapp ein Fünftel (Ballerstedt/ Glatzer 1979, 121; Mackensen 1973, 55). Was für eine große Mehrheit der Jugendlichen von Kindheit an selbstverständlicher Teil der Einrichtung ist, hat eine Mehrheit der Erwachsenen erst im Laufe der Jahre nach ihrer Kindheit als solche Gegebenheit der Wohnung erlangt. Vermutlich konnte die Praxis, in der Badewanne herumzudösen, erst Verbreitung finden, als die Badewanne relativ selbstverständlicher Teil der privaten Welt geworden war und nicht mehr allein aus Gründen der Hygiene genutzt wurde.

Im Anschluß an die Diskussion über den ,,Neuen Sozialisationstyp" hat Günther (1982) eine ähnliche Vorgabe benutzt (,,Ich liege gerne in der Badewanne im warmen Wasser"), um damit und durch weitere Items (,,Ich ziehe mich gern auffällig an", ,,Ich neige dazu, mich im Schaufenster zu betrachten") Selbstbespiegelungstendenzen, Praktiken des Selbstgenusses und der narzißtischen sozialen Präsentation zu erfassen.

Der Unterschied nach dem Geschlecht bei den Jugendlichen schwächt sich mit dem Alter ab: Bei den 15 bis 19jährigen haben die Mädchen einen um 11% höheren Wert als die Jungen, bei den 20 bis 24jährigen nur noch einen um 5% höheren. Ein Einfluß des Schulniveaus kann bei den Erwachsenen nicht festgestellt werden, bei den Jugendlichen nur bei den weiblichen: 33% von den Mädchen bzw. jungen Frauen mit Hauptschulniveau, 23% von denen mit gehobenem Schulniveau nutzen diese Entspannungstechnik ,,in der Badewanne herumdösen" sehr häufig bzw. häufig.

Von sichtbarem Einfluß ist bei den Erwachsenen die Erwerbstätigkeit bei Frauen: 18% von den erwerbstätigen Frauen (n = 152) entspannen sich sehr häufig und häufig in der Badewanne, 10% sind es bei den nicht erwerbstätigen Frauen (n = 218).

,,sich mal richtig pflegen":

Während das Alter weder bei den Jugendlichen noch bei den Erwachsenen Einfluß auf die Anteile der Jungen bzw. Männer hat, die sich ,,sehr häufig" / ,,häufig" mal richtig pflegen, ist das bei den Mädchen bzw. den Frauen anders. Bei ihnen wird eine Beziehung zum Lebenszyklus deutlich: Von den 15 bis 17jährigen Mädchen pflegen sich 47% ,,sehr häufig" / ,,häufig" mal richtig, bei den 21 bis 24jährigen jungen Frauen sind es 54%, bei den 45 bis 47-jährigen Frauen 45%, bei den 51 bis 54jährigen 36%.

Diese Entspannungstechnik praktizieren eher Jugendliche mit unterem Schulniveau. 57% der Mädchen und jungen Frauen mit Hauptschulniveau sagen ,,sehr häufig" / ,,häufig", dagegen 45% der Mädchen und jungen Frauen mit gehobenem Schulniveau (Bei den männlichen Jugendlichen ist dieser Unterschied geringer ausgeprägt. Als Tendenz angedeutet findet sich die gleiche Beziehung bei den Erwachsenen). Daß sich dieser Zusammenhang auch beim Bildungsniveau der Eltern der Befragten zeigt, weist daraufhin, daß es sich um eine ältere alltagskulturelle Differenz handelt.

Auch hier unterscheiden sich die erwerbstätigen (45%, n = 152) von den nicht erwerbstätigen Frauen (35%, n = 218) unter den Erwachsenen. Vermutlich ist dafür die höhere Aufmerksamkeit auf die ,,Gepflegtheit" der körperlichen Erscheinung bei den erwerbstätigen Frauen verantwortlich.

,,sich was Neues kaufen'':

Sich zur Entspannung, ,,um sich wieder gut zu fühlen'' etwas Neues zu kaufen, dies ist den Erwachsenen in ihrer Kindheit und Jugend kaum möglich gewesen — das verfügbare Geld wurde für ,,praktische'' Dinge ausgegeben. Den meisten Jugendlichen heute ist es mindestens hin und wieder möglich, sich ein Kleidungsstück, ein Accessoire o.ä. zu kaufen, um damit die eigene Gestimmtheit aufzubessern, sich wieder ins Gleichgewicht zu kommen, die Erfahrung neuer Präsentationsmöglichkeiten von sich zu genießen. Daß das Angebot der Konsumwaren ,,narzißtischen Bedürfnissen als Sich-Verwöhnenlassen'' entgegenkommt (Ziehe 1982, 20; auch Lasch 1980, 102), braucht ja nicht weiter erläutert zu werden. Natürlich kaufen auch Erwachsene nicht nur aus einem Bedürfnis nach einem Gebrauchswert heraus:

> ,,Wenn man sich etwas kaufen möchte, ein Kleidungsstück, eine Schallplatte, ein Mofa, geht es nicht nur um das Kleidungsstück, die Schallplatte, das Mofa, sondern um die Träume, die dahinterstehen. Und da sich sehr häufig durch diese Dinge, die man sich da kauft, die Träume gar nicht verwirklichen lassen, entwickeln solche Konsumwünsche eine Tendenz, unstillbar zu werden. Das gilt aber auch für die Erwachsenen...'' (Liede / Ziehe 1983, 19).

Daß vor allem weibliche Jugendliche diese Praxis intensiv ausüben, ist erwartbar gewesen. ist doch aus der Soziologie der Mode und des Modischen bekannt, ,,daß zuerst die Jüngeren und unter ihnen wiederum die Frauen und vor allem die jungen Mädchen das Neue am schnellsten und mit überwältigender Mehrheit annehmen.'' (König 1967, 135; auch Brenninkmeyer 1963, 70).

Die Werte fürs männliche Geschlecht sind sowohl bei den Jugendlichen als auch bei den Erwachsenen übers Alter hinweg stabil. Anders beim weiblichen Geschlecht, hier deutet sich — ähnlich wie bei ,,sich mal richtig pflegen'' — ein Anstieg zum mittleren Lebensalter und danach ein Abfall der Häufigkeit dieser Entspannungstechnik an.

Weder das Schulniveau noch das Bildungsniveau der Eltern noch der Status als Student bzw. Schüler haben bei den Jugendlichen einen spürbaren Einfluß auf die Häufigkeit dieser Entspannungstechnik. Anders bei den Erwachsenen: Je höher das eigene Schulniveau, umso häufiger wird ,,sich was Neues kaufen'' genannt. Bis hinein ins Bildungsniveau der Eltern wird dieser Unterschied sichtbar: 20% der Erwachsenen, deren Eltern Volksschulniveau haben (n = 593), praktizieren diese Entspannungstechnik sehr häufig oder häufig, dagegen 34% der Erwachsenen, deren Eltern mindestens Realschulniveau haben (n = 134). Im Vergleich der Generationen hat also eine Nivellierung der Möglichkeit stattgefunden, Geld für einen Kauf auszugeben, der getätigt wird, „um sich wieder gut zu fühlen."

Wie schon bei anderen Entspannungstechniken ergibt sich auch hier bei den erwachsenen Frauen ein Unterschied nach Erwerbstätigkeit: Der Wert der erwerbstätigen Frauen (n = 152) beträgt 37%, der der nicht erwerbstätigen (n = 218) 22%.

„mit Freund / Freundin sprechen":

Auch wenn wir berücksichtigen, daß diese Vorgabe die Erwachsenen vielleicht benachteiligt hat, weil sie sich vor allem mit dem Ehepartner unterhalten und dabei aus angespannter Befindlichkeit lösen können, bleibt der Niveauunterschied zwischen Jugendlichen und Erwachsenen doch erheblich. Es sieht so aus, als ob die „exzessive Mitteilungsfähigkeit der modernen Seele", ein „Erzeugnis der Aufklärungskultur" (Gehlen 1957, 75f), einen neuen großen Schritt gemacht hat.

Unterschiede nach Lebensalter liegen bei den Jugendlichen nicht vor, wohl aber bei den Erwachsenen, insbesondere bei den Frauen: Bei den 45-47jährigen beträgt der Wert 56% (n = 156), bei den 48 bis 50jährigen 42% (n = 94), bei den 51 bis 54jährigen Frauen 38% (n = 121).

Weder Schulniveau noch Bildungsniveau der Eltern oder Status als Schüler bzw. Student oder als Erwerbstätiger erbringen bei den Jugendlichen eine deutliche Veränderung der Werte. Ähnlich wie bei „sich was Neues kaufen" spielen Schulniveau und auch Bildungsniveau der Eltern jedoch bei den Erwachsenen eine Rolle: Je höher das Schulniveau, desto häufiger wird diese Entspannungspraxis praktiziert. Bei denen, deren Eltern Volksschulniveau haben (n = 593), beträgt der Wert 42%, bei denen, deren Eltern ein mittleres oder gehobenes Bildungsniveau haben (n = 134), beträgt der Anteil 54%. Eine bei den Erwachsenen noch an Bildung gebundene Entspannungstechnik hat sich bei den Jugendlichen von dieser Bindung gelöst, ist sozial nivelliert worden.

Wie schon mehrfach, spielt bei den Erwachsenen auch hier die Erwerbstätigkeit von Frauen eine Rolle: 53% der erwerbstätigen (n = 152), aber 42% der nicht erwerbstätigen Frauen (n = 218) nutzen das Gespräch mit einem Freund oder einer Freundin zur Entspannung sehr häufig bzw. häufig.

„Präferenzstrukturen" bei Jugendlichen und Erwachsenen

Unabhängig von den Prozentunterschieden zwischen Jugendlichen und Erwachsenen — haben sie eine ähnliche „Präferenzstruktur" bei den Entspannungstechniken, eine ähnliche „Rangfolge"? Zu diesem Zwecke fassen wir die jeweilige Größe der Anteile von „sehr häufig/häufig" als Rang auf und berechnen den Rangkorrelationskoeffizienten R.

Es stellt sich heraus, daß die „Rangfolge" der Entspannungstechniken bei den erwachsenen Frauen und Männern (nur: 45 bis 49 Jahre, um den Rückgang ab Ende der 40er Jahre bei einigen Entspannungstechniken auszuschließen) nahezu identisch ist (R = 0.96), nicht aber bei den jungen Männern und Frauen (nur 20 bis 24 Jahre, um die Adoleszenzproblematik auszuschließen): R = 0.19. Unterscheiden sich stärker die männlichen oder die weiblichen Jugendlichen von der „Rangfolge" der Entspannungstechniken bei den Erwachsenen? Für die 45-49jährigen Frauen und die 20-24jährigen jungen Frauen beträgt R = 0.89, dagegen für die jungen und die erwachsenen Männer 0.38. Erwachsene Männer, erwachsene Frauen und junge Frauen stimmen also in der Rangfolge, der „Präferenzstruktur" für Entspannungstechniken relativ überein, während die jungen Männer eine davon abweichende Rangfolge aufweisen.

Überprüfen wir, welche Verschiebungen in der Rangfolge dafür in erster Linie verantwortlich sind, so spricht einiges dafür, daß es sich dabei um einen Effekt des Lebenszyklus, nicht um einen der Kohortenzugehörigkeit handelt: „Einen Teil des Tages verträumen" besetzt bei den männlichen Erwachsenen den letzten, den siebenten Rang, bei den männlichen Jugendlichen dagegen den dritten. Umgekehrt nimmt „sich mal richtig pflegen" bei den männlichen Erwachsenen den 3. Rang ein, bei den männlichen Jugendlichen dagegen den 7.

Zusammenhänge zwischen den Entspannungstechniken

Die Zusammenhänge zwischen den einzelnen Entspannungstechniken haben, dies weist die Interkorrelationsmatrix (Tab. 2) aus, recht unterschiedliche Stärke, dabei aber ähnlich bei Jugendlichen und Erwachsenen. „In den Garten / in die Natur gehen" steht bei den Jugendlichen leicht stärker im Zusammenhang mit „einfach mit irgendjemand telefonieren" und mit „mit Freund / Freundin sprechen", hat also bei ihnen einen „kommunikativeren" Kontext als bei den Erwachsenen. Umgekehrt zeigen sich etwas stärkere Zusammenhänge zwischen „einen Teil des Tages verträumen" und z.B. „in der Badewanne herumdösen", „sich mal richtig pflegen" und „sich was Neues kaufen"bei den Erwachsenen: Es könnte sein, daß diese Entspannungstechnik für die Erwachsenen stärker mit aus der Alltagsroutine herausgehobenen Zeiten, Tagen oder Gelegenheiten zu tun hat als bei den Jugendlichen.

Tabelle 2: Interkorrelationen der einzelnen Entspannungstechniken (sehr häufig / häufig); Jugendliche '84 (obere Ziffer) und Erwachsene '84 (untere Ziffer). Pearson's r (nur Werte über 0.10 dargestellt).

	einen Teil d. Tages verträumen	einfach mit irgendj. telefonieren	in den Garten/Natur gehen	in der Badew. herumdösen	sich mal richtig pflegen	sich was Neues kaufen
einfach mit irgendj. telefonieren	0.15 0.18					
in den Garten/Natur gehen	.. ..	0.14 ..				
in der Badew. herumdösen	0.11 0.24	0.14 0.19	.. ..			
sich mal richtig pflegen	.. 0.17	0.26 0.29	0.13 0.11	0.33 0.34		
sich was Neues kaufen	.. 0.14	0.28 0.31	.. ..	0.19 0.24	0.49 0.46	
m. Freund/Freundin sprechen	.. 0.12	0.28 0.38	0.15 ..	.. 0.25	0.23 0.32	0.22 0.30

Die starken Korrelationen zwischen den Entspannungstechniken, die mit der Herrichtung des körperlichen Erscheinungsbildes zu tun haben, sowie zwischen denen, die das persönliche Gespräch am Telefon oder in „leibhaftiger" Interaktion suchen, unterstreichen noch einmal die weibliche Farbe dieser Dimension. Hingegen wird eine relative Isoliertheit der Vorgabe „in den Garten / die Natur gehen" deutlich.

Intensität von Entspannungstechniken

Der Summenindex Entspannungstechniken-Intensität ist für Jugendliche und für Erwachsene mit unterschiedlichen Gruppengrenzen gebildet worden. Sein niedrigstmöglicher Wert beträgt für beide 7 (wenn der Befragte auf alle sieben vorgegebenen Entspannungstechniken ,,nie" = 1 geantwortet hat); sein höchstmöglicher Wert beträgt bei Jugendlichen wie Erwachsenen 28 (wenn der Befragte auf alle sieben vorgegebenen Entspannungstechniken ,,sehr häufig" = 4 geantwortet hat). Beim Versuch, aufgrund der aufsummierten Werte in etwa oberes und unteres Quartil bilden zu können, ergab sich für die Jugendlichen folgende Gruppendefinition: ,,niedrig": 7-13 (20%), ,,mittel": 14-18 (60%), ,,hoch": 19-28 (20%); für die Erwachsenen: ,,niedrig": 7-12 (24%), ,,mittel": 13-16 (51%), ,,hoch": 17-26 (25%). Im folgenden muß diese der bei Jugendlichen und Erwachsenen spezifischen Verteilung der Summenwerte folgende Gruppenbildung mitbedacht werden.

Sowohl bei Jugendlichen wie bei Erwachsenen ist die Intensität von Entspannungstechniken eher ,,weiblich", stärker noch bei den Jugendlichen. Bei den erwachsenen Frauen geht sie leicht mit dem Alter zurück (ab dem 50. Lebensjahr etwa), bei den weiblichen Jugendlichen nutzen diejenigen mit 17 und 18 Jahren am meisten Entspannungstechniken. Insgesamt aber hängt der Index nicht mit dem Alter zusammen, ein Hinweis, daß es sich nicht um eine entwicklungsbezogene oder lebenszyklisch bestimmte Praxisdimension handelt.

Bei den Erwachsenen variiert die Intensität von Entspannungstechniken mit dem Bildungsniveau ihrer Eltern (andeutungsweise auch mit dem eigenen Schulniveau). Unter denen mit Eltern mit Volksschulniveau (n = 594) sind 22% mit hoher Intensität, unter denen mit einem mittleren oder gehobenen Bildungsniveau ihrer Eltern (n = 135) 37% (nach Geschlecht in ähnlicher Proportion).

Tabelle 3: Jugendliche '84 und Erwachsene '84, nach Geschlecht/Entspannungstechniken-Intensität (Summenindex). — Angaben in Prozenten —

	Jugendliche '84			Erwachsene '84		
Entspannungstechniken-Intensität	männl. n = 725	weibl. n = 747	Gesamt n = 1472	männl. n = 357	weibl. n = 370	Gesamt n = 727
— niedrig	32	8	20	30	19	24
— mittel	59	61	60	51	50	51
— hoch	9	31	20	19	31	25
	100	100	100	100	100	100

Anders bei den Jugendlichen, hier haben weder das eigene Schulniveau noch das Bildungsniveau ihrer Eltern etwas mit der Intensität von Entspannungstechniken zu tun: Ein Unterschied zwischen den Generationen also, beschreibbar als Nivellierung der Bedeutung der Bildungsschichten.

Für die Intensität von Entspannungstechniken ist es ohne Bedeutung, ob Jugendliche erwerbstätig sind oder aber Schüler bzw. Studenten. Anders bei den Erwachsenen, allerdings nur bei den Frauen: Von den erwerbstätigen Frauen (n = 152) haben 38% eine hohe Intensität von Entspannungstechniken, von den nicht erwerbstätigen Frauen (n = 219) 27%. Ähnlich beim Familienstand, der bei den Jugendlichen keinen Einfluß auf die Intensität von Entspannungstechniken hat, wohl aber bei den erwachsenen Frauen: Stellen wir denen, die in der „normalbiographischen" Situation der Ehe leben, diejenigen gegenüber, die einen anderen Familienstand haben (also geschieden, getrennt lebend, verwitwet und mit Lebenspartner lebend zusammengefaßt), so haben 25% der verheirateten Frauen (n = 257) eine hohe Intensität von Entspannungstechniken (nahe am Gesamtdurchschnitt), von den in nicht normalbiographischem Familienstand lebenden Frauen (n = 113) dagegen 42%. Ob man Kinder hat oder nicht, hat keine Bedeutung für die Intensität von Entspannung, wohl aber — bei den Erwachsenen —, ob die Kinder noch im elterlichen Haushalt leben.

Wir können schließen: Für die Erwachsenen ist die Praxis von Entspannungstechniken an Lebenssituationnen gebunden, die durch besondere Belastung oder Verarbeitungsaufforderung Ausgleich durch Entspannungstechniken nahelegen. Anders bei den Jugendlichen: Hier lassen sich keine Hinweise für die Gebundenheit der Intensität von Entspannungspraktiken an belastende oder auch nur gegenüber der Normalbiographie besondere Lebenssituationen auffinden. Ist die „Belastung" allgemein geworden? Oder sind die Entspannungstechniken, auch durch ihre Propagierung in den Medien, als Normalisierungstaktiken inzwischen „frei verfügbar", haben sie sich unabhängig von besonderen, klar beschreibbaren Aufforderungssituationen gemacht?

Wie die Beziehungen zu den Alltagsflips und zum täglichen Tabakkonsum zeigen, ist Entspannung keineswegs eine ruhige, abgeklärte und körpersichere Normalisierungsform des Alltags. Sprunghaftigkeit und Nervosität, absichtsvolle Anspannung und Befindlichkeitsmanagement auch durch Alltagsdrogen werden als Begleiter von Entspannungstechniken sichtbar.

Tabelle 4: Extremgruppen Entspannungs-Intensität, Jugendliche '84 und Erwachsene '84 / Alltags- und biographische Praktiken. — Angaben in Prozenten —

	Jugendliche '84 Entspannungs-Intensität			Erwachsene '84 Entspannungs-Intensität		
	niedrig n = 291	hoch n = 300	Gesamt n = 1472	niedrig n = 177	hoch n = 183	Gesamt n = 729
Alltagsflips (Ind.): — hoch	14	36	25	15	48	29
Rauchen: — täglich	36	50	44	29	39	34
Schreib- und Kunstpraktiken (Ind.): — hoch	12	43	27	3	14	7
Tagebuch: — habe geschrieben/schreibe noch	27	64	46	20	34	23

Zugleich aber gibt es einen Zusammenhang der Entspannungs-Intensität zu Praktiken, die über den Alltag hinausweisende Horizonte bearbeiten, zu den biographienahen Schreib- und Kunstpraktiken. Bei den Jugendlichen (in erster Linie bei den männlichen) geht diese Richtung der Zusammenhänge bis in religiöse Praktiken und Vorstellungen: Die Jugendlichen mit hoher Entspannungs-Intensität beten zu größerem Anteil regelmäßig (46%) als die Gegengruppe (28%), sie glauben zu höherem Anteil (55%) an ein Weiterleben an den Tod als die Gruppe derer, die Entspannungstechniken wenig praktizieren (42%). Entsprechende Beziehungen bestehen bei den Erwachsenen nicht.

Auch im Bereich der Sozialisationsmerkmale stoßen wir auf Belege dafür, daß die Praxis von Entspannungstechniken mit Spannungen zu tun hat: Jugendliche wie Erwachsene, die Entspannungstechniken intensiv nutzen, haben mehr Konflikte mit ihren Eltern (in der Jugendzeit) gehabt als diejenigen, die geringe Intensität aufweisen (nach Geschlecht ähnliche Proportionen). Dies wird durch Ergebnisse zur Frage, wie man selbst erzogen worden ist, unterstrichen: Bei den Jugendlichen antworten 37% der Gruppe, die Entspannungstechniken „hoch" nutzt, „sehr streng" oder „streng", dagegen 28% von denen, die niedrige Entspannungs-Intensität aufweisen (Stichprobenwert: 36%; der Unterschied geht vor allem auf die Mädchen zurück). Bei den Erwachsenen verhält sich das ähnlich.

Tabelle 5: Extremgruppen Entspannungs-Intensität, Jugendliche '84 und Erwachsene '84 / Konflikte mit Eltern (Summenindex). Mittelwerte ($\bar{x}$) und Standardabweichungen (S).

	Jugendliche '84 Entspannungs-Intensität			Erwachsene '84 Entspannungs-Intensität		
	niedrig n = 291	hoch n = 300	Gesamt n = 1472	niedrig n = 177	hoch n = 183	Gesamt n = 729
Konflikte mit Eltern (Ind.)						
$\bar{x}$	19.9	21.9	21.1	15.6	17.7	16.8
S	4.7	5.5	5.1	3.2	4.3	4.0

Im Spektrum der sozialen Orientierungsmuster zeigen die Extremgruppen Entspannungs-Intensität bei Jugendlichen wie bei Erwachsenen klare Profile (nach Geschlecht in ähnlichen Proportionen): Keine oder kaum sichtbare Beziehungen bestehen zu den Dimensionen „Privatisierung", „Selbstentfremdung" und „Anpas-

Tabelle 6: Extremgruppen Entspannungs-Intensität, Jugendliche '84 und Erwachsene '84 / soziale Orientierungsmuster „Träume", „Selbstbehauptung" und „Soziale Kälte" (Skalen). Mittelwerte ($\bar{x}$) und Standardabweichungen (S).

	Jugendliche '84 Entspannungs-Intensität			Erwachsene '84 Entspannungs-Intensität		
	niedrig n = 291	hoch n = 300	Gesamt n = 1472	niedrig n = 177	hoch n = 183	Gesamt n = 729
Skala „Träume"						
$\bar{x}$	13.0	15.5	14.2	12.3	13.8	12.9
S	3.1	2.8	3.1	2.9	2.9	2.8
Skala „Selbstbehauptung"						
$\bar{x}$	13.0	14.7	13.7			
S	2.8	2.6	2.7			
Skala „Soziale Kälte"						
$\bar{x}$				12.3	13.6	13.0
S				3.1	2.9	2.9

sungsbereitschaft". Hingegen weisen die Jugendlichen, die Entspannung intensiv praktizieren, eine Präferenz für die beiden sozialen Orientierungsmuster auf, die im Gesamtspektrum der Orientierungsmuster als die modernen, die „individualistischen" betrachtet werden können, für „Träume" und für „Selbstbehauptung." Es sind dies die beiden Dimensionen sozialer Orientierung, die zwischen Ich und Sozialwelt ein Verhältnis der Nicht-Passung beschreiben, die dem Ich eine Gegenwehr gegen den sozialen Bereich nahelegen, sei es als Festhalten an Träumen und Utopien, sei es als Anstrengung, die eigene Identität gegen die Gesellschaft abzusichern. Bei den Erwachsenen besteht ebenfalls ein Zusammenhang zur Dimension „Träume", dazu einer zu „Soziale Kälte" (eine Dimension, die — wenn auch ganz anders als „Selbstbehauptung" — eine „feindliche" Beziehung zwischen Ich und Sozialwelt annimmt).

Politisches Profil aber haben die Extremgruppen Entspannungs-Intensität fast nicht. Weder zum Interesse an Politik oder zur Parteienpräferenz, noch zur Sicht von der gesellschaftlichen Zukunft bestehen Zusammenhänge (allenfalls Tendenzen). Übrigens ergibt sich auch bei den neuen bzw. alten Werten keine Beziehung.

Die Beziehungen zu Sport und Tanz bei den Jugendlichen bestätigen nicht nur die Körpernähe der Praxisdimension Entspan-

Tabelle 7: Extremgruppen Entspannungs-Intensität, Jugendliche '84 / Sport und Tanz. — Angaben in Prozenten —

	Jugendliche '84		
	Entspannungs-Intensität		
	niedrig	hoch	Gesamt
	n = 291	n = 300	n = 1472
Sport + Tanz (Konfig.):			
— weder noch	19	6	12
— beides	30	60	49
	n = 195	n = 222	n = 1060
Sportarten:			
— Aerobic/Fitness/Jogging	17	32	24
	n = 128	n = 242	n = 970
Tanzarten:			
— freier Stil	9	19	15
— Disco	12	32	21

nungstechniken; deutlich wird auch die besondere Affinität zu solchen sportlichen oder Tanzformen, die ,,individualisiert" ausgeübt werden (können), zu den modernen Körperstilen also. Entsprechend verorten sich Jugendliche wie Erwachsene, die Entspannungstechniken intensiv praktizieren, im Feld der öffentlichen Gruppenstile bei den modernen körperbezogenen wie Disco-Fans, FKK-Bewegung, Body-Building, Jogging.

Im Bereich von sozialen Bindungen und der Freizeitform nennen die Jugendlichen mit hoher Entspannungs-Intensität als Freizeitbeschäftigung häufiger als die Gegengruppe ,,mit Freunden oder Freundinnen unterhalten, tanzen, ausgehen, bummeln", nennen insgesamt mehr Freizeitbeschäftigungen. Von ihnen haben 59% Gesprächspartner für alle Sorgen und Nöte, von der Gegengruppe 42%; sie nennen häufiger den Freund oder die Freundin, seltener die Eltern als solche Gesprächspartner. Von ihnen nennen als bevorzugte Freizeitform mehr (38%), daß sie sich gern mit Leuten treffen (18% bei den Jugendlichen mit niedriger Entspannungs-Intensität; nach Geschlecht stabil). Eine analoge Beziehung besteht bei den Erwachsenen: Von denjenigen mit hoher Entspannungs-Intensität nennen häusliche Freizeitformen 42%, von der Gegengruppe 63%. Intensive Nutzung von Entspannungstechniken ist bei Jugendlichen wie bei Erwachsenen an breitere außerhäusliche Freizeitaktivitäten geknüpft. Sie unternehmen mehr, suchen stärker (offene) Gruppenerfahrungen, haben mehr soziale Beziehungen.

Zusammenfassung

Bei den Erwachsenen ist die intensive Praxis von Entspannungstechniken einerseits an Belastungssituationen gebunden, die sich mit Hilfe soziodemographischer Merkmale beschreiben lassen, andererseits an Bildungsvariablen. Bei den Jugendlichen bestehen solche Bindungen der Entspannungs-Intensität nicht (mehr). Die Rückwendung auf sich und den eigenen Körper, auf die Natur, auf das persönliche Gespräch ist offenbar zu einer Dimension geworden, die als sozialpsychologische gefaßt werden muß, als eine in Sozialisationserfahrungen, Freizeitstilen, Selbst- und Gesellschaftsauffassungen verankerte. Konflikte mit den Eltern, häufige Alltagsflips, starkes Befindlichkeitsmanagement, Präferenzen für individualisierte Sport- und Tanzformen, eine vielfältige und offene Freizeit, die Bevorzugung von Gesellschaftsauffassungen wie ,,Träume" und ,,Selbstbehauptung", die beide — in unterschiedlicher Pointierung — moderne und individualistische Selbstverwirklichungswünsche bezeichnen, gleichzeitig aber Profillosigkeit im Merkmalsbereich politischer Einstellungen und Haltungen — ein Bild von weiblich geprägter Freizeitkultur entsteht, in dem narzißtische Züge nicht zu übersehen sind.

Nachtrag: Alltagsflips, das „extrovertierte" Pendant?

Die Alltagsflips sind gegenüber der Studie „Jugend '81" neu konzipiert worden. Damals wurden sie als Teil jugendkultureller Widerständigkeit gegen die vernüftigen und vernünftelnden Erwachsenen erfragt; hier sind sie - um den Erwachsenen die gleiche Frage stellen zu können — als allgemeinere Dimension der „kleinen Unvernünftigkeiten", die den Alltag punktuell aufbrechen, verstanden. Dies gestattet es, sie auf die Entspannungstechniken zu beziehen, „Spannungen" und „Entspannungen" als Dimensionen der jugendlichen Freizeitkultur vergleichend zu betrachten.

Bei Erarbeitung des Fragebogens der quantitativen Vorstudie haben wir die in „Jugend '81" vorgegebene Liste von Alltagsflips in zwei Richtungen erweitert: Zum einen wurden solche Vorgaben entwickelt, die nicht nur jugendliche, sondern auch oder gar in erster Linie erwachsene Praktiken beschreiben; die Frage sollte in identischer Fassung sowohl den Jugendlichen wie auch den Erwachsenen vorgelegt werden. Die zweite Richtung der Erweiterung der Liste zielte, ebenfalls im Unterschied zu den in „Jugend '81" formulierten Vorgaben, auf weniger provokative Brücke mit dem normalen Alltag. In dieser Absicht wurden z.B. folgende neue Vorgaben aufgenommen: „sich stundenlang vor den Fernseher / Videogerät setzen", „seinen Körper mal bis zum letzten verausgaben (z.B. Training, Sport)", „sich in seine Liebhabereien / Hobbies vergraben", „beim Essen mal richtig ‚sündigen', z.B. mit Süßigkeiten oder mehr essen, als einem gut tut".

Wegen der identischen Vorlage bei Jugendlichen und bei Erwachsenen haben wir die einleitende Frage verändert. In „Jugend '81" waren die Alltagsflips als Alltagsrebellionen in der Generationsspannung eingeführt worden: „Junge Leute haben oft an Dingen Spaß, die ‚vernünftige' Erwachsene eher ablehnen. Machst Du das auch?" Solche Nähe zu jugendlicher Alltagskultur konnte nun — bei Vorlage auch in den Interviews mit den Erwachsenen — nicht signalisiert werden. Nunmehr lautet die einleitende Frage: „Manche Leute haben Spaß, einmal Dinge zu tun, die ‚vernüftige Menschen' eigentlich nicht tun. Machen Sie / Machst Du auch solche Dinge?"

Damit ist die Flip-Praxis aus dem Verhältnis von übermäßig vernüftigen und vernüftelnden Erwachsenen und rebellischen Jugendlichen herausgenommen. Angesprochen wird ein allgemeinerer „Spaß am Unvernünftigen", die generelle Bereitschaft, kleine Abenteuer des Alltags zu erleben.

Nachdem durch diese Veränderungen eine gegenüber „Jugend '81" neue Frage entstanden war, fiel es uns nicht mehr schwer, im Interesse der Angleichung der Antwortvorgaben im gesamten Fragebogen von der damals dreistufigen zu einer vierstufigen Antwortvorgabe („sehr häufig", „häufig", „gelegentlich", „nie") überzugehen. So handelt es sich also bei der Frage nach den Alltagsflips nicht um eine Fortschreibung der in „Jugend '81" gestellten, sondern um eine Neufassung. Vergleiche bei den aus der damaligen Studie wörtlich übernommenen Vorgaben (z.B. „ganz verrückte Sachen anziehen", „Musik irrsinnig laut hören") sind wegen der Verände-

Tabelle 8: Jugendliche '84 und Erwachsene '84 nach Geschlecht / Alltagsflips („sehr häufig" / „häufig" zusammengefaßt). — Angaben in Prozenten —

	Jugendliche '84			Erwachsene '84		
	männl. n = 725	weibl. n = 747	Gesamt n = 1472	männl. n = 358	weibl. n = 371	Gesamt n = 729
beim Essen mal richtig „sündigen", z.B. mit Süßigkeiten oder mehr essen, als einem gut tut	40	51	46	21	25	23
ganz verrückte Sachen anziehen	13	23	18	2	6	4
mal ganz unvernünftig viel Alkohol trinken	21	9	15	11	4	7
mal lange an einem Glücksspielautomaten spielen	10	2	6	2	1	2
mit anderen die Nacht bis zum Morgen durchmachen	34	25	29	7	7	7
Musik irrsinnig laut hören	51	38	44	4	4	4
seinen Körper mal bis zum letzten verausgaben (z.B. Training, Sport)	39	21	30	13	7	10
sich in seine Liebhabereien vergraben	36	36	36	23	22	23
sich stundenlang vor den Fernseher/Videogerät setzen	23	16	19	12	15	13
Vorgesetzte, Lehrer oder Ausbilder so richtig durch den Kakao ziehen	20	20	20	2	3	3
zwischendurch mal „blaumachen" in der Schule oder bei der Arbeit	12	11	12	1	1	1

rung des Instruments nicht möglich. Unter Gesichtspunkten der Kontinuität der Jugendforschung ist das ein Nachteil; der Gewinn liegt darin, daß jetzt eine allgemeinere Dimension des „Spaßes am Unvernüftigen" abgefragt wird, und zwar auch bei den Erwachsenen.

Durchweg unterbrechen die Jugendlichen den Alltag häufiger durch kleine Unvernünftigkeiten als die Erwachsenen. Die Anteilswerte beider sind einander allerdings relativ ähnlich bei den pädagogisch verachteten, bei den als kulturlos diskriminierten Alltagsflips „unvernünftig viel Alkohol trinken", „lange an einem Glücksspielautomat spielen", „sich lange vor den Fernseher / Videogerät setzen". Große Unterschiede hingegen liegen vor bei „beim Essen mal sündigen", „die Nacht durchmachen" und „Musik irrsinnig laut hören — mindestens die beiden zuletzt genannten Flips dürften nach geltendem Verständnis dem ruhigen und sozial gebundenen Erwachsenenleben nicht zukommen.

Die Interkorrelationen der einzelnen Flips sowie eine dimensionale Analyse der Matrix sprachen für eine Zusammenfassung zu einem Summenindex Flip-Intensität. Sein Minimum beträgt 11 (wenn auf alle 11 Vorgaben „nie" = 1 geantwortet wurde), sein Maximum beträgt 44 (wenn auf alle 11 Vorgaben „sehr häufig" = 4 geantwortet wurde). Die Verteilungen der Summenwerte sind bei Jugendlichen und bei Erwachsenen recht verschieden. Die Erwachsenen erreichen insgesamt niedrigere Summenwerte, ihre Verteilung erreicht ihren Gipfel beim Summenwert 15, die der Jugendlichen dagegen beim Summenwert 21. Bei der Bildung von Extremgruppen (oberes und unteres Quartil) sind deshalb verteilungsspezifische Gruppengrenzen gewählt worden. Bei den Jugendlichen umfaßt die Gruppe mit niedriger Flip-Intensität Summenwerte 11 bis 18 (25%), die mit mittlerer Flip-Intensität 19 bis 24 (50%), die mit hoher Intensität 25 bis 38 (25%). Bei den Erwachsenen umfaßt die Gruppe mit niedriger Flip-Intensität Summenwerte 11 bis 14 (31%), die mit mittlerer Flip-Intensität 15 bis 17 (40%), die mit hoher Intensität 18 bis 31 (29%). Diese unterschiedliche Gruppenbildung sollte bei der Beurteilung des Folgenden mitbedacht werden.

Tabelle 9: Jugendliche '84 und Erwachsene '84 nach Geschlecht / Flip-Intensität. – Angaben in Prozenten –

	Jugendliche '84			Erwachsene '84		
	männl. n=725	weibl. n=747	Gesamt n=1472	männl. n=358	weibl. n=371	Gesamt n=729
Flip-Intensität						
– niedrig	20	30	25	25	37	31
– mittel	50	51	50	44	37	41
– hoch	30	20	25	31	26	29

Sowohl bei den Jugendlichen wie bei den Erwachsenen ,,flippen" die Jungen bzw. Männer mehr als die Mädchen bzw. die Frauen. Bei beiden sind es eher die Jüngeren, die eine hohe Flip-Intensität aufweisen, bei den Jugendlichen eher angedeutet, bei den Erwachsenen deutlich ausgeprägt; um die Wende des 50. Lebensjahrs nimmt die Intensität der Flips erheblich ab.

Das Schulniveau spielt bei den Jugendlichen keine Rolle, bei den Erwachsenen deutet sich an, daß die mit gehobenem Schulniveau intensiver ,,flippen". Ähnlich beim Bildungsniveau der Eltern: Bei den Jugendlichen hat es keinen Einfluß auf die Flip-Intensität, wohl aber bei den Erwachsenen. Von den erwachsenen Befragten, die aus einem Elternhaus mit Volksschulniveau kommen (n = 594), haben 26% eine hohe Flip-Intensität, von denen aus Elternhäusern mit darüber liegendem Bildungsniveau (n = 135) dagegen 38%. Wie bei den Entspannungstechniken hat also auch beim Spaß an den kleinen Unvernünftigkeiten von den Erwachsenen zu den Jugendlichen hin ein Nivellierung der Bedeutung von Bildungsvariablen stattgefunden.

Eine weitere Nivellierung von Erwachsenen zu Jugendlichen bezieht sich auf die Ortsgröße: 24% der Erwachsenen in Orten bis zu 20.000 Einwohnern (n = 263) ,,flippen hoch", dagegen 36% von denen in Großstädten (n = 243). Eine solche großstädtische Farbe des ,,Flippens" ist bei den Jugendlichen nicht (mehr) vorhanden.

Daß die Neigung zu Alltagsflips das Verhältnis zu den Eltern konflikthaft belastet bzw. belastet hat, bedarf keiner langen Interpretation. Eine Konflikt- und Belastungsdimension wird bei den jugendlichen ,,Flippern" auch in der Schulbiographie deutlich: Von ihnen ist ein größerer Anteil (36%) sitzengeblieben als von der Gegengruppe mit niedriger Flip-Intensität (19%), von ihnen nennt

Tabelle 10: Extremgruppen Flip-Intensität, Jugendliche '84 und Erwachsene '84 / Konflikte mit den Eltern (Index). Mittelwertvergleich.

	Jugendliche '84 Flip-Intensität			Erwachsene '84 Flip-Intensität		
	niedrig n = 368	hoch n = 363	Gesamt n = 1472	niedrig n = 226	hoch n = 208	Gesamt n = 729
Konflikte mit den Eltern (Ind.):						
$\bar{x}$	18.8	23.6	21.1	15.3	18.3	16.8
S	4.7	5.6	5.1	3.4	4.2	4.0

ein kleinerer Anteil gar keine Probleme in Schule und Ausbildung als von der Gegengruppe.

Bei den erwachsenen ,,Flippern" bestehen keine analogen Zusammenhänge. Von ihnen wissen wir aber, daß sie in ihrer Jugend stärker den damaligen öffentlichen Gruppenstilen, den damals prägnanten Stilgruppen der Jugendszene nahestanden. Bei allen

Tabelle 11: Extremgruppen Flip-Intensität, Jugendliche '84 und Erwachsene '84 / Alltagspraktiken und Freizeitbeschäftigungen. – Angaben in Prozenten –

	Jugendliche '84 Flip-Intensität			Erwachsene '84 Flip-Intensität		
	niedrig	hoch	Gesamt	niedrig	hoch	Gesamt
	n = 368	n = 363	n = 1472	n = 226	n = 208	n = 729
Freizeitbeschäftigung:						
– Lesen	38	25	30	(nicht erfragt)		
– Tanzen, Ausgehen, Bummeln	25	35	30			
Anzahl der genannten Freizeitbeschäftigungen:						
– vier und mehr	28	42	36	(nicht erfragt)		
Lieblingsfächer in der Schule:						
– Sport	54	78	66	40	56	50
Sporttreiben:						
– ja	57	79	72	(nicht erfragt)		
sportlich organisiert:						
– ja	22	38	33	19	32	26
	n = 233	n = 250	n = 970			
Tanzformen:						
– Disco-Tanz	16	27	21	(nicht erfragt)		
	n = 368	n = 363	n = 1472			
Sport + Tanz (Konfig.):						
– beides	38	55	49	(nicht erfragt)		
Entspannungsintensität:						
– hoch	11	30	20	16	42	25
Rauchen:						
– täglich	27	56	44	19	48	34
Alkohol trinken:						
– gern	14	52	33	14	46	29
Freizeitform:						
– zu Hause	33	11	18	62	43	54

fünf vorgegebenen Jugendstilen der fünfziger Jahre geben die Erwachsenen mit hoher Flip-Intensität zu höheren Anteilen als die Gegengruppe an, dazugehört oder damit sympathisiert zu haben.

Daß die jugendlichen ,,Flipper" stärker jugendzentriert sind ($\bar{x} = 24.9$, $S = 4.8$) als die Gegengruppe mit niedriger Flip-Intensität ($\bar{x} = 22.5$, $S = 4.6$) kann die bisher gezeichnete Skizze ergänzen, ebenso, daß die erwachsenen ,,Flipper" höhere Verständnisbereitschaft gegenüber der Jugend aufweisen ($\bar{x} = 27.3.$, $S = 4.0$) als die Gegengruppe ($\bar{x} = 25.9$, $S = 3.8$). Für ihre persönliche Lebensperspektive haben die ,,Flipper" bei den Jugendlichen weniger Zuversicht (40%) in ihre eigene Zukunft als die Gegengruppe (53%; bei den Erwachsenen besteht dieser Zusammenhang nur bei den Männern).

Jugendliche und Erwachsene, die Flips intensiv praktizieren, weisen ein klares Profil im Bereich der Freizeitbeschäftigungen und anderer Alltagspraktiken auf: Sie sind viel geselliger, öfter außer Haus, sportlich aktiver, zugleich den Alltagsdrogen Tabak und Alkohol stärker zugeneigt (diese Unterschiede gelten für beide Geschlechter in ähnlichen Proportionen). Ihre Freizeit ist vielfältiger, ihr Freizeitverhalten ,,extrovertierter" als das der Gegengruppe mit niedriger Flip-Intensität. Die Jugendlichen mit hoher Flip-Intensität sind stärker in jugendliche Gesellungsformen gebunden. Sie gehören zu 47% regelmäßig einem Keis junger Leute an (die Gegengruppe zu 28%); auf die Frage, welche Gesprächspartner sie für Sorgen und Nöte haben, nennen sie zu geringerem Anteil die Eltern, zu höherem gleichaltrige Gesprächspartner.

Dies aktive und interessierte Freizeitleben der Jugendlichen (und Erwachsenen) mit hoher Flip-Intensität wird begleitet von Profillosigkeit im Bereich politischen Engagements. Bei kaum einer der auf Politik und Zukunft der Gesellschaft bezogenen Variablen differenziert die Flip-Intensität nennenswert.Eine Ausnahme macht das Interesse an Politik. Dies ist bei den Erwachsenen höher bei starker Flip-Intensität; bei den Jugendlichen besteht eine nach Geschlecht gegenläufige Beziehung, die männlichen ,,Flipper" haben eher geringes Interesse an Politik, die weiblichen ,,Flipper" ein eher hohes.

Diese im Unterschied zu den Jugendlichen leicht politische Farbe hoher Flip-Intensität bei den Erwachsenen wird unterstrichen durch das Verhältnis zu öffentlichen Gruppenstilen. Folgende Gruppenstile bevorzugen die Jugendlichen und die Erwachsenen mit hoher Flip-Intensität (in der Reihenfolge der Unterschiede zur Gegengruppe):

Jugendliche ’84	Erwachsene ’84
mit hoher Flip-Intensität:	
Motorrad-Fans	FKK-Bewegung
FKK-Bewegung	Motorrad-Fans
Body-Building	Computer-Fans
Punks	Disco-Fans
Aufkleber-/Button-Träger	Friedensbewegung
Disco-Fans	Bürgerinitiativen
Fans von Videospielen	Dritte-Welt-Initiativen
Computer-Fans	Body-Building
	Jogging

Daß hohe Flip-Intensität bei Jugendlichen wie bei Erwachsenen mit Distanz zu Werten wie Ordnung, Sauberkeit und Sparsamkeit einhergeht, liegt gewissermaßen in der Logik des ,,Flippens.“ Betrachten wir die Werthaltungen jedoch zusammengefaßt, dann stellt sich heraus, daß ,,Flippen“ und Distanz zu den alten Werten zwar bei den Erwachsenen zusammenhängen (47% der ,,Flipper“ halten neue Werte nicht für wichtig / alte Werte für wichtig; in der Gegengruppe sind es 61%), bei den Jugendlichen aber nur andeutungsweise: Ein weiterer Beleg für den gewissermaßen weltanschauungsneutralen, den unideologischen Charakter der Alltagsflips bei den Jugendlichen.

Im Spektrum der sozialen Orientierungsmuster hat Flip-Intensität wenig oder nichts zu tun mit den Dimensionen ,,Privatisie-

Tabelle 12: Extremgruppen Flip-Intensität, Jugendliche '84 und Erwachsene '84/Skalen Träume und Selbstbehauptung. Mittelwertvergleich.

	Jugendliche '84 Flip-Intensität			Erwachsene '84 Flip-Intensität		
	niedrig n = 368	hoch n = 363	Gesamt n = 1472	niedrig n = 226	hoch n = 208	Gesamt n = 729
Skala ,,Träume"						
$\bar{x}$	13.6	14.8	14.2	12.7	13.5	12.9
s	3.1	3.1	3.1	2.8	2.8	2.8
Skala ,,Selbstbehauptung"						
$\bar{x}$	13.0	14.7	13.7			
s	2.6	2.8	2.7			

rung", „Anpassungsbereitschaft" und „Soziale Kälte". Bei den Jugendlichen besteht ein leichter Zusammenhang zur Dimension „Selbstentfremdung", bei den Erwachsenen ähnlich zu „Eigenverantwortung". Klare Beziehungen bestehen zu den Skalen „Träume" und „Selbstbehauptung". Es sind dies — wie bei den Entspannungstechniken — diejenigen sozialen Orientierungsmuster, in denen eine fehlende Passung von Ich und Sozialwelt formuliert ist, die dem Ich eine Gegenbewegung gegen die Gesellschaft nahelegen.

Intensive Flip-Praxis ist bei den Erwachsenen an Bildungsmerkmale und andere, soziodemographisch faßbare Lebensbedingungen geknüpft, nicht dagegen bei den Jugendlichen. Bei den Erwachsenen hängt der Spaß an den kleinen Unvernünftigkeiten des Alltags teilweise mit Interesse an Politik und mit Sympathie für die neueren politischen Protestbewegungen zusammen. Anders bei den Jugendlichen (von wenigen Tendenzen abgesehen): Bei ihnen ist die Neigung zum kleinen Risiko und zum flüchtigen Ausbruch, zur Lebendigkeit im Alltag, zur punktuellen Erlebnisintensität Teil eines vielfältigen und intensiven Freizeitlebens, nicht aber gebunden an politische Orientierungen und Haltungen. Diese Muster entsprechen denen bei den Entspannungstechniken aufgewiesenen (Allein im Merkmalsbereich der kirchlich-religiösen Haltungen und Praktiken zeigen diejenigen, die Alltagsflips intensiv praktizieren, andersgerichtete Tendenzen als die, die Entspannung intensiv betreiben; sie stehen dem Bereich von Kirche und Religion eher abstinent gegenüber).

„Spannung" (Flips) und „Entspannung" sind zwei, einander teilweise überlappende Muster des kleinen Bruchs mit der Routine des Alltags. Beide gehören bei den Jugendlichen zu einem gegenüber Bildung und anderen soziodemographischen Bedingungen verselbständigten Bereich von Freizeitleben, das ohne prägnante Bezüge zu politischen und zu Werthaltungen gelebt wird — eher als Befindlichkeitsmanagement oder eher als Erlebnissuche.

ARTHUR FISCHER

Rauchen und Trinken

Rauchen und Trinken — harmlose Vergnügungen, Einstieg in gefährliche Drogen oder Beweis für den sittlich-moralischen Verfall der Jugend? Viele Erwachsene nehmen Anstoß am Rauchen von Jugendlichen auf der Straße — vor allem, wenn dies Mädchen tun — und an kreisenden Bierflaschen in einer fröhlichen Jugendrunde. Bilder alkoholisierter Jugendlicher dienen geradezu als Beweis dafür, daß von dieser Jugend nichts zu erwarten ist.

Das Ziel dieses Abschnitts soll nicht darin bestehen, solche populären Bilder von der Jugend zu analysieren. Ebenso wenig sollen mögliche gesundheitliche Folgen eine Rolle spielen. Im Vordergrund steht vielmehr die Frage, ob Rauchen und Trinken Merkmale sind, die in Beziehung zu anderen Merkmalen stehen. Etwas weniger akademisch: Unterscheiden sich rauchende und trinkende Jugendliche von denen, die dies nicht tun, und — falls Unterschiede bestehen — lassen sich daraus Hypothesen über die Bedeutung von Rauchen und Trinken für Jugendliche ableiten?

44% der Jugendlichen rauchen täglich, weitere 9% hin und wieder, 6% kaum und 41% gar nicht. Erwartungsgemäß gibt es dabei Unterschiede zwischen Jungen und Mädchen, wenn diese auch nicht so groß ausfallen, wie man es vermuten könnte: 48% der Jungen stehen 40% der Mädchen gegenüber, die täglich rauchen. Umgekehrt rauchen 39% der Jungen gar nicht gegenüber 42% der Mädchen. Auch ein Zusammenhang mit dem Alter der Jugendlichen ist zu erwarten: im Alter von 15 bis 17 Jahren rauchen erst 32% der Jugendlichen täglich, im Alter von 18 bis 20 Jahren sind es 43% und im Alter von 21 bis 24 Jahren ist der Anteil der täglichen Raucher auf 53% angestiegen. Diese Aufschlüsselung nach Alter täuscht aber über eine andere interessante Entwicklung hinweg: Der Anstieg der Raucher mit dem Alter geschieht geschlechtsspezifisch.

Im Alter von 15 bis 17 Jahren rauchen noch ebensoviele Jungen

Tabelle 1: Rauchen nach Geschlecht und Alter (Jugend '84). — Angaben in Prozenten —

	Alter: 15-17 Jahre		Alter: 18-20 Jahre		Alter: 21-24 Jahre		Gesamt
	Jungen	Mädchen	Jungen	Mädchen	Jungen	Mädchen	
	n = 169	n = 253	n = 244	n = 229	n = 312	n = 264	n = 1472
rauche täglich	32	32	46	40	58	48	44
hin und wieder und kaum	16	17	13	20	11	17	15
gar nicht	52	51	41	40	31	35	41

wie Mädchen, etwa die Hälfte raucht jeweils überhaupt nicht. Im Alter von 18 bis 20 Jahren ist der Anteil der Nichtraucher auf jeweils 40% gesunken. Der Anteil der täglichen Raucher beträgt für die Jungen jetzt 46%, für die Mädchen nur 40%. Dieser Unterschied wird noch größer bei den 21-24jährigen: Jetzt stehen 58% an täglichen Rauchern bei den Jungen 48% bei den Mädchen gegenüber. Der Anteil der täglichen Raucher steigt bei den Jungen also von 32% auf 58% an, bei den Mädchen nur auf 48%. Dafür bleibt der Anteil der Mädchen, die gelegentlich rauchen, über die Altersgruppen hinweg relativ konstant, vermutlich Mädchen, die manchmal „mitrauchen" oder in anderen Situationen zur Zigarette greifen.

Deutlich niedriger liegt der Anteil der Raucher bei den Erwachsenen. 34% rauchen täglich , 7% hin und wieder, 3% kaum und 56% gar nicht. Sehr markant ist auch der Unterschied zwischen Männern und Frauen ausgeprägt: 44% der Männer rauchen täglich, gegenüber 25% der Frauen, dafür stehen den 45% der Männer, die sich als absolute Nichtraucher bezeichnen, 66% der Frauen gegenüber. Diese Differenz zwischen Männern und Frauen variiert ebenfalls mit dem Alter:

Tabelle 2: Rauchen nach Geschlecht und Alter (Erwachsene '84). – Angaben in Prozenten –

	Alter: 45-47 Jahre männl. n = 149	weibl. n = 156	Alter: 48-50 Jahre männl. n = 99	weibl. n = 94	Alter: 51-54 Jahre männl. n = 110	weibl. n = 121	Gesamt n = 729
rauche täglich	42	28	(44)	(25)	45	21	34
hin und wieder und kaum	13	11	(8)	(7)	11	8	10
gar nicht	44	61	(48)	(68)	45	72	56

Mit höherem Alter steigt die Differenz zwischen rauchenden Männern und Frauen an, vermutlich ein Hinweis auf Unterschiede in der Sozialisation.

Der Zusammenhang des Merkmals Rauchen mit den Merkmalen Alter und Geschlecht erschwert eine Analyse der Beziehungen von Rauchen zu anderen Merkmalen, da jeweils zu überprüfen ist, ob diese Beziehungen nicht lediglich Scheinkorrelationen darstellen, die sich in Wirklichkeit auf den Einfluß von Alter und Geschlecht zurückführen lassen. Auch wenn man diese Gefahr von Scheinkorrelationen berücksichtigt, ergeben sich noch eine Fülle von Unterschieden zwischen rauchenden und nichtrauchenden Jugendlichen.

Jugendliche, die nicht oder kaum rauchen, sehen deutlich mehr Fehler bei den Jugendlichen selbst als dies rauchende Jugendliche tun. 30% der Nichtraucher gegenüber nur 23% der Raucher nennen vor allem die falsche Beziehung der Jugendlichen zu den Erwachsenen, das Rauchen als „Fehler der Jugendlichen" spielt dagegen keine Rolle. Als Dinge, die vor allem die Jugendlichen lernen sollten, nennen die Nichtraucher deutlich häufiger „alte Werte": Mit dem Gegebenen zufrieden sein, gute Umgangsformen, Ordnung und Sauberkeit, Pflichtgefühl und Fleiß. Genau diese Werte halten die rauchenden Jugendlichen für eher unwichtig — und zwar für Jugendliche *und* Erwachsene. Die Raucher nehmen den Generationskonflikt mit deutlicher größerer Sensibilität wahr als die Nichtraucher: 76% der Raucher gegenüber nur 65% der Nichtraucher glauben, daß Jugendliche und Erwachsene weniger gut oder überhaupt nicht gut miteinander auskommen. Auf der Basis dieser Erkenntnisse verwundert es nicht, daß der Jugendzentrismus bei den Rauchern deutlich stärker ausgeprägt ist als bei den Nichtrauchern ($\bar{x} = 24{,}6$ gegenüber $\bar{x} = 22{,}5$ bei den Nichtrauchern, $t = 8{,}81$, p kleiner 0,1). Überhaupt scheinen sich die rauchenden Jugendlichen früher von den Eltern zu emanzipieren. Sie datieren das „richtige Alter", in dem man sexuelle Erfahrungen mit dem anderen Geschlecht machen kann bzw. in dem man selbst bestimmen darf, wie man aussehen will, durchschnittlich ein halbes Jahr früher als die Nichtraucher. Daß dies zu verstärkten Konflikten mit den Eltern führt, beweisen die folgenden Daten:

Tabelle 3: Rauchen und Konflikte mit den Eltern (Jugend '84). — Angaben in Prozenten —

Konflikte mit den Eltern sehr häufig und häufig	Rauchen: täglich und hin und wieder n = 786	Rauchen: kaum und gar nicht n = 686
weil ich keine guten Umgangsformen hatte	20	11
wegen der Kleidung	35	19
wegen meiner Frisur	27	13
wegen meiner Unordentlichkeit	50	41
wegen meiner Leistungen in der Schule	39	21
wegen dem Rauchen	34	4
wegen dem Ausgehen abends	41	25
wegen der Musik, die ich hören wollte	23	14
wegen unterschiedlicher politischer Meinung	15	7
weil ich zuhause nicht helfen wollte	34	27

Angesichts dieser Konflikte überrascht es nicht, daß 42% der Raucher gegenüber 29% der Nichtraucher das Gefühl haben, sehr streng oder streng erzogen worden zu sein.

Nicht nur zuhause, auch in Schule und Ausbildung haben die Raucher deutlich mehr Probleme als die Nichtraucher:

Tabelle 4: Schul- und Ausbildungsprobleme (Jugend '84).
— Angaben in Prozenten —

Problem aufgetreten	Rauchen: täglich und hin und wieder n = 786	Rauchen: kaum und gar nicht n = 686
sitzengeblieben	36	19
konnte den gewünschten Ausbildungsberuf nicht machen	25	17
Keine Probleme	23	33

Gesprächspartner für ihre Nöte und Sorgen suchen sich die Raucher eher außerhalb der Familie, während die Nichtraucher relativ häufiger in der Familie einen Ansprechpartner finden.

Im Bereich der Freizeitbeschäftigungen neigen die Raucher stärker als die Nichtraucher zu Erzählen und Unterhalten, zu Tanz, Flirt, Vergnügen und zu Reisen, während die Nichtraucher mehr Lesen und Sport treiben/ wandern. 78% der Nichtraucher gegenüber 67% der Raucher treiben Sport, vor allem die Wassersportler sind stark unter den Nichtrauchern vertreten. Das Interesse an Technik ist bei beiden Gruppen gleich stark ausgeprägt, bei den Inhalten zeigen sich dagegen Unterschiede: Die Raucher favorisieren Auto / Motorrad (68% gegenüber 52% der Nichtraucher) und Motoren / Maschinen (40% gegenüber 25%), die Nichtraucher interessieren sich stärker für Fahrrad (36% gegenüber 25% der Raucher) und Umweltschutz (46% gegenüber 39%). Häufiger als die Nichtraucher gehören die Raucher einem Kreis junger Leute an. 41% der Nichtraucher sind Mitglied in einem Sportverein (nur 26% der Raucher), die Raucher sind eher nichtorganisiert (52% gegenüber 37% der Nichtraucher).

Diese unterschiedlichen Interessen und Verhaltensweisen entstehen auf dem Hintergrund unterschiedlicher sozialer Orientierungsmuster:

Tabelle 5: Rauchen und soziale Orientierungsmuster (Jugend '84). Mittelwerte.

Soziale Orientierungsmuster	Rauchen täglich und hin und wieder n = 786	Rauchen kaum und gar nicht n = 686	Prüfgröße t	Unterschied ist signifikant auf ... Niveau
Selbstentfremdung	8,0	7,5	3,46	0,1%
Eigenverantwortung	15,8	15,4	3,06	0,2%
Träume	14,4	14,0	2,51	2,0%
Privatisierung	11,5	11,4	0,67	n.s.
Anpassungsbereitschaft	13,4	13,8	2,66	1,0%
Selbstbehauptung	14,2	13,2	7,21	0,1%

Das „riskantere Leben" der Raucher bestätigt sich auch auf dieser Ebene der Analyse. Selbstbehauptung stellt für sie ein hohes Ziel dar. Rauchen als Mittel, „aus dem Zwang dieser Gesellschaft auszubrechen"? Oder eher Rauchen als Tun, „was mir gerade Spaß macht" Oder vielleicht Rauchen als Signal zum „Leben und nicht nur im Strom der anderen schwimmen"?

Der Wunsch nach Selbstbehauptung in einem riskanten Leben muß sich auch bei der Einschätzung der zukünftigen Entwicklung zeigen. Tatsächlich sind die Raucher in allen Aspekten pessimistischer als die Nichtraucher. So wollen nur 66% der Raucher gegenüber 75% der Nichtraucher einmal Kinder haben. Diese Kinder wollen 53% der Raucher (41% der Nichtraucher) anders oder ganz anders erziehen, sie legen vor allem Wert auf die Erziehungsziele „mehr Selbständigkeit" und „mehr Freiheiten". Pauschal beurteilen 43% der Raucher ihre eigene Zukunft als eher zuversichtlich, bei den Nichtrauchern sind dies immerhin 52%. Diese unsichere Zukunft siedeln die Raucher auch eher in einer unsicheren gesellschaftlichen Zukunft an. 52% sehen die Zukunft der Gesellschaft eher düster (nur 40% der Nichtraucher). In der Skala Zukunftspessimismus erreichen die Raucher einen Mittelwert von 23,9 gegenüber 22,9 der Nichtraucher ($t = 5,09$, p kleiner 0,1%). Die Raucher neigen stärker zu politisch alternativem Handeln und weniger zu pädagogisch sozialem Handeln. Dennoch äußern die Raucher kein höheres Interesse an Politik als die Nichtraucher. 26% neigen den Grünen/Alternativen zu (Nichtraucher 20%), während die CDU/CSU nur bei 12% auf Sympathie stößt (Nichtraucher: 22%). Mit dem, was die Bundesregierung für die Jugend tut, sind die Raucher unzufriedener als die Nichtraucher. Sie beklagen vor allem die Mängel im Bereich Lehre/Arbeitslosigkeit.

Die verschiedenen Entspannungstechniken sind bei den Rauchern stärker verbreitet als bei den Nichtrauchern mit einer Ausnahme: Nichtraucher gehen häufiger als Raucher in den Garten/ in die Natur, während die Raucher wiederum häufiger mit irgendjemand telefonieren, in der Badewanne herumdösen, sich mal richtig pflegen und sich was Neues kaufen. Zudem neigen die Raucher stärker zu Flips als die Nichtraucher: sie ziehen häufiger als die Nichtraucher ganz verrückte Sachen an (22% der Raucher zu 13% der Nichtraucher), trinken mal unvernünftig viel Alkohol (21% zu 7%), machen mit anderen mal die Nacht durch bis zum frühen Morgen (37% zu 20%) und hören häufiger Musik irrsinnig laut (52% zu 36%). Zudem neigen die Raucher stärker als die Nichtraucher der Friedensbewegung, der Frauenbewegung und den Motorradfans zu, während die Nichtraucher sich häufiger als Teil der Joggingbewegung verstehen.

Nach alledem scheint Rauchen mehr zu sein als bloße Befriedigung einer Sucht. Auf dem Hintergrund von Konflikten in der Familie entsteht bei den Rauchern der Wunsch nach einer frühen Ablösung. Weitere Schwierigkeiten in Schule und Ausbildung bleiben nicht aus. Es entstehen Orientierungsmuster, die Selbstbehauptung in einer gefährdenden und gefährdeten Welt in den Vordergrund stellen. Eine Ausrichtung an politisch alternativen Stilrichtungen ist die Folge, kleinere Ausbrüche aus dem Alltag werden erprobt.

Rauchen und Trinken, gehören sie so eng zusammen, wie dies in der öffentlichen Diskussion erscheint?

Tabelle 6: Rauchen und Trinken. — Angaben in Prozenten —

	Jugend '84			Erwachsene '84		
rauche	täglich und hin und wieder n = 786	kaum und gar nicht n = 686	Gesamt n = 1472	täglich und hin und wieder n = 296	kaum und gar nicht n = 433	Gesamt n = 729
Einstellung zu Alkohol						
trinke gerne	44	22	33	40	22	29
mache mir nicht viel daraus	50	60	54	54	61	58
trinke gar keinen Alkohol	7	19	13	6	17	12

Der Zusammenhang ist in der Tat sehr eng, von den Rauchern trinken doppelt soviele gerne Alkohol wie von den Nichtrauchern. Die Enge der Korrelationen ist bei Jugendlichen und Erwachsenen praktisch identisch, auch zwischen den absoluten Anteilshöhen zeigt sich ein nur geringfügiger Unterschied. In der Einstellung zu Alkohol sind sich beide Generationen weitgehend einig. Das überrascht insofern, als „Trunksucht" zu den Etiketten gehört, die den Jugendlichen von der Erwachsenengeneration gerne schon einmal angehängt wird. Dieser Pauschalvorwurf übersieht unter anderem auch, daß zwischen Erziehungsverhalten und Trinkgewohnheiten der Eltern und dem Alkoholkonsum der Jugendlichen ausgeprägte Zusammenhänge bestehen (vgl. dazu Teusch 1980). Interpretationen der Frage nach der Einstellung zum Alkohol müssen berücksichtigen, daß nur nach der *Einstellung*, nicht aber nach der konsumierten Menge gefragt wird (Fragetext bei Erwachsenen: Trinken Sie gern alkoholische Getränke, machen Sie sich nicht viel aus Alkohol, oder trinken Sie gar keinen Alkohol?). Bei dieser Frage handelt es sich um eine wörtliche Replikation einer Frage der Jugendstudie 1955 (Fröhner 1956, 270). Ähnlich wie bei der Frage nach dem Rauchen lassen sich auch hier Abhängigkeiten von Geschlecht und Alter erwarten.

Tabelle 7: Einstellung zu Alkohol nach Geschlecht und Alter (Jugend '84). — Angaben in Prozenten —

Einstellung zu Alkohol	15-17 Jahre Jungen n=159	15-17 Jahre Mädchen n=253	18-20 Jahre Jungen n=244	18-20 Jahre Mädchen n=229	21-24 Jahre Jungen n=312	21-24 Jahre Mädchen n=265	Gesamt Jungen n=725	Gesamt Mädchen n=747	Gesamt n=1472
trinke gerne	27	22	46	28	45	27	41	26	33
mache mir nicht viel daraus	53	58	48	57	48	63	49	59	54
trinke gar keinen	20	20	7	15	7	10	10	15	13

Offenbar ist nach dem 17. Lebensjahr die Entscheidung darüber gefallen, wie man zum Alkohol steht, die Altersgruppen 18 bis 20 Jahre und 21 bis 24 Jahre unterscheiden sich kaum noch. Die Anzahl der Jungen mit positiver Einstellung zu Alkohol liegt hier deutlich über der Anzahl der Mädchen, die Abhängigkeit der Einstellung zum Alkohol von Alter und Geschlecht der Befragten tritt noch deutlicher zutage, als dies beim Rauchen der Fall war.

Interessant erscheint ein Vergleich der Daten der Jugendlichen mit den entsprechenden Angaben der Erwachsenen:

Tabelle 8: Einstellung zu Alkohol nach Geschlecht und Alter (Erwachsene '84). – Angaben in Prozenten –

Einstellung zu Alkohol	45-47 Jahre männl. n=149	45-47 Jahre weibl. n=156	48-50 Jahre männl. n=99	48-50 Jahre weibl. n=94	51-54 Jahre männl. n=110	51-54 Jahre weibl. n=121	Gesamt männl. n=358	Gesamt weibl. n=371	Gesamt n=729
trinke gerne	41	22	(48)	(15)	38	13	42	17	29
mache mir nicht viel daraus	54	64	(46)	(64)	56	65	53	64	58
trinke gar keinen	5	15	(7)	(21)	6	22	6	19	12

Bei den Männern zeigt sich keine systematische Variation der Einstellung zum Alkohol mit dem Alter, sehr wohl aber bei den Frauen, bei denen mit steigendem Alter die Einstellung zu Alkohol immer negativer wird. Die Differenz zwischen Männern und Frauen ist deutlich stärker ausgeprägt als dies bei den Jugendlichen der Fall ist. Die Daten der Männer unterscheiden sich nur unwesentlich von den entsprechenden Zahlen der Jungen ab 18 Jahren, eine Basis für den Vorwurf der Abhängigkeit von Alkohol gegenüber Jugendlichen ist nicht vorhanden.

Die enge Korrelation zwischen Alter und Geschlecht und Einstellung zu Alkohol bei den Jugendlichen erschwert eine aussagekräftige Analyse der Beziehungen zu anderen Merkmalen ungemein. Will man Alkohol und andere Merkmale in einen Zusammenhang bringen, so ist immer zunächst zu prüfen, ob eine mögliche Beziehung nicht etwa nur auf den Einfluß von Alter und Geschlecht zurückzuführen ist. An einem Beispiel sollen diese Schwierigkeiten einmal dargestellt werden.

Zwischen den Merkmalen Einstellung zu Alkohol und Interesse an Politik scheint auf den ersten Blick ein deutlicher Zusammenhang zu bestehen, der zu vielen reizvollen Interpretationsmöglichkeiten Anlaß gibt:

Tabelle 9: Einstellung zu Alkohol und Interesse an Politik (Jugend '84). – Angaben in Prozenten –

Interesse an Politik	Einstellung zu Alkohol: trinke gerne n=490	nicht viel n=798	gar keinen n=184
JA	60	54	45
NEIN	40	46	55

Der Zusammenhang wird deutlich, je lieber man Alkohol trinkt, desto eher interessiert man sich für Politik. Oder anders: je mehr man sich für Politik interessiert, desto lieber trinkt man Alkohol. Dies mag einleuchtend erscheinen oder nicht, die Frage bleibt, ob die Daten bei einer näheren Analyse diesen Zusammenhang bestätigen. So besteht z.B. die Möglichkeit, daß das Geschlecht die entscheidende Rolle spielt: Jungen trinken lieber Alkohol als Mädchen und interessieren sich auch stärker für Politik. Diese Hypothese kann überprüft werden:

Tabelle 10: Einstellung zu Alkohol und Interesse an Politik nach Geschlecht (Jugend '84). – Angaben in Prozenten –

	Einstellung zu Alkohol					
	trinke gerne		nicht viel		gar keinen	
Interesse	Jungen	Mädchen	Jungen	Mädchen	Jungen	Mädchen
an Politik	n = 298	n = 192	n = 356	n = 442	n = 71	n = 113
JA	65	53	62	47	(56)	37
NEIN	35	47	38	53	(44)	63

Der deutliche Zusammenhang, den die Tabelle 9 suggeriert, ist schon etwas weniger deutlich geworden, bleibt aber erhalten, wenn man Jungen und Mädchen getrennt betrachtet. Zugleich werden die Besetzungszahlen einzelner Untergruppen schon sehr klein, z.B. gibt es nur 71 Jungen, die gar keinen Alkohol trinken. Entsprechend ungenau werden Aussagen über solche Gruppen.

Nun kann man erwarten, daß neben dem Geschlecht auch das Alter eine Rolle spielt:

Tabelle 11: Einstellung zu Alkohol und Interesse an Politik nach Alter (Jugend '84). – Angaben in Prozenten –

	Einstellung zu Alkohol								
	trinke gerne			nicht viel			gar keinen		
Interesse	15-17	18-20	21-24	15-17	18-20	21-24	15-17	18-20	21-24
an Politik	n = 102	n = 175	n = 213	n = 236	n = 246	n = 316	n = 84	n = 52	n = 48
JA	44	54	73	39	57	63	(29)	(42)	(75)
NEIN	56	46	27	61	43	37	(71)	(58)	(25)

Der Zusammenhang zwischen Einstellung zum Alkohol und Interesse an Politik bleibt auch innerhalb der Altersgruppen weitgehend erhalten, wenn auch spezifische Entwicklungen zu beobachten sind. So ist zwar ein klarer Zusammenhang bei den 15 bis 17-jährigen zu konstatieren, nicht aber bei den 18-20jährigen. Unklar bleiben die Werte der 21-24jährigen, vor allem auch deshalb, weil die Besetzungszahlen in der Gruppe der Alkoholablehner schon sehr klein sind. Eine endgültige Aussage über den Zusammenhang von Einstellung zu Alkohol und Interesse an Politik, unabhängig von Alter und Geschlecht, könnte man erst dann treffen, wenn Alter und Geschlecht *gemeinsam* als Einflußfaktoren auf diese Beziehung analysiert würden. Die Ergebnisse dieser Analyse soll hier nicht dargestellt werden, es möge der Hinweis genügen, daß die Korrelation zwischen Einstellung zu Alkohol und Interesse an Politik bei den 15 – 17jährigen erhalten bleibt, bei den 18-20jährigen verschwindet und bei den 21-24jährigen nur für die Mädchen gilt.

Die oben beschriebenen Analysen wurden für jede der folgenden Beziehungen durchgeführt. Es sind nur Ergebnisse aufgeführt, bei denen sich die Beziehung unabhängig von soziodemografischen Einflußgrößen nachweisen ließen. Als Analysemethode fand die Varianzanalyse Verwendung, die in der Lage ist, den simultanen Einfluß mehrerer Merkmale zu analysieren. Der enge Zusammenhang zwischen Rauchen und Einstellung zu Alkohol ist dafür verantwortlich, daß viele Beziehungen ähnlich den angeführten Beziehungen beim Rauchen sind.

Jugendliche mit einer positiven Einstellung zu Alkohol sind stärker als solche mit negativer Einstellung davon überzeugt, daß heute die Erwachsenen viele Dinge falsch machen, sie weisen vor allem auf falsche politische Ansichten und auf falsche Lebensweise der Erwachsenen hin. Aber auch die Jugendlichen machen nach Ansicht der ,,positiven Gruppe" (Jugendliche mit positiver Einstellung zu Alkohol) viel falsch, stärker als Jugendliche mit negativer Einstellung zu Alkohol verweisen sie auf die falsche Lebensplanung und -weise der Jugendlichen. Gute Umgangsformen und Fleiß gehören zu den Werten, die von der Gruppe der Alkoholgeneigten weniger stark den Jugendlichen zugesprochen werden, als von der Gruppe derjenigen, die Alkohol ablehnen. Ein deutlicher Zusammenhang zeigt sich auch in der Skala Jugendzentrismus

Jugendliche, die gerne Alkohol trinken	$\bar{x} = 24{,}3$
Jugendliche, die nicht viel Alkohol trinken	$\bar{x} = 23{,}3$
Jugendliche, die gar keinen Alkohol trinken	$\bar{x} = 22{,}8$

Jugendliche mit positiver Einstellung zum Alkohol sind in höherem Maße jugendzentriert als die Ablehner. Das ,,richtige Alter" für sexuelle Erfahrungen mit dem anderen Geschlecht und für Selbstbestimmung über das eigene Aussehen datieren die dem Alkohol zugeneigten Jugendlichen durchschnittlich 10 Monate früher als die Abgeneigten. Auch in der Kindererziehung haben die positiv Eingestellten andere Ansichten, 50% wollen ihre Kinder anders oder ganz anders erziehen, bei den Abgeneigten sind dies nur 40%.

Im Elternhaus hatten die Jugendlichen mit positiver Einstellung zu Alkohol deutlich häufiger Konflikte als die Alkoholgegner in den folgenden Bereichen:
— keine guten Umgangsformen
— wegen der Kleidung
— wegen meiner Frisur
— wegen meiner Leistungen in der Schule
— wegen dem Rauchen
— wegen dem Ausgehen abends
— wegen der Musik, die ich hören wollte
— weil ich zuhause nicht helfen wollte

Auch Probleme im Schul-/Ausbildungsbereich traten bei ihnen häufiger auf, sie blieben häufiger sitzen und konnten häufiger den gewünschten Beruf nicht ergreifen. Jugendliche mit positiver Einstellung zu Alkohol nutzen stärker bestimmte Entspannungstechniken, vor allem telefonieren sie häufiger mit irgendjemand, dösen in der Badewanne herum und sprechen mit Freund oder Freundin.

32% der Alkoholabgeneigten gegenüber nur 18% der Zugeneigten geben an, ein Vorbild zu haben, dieses Vorbild finden sie überwiegend im Bereich der Familie oder der näheren Bekanntschaft. Als Gründe für diese Wahl geben die Abgeneigten stärker Leistung und Erfolg des Vorbilds an, während die Jugendlichen mit positiver Einstellung zu Alkohol eher auf Haltung und Charakter des Vorbilds Wert legen. Deutliche Unterschiede finden sich auch in den Freizeitbeschäftigungen. Die Jugendlichen mit positiver Einstellung zu Alkohol lesen weniger und treiben nicht so oft Sport, dafür unterhalten sie sich lieber, mögen Tanz, Flirt und andere Vergnügungen und gehen gerne auf Reisen. Sie treffen sich auch lieber in einem Kreis junger Leute und sind deshalb auch oft nicht zu Hause. Jugendliche mit positiver Einstellung zum Alkohol neigen auch stärker zu kleinen Ausbrüchen aus der geregelten Welt (Flips), sie sündigen schon mal beim Essen, machen auch die Nacht bis zum frühen Morgen durch, hören Musik irrsinnig laut und machen auch mal „blau" in Schule oder bei der Arbeit. Die Zukunft der Gesellschaft beurteilen sie deutlich pessimistischer als die Alkoholablehner:

Einschätzung der Zukunft der Gesellschaft	trinke Alkohol gerne	nicht viel	gar keinen
eher düster	50%	45%	42%
eher zuversichtlich	50%	55%	58%

Die sozialen Orientierungsmuster zeigen ebenfalls deutliche Unterschiede zwischen den Gruppen:

Soziale Orientierungsmuster (Mittelwerte)	trinke Alkohol gerne	nicht viel	gar keinen
Selbstentfremdung	7,6	7,8	8,0
Privatisierung	11,1	11,5	11,9
Anpassungsbereitschaft	13,0	13,8	13,8
Selbstbehauptung	14,3	13,5	13,4

Schließlich neigen die Alkoholablehner stärker zu pädagogisch sozialem Handeln, um die Probleme der Zukunft zu meistern.

Die Ähnlichkeiten der Beziehungen zwischen verschiedenen Merkmalen und Rauchen einerseits und Trinken andererseits fallen ins Auge, angesichts der starken Überschneidung zwischen diesen beiden Gruppen ist dies auch nicht verwunderlich. Aus den Daten der vorliegenden Studie ergeben sich keine Hinweise darauf, daß die Jugendlichen, die rauchen und/oder trinken, in einem besonderen Maße gefährdet sind. Andererseits sind Rauchen und Trinken keine Verhaltensweisen, die von den Jugendlichen nur zufällig oder aus modischen Gründen, d.h. ohne Beziehung zu anderen Merkmalen ausgeübt werden. Die klassischen Abhängigkeiten von Alter und Geschlecht sind auch bei den Jugendlichen zu beobachten, wenn auch — gegenüber den Erwachsenen — in deutlich abgeschwächter Form. Rauchen und Trinken scheinen Verhaltensweisen zu sein, die auf dem Hintergrund einer spezifischen Sozialisationsgeschichte entstehen. Schwierigkeiten und Konflikte in Elternhaus und Schule, der Wunsch nach einer frühen Ablösung von der Familie und das Bestreben, sich nicht unterkriegen zu lassen, und das zu tun, was man selbst für richtig hält, scheinen günstige Bedingungen für Rauchen und Trinken zu sein. Hinzu kommen die starke Einbindung in soziale Beziehungen mit anderen Jugendlichen und eine gewisse Abwertung der Werte der Erwachsenenwelt. Möglicherweise sind Rauchen und Trinken Signale dafür, daß man bereit ist, auf eigene Gefahr, die Erwachsenenrolle früh zu übernehmen, wenn auch mit anderen Inhalten, als dies die Erwachsenen für richtig halten. Die daraus entstehenden Konflikte werden in Kauf genommen, vielleicht sogar für die eigene Identitätsbildung für notwendig gehalten. Nichtraucher und Nichttrinker passen sich dagegen eher an die herrschenden Normen an, was ein Jugendlicher sein soll und zu tun hat. Die Ablösung vom Elternhaus geschieht später und problemloser. Auf intensive Kontakte mit anderen Jugendlichen legen sie weniger Wert, Anerkennung durch die Erwachsenenwelt hat für sie ein großes Gewicht. Erkauft wird dieser weniger riskante Einstieg in die Erwachsenenrolle durch einen stärkeren Rückzug auf die eigene Person, durch höhere Anpassungsleistungen und durch den Verzicht auf Ausbrüche aus dem vorgegebenen Rahmen. Dies fällt nicht schwer, da Nichtraucher und Nichttrinker dem weiteren Verlauf der Zukunft — sowohl was ihr eigenes Leben als auch was das der Gesellschaft betrifft — recht optimistisch gegenüberstehen. Angesichts einer gefährdenden Welt, wie sie rauchende und trinkende Jugendliche erleben, fällt die eigene mögliche gesundheitliche Gefährdung nicht mehr ins Gewicht.

ARTHUR FISCHER

Technik

Eine der beliebtesten Etikettierungen der letzten Jahre bestand darin, der Jugend pauschal „Technikfeindlichkeit" zu unterstellen. Diese Diskussion scheint — wie viele andere auch — lediglich der Reflex einer allgemeinen Skepsis gegenüber den Chancen und Risiken eines technischen Fortschritts zu sein, einer Diskussion, die gar nicht primär bei den Jugendlichen ansetzt. Zabka (1982) glaubt, eine zunehmende emotionale Polarisierung zwischen Gegnern und Befürwortern von Technik beobachten zu können und fordert stärkere Aufklärung über das Wesen der Technik. Diese einfache Unterscheidung zwischen Technikbegeisterten und Technikverängstigten bezweifelt Springer (1983), der hinter der Schablone „Technikfeindlichkeit" eine höhere Sensibilität vieler Jugendlicher gegenüber dem Mißbrauch von Technik versteht. Jungermann (1982) sieht die Rolle des technischen Experten ins Wanken gekommen:

Zum anderen ist das Verhältnis zwischen *Wissenschaft und Öffentlichkeit* in eine Krise geraten. Das Vertrauen in den Nutzen technischen und wissenschaftlichen Fortschritts ist erschüttert, ein beträchtliches Mißtrauen gegenüber Wissenschaft und Technik ist aufgekommen. Dieses Mißtrauen rührt *teilweise* aus der Erkenntnis, daß viele technische und wissenschaftliche Fragen in Zusammenhang mit der Kernenergie ungelöst sind ... *Teilweise* rührt das Mißtrauen aus dem Gefühl heraus, daß der Ausbau der Kernenergie eine unerwünschte gesellschaftliche Entwicklung verstärkt, deren Protagonisten eben bewußt oder unbewußt die Wissenschaftler und Techniker sind. *Teilweise* schließlich rührt es wohl aus kognitiven und emotiven Prozessen, die bewußter Kontrolle schwer zugänglich sind. ... All dies hat zu einem Riß zwischen Experten und Öffentlichkeit geführt, der durch „Fakten" kaum überbrückbar erscheint. Eine Konsequenz ist, daß manche Experten aus Furcht vor einer Überreaktion der Öffentlichkeit die Genauigkeit ihrer Schätzungen stärker als gerechtfertigt betonen und auf der anderen Seite dann die Öffentlichkeit den Experten nicht mehr traut und die Risiken überschätzt. Die Experten bezweifeln dann wiederum die Rationalität der Öffentlichkeit und beklagen die Emotionalität der Diskussion, die den Fortschritt hemme. (Jungermann 1982, 234)

Wasmund (1982, 109) hält die veränderte Einstellung gegenüber Natur und Technik für einen zentralen Aspekt des Wertewandels:

Als weitere Merkmal des gegenwärtigen Wertewandels ist eine *Veränderung der Werthaltung gegenüber Natur und Technik* feststellbar, die aus der Furcht vor den nuklearen Zerstörungsarsenalen der Supermächte, Kernkraftwerken, Atommüll, den Möglichkeiten elektronischer Datenspeicherung bis hin zur Genmanipulation resultiert. Das Unbehagen an der Modernität und hochtechnisierten Industriekultur hat in Teilen der Bevölkerung zu antitechnologischen Ressentiments und romantischer Verklärung der vorindustriellen Geselschaft geführt.

Differenzierter — ohne sich allerdings dabei auf empirische Daten stützen zu können — äußert sich das Sinus-Institut (1983, 90f) mit dem Vorschlag, Technik-Faszination und Technik-Akzeptanz zu unterscheiden:

Das Verhältnis der Jugendlichen zur Technik kann geprägt sein

— von der Akzeptanz dessen, was sie an Produkten und Dienstleistungen bietet, oder
— von der Faszination darüber, wie sie all dies zustandebringt.
Wer heute von der Technikfeindlichkeit der Jugend spricht, denkt wohl vornehmlich an die zweite Variante. Er vermißt bei der Jugend das atemlose Staunen über den jüngsten bemannten Raumflug ebenso wie über die neueste Errungenschaft der Automobilhersteller. Die reine Bewunderung für komplizierte technisch Konstruktionen und Funktionen ist abgeklungen. ... Erklärt man dagegen die erste Variante, nämlich die Akzeptanz technischer Leistungen und Produkte zum Kriterium, dann stellt sich das Verhältnis der Jugendlichen zur Technik ganz anders dar. Dann sind auch Beweisführungen möglich, die das technische Interesse der Jugend mit der Zahl der Motorradzulassungen in Beziehung bringen. Die Gefahr der technologischen Rückständigkeit infolge Nachwuchsmangels scheint nach dieser Berechnung gebannt. ... Zieht man einen Schluß aus der oben getroffenen Unterscheidung von Technik-Faszination und Technik-Akzeptanz, dann gilt wohl, daß beide weitgehend unabhängig voneinander variieren können. Ein allmähliches Schwinden der Faszination bewirkt keine zwangsläufige Minderung der Akzeptanz.

Einen Zusammenhang zwischen Einstellung zur Leistungsbereitschaft von Jugendlichen zieht Geissler (1985), der — gestützt auf Umfrageergebnisse — keinen Anlaß dafür sieht, den Jugendlichen pauschal „Technikfeindlichkeit“ zu unterstellen:

„Nur eine Minderheit der jungen Menschen neigt dazu, sich von der wissenschaftlich-technischen Leistungsgesellschaft abzuwenden. Die Einstellung der Mehrheit läßt sich wohl am besten als kritische Loyalität zu Technik und Leistung bezeichnen. Die Wachsamkeit gegenüber den Gefahren der Technik hat eine naive Technikgläubigkeit zerstört, ohne daß dabei der Blick für die Vorzüge der technischen Entwicklung verlorengegangen ist.“ (Geissler 1985, 23)

Auf unterschiedliche Technikbilder bei Jugendlichen weist Wagner (1982) hin, wobei sich eine Vielzahl von Einflußgrößen auf diese Bilder identifizieren läßt.

Gegen die Unterstellung einer Technikfeindlichkeit bei der Jugend wenden sich auch Allerbeck und Hoag (1985), deren Erklärungsansatz zumindest den Charme der Einfachheit hat. Unter der Überschrift „Technikfeindschaft und ‚Schweinezyklus‘“ reduzieren sie das Problem auf die Demonstration gegen Kernkraftwerke und die geringe Anzahl von Ingenieurstudenten. Der erste Hinweis wird damit erledigt, daß „es manche Produkte der Technik gibt, die Jugendliche durchaus schätzen — wie Mopeds oder Hifi-Geräte; andere lehnen sie ab — wie die Atomkraftwerke." (Allerbeck und Hoag 1985, 178) Der zweite Aspekt folgt eben dem „Schweinezyklus": „Im Fall unseres Lehrstücks ergab sich, daß just zu diesem Zeitpunkt allenthalben vor dem Ingenieurstudium, vor dem drohenden Ingenieurüberschuß usw. gewarnt worden war. Da potentielle junge Ingenieure kluge Leute sind, nahmen daraufhin viele Abstand von dem Studium. Ist es da überraschend, wenn fünf Jahre später der Ingenieurmangel beklagt wird? An den Ingenieurabsolventen zeigte sich einfach ein Phänomen, das zuerst andernorts entdeckt wurde: der ‚Schweinezyklus'." (Allerbeck und Hoag 1985, 178 f.) Gestützt wird diese Spekulation durch den Hinweis auf eine amerikanische Untersuchung aus dem Jahr 1976. Wenn man danach allerdings noch der Meinung ist, daß an dem „Gerede" (Allerbeck / Hoag 1985, 178) von der Technikfeindlichkeit der Jugend vielleicht doch etwas dran sein könnte, bleibt die Frage zu beantworten: Sind Jugendliche technikfeindlich, oder weniger pauschal: Lassen sich Gruppen von Jugendlichen ausmachen, die der Technik skeptisch gegenüberstehen, wie groß sind diese Gruppen, wie lassen sie sich beschreiben und bestehen in der Einstellung zur Technik Unterschiede gegenüber anderen Gruppen der Bevölkerung?

Eine erste Anwort auf die Frage kann ein Vergleich des Interesses an Technik zwischen Jugendlichen und Erwachsenen geben. Basis dazu bildet eine Frage, die aus der Jugendstudie 1965 entnommen wurde (vgl. Blücher 1966, 56 ff und 220 ff): Interessierst Du Dich für Technik und technische Fragen, und zwar sehr, ziemlich stark, etwas, kaum oder gar nicht, keine klare Stellungnahme.

Tabelle 1: Interesse an Technik. — Angaben in Prozenten —

Interesse	Jugend '84 männl. n=725	Jugend '84 weibl. n=747	Jugend '84 Gesamt n=1472	Erwachsene '84 männl. n=358	Erwachsene '84 weibl. n=371	Erwachsene '84 Gesamt n=729
sehr	22	2	12	22	3	12
ziemlich stark	27	6	16	25	3	14
etwas	33	27	30	36	25	30
kaum	10	24	17	9	22	15
gar nicht	7	39	23	7	44	26
keine klare Stellungnahme	1	3	2	2	4	3

In den Antworten der Erwachsenen zeigt sich eine Konstellation, die alle klassischen Vorurteile zu bestätigen scheint. Am interessiertesten sind (noch) die Männer im Alter von 45 bis 47 Jahren (Interesse sehr stark oder ziemlich stark: 50%), am uninteressiertesten die Frauen im Alter von 51 bis 54 Jahren (3%). Angesichts der Angleichung der Interessen von Jungen und Mädchen in vielen Bereichen überrascht doch hier der klare Unterschied im Interesse an der Technik. Fast identisch sind die Prozentsätze bei Erwachsenen und Jugendlichen, wenn die Jugend skeptisch gegen Technik sein soll, so ist sie es nicht mehr oder weniger als die Erwachsenen auch.

Angesichts dieser Daten fällt es schwer, die aufgeregte Diskussion der letzten Jahre um die angebliche Technikfeindlichkeit der Jugendlichen zu verstehen. Sollte das Unbehagen an der technisch-industriellen Zivilisation, die Sorge, daß die Segnungen der Technik durch erhebliche Nachteile in der Zukunft erkauft werden müssen, lediglich von den Erwachsenen auf die Jugendlichen projiziert worden sein? Nun muß Interesse an der Technik nicht übereinstimmen mit dem Wunsch, neue technische Errungenschaften immer überall ohne Rücksicht auf ihre Nachteile einzusetzen. Einer Aussage ,,Wir müssen alles daran setzen, daß die Entwicklung der Technik weiter fortschreitet und durch nichts aufgehalten wird. Nur durch eine rasche technische Entwicklung wird für uns das Leben immer leichter und angenehmer" stimmten im Dezember 1970 41% der Erwachsenen zu, im November 1973 war der Anteil auf 30% gefallen (vgl. Noelle-Neumann 1978, 70).

Wer sich einen Heimcomputer anschafft, verliert wohl nicht an Glaubwürdigkeit, wenn er sich um den Datenschutz Sorgen macht. Insofern hat das geäußerte Interesse an Technik nicht unbedingt etwas zu tun mit der Beurteilung der Rolle der Technik in unserer Gesellschaft. Und vor allem: Was verbirgt sich hinter der Chiffre ,,Technik?" Dieser Begriff kann alles umfassen, vom Fahrrad hin zum solarbetriebenen Taschenrechner über die Geschirrspülmaschine zum Kernkraftwerk.

Weitere Aufschlüsse kann man von den Antworten zu der Richtung des technischen Interesses erwarten. Alle Jugendlichen und Erwachsenen, die zumindest ,,kaum" Interesse an Technik geäußert hatten, erhielten eine Liste mit unterschiedlichen Interessen vorgelegt, die ebenfalls der Jugendstudie 1965 entnommen wurde. Lediglich die letzten vier Aspekte waren in der Liste des Jahres 1965 noch nicht enthalten.

Die Daten bestätigen zunächst noch einmal die Differenzen im technischen Interesse zwischen Jungen und Mädchen. Unter Berücksichtigung des Anteils derjenigen, die gar kein Interesse an Technik äußern, nennen die Jungen durchschnittlich 4,3 Richtungen, die Mädchen nur 2,1. Ähnlich liegen die Verhältnisse bei den Erwachsenen: den durchschnittlich 4,3 Nennungen der Männer stehen nur 1,7 Nennungen der Frauen gegenüber. Jungen und Männer unterscheiden sich — quantitativ betrachtet — überhaupt nicht, auch hier ergeben sich keine Hinweise auf eine mögliche Technikfeindlichkeit der Jugend. Auch bei der Großtechnologie (Industrie, Produktion und Weltraum, Raketen) zeigen sich kaum Differenzen. Etwas andere Verhältnisse ergeben sich bei den Mädchen. Hier scheint das Interesse an der Technik — gegenüber den Erwachsenen — sogar gestiegen zu sein. Klammert man einmal die etwas atypische Richtung „Technik im Haushalt“ aus, so interessieren sich die Mädchen im Durchschnitt für 1,9 Richtungen, die Frauen lediglich für 1,3 Aspekte. Dies zeigt, daß das Interesse der Mädchen vergleichen mit der Generation der Mütter sogar deutlich zugenommen hat.

Tabelle 2: Richtung der technischen Interessen (Mehrfachnennungen) — Angaben in Prozenten —

	Jugend '84			Erwachsene '84		
Interesse	männl. n = 678	weibl. n = 459	Gesamt n = 1139	männl. n = 333	weibl. n = 209	Gesamt n = 542
technisches Spielzeug, Basteln	19	16	17	22	17	20
Auto, Motorrad	72	43	61	63	25	48
Elektrotechnik	31	8	22	26	8	19
Funk, Fernsehen, Fernmeldetechnik	24	13	20	29	19	25
Motoren und Maschinen	47	12	33	41	6	28
Bauen, technisches Zeichnen	20	15	18	24	11	19
Technik im Haushalt	15	38	24	39	74	53
Industrie, Produktion	17	10	14	20	7	15
Weltraum, Raketen	29	16	24	26	13	21
Foto, Optik	29	33	31	32	22	28
Fahrrad	28	33	30	32	32	32
neue Formen der Energie (z.B. Wind)	32	31	32	28	23	26
Umweltschutz	39	48	43	41	35	39
Videotechnik	26	10	20	17	8	14
Computer	32	16	26	20	11	16
Summe	460	342	415	460	311	403
Interessiere mich gar nicht	7	39	23	7	44	26

Tabelle 2 läßt aber noch eine Fülle interessanter Schlußfolgerungen zu. Die Ähnlichkeit zwischen den Reihenfolgen der techni-

schen Interessen läßt sich am besten durch Rangkorrelationskoeffizienten darstellen.
Ähnlichkeit der Rangfolgen des technischen Interesses:

Jungen — Mädchen	rho = .26
Männer — Frauen	rho = .59
Jungen — Männer	rho = .48
Mädchen — Frauen	rho = .90

Die relativ geringe Ähnlichkeit der Rangfolgen bei Jungen und Mädchen beruht hauptsächlich auf dem deutlich höheren Interesse der Jungen an Motoren / Maschinen und Elektrotechnik und dem recht geringen Interesse an Technik im Haushalt. Für das Auseinanderklaffen der Rangreihen zwischen Jungen und Männern sind das eher geringe Interesse der Männer an Computer und ihr höheres Interesse an Technik im Haushalt verantwortlich. Der wichtigste Unterschied zwischen Männern und Frauen liegt im Grad des Interesses für Motoren / Maschinen. Wenig geändert hat sich in der Reihenfolge der technischen Interessen bei Mädchen und Frauen. Einen genauen Einblick in die Struktur des technischen Interesses bei Jugendlichen erhält man, wenn man die Frage nach dem Grad des technischen Interesses mit der Nachfrage nach der Richtung kombiniert:

Tabelle 3: Typologie aus Grad und Richtung des technischen Interesses (Jugend '84). — Angaben in Prozenten —

Grad (Frage 38)	Richtung (Frage 38a)	Beschreibung	n = 1472
sehr und ziemlich stark	1-4 Bereiche	starkes Interesse für wenige Bereiche (Typ: Spezialist)	10,6
sehr und ziemlich stark	8-15 Bereiche	starkes Interesse für viele Bereiche (Typ: Allroundtechniker)	6,3
sehr und ziemlich stark	5-7 Bereiche	starkes Interesse für durchschnittlich viele Bereiche	10,7
etwas und kaum	1-4 Bereiche	geringes Interesse für wenige Bereiche	35,3
etwas und kaum	8-15 Bereiche	geringes Interesse für viele Bereiche	2,0
etwas und kaum	5-7 Bereiche	geringes Interesse für durchschnittlich viele Bereiche	10,1
gar nicht	—	kein technisches Interesse	22,8
keine klare Stellungnahme	—	—	2,2
		Summe	100,0

Offenbar macht nur eine Minderheit der Jugendlichen bei der Beschäftigung mit der Technik ernst, aber auch diese Analyse vermag den Vorwurf der Technikfeindlichkeit nicht zu stützen.

Die Abhängigkeit des technischen Interesses vom Geschlecht war schon dargelegt worden, darüberhinaus zeigen die Daten aber auch eine deutliche Kovariation von technischem Interesse und Alter.

Tabelle 4: Grad des Interesses und Alter (Jugend '84). — Angaben in Prozenten —

Grad des technischen Interesses	Alter 15-17 Jahre n = 422	 18-20 Jahre n = 473	 21-24 Jahre n = 577
sehr	8	13	14
ziemlich stark	12	16	19
etwas	28	31	30
kaum	19	19	15
gar nicht	29	20	21
keine klare Stellungnahme	3	2	2

Ab 18 Jahren scheint sich der Grad des technischen Interesses nicht mehr zu verändern. Allerdings bleiben auch innerhalb der Altersgruppe die Unterschiede zwischen Jungen und Mädchen bestehen. Ein Beispiel: Die 8% der 15-17jährigen, die sich sehr für Technik interessieren, setzen sich zusammen aus 19% der Jungen und 1% der Mädchen dieser Altersgruppe.

Die deutlichen Abhängigkeiten des technischen Interesses von Geschlecht und Alter der befragten Jugendlichen machen eine weitere Analyse fast unmöglich. In der Tat ergaben sich bei der Prüfung der Daten mittels Varianzanalyse kaum interpretierbare Beziehungen, die nicht aus den Haupteffekten „Einfluß von Alter und Geschlecht bzw. deren Kombination" zu erklären wären. Die Auswertungsalternative besteht in einer weiteren Analyse in homogenen Untergruppen (also z.B. einer Analyse nur bei der Gruppe der jüngeren Mädchen), dieser Ausweg verbietet sich aber aufgrund der relativ geringen Größe der jeweiligen Untergruppen. Deshalb seien im folgenden nur summarisch die wichtigsten Unterschiede zwischen technikinteressierten und -nichtinteressierten Jugendlichen dargestellt, Unterschiede, die nicht ausschließlich auf den Einfluß Alter und Geschlecht zurückzuführen sind. Jugendliche mit starkem Interesse an Technik unterscheiden sich von denen, die kein Interesse an Technik haben, in den folgenden Merkmalen: Jugendliche mit Interesse an Technik

— sind jugendzentrierter

— haben geringere Werte in der Skala „Träume"

— haben eine geringere Anpassungsbereitschaft

— sind stärker der Meinung, daß Jugendliche Dinge falsch machen, vor allem kritisieren sie den fehlenden Zukunftsbezug vieler Jugendlicher

— nehmen den Generationskonflikt schwächer wahr

— nennen vor allem naturwissenschaftliche Fächer und Werken als Lieblingsfächer in der Schule

— haben häufiger Vorbilder, wobei vor allem Wissenschaftler und Sportler eine Rolle spielen, deren Erfolge und Leistungen sie betonen

— spielen häufiger „technische" Musikinstrumente wie Heimorgel, Gitarre und E-Gitarre, Schlagzeug und seltener Klavier oder Blockflöte

Die soziodemografische Beschreibung der Technikfans soll — im Vergleich zu den Technikuninteressierten — tabellarisch zusammengefaßt werden:

Tabelle 5: Soziodemografische Beschreibung der Technikinteressierten (Jugend '84). – Angaben in Prozenten –

Merkmale		Interesse an Technik sehr/stark n=407	etwas/kaum n=697	gar nicht n=335
Geschlecht:	männlich	87	45	14
Alter:	15-17 Jahre	21	29	36
	18-20 Jahre	33	34	28
	21-24 Jahre	46	37	36
Erwerbstätigkeit:				
	hauptberuflich	49	48	45
	nicht erwerbstätig	40	43	46
	Sonstiges	11	9	9
Schulabschluß: (erreich oder angestrebt):	Hauptschule	37	36	43
	Realschule	32	34	28
	Fachhochschule/Abitur	31	30	30

Einen genaueren Einblick in die Struktur des technischen Interesses bei den Jugendlichen versprach der Versuch, die verschiedenen Technikrichtungen empirisch zu gruppieren. Die Versuche

(Clusteranalysen und Faktorenanalysen, sowohl für die Gesamtstichprobe als auch für homogene Untergruppen) schlugen sämtlich fehl, es ergaben sich keine interpretierbaren Konfigurationen. Deshalb wurde für weitere Auswertungszwecke unterschieden zwischen jungenlastiger ,,harter" Technik und mädchenlastiger ,,weicher" Technik. Die harte Technik enthielt die folgenden Richtungen: Auto/Motorrad, Elektrotechnik, Funk/Fernsehen/Fernmeldetechnik, Motoren/Maschinen, Industrie/Produktion, Weltraum/Raketen, Video-Technik und Computer. An diesen Aspekten äußerten die Jungen jeweils deutlich mehr Interesse als die Mädchen. Umgekehrt hatte die Mädchen mehr (oder zumindest gleich viel) Interesse an den folgenden Bereichen der ,,weichen" Technik: Technik im Haushalt, Foto/Optik, Fahrrad, neue Formen der Energie (z.B. Wind) und Umweltschutz.

Faßt man die Ergebnisse zum Komplex ,,Jugend und Technik" zusammen, so ergeben sich keine Anhaltspunkte für eine pauschale Technikfeindlichkeit. Im Gegenteil, das Interesse der Mädchen an Technik scheint höher zu sein als das der erwachsenen Frauen, möglicherweise ein Konsequenz der verbesserten Ausbildung. Das klassische Rollenverständnis — Technik als Domäne des Mannes — bleibt aber auch bei den Jugendlichen weitgehend ungebrochen. Immerhin stoßen die sanften Techniken (Umweltschutz, neue Formen der Energie) auch bei den Mädchen auf einiges Interesse. Ob dic vom Sinus-Institut vorgeschlagene Unterscheidung zwischen Technikakzeptanz und Technikfaszination die merkwürdige Diskrepanz zwischen öffentlicher Diskussion über die Technikfeindlichkeit der Jugend und dem Fehlen jeder empirischen Fundierung dazu erklären kann, sei dahingestellt. Erwachsene Technikfans, denen das Interesse der Jugendlichen dennoch zu gering ist, müssen hinnehmen, daß ihre Generation zumindest kein größeres Interesse entwickelte.

CORNELIA FISCHER

Tanz

1. EINLEITUNG

Stehen bei den Jugendlichen die Gesellschaftstänze, die ihre Eltern und Großeltern schon in den Tanzschulen mitsamt ihrem ‚Benimm-Unterricht' gelernt haben, hoch im Kurs? Oder brennt das ‚John Travolta Saturday-Night-Fever' doch noch nicht auf Sparflamme? Oder geht den Jugendlichen im Zuge eines neuen Körpergefühls namens Fitness nach diversen Wellen und Booms der Breakdance jetzt voll ins Blut?

Die Einstellung der Jugendlichen zum Tanzen; welche Tänze Konjunktur haben; ob es Unterschiede zwischen Tänzern und Nichttänzern gibt oder zwischen Jungen und Mädchen; worin sich Jugendliche, die Gesellschaftstänze bevorzugen, von denen, die lieber in die Disco gehen, oder denjenigen, die Freistil tanzen, unterscheiden; ob es einen Zusammenhang zu körperlichem Fitnesstraining und Gesundheitsbewußtsein nach dem Motto „Kraft für Leib und Seele" gibt, — all das sind Themen, die in diesem Kapitel behandelt werden.

2. VOM MENUETT ZUM BREAKDANCE ODER TANZ IM HISTORISCHEN WANDEL

„Der Tanz begleitet die Menschen seit der Urzeit. Bis zum Beginn des 20. Jahrhunderts hatte der Tanz stets andere Aufgaben als in der heutigen Zeit. Die Menschen alter Kulturen drückten Sehnsucht, Anbetung, Leid und Schmerz in Rhythmus, Musik und Tanz aus. Tanz aus reinem Vergnügen war selten das Motiv. Eigentlich trauerte man im Tanz oder freute sich durch oder mit ihm. Tanz war Kunst, Mythos, Philosophie und Religion zugleich. Selbst die Götter tanzten , ja der Tanz war ein Ausdruck des religiösen Daseinsgefühls, eines Einswerden mit den göttlichen Allkräften. In Europa verlor sich diese Einheit von Religion, Tanz, Geist und Körper vor über 2000 Jahren. In Europa gewann die Freiheit des Geistes zunehmend Bedeutung, und der Tanz begann seinen Siegeszug als eine Form der Geselligkeit. Natürlich dauerte es Jahrhunderte, bis sich das entwickelt hatte, was wir heute unter ‚Gesellschaftstanz' verstehen." (Peter 1982, 9)

Als in Deutschland um die Wende vom 17. zum 18. Jahrhundert mit dem spätbarocken Ideal der galanten conduite erstmals Tanzlehrer auftraten, die nach strengen Regeln einen systematischen Tanzunterricht erteilten, wandten sie sich an ein aristokratisches und großbürgerliches Publikum. Den sozialen Eliten der absolutistischen Epoche kam es, wenn sie sich diesem Unterricht unterzogen, freilich auf wesentlich mehr an als auf das Erlernen eines Sets bestimmter Bewegungsabläufe. Der galante Tanz war für sie nur ein Moment des komplexen Verhaltenskodexes, der ihren spezifischen Lebensstil beschrieb, durch den sie sich von anderen sozialen Kreisen abgrenzten. Diese Funktion, an der Stabilisierung des Selbstverständnisses einer gehobenen sozialen Schicht teilzunehmen, hat der Gesellschaftstanz bis heute behalten. Freilich hat er seine Position nicht immer unangefochten behaupten können. Vielmehr sahen sich die jeweils sozial akzeptierten Gesellschaftstänze immer wieder mit neu lancierten Tänzen konfrontiert, die teils gleichsam reformerisch wirkten, teils aber auch schärfste Opposition gegen die alten Formen anmeldeten. In der Regel zeugen die grundsätzlich neuen Tanzstile vom Wachstum des Einflusses zuvor schwacher sozialer Gruppen oder Schichten.

„Ab 1912 verdrängten schwarze Tänze weitgehend die bürgerlichen Gesellschaftstänze des 19. Jahrhunderts. Das waren zunächst neben Tango und Ragtime die berüchtigten, von der Polizei verbotenen Schiebe- und Wackeltänze, lies: Tänze mit Beckenbewegungen (Pelvis-Tänze) ... Ab 1917 folgten dann Foxtrott, Jazz Dance und Shimmy. Seit 1923 tanzte das weiße Amerika den total schwarzen, in den Südstaaten der USA schon lange bekannten Charleston. Um die gleiche Zeit begegneten die europäischen Turniertänzer auch der afro-brasilianischen Samba. Um 1926 wurde der Black Bottom, im schwarzen Süden der USA schon seit 1900 nachweisbar, für kurze Zeit auch zum populären Modetanz der weißen Jugend. Aber diese erste durchweg aus proletarischen Wurzeln stammende afro-amerikanische Welle wurde von der weißen bürgerlichen Welt noch einmal abgewehrt. Die Tanzlehrer Englands versuchten, die ursprünglich schwarzen Tänze Tango, Blues und Foxtrott zu zähmen, das heißt zu europäisieren. Aus den am Platz getanzten afro-amerikanischen Liebes- und Werbetänzen wurden die abstrakten, mit raumgreifenden Schritten ausgeführten Tänze des ‚Englischen Stils'." (Günther 1982, 10).

2. 1. Rock 'n' Roll — Twist — Beat — Soul

Ab Mitte der fünfziger Jahre, beginnend mit dem Rock 'n' Roll, kann man von einer „tänzerischen Revolution", vergleichbar mit dem Aufkommen von Tango, Foxtrott u.a. in den zwanziger Jahren sprechen. Bis dahin verstand man unter Tanz entweder Bühnen- oder Gesellschaftstanz. Der Rock'n' Roll, der bei den einen Begeisterungsstürme auslöste und „die ekstatische Befreiung aus den Zwängen und der Langeweile der bürgerlichen Mittelstandsgesellschaft" (Günther/Haag 1976, 7) bedeutete, stieß bei den anderen auf entrüstete Ablehnung und wurde als barbarisch, unsittlich oder kriminell verurteilt, — kurz: er bedeutete einen Generalangriff auf Geschmack und Anstand. Das dürfte in hohem Maße daher rühren, daß sowohl die Rockmusik als auch sämtliche Poptänze afro-amerikanischen Ursprungs sind und diese „ekstatische Körper-, Tanz- und Rhythmuskultur" völlig konträr zur „westlichen Wort- und Geisteskultur" steht. „Mitschwingen, Mitschreien, Mitsingen, eine ‚Gänsehaut bekommen' — Rock 'n' Roll vermittelt unter der Hand ein hochgestimmtes Lebensgefühl, erregt die Gemüter und verführt dazu, sich zu bewegen". (Zimmermann 1983, 109).

Während es für den europäischen Tanz charakteristisch ist, daß der Tänzer seinen gesamten Körper bewußt lenkt und kontrolliert (also als Einheit empfindet), bewegt der afrikanische Tänzer einzelne Körperteile unabhängig voneinander. D.h. er hat „die Fähigkeit, mehrere Bewegungszentren (z.B. Kopf, Schultergürtel, Oberkörper oder Becken) erst voneinander zu isolieren und dann entweder gegeneinander zu bewegen oder miteinander zu koordinieren". (Weber 1979, 8) Kennzeichnend für den afrikanischen Tanz ist also die polyzentrische Aktivität des Körpers selbst und nicht die zentrale Körperkontrolle: der gesamte Körper wird also vom Bewegungsfluß erfaßt im Gegensatz zu den Schrittänzen mit ihrem durchweg beschränkten Bewegungsrepertoire.

Entgegen allen Vorurteilen von primitiven Barbarentänzen und körperwidrigen Zappel- und Krampftänzen bedeutet die traditionelle afrikanische bzw. afro-amerikanische Rhythmus-, Musik- und Tanzkultur eine Erweiterung der Bewegungsmöglichkeiten. Hier werden Körperteile aktiviert, die in den weißen Tanzstilen gar nicht vorkommen, wie eben Kopf, Schulterblätter, Brustkorb und Becken. „Wie sehr gerade unsere Kulturmenschen durch jahrhundertelange falsche Körpererziehung verbildet wurden, zeigt die heutige Zeit, in der jedermann tanzt, aber nur ein verschwindender Bruchteil tanzen kann." (Günther 1982, 17).

In dieser Zeit (Mitte der 50er Jahre), die durch Körper- und Sexualitätsfeindschaft gekennzeichnet war, wurden die zum Rocktanz gehörenden Hüftbewegungen (Pelvis Motionen), die als eindeutig sexuell galten, als besonders anstößig und gefährlich empfunden. So sprach man auch von „Elvis the Pelvis" als dem satanischen Verführer.

„Elvis Presleys scheinbar unzüchtige Becken-Kreiselbewegungen wurden von amerikanischen Frauenvereinigungen und Freikirchen als ‚Nigger-Komplott' und kommunistische Unterwanderung verdammt. Es gab tausend Vorurteile und Mißverständnisse. Viele Teenager wußten zwar noch nicht so genau, was sie verändern wollten, aber eines war klar: irgend etwas mußte passieren". (Lindenberg 1984, 21)

In der Tanzillustrierte hieß es 1957: „Wir werden nach Rock 'n' Roll-Musik *gepflegten* Boogie tanzen. und es wird, wie bei einer ganzen Reihe anderer Tänze auch, eine Frage des Geschmacks blei-

„Das entwürdigende Gehopse ..."

tanz-Illustrierte 35/1955

ben, ob man die absolut entbehrliche Hüftwackelei mitmacht oder nicht.“ Wichtig ist hier allerdings auch, daß der Boogie in abgemilderter, *gepflegter* Form zur Rockmusik getanzt wird, denn 1953 hieß es eben noch in dieser Tanzillustrierten: „Boogie-Woogie verdanken wir den US-Amerikanern. Leider — sagen die einen. Die anderen können nicht mehr stillsitzen, wenn Musik mit Boogie-D-Zug-Rhythmus ertönt. Die deutschen Tanzlehrer sagten: Ja — Aber: Wir lehren einen gesellschaftsfähigen, einen gezähmten Boogie, der in das Klima unserer Tanzschulen, Tanzstätten und Bälle paßt. Und in der Tat: er läßt sich mit Schwung und Grazie tanzen — dieser *gepflegte* Boogie. Den wilden Boogie haben sich die US-Amerikaner selbst verboten. ‚No boogie, no swing‘ steht an den Pforten gepflegter Tanzstätten im Lande der Freiheit.“

Der Rock 'n‘ Roll machte in den fünfziger Jahren jede Menge Schlagzeilen; nichtsdestoweniger blieb er im Leben der meisten Jugendlichen nur eine Randerscheinung. Mittelschichtsjugendliche beteiligten sich kaum an Krawallen und an Rock 'n‘ Roll; er war hauptsächlich bei Lehrlingen udn Jungarbeitern verbreitet. „Elvis war der Held der Arbeiterkinder und nicht der Gymnasiasten.“ (Zimmermann 1983, 113). Dennoch war Rock 'n‘ Roll so etwas wie Träger einer neuen Lebensform: die neue Musik trug zur Polarisierung zweier Altersschichten bei; die alten Maßstäbe von Anstand und Sexualmoral gerieten ins Wanken durch die Körpersprache einiger Interpreten, durch das Flair des Provokativen, des Nicht-mehr-Eingegrenztseins. „Zwar konnte Rock 'n‘ Roll z.B. eine Quelle körperlicher Befreiung sein, doch blieb die sexuelle Ordnung weiter bestehen.“ (Zimmermann 1983, 110).

Erwähnenswert ist auch die ausgeprägte Pflege eines eigenen Stils, der sich in der Kleidung und durch die Haartracht (Entenschwanz) artikulierte und eben durch die Begeisterung für Rock 'n'Roll auch eine Abgrenzung im Tanzverhalten gegenüber der traditionellen Form des Gesellschaftstanzes bedeutete.

„Hollywood und die Schallplattenindustrie bemerkten als erste, daß die jungen Leute Wünsche hatten, die zu Hause und vor den neuen Fernsehgeräten nicht erfüllt wurden. Das Kino, ansonsten von Pleitegeiern bedroht, fand hier sein Stammpublikum. Du triffst das Mädchen mit den vielen Petticoats und dem Pferdeschwanz an der Straßenecke. Du ziehst vorher den Kamm durch das fettige Haar und drückst es hinten zu einem Entenarsch zusammen. Gemeinsam in die Milchbar, später ins Kino, Rebellion auf der Leinwand tanken. Die ersten Zungenküsse, heißes Petting: Leben als Jugendverbot. Und dann tanzen gehen. ‚Die Haare bei den Männern waren vorne so nach vorne gekämmt, wie 'ne Welle nach vorn. Und hinten so einen Mittelscheitel. Mit unheimlich viel Pomade. Die Lederjacken waren oft von zwei Seiten tragbar. Weiß und dunkelblau. Mit Nieten beschlagen: Ted Herold, Elvis Presley, Little Richard und Fats Domino. In den Lokalen wurde damls unheimlich viel getanzt. Ich war damals sehr häßlich und unscheinbar. Aber damals war es nur wichtig, ob man tanzen oder nicht tanzen konnte.‘ (Interview mit einer 36jährigen Frau.)“ (Lindenberg 1984, 21-23).

„Der Einfluß der Tanzlehrer war groß genug, um den Rock ’n‘ Roll zähmen zu können. Als Hüter des Anstandes und der Kultur empfahlen sie ab 1957 den Cha-Cha-Cha als ‚Gegengewicht‘ gegen den wüsten Rock ’n’ Roll. Der ursprünglich afrokubanische Tanz Cha-Cha-Cha wurde von den europäischen Tanzlehrern in Kürze so stark verfeinert, daß er bereits 1961 in die Klasse der hochstilisierten lateinamerikanischen Tänze aufgenommen wurde. Daher konnten auch in Europa die Konservativen scheinbar mit Recht behaupten: Rock ’n’ Roll war eine kurzlebige Verrücktheit, nun aber wird wieder gepflegt nach gepflegter Musik getanzt. Die Konservativen sahen nicht, daß die Sehnsucht nach ekstatischer Befreiung durch Tanz und Musik geblieben war, wie schon sehr bald der Twist und die Beatles bewiesen. Außerdem lebte der Rock ’n’ Roll als Tanz und Musik immer wieder aufs neue auf.“ (Günther/Haag 1976, 11).

Er wurde Mitte der 70er Jahre wieder sehr beliebt (1976 fand z.B. eine deutsche Rock ’n’ Roll-Meisterschaft statt) jedoch völlig anders empfunden — eben nur als flotte Stimmungsmusik — als in den 50er Jahren.

Der Poptanz wird allgemein in vier Phasen unterteilt, und zwar: 1. Rock ’n’ Roll (1954 — 1959), 2. Twist (1960 — 1963), 3. Beattänze (1964 — 1966), 4. Soultänze (1967 — 1972).

Ab 1960 sprach man vom „Twist-Skandal“, bzw. sittlichen Verfallserscheinungen auf der Tanzfläche. Die Boulevardpresse berichtete unaufhörlich, wer mit wem beim Tanzen oder Üben dieser neuen anstößigen Bewegungen ertappt wurde. Es wurde mit Moralpredigten, ärztlichen Warnungen vor Twistschäden (z.B. Auskugelung von Gelenken) bzw. direkten Verboten versucht, dem Unwesen ein Ende zu bereiten. „Die Tanzillustrierte sprach noch 1962 von jenen ordinär aussehenden Körperwindungen, die mit Recht die Empörung der Öffentlichkeit auslösten.“ (Günther/ Haag 1976, 17). In der Zeitschrift „tanzsport“ ist Anfang 1964 folgendes zu lesen:

„Allerdings: was so ein zünftiger Twist ist, dagegen ist Schattenboxen eine ausgesprochen dünne Angelegenheit, nur: gegen wen befindet man sich im Einsatz, wenn man noch nicht einmal weiß *mit* wem? Es ist ja — ich darf es besonders kraß sagen — immerhin üblich, daß man sich irgendwen krallt, ihn (besser ‚sie') irgendwohin in die brodelnde Landschaft stellt und ihr mit ein paar heftig schlingernden Arm- und Hüft-Ein- und Ausfällen klar macht: ‚Nun beweg' Dich mal'n bißchen flotter als sonst!' Die dufte Biene kriegt gleich einen ganz wichtigen, angestrengten und halsfernen Ausdruck rings um die Stupsnase. Sie treten alle, nur kneifen tut keiner mehr, das hat man früher getan, das ist vorerst unmodern. Vor allem aber: Wen soll man um Himmels willen wann und wohin kneifen, man kriegt ja niemand zu fassen ... Hechte, Bienen und Zähne sollen begreifen, daß es öde und doof ist, nach jeder Musik nur einen Tanz zu tanzen, nämlich Twist."

Der aggressive Ton dieser Polemik gegen den früheren Beattanz kann kaum darüber hinwegtäuschen, daß die Tanzsportler vom alten Schrot und Korn zu Beginn der 60er Jahre ein Rückzugsgefecht führen. Die Tiefe des Schocks, den die Beatrevolution auslöste, vergegenwärtige man sich auf dem Hintergrund folgender Grundsatzerklärung, die wohl als eine gleichsam offiziöse Stellungnahme aus den Reihen der Verfechter des Gesellschaftstanzes gelesen werden darf:

„Der Tanz hat in der menschlichen Gesellschaft eine ganz wesentliche Aufgabe, die mit dem ‚geselligen' zwar eng verbunden ist, aber die persönlichen Sphären des Individuums entscheidend berührt: den Kontakt der Geschlechter. In der Öffentlichkeit haben die Geschlechter Distanz zu halten. Die Ausnahme von dieser Regel bietet der Tanz. Er ist mithin die ein-

Das „gefährliche" andere Geschlecht

tanz-Illustrierte 38/1955

zig erlaubte Form der Erotik in unserer Gesellschaft. Seine große Bedeutung darf nicht verkannt und unterschätzt werden. Die Pflege des ‚Gesellschaftstanzes' war, ist und bleibt eine Aufgabe der Gesellschaft. Dazu gehört die Pflege und Erziehung der Umgangsformen im Kontakt zwischen Jungen und Mädchen, zwischen Mann und Frau. ... Aus der historischen Entwicklung sind die Aufgaben unserer Tanzlehrer und ihrer Schulen zu verstehen, vornehmlich mit dem pädagogischen Auftrag zur Erziehung der Jugend bei der Formung des Kontakts zwischen Jungen und Mädel beim Tanz. Das Beibringen von Tanz-Schritten ist dabei Mittel zum Zweck. Nur zu oft wird das vergessen." („der tanzsport", September 1961)

Anfang der 60er Jahre bahnt sich eine Revolution der Popmusik — und damit der Tanzkultur der Jugendlichen — an, die selbst die Aufregung um den frühen Elvis noch in den Schatten stellt. Keine Gruppe repräsentiert diesen Umsturz so klassisch wie die Beatles, deren kometenhafter Aufstieg aus den Niederungen der billigen Kellerklubs reicht. Musikalisch schließen sich die Beatles zunächst an den Twist an. In vielleicht noch höherem Maße als der frühe Rock 'n' Roll ist freilich der Beat weit mehr als ein neuer Stil der Popmusik. Die Fans verstehen ihn als einen Ausdruck der ihren spezifischen Bedürfnissen angemessenen Lebensform, als Fanfare einer sezessionistischen Jugendbewegung, vermittels derer sie sich von Fremdbestimmungen befreien und der Erwachsenenwelt ein eigenes Wertsystem entgegensetzen. (Vgl. Rössner 1963, 34f.)

„Die Körper-Lust der Beatles, noch mehr der Stones ist nicht nur Medium, auch Botschaft: die Musik wird täglicher Teil intensiver Körpererfahrungen. Die ekstatische Musik des Beat schuf den Tanz ohne Partner, also auch die Konzentration auf den eigenen Körper, die Intensivierung der Einheit von Musik und Körperexpansion bis hin zur lustvollen Erschöpfung." (Preuss-Lausitz 1983, 97)

In den Beatjahren, bekannt durch Schlagworte wie: „Flower-Power, Make Love not War, Love Generation", u.a. kam es insgesamt zu einem neuen Leibesgefühl. Die Mode wurde in dieser Zeit auch freier: 1964 kam der Minirock auf, die Haare und damit auch die Gesichter der Eltern wurden länger; die Musik wurde lauter.

„Die Musik der Beatles ‚traf' nicht auf den Pelvis, sondern ging in Beine und Füße. Daher mußten die neuen Tänze die Fußtechniken von Tap Dance und Jazz Dance übernehmen. Beide Tanzstile haben afrikanische Wurzeln". (Günther/Haag 1976, 31)

Die ersten Beatles-Songs wurden zum Angriff auf die — innerhalb der Familie von den Eltern repräsentierten — Leistungsgesellschaft, zu den Feldzeichen einer der energischsten pubertären Autonomiebestrebungen, die die westliche Welt jemals erlebt hat. Die

Erwachsenen verstehen die Botschaft sehr schnell; auch ihnen gilt der „harte" Rhythmus der Beat-Band — bzw. die „Hottentottenmusik" als welche sie sie bezeichnen — schon bald als Erkennungstakt einer neuen, das traditionelle Rollensystem frontal angreifenden Subkultur, die sich durch spezifische funktionale und strukturelle Eigenheiten von den überkommenen Normensystemen abgrenzt. Dieser Protest drückt sich in der Tat unmißverständlich in den spontanen, abgerissenen Figuren der Beat-Tänze aus, in denen jede Spur der korrekt fixierten, wohlgemessenen und prägnant abgezirkelten Bewegungen der Standardtänze ausgelöscht ist. In den Beattänzen kommt es umstandslos zu heftigen und raschen Entladungen innerer Spannungen, in ihren freien, oft stampfenden, bisweilen ins Akrobatische grenzenden Bewegungen lösen sich die Verzerrungen und Krämpfe einer Erziehung zur Imitation vorgegebener Gesten, einer Erziehung zur Unmündigkeit.

Nachdem die Lawine der „sprachlosen Opposition" (Baacke 1972, 29f) einmal ins Rollen gekommen war, gab es kein Halten mehr. Hatte Deutschlands auflagenstärkste Jugendzeitschrift „Bravo" ihre Leser in den Jahren vor dem Ausbruch der Beatrevolution noch mit betulichen Histörchen über eine Eiskunstläuferin, die ihre Kleider selbst nähte, über die anhaltende Beliebtheit der leichten Muse der goldenen Zwanziger oder über G. Wendlands Wiederaufbereitung altbackener Tango-Künste unterhalten, so schlug nach einigen, durch den — angeblich jung und alt gleichermaßen entzückenden — Twist ausgelösten Vorbeben, der Ton im Jahre 1964 abrupt um: Die Beatles „verhexen", heißt es da plötzlich, ihre Zuschauer toben und rasen, Tausende junger Mädchen erleiden Ohnmachtsanfälle und Schreikrämpfe. Doch erlaubt das Image der Beatles noch gewisse Kompromisse zwischen Jugend- und Erwachsenenwelt. Wie zügellos ihre musikalische Artikulation den meisten Eltern in Europa wie Amerika auch erscheint, so treten die 4 Liverpooler Twens doch — ungeachtet ihrer zunächst als provokativ empfundenen „Pilzköpfe" — im großen und ganzen in ansprechendem Habitus, mit britischem Humor und korrekten Manieren an die Öffentlichkeit. Schließlich spricht es sich auch in konservativen Kreisen herum, daß die Beatles gar nicht so schlimm sind. Den radikalen Bruch mit Sitte und Anstand verkörpern daher — spätestens seit Ende des Jahres 1964 — nicht so sehr die Beatles als ihre Londoner Antipoden, die Rolling Stones. Trotz ihrer — bis über die Mitte der 60er Jahre hinaus — meist schnellen und „harten" Rhythmen erscheinen die Beatles gegen diese professionell ruppig auftretende Rhythm & Blues-Gruppe alsbald als Gallionsfiguren der gemäßigten Strömungen des unpolitischen Jugendprotestes, als pfiffige Luftikusse und harmlose Spaßvögel, vor denen niemand erschaudern muß, nur weil sie mitunter kraftvoll in die Saiten greifen. Die Rolling Stones hingegen legen es erfolgreich darauf an, Entsetzen zu verbreiten. Sie machen den Erwachsenen Angst, und das macht sie für zahlreiche Jugendliche attraktiver als jede andere Gruppe. Die Beatles konnte man mit etwas gutem Willen noch als Musiker betrachten; die Rolling Stones aber schlugen vor allem Krach. Sie sind keine Kapelle, sondern ein Credo, eine Weltanschauung, ein way of life. Sie reizen daher das Protestpotential, das in den Beat-Tänzen explodiert, energischer aus als ihre Konkurrenten. In weiten Kreisen der Jugendlichen wie der Erwachsenenwelt genießen sie das Prestige, inmitten der europäischen Zivilisation das kulturelle Niveau der Steinzeit zu repräsentieren. Die Krawatten verschwinden, die Haare wuchern über den offenen Hemdkragen, geschlafen wird bis in die Puppen, das Notenlesen überläßt man den Freunden der klassischen Musik, die wilde Ehe feiert fröhliche Urstände: mit dergleichen erschrecklichen Verstößen gegen die heiligsten Werte einer gutbürgerlichen Kinderstube, die zwar Wahnsinn zu sein scheinen, aber doch Methode haben, spalten die Rolling Stones die westliche Welt in zwei Hemisphären auf. Der Wut, mit der die einen gegen diesen neuesten Untergang des Abendlandes zu Felde ziehen, entspricht der Enthusiasmus, mit dem die anderen das aufregende Phänomen feiern.

Unter der musikalischen Ägide der frühen Beatles, vor allem aber der Rolling Stones und der Bands, die — wie etwa die Who, die Pretty Things, in Deutschland die Rattles — in ihre Kerbe schlagen, wird das Tanzen für die Jugendlichen vielleicht mehr denn je zum Bekenntnis, zu einer Manifestation von Freiheit und Selbstbehauptung, zur symbolischen Aufrichtung einer Festgesellschaft, die sich als Gegenentwurf zur verwalteten Welt empfindet (Günther, Frankfurter Allgemeine Zeitung, 28.12.1963). In den ekstatischen Bewegungen ihrer Tänze vereinen die Jugendlichen die schalen Riten der technischen Zivilisation und öffnen sich einen eigenen Zugang zur Welt. In ihren wilden und stampfenden Rhythmen artikuliert sich Enttäuschung und Empörung über die Zumutungen einer Lebensperspektive voll eintöniger Verrichtungen, die die Möglichkeiten spontaner und unreglementierter Körpererfahrungen auf ein klägliches Minimum reduzieren. Die ungeordneten Motionen der Beat-Tänze sind nicht nur Medien stereotyper Betäubung und pubertären Rückzugs aus der Leistungsgesellschaft. Sie ermöglichen auch ein leibhaftes Erleben von Unabhängigkeit und

Sebstbestimmung, mithin die Artikulation von Skepsis gegenüber den tradierten Lebensformen. Den fixen Strukturen des überkommenen Verhaltenskodex stellt die ungehemmte Motorik der Beat-Tänze die freie Improvisation entgegen. In den Saturnalien der Band-Tourneen und Beatkeller wird ein permanentes Defizit an Ordnung und damit die Nichtakzeptanz der tradierten Rollenangebote zum Prinzip.

Die technische Entwicklung greift die Bedürfnisse der Jugendlichen sofort auf: nach Musikbox und Kofferradio der 50er Jahre folgt nun die Zeit des Schallplattenbesitzes, der Musikcassette, etc..

„Soul bedeutete stärkste Afrikanisierung von Tanz und Musik. Außer der indischen Musik wurden nun auch die Kunst und Kostümierung Indiens entdeckt. Chinesische, afrikanische und vor allem indianische Einflüsse zeigten sich in der Mode. Die Bewußtseinserweiterung wurde immer mehr durch asiatische Drogen und mystische Techniken (Zen) erstrebt und errichtet. Die neue afrikanisch-westlich-indische Musiksynthese sprengte ab 1967 alle Grenzen und Formen der seitherigen Musik. Zugleich wurden auch Jazz und elektronische Musik in die Rock-Musik integriert." (Günther/Haag 1976, 39)

„Wichtig aber für die Tanzgeschichte sind die neuen Rock-Musicals und die Open Air Festivals der weißen Rockjugend in Amerika. Das Musical Hair, das Rock-Stück Paradise Now und das große Fest von Woodstock bildeten die Höhepunkte der ekstatischen amerikanischen Gegenkultur. Hair erlebte seine Uraufführung am 7.10.1967. ... Die Jugend war berufen, die Welt durch Liebe und Tanz zu erlösen. Das neue Leben aber wurde in Hair nicht nur verkündet. Wichtiger war die sinnenhafte Demonstration des kommenden Lebens durch Tanz, Körperaktion, Kostümierung und natürlich auch Love. Das kommende Reich des Aquarius wurde in Hair leibhaft-ekstatisch vorgelebt." (Günther/Haag 1976, 42)

Ab 1970/71 ebbte die Soulwelle ab und es wurde insgesamt ruhiger um die Beat- und Soultänze (1970 war das Trennungsjahr der Beatles/Jimi Hendrix und Janis Joplin starben).

2.2. Gesellschaftstänze

Ab 1974 wendet man sich verstärkt den Standard- und lateinamerikanischen Tänzen zu. Für das Einüben dieser Paartänze mit Körperberührung war nun auch wieder der Besuch von Tanzschulen erforderlich. H. Günther schreibt dazu: „1974/75 sprach alle Welt von der Wirtschaftskrise, nur die Tanzlehrer nicht. Sie hatten Hochkonjunktur." (Günther/Haag 1976, 45)

Insgesamt gesehen konnte den Gesellschaftstänzen der Wandel in der Musik sowieso nicht allzu viel anhaben; Foxtrott kann man notfalls auf Beatrhythmen tanzen und es gibt auch genug aktuelle Stücke im Walzertakt.

Die Gesellschaftstänze werden in drei Gruppen eingeteilt, und zwar in: Standardtänze oder auch klassische Tänze genannt (dazu gehören: Foxtrott, langsamer Walzer, Wiener Walzer und Tango) latein- und nord-amerikanische Tänze sowie Modetänze.

,,Das Erlernen der klassischen Gesellschaftstänze ist auch heute noch weitgehend eine Angelegenheit der höheren Erziehung und wird in Tanzschulen gelehrt. Eng damit verbunden sind die Formen des guten Benimms. Der Gesellschaftstanz wird aber auch als Sport ausgeübt. Es gibt Meisterschaften verschiedener Klassen, die bis zur Weltmeisterschaft führen.“ (Mißwahl 1984, 11)

,,Im Welttanzprogramm sind 11 Tänze festgelegt worden. Sie werden in allen Ländern der Welt gleich unterrichtet. Damit wurde die Voraussetzung geschaffen, daß jeder, an jedem Ort, nach jeder Musik tanzen kann und tanzen lernen kann. Festgelegt im Welttanzprogramm sind:

1. Foxtrott (Quickstep)
2. Langsamer Walzer
3. Tango
4. Wiener Walzer
5. Blues
6. Cha-Cha-Cha
7. Rumba
8. Samba
9. Pasodoble
10. Jive (Rock 'n' Roll, Boogie, Boogie-Woogie, Jitterbug)
11. Beat (Disco-Dance, Free-Style)“

(Peter 1982, 12)

Die nun folgenden Zitate und Presseartikel dokumentieren bezeichnender die Entwicklung, die die Tanzszene der jüngeren Zeit prägen als man es in eigenen Worten darzustellen vermag:

,,Die Damen und Herren sind Schüler im Alter zwischen 14 und 17 Jahren im Tanzkurs. Wenn sie die zehn Doppelstunden des Anfängerkurses hinter sich haben, stehen sie auf einem guten ‚Gebrauchstanzniveau‘ meint der Schulleiter Erich Bauer ...

Was bewegt die Jungen und Mädchen sich nicht in Breakdance oder Electric Boogie zu üben, sondern die Tänze ihrer Eltern und Großeltern einzustudieren? Warum bewegen sie sich nach Melodien, die in ihren privaten Plattenarchiven wohl kaum noch vorhanden sind?

‚Man sollte einfach tanzen können. Es ist doch peinlich, wenn man irgendwo aufgefordert wird und ablehnen muß‘ meint die 15jährige Kirsten. Der 16 Jahre alte Martin unterstützt sie: ‚Ich käme mir sonst verloren vor auf einem Ball oder einer Veranstaltung.' Discotänze sind eine Modeerscheinung, vermuten die meisten. Foxtrott und Walzer bleiben sicher bestehen. Und einer denkt gar schon an die berufliche Karriere. Da gebe es schließlich gesellschaftliche Verpflichtungen, bei denen ein Nichttänzer aus dem Rahmen falle. ... Die steife Tanzschule ist passé. Anstandsregeln nehmen nur noch einen kleinen Raum im Lehrplan ein ... Kleidervorschriften gibt es — außer für den Mittel- und Abschlußball — nicht mehr." (Frankfurter Neue Presse, 3.3.1984)

Die Renaissance des Gesellschaftstanzes gerade in den letzten Jahren ist unübersehbar: Unter dem Titel „Der sanfte Trend zur Anpassung" heißt es in der Fankfurter Rundschau vom 4.5.1985:

„Die Tanzschulen in der Bundesrepublik Deutschland erlebten in den letzten Jahren einen erheblichen Boom. Von 1975 bis 1980 erhöhte sich die Zahl der Tanzwilligen um 400.000. Derzeit unterrichten in 650 Tanzschulen 1.200 Tanzlehrer 1,3 Millionen Schüler zwischen 14 und 70 Jahren."

Höflichkeit im Kommen

Susanne Bontemps sprach mit Heinz Wegener, Geschäftsführer des Allgemeinen Deutschen Tanzlehrerverbandes (ADTV)

? Herr Wegener, stimmt es, daß Jugendliche wieder mehr Wert auf Umgangsformen legen?
! Ja, seit einiger Zeit schon. Sie wollen lernen, wie man sich für bestimmte Gelegenheiten anzuziehen hat, wie man den Blumenstrauß richtig überreicht, wie man als Jugendlicher mit der älteren Generation spricht, wie man eine Dame zum Tanz auffordert und an welcher Seite man sie zur Tanzfläche begleitet.
? Möchten die Tanzschüler auch wissen, wie, wann und wem man einen Handkuß gibt?
! Nein, so weit geht der Rückgriff auf alte Formen nicht. Die Jugendlichen sind an den einfachsten Gesetzen der Höflichkeit interessiert. Wie und wem man in den Mantel hilft, wann man die Tür aufhalten muß und wann man selbst hindurchgehen darf.
? Möchten die jungen Frauen auch lernen, einen Mann aufzufordern?
! Nein, die Initiative wird weiter den Herren überlassen.
? Wie erklären Sie sich dieses neu erwachte Interesse der Jugendlichen an Höflichkeitsformen und Kleiderfragen?
! Die jungen Damen und Herren haben wieder mehr Spaß, gepflegt auszusehen, wenigstens abends und zu gewissen Gelegenheiten möchten sie die legeren Jeans gegen elegantere Kleidung eintauschen. Sie haben auch begriffen, daß es einfach besser aussieht, wenn die Kleider sauber, die Fingernägel gepflegt, die Haare ordentlich frisiert sind.?
? Glauben Sie nicht, daß die schwierige berufliche Lage mancher Jugendlichen etwas damit zu tun hat?
! Doch, bestimmt. Die Jugendlichen wissen, daß der erste Eindruck ihre Berufschancen beeinflussen kann. Sie müssen im Vorstellungsgespräch und während der Ausbildung eine gute Figur machen. Wissen und Können reichen nicht mehr aus — man muß auch äußerlich gepflegt aussehen und sich benehmen können.

Brigitte, 16.5.1984

Um nicht mehr wie in den sechziger Jahren, als die Befreiung von gesellschaftlichen Zwängen, das Kritisieren von überkommenen Werten und fragwürdigen Idealen auf der Tagesordnung standen in eine Krise zu geraten, versuchen sie dem aktuellen Körperbewußtsein von Jugendlichen mehr und mehr zu entsprechen. Neben Walzer und Tango werden „Spezialkurse in Rock 'n' Roll, Stepkurse, Fitneßtraining und Jazzgymnastik" angeboten. „Der Spruch der Tanzschulenbesitzer lautet mittlerweile, die Tanzschule solle die beste Diskothek am Ort sein". (Frankfurter Rundschau, 4.5.1985)

Hans-Georg Schnitzer (Pressesprecher des ADTV) spricht von einer Liberalisierung bzw. davon, daß Tanz Sport für alle ist und daß sich die Tanzschulen heute eben „nicht mehr als Lehr- oder Lerninstitute, nicht mehr als Benimm- oder Anstandsschule, sondern als Kommunikationsstätte" verstehen.

Aber wie es schon in der Frankfurter Rundschau heißt, mag zwar „mancher Zopf gefallen sein, doch viele wurden einfach nur umgesteckt". Und noch immer hat der Mann die sozial aktive, die Frau, die mehr passive Rolle inne.

„Die Emanzipation der Frau ist noch nicht bis zur Tanzfläche vorgedrungen. Hier regiert der Mann, und das wird auch bestimmt so bleiben." (August 1979, 21)

Führen und geführt zu werden
ist das Glück beim Tanz auf Erden

„Verzeihung!"

Die Führung ist des Herren Recht, ob er nun gut tanzt oder schlecht. Als Gegendienst hat er die Pflicht — davor schützt selbst ihr Fehl-Tritt nicht — stets um Entschuldigung zu bitten, wenn bei besonders kühnen Schritten er sie — versteht sich —, aber auch, wenn s i e ihn tritt. Ein schöner Brauch! Stößt man ein and'res Paar mal an, was schon einmal geschehen kann: er nickt „Verzeihung!" voll Geduld. Sie lächelt selbst in Schmerzen Huld und leistet auf den Fluch Verzicht, ob Absatz oder Knöchel bricht. Beim Tanz zeigt, laut Benimm-Verwaltung, man Anmut nur und Haltung, Haltung!! (Tanzillustrierte 1955)

Tanzstunde wie einst im Mai

Nostalgie für Tänze und Kleider

Der Tagesspiegel, 20.5. 1984

* **Im Charleston-Look:** Trägerkleid mit dem typischen langen, losen Oberteil, an dem der kurze pinkfarbene Taftrock ansetzt. Aus gleichem Stoff ist die riesige Schleife, die den Corsangenrand schmückt. (Gesehen bei Flair)

Aus feuerroter Seide ist das hübsche, zweiteilige Trägerkleid in schmaler Silhouette mit einer neuen Dekolleté-Idee. (C & A). *

* **Der wiederentdeckte Tango** hat auch den langen Tanzkleidern ein Comeback gebracht, die dekorative argentinische Folklore-Kostüme und Volantröcke zum Vorbild haben.

Im Stil der 50er Jahre: * Tanzkleid mit schwarzer Corsage und weitem, von einem Petticoat unterstützten Glockenrock aus grünem Seidenchiffon und schwarzen Pünktchen.

2.3. Discozeit

Während man in den 50er und 60er Jahren von Poptänzen allgemein oder auch von Beat- und Soultänzen sprach, ist seit John Travoltas Saturday Night Fever Discotanz der Sammelbegriff für all diese modernen Tänze. Die Diskotheken haben die herkömmlichen Tanzlokale abgelöst und mit ihrem Aufkommen „entstand eine ganz neue Dimension des tänzerischen Ausdrucks. Die intimen Tanzböden und die ausgefallenen Beleuchtungseffekte schufen eine erregende Atmosphäre, die zu einem freien Tanzstil direkt einlud. Noch nie vorher hatten Tänzer die Gelegenheit, zu einer solchen Vielfalt von Musikstilen, Rhythmen und Arrangements zu tanzen. Beim Discotanz ist nahezu alles erlaubt. Der Tanz selbst ist charakterisiert durch eine fast nebensächliche, jedoch kontrollierte rhythmische Bewegung des ganzen Körpers, noch unterstrichen durch eine pulsierende Vertikalbewegung durch die Knie. Die Partner tanzen ohne Hand- oder Körperkontakt, keiner braucht also einer Führung zu folgen, und den Beat der Musik kann jeder nach eigenem Belieben auslegen.“ (Hanson 1979, 191)

„Die Discowelle hat manches verändert. In der Begegnung der

Geschlechter vielleicht an meisten. Hier signalisiert sie die immer deutlichere Abkehr von traditionellen bürgerlichen Umgangsformen, die größtenteils noch aus dem letzten Jahrhundert stammen, und die Hinwendung zu neuen, von der jüngeren Generation selbst entwickelten Verhaltensnormen. Am empfindlichsten bekommt dies jene Institution zu spüren, die lange Jahre so etwas wie einen Monopolanspruch auf die Vermittlung und Einübung bürgerlicher Umgangsformen gegen entsprechendes Entgelt hatte: die Tanzschule." (Mezger 1980, 41)

Praxisnähe — verbunden mit einigen Abstrichen an der Tradition — zu demonstrieren ist mithin zur Existenzfrage der Tanzschulen geworden. Um zu überleben, gaben sie sich einen discoähnlichen Anstrich; so wurde z.B. an der Decke anstatt eines Kronleuchters eine Discokugel installiert; auch Lichtorgeln hielten ihren Einzug in die Tanzschulen. Zumindest aber war es erforderlich, das Lehrprogramm der Standardtänze durch Discotänze zu ergänzen (auf dem Welt-Tanz-Kongreß 1979 wurde schließlich beschlossen, Discotänze mit in das Welttanzprogramm aufzunehmen).

In der Diskothek, die Leute-Treff, Musikzentrum, Tanzhaus und Gastwirtschaft in einem ist, können die Jugendlichen Kontakte knüpfen, tanzen, wie es ihnen Spaß macht, oder einfach mal abschalten. In Discos ist man unter sich, d.h. man wird nicht von Erwachsenen kontrolliert. Fast alle Institutionen, die früher für Jugendliche von Bedeutung waren, sind ihrer Funktion enthoben: „die Tanzschule, der Ballsaal, das Café, die vielbesungene ‚kleine Konditorei' und nicht zuletzt das Kino. Zum zentralen Ort der ersten Partnersuche und -findung ist dafür die Diskothek geworden." (Mezger 1980, 45)

Einer auf Interviews mit Discobesuchern gestützten Untersuchung zufolge (Neißer/Mezger1981) ist die Atmosphäre in der Durchschnitts-Disco nicht etwa enthusiasierend, sondern eher öde und trostlos. Zwar isolieren sich auch in der Disco (wie in ihren Vorläufern, den „Tanzschuppen" oder „Beatkellern" der fünfziger und sechziger Jahre) die Jugendlichen von den Erwachsenen, eine genuine Oppositionshaltung ist darin aber nicht zu sehen. Vielmehr akzeptieren die Jugendlichen in der Disco-Szene durchaus tradierte soziale Hierarchien, Prestigeattribute und Verhaltensnormen. Dies schlägt sich nicht zuletzt in der Bedeutung des Warensets nieder, mittels dessen der Disco-Besucher seinen sozialen Rang zu demonstrieren pflegt: neben dem fahrbaren Untersatz — schwere Motorräder werden bevorzugt — kommt hier vor allem ei-

TANZEN

Getanzt wird wie verrückt. Discos sind voll, Tanztee ist wieder gefragt. In Dance Factories wird von Ballett bis Steptanz fast alles unterrichtet.

DER NEUE TREND

TANZEN GEGEN FRUST UND FETT

In die Disco der Gesundheit wegen? Sportmediziner finden das gar nicht so abwegig. Ob Breakdance oder Ballett, Tanztherapie oder Tango: Wer tanzt, trimmt den Körper und die Seele.

Die Jugend geht wieder ins gute alte Tanzcafé

Nach den Melodien der 50er Jahre läßt sich's so schön schwofen

Ich steh' ja so auf Disco

Ich steh' ja so auf Disco
von Freudenstadt bis San Francisco, ja!

Miezen: Er steht ja so auf Disco
von Freudenstadt bis San Francisco!

Samstag mittag, kleine Probe vor dem Spiegel
nehm ich die locker-lose Bundfaltenhose
oder die aus Satin, ganz eng?
und dann drapier' ich mir die schnelle Dauerwelle
die von Dr. Bügel
und dann fehlt mir nur noch der Ibiza-Glitzer-Teint
oh, das find ich sooo gut
Ich steh' ja so auf Disco
von Ramelsloh bis San Francisco, yeah!

So wie ich ausseh' gibt's natürlich keine Probleme
der Controlleur sagt: Sir, bitte treten sie ein
Ich geh' lässig an die Bar
wo ich einen Drink zu mir nehme
'ne Schale Sekto de la Schmekto
es muß vom Feinsten sein

Und dann steh' ich da
und das Laserlicht beamt in mein Edelgesicht
ich mag mich selber gern seh'n
stundenlang vor der Chromwand steh'n
Und dann tanz' ich soweit die Plateaus mich tragen
ich bin 'ne ganz heiße Nummer
da gibt es absolut keine Fragen, no!

Miezen: Er steht ja so auf Disco
von Ramelsloh bis San Francisco!

Und plötzlich seh' ich diese gestrapste Katze
lecker schwarz gelackt
und darunter splitterzwitterfasernackt
ich sag: ich hätte dich heute so gern auf meiner Matratze
Sie sagt: kennst du noch den alten Song im 4/4-Takt
Onanie, Onana
Life goes on, yeah

Und nachts um vier im Morgengrauen
geh ich nach Haus
und wieder nix mit Frauen
war's mal wieder ganz schön

ummer

disco

Der Herr bringt die Dame „in die Garage zurück"

In Turnschuhen und mit Kaugummi zum Schliff auf das Tanzparkett

Bravo, Heft 24/1979

ne bestimmte Kleidung in Betracht. Favorisierte Stoffe sind solche, die die Light-Show der Tanzsäle am besten reflektieren. Diese Light-Shows mit ihren Blitz- und Flackereffekten, die mit der Musik korrespondieren und ihre Wirkung so potenzieren bilden ein unentbehrliches Versatzstück jeder Disco. Entscheidendes Kriterium bei der Auswahl der Disco-Musik, deren „gleichbleibender Grundschlag eine motorisch-reflektorische Wirkung" erzeugt (Neißer/Mezger 1981, 99) ist ihre Tanzbarkeit. Verstärkt durch die akustische und optische Reizüberflutung hat der Tanz zu den stampfenden Rhythmen des Disco-Sounds (Neißer/Mezger 1981, 78) eine betäubende und hypnotisierende Wirkung, die die Tänzer aus der langweiligen Realität ihres Alltags hinausrückt und eine körperliche Abreaktion von belastenden Eindrücken und Erfahrungen erlaubt.

Der Disco-Tanz läßt sich mithin als eine Art Verdrängungsarbeit charakterisieren. Die Ausstattung der Discos und der Habitus ihrer Besucher aktualisieren die Zeichensprache des Show-Business und geben den letzteren dadurch einen angemessenen äußeren Rahmen für ihre narzißtische Selbstdarstellung, für ein uneingeschränktes Ausleben des „Ego-Trips". Die Reduktion der Disco-Kommunikation auf ein averbales, im wesentlichen auf mimische und gestische Artikulationen beschränktes Signalsystem gibt auch der großen Anzahl von Jugendlichen, die nicht über sprachliche Fertigkeiten verfügen, die Chance, nichtsdestoweniger an sozialen Werten teilzuhaben, welche — zumindest in ihren peer-groups — als sehr hoch veranschlagt werden. Das Gefühl, Zugang zu einem exklusiven Kreis zu genießen, wird noch durch die sprichwörtlichen Gesichtskontrollen zumindest an den Pforten der teuren Etablissements intensiviert, die den Anschein erwecken, daß nur die crème de la crème der Interessenten ins Innerste des Tempels vorzudringen vermöchte. Diese mit dem Disco-Betrieb unlösbar verbundene Technik der Realitätsverleugnung erklärt wohl auch die Verbreitung von Illusionen, die sich nicht wenige Besucher über ihre eigenen Aussichten auf eine Karriere als Platten- oder Filmstar machen.

Aber auch die Diskothekenlandschaft ist nicht einheitlich: Die Merkmalskategorien, die das jeweilige Publikum der einzelnen Disco festlegen, sind nach W. Mezger: Schichtspezifik, Altersspezifik, Stilspezifik (z.B. Alternativ-, Punk-, Plastik-, Nobel-Disco) und Zweckspezifik (d.h. Aufreißer-, Schwulen-, Drogendisco etc.). Nicht zuletzt ist die Discowelle ein überaus einträgliches Geschäft. Neben zahlreichen Plattenproduktionen und Kinofilmen wird vor

Bravo, Heft 19/1979

allem in der Werbung von Wortzusammensetzungen mit dem Etikett ‚Disco' Gebrauch gemacht, da es einer jugendgemäßeren Vermarktung entgegenkommt. Hier einige Beispiele:

„Wenn man jung ist, braucht man Freunde, auf die man sich verlassen kann. Mit denen man über alles spricht, weil sie gleich empfinden und auch die gleichen kleinen Alltagsprobleme haben. Man diskutiert eben nicht nur über Disco, Hobby und Schule, sondern setzt sich auch mit dem Thema ‚Pickel und unreine Haut' auseinander." (Werbung für Sulfoderm Produkte mit Discobild und der Überschrift: „Tina und Mike diskutieren nicht nur über die Disco" in: Bravo, Heft 42, 11.10.1979)

In einer ganzseitigen Anzeige mit Foto aus einer Disco heißt es:

... „oder wie man es macht, daß auch am letzten noch ein paar Mark für die Disco übrigbleiben. Kommen Sie in ihre nächste Volksbank oder Raiffeisenbank ..." (Bravo, Heft 20, 1979)

„Jetzt gibt's kostenlos den neuen Prospekt mit allen aktuellen Mofahits: Kreidler Hitparade 79. Dazu die neue heiße Kreidler-Scheibe im Disco-Sound!" (Bravo, Heft 17, 1979).

Die kommerzielle Dimension der Discokultur wird aber auch in der Mode sehr deutlich. Die Discokleidung muß viel Glitter und Glimmer aufweisen bzw. glänzend, grell, enganliegend mit Sexy-Wirkung sein. So werden Stoffe aus Satin, Lurex, mit Schillereffekten oder gar durchsichtige zu den neuesten Trends des Discolooks erkoren. Auch der dazugehörige Modeschmuck, das passende Make-up, schließlich ein Schuß Glitzerlack aus der Sprühdose in die Haare oder der neueste ‚UV-Lack Disco-Hit von For you' für die Nägel dürfen nicht fehlen. Für den Discobesucher ist es also schick, von Kopf bis Fuß zu glitzern und zu funkeln. Denn in der Disco kommt es nicht so sehr darauf an, wie man redet, sondern auf Aussehen, Kleidung, Schminke und Bewegung — was noch durch raffinierte Beleuchtungstechniken unterstrichen wird.

„Immer mehr Leute sind der Meinung, daß das Anziehen für die Diskothek ihnen nicht nur eine Möglichkeit bietet, die Kleider zu wechseln, man schlüpft auch gleich in eine andere Persönlichkeit, und man gibt sich schick, sexy, aufregend, und vor allem ganz anders. Discos sind eine Flucht in die Phantasie, und Disco-Mode ist die Eintrittskarte." (Hanson 1979, 39).

Bei W. Mezger heißt es über Discotanz: „Von einer ihrer Passivität überdrüssigen Jugend zu Beginn der 70er Jahre wiederentdeckt und jenseits aller herkömmlichen Formen weiterentwickelt, sprengte er nach und nach die engen Standards traditioneller Tanzschulen, schuf sich im Laufe der Zeit seine eigene Musik und kulminierte endlich in der durch John Travolta ausgelösten Tanzbegeisterung, die 1978 buchstäblich die ganze Welt erfaßte. Einige Monate lang kannte der Bewegungsdrang der Diskothekenbesucher keine Grenzen, schien Discotanz für Millionen junger Leute das non plus ultra zu sein. Schon 1979 deutete sich jedoch ein Umschwung an. Die inzwischen überall wie Pilze aus dem Boden geschossenen Diskotheken hatten zwar noch immer unverändert großen Zulauf, aber das Primäranliegen der Gäste war nicht mehr so eindeutig wie zuvor der Tanz. Viele kamen bloß noch, um Musik zu hören und zuzuschauen, und hie und da begannen sich die Veranstalter sogar über fast leere Tanzflächen zu beklagen." (Mezger 1980, 125)

Die neuesten Trends spiegeln sich am besten in den folgenden Zeitungsausschnitten wieder:

Disco-Fieber brennt nur noch auf Sparflamme

Jugendliche geben weniger Geld aus — Neue Trends zwischen Sex-Schuppen und Piano-Bar

München (st.) „Sex und Schlamm haben bei uns nichts zu suchen", beschloß der Bundesverband Deutscher Diskotheken (BDD) kürzlich auf seiner Mitgliederversammlung in München. Schließlich seien die Diskotheken ja keine Peep-Shows für junge Leute, fügte Wilhelm J. Linden vom Deutschen Hotel- und Gaststättenverband, dem der BDD angehört, auf einer Pressekonferenz im Hofbräuhaus hinzu.

Die Glitzerfassade der Discos bröckelt. Nach ihrer Glanzzeit in den 60er und 70er Jahren mußte Linden nun eine „Marktbereinigung" mitteilen. Zwar machen die rund 8000 Diskotheken im Bundesgebiet immer noch acht Milliarden DM Umsatz im Jahr; das sind rund 20 Prozent vom Gesamtumsatz im Hotel- und Gaststättengewerbe. Doch der Durchschnittskonsum eines jugendlichen Besuchers pro Abend ist von 13,20 DM im Jahr 1979 auf nur mehr 11,50 DM gesunken, und viele dieser Lokale sind kaum voll.

Dabei sind aber die Ansprüche an die Ausstattung und den Service gestiegen. „Wer heute mit 150 000 DM ein neues Lokal einrichtet, hat kaum noch eine Chance", meint BDD-Präsident Dieter Sattler. Aber auch eine nagelneue Top-Disco in Stuttgart, in die eine Million investiert wurde, habe nur ein Jahr gelebt. Dazu komme, daß das Kapital heute schon in vier Tagen der Woche hereingewirtschaftet werden müsse. Früher hatten die Diskotheken an sechs oder sogar sieben Abenden geöffnet — und immer Betrieb.

Das flau gewordene Geschäft hat nun manchen der Gastronomen auf mehr oder weniger gefällige Einfälle gebracht. Viedeofilme auf Großbildschirmen (nicht alle jugendfrei), Damenringkämpfe im Schlamm nach St.Pauli-Muster und insbesondere allerlei Sex-Darbietungen sollen das Publikum halten oder zurückgewinnen. Derartige Discos blühen plötzlich vor allem in ländlichen Gebieten auf, wo die Jugendlichen sonst nur wenig Unterhaltungsangebot finden.

So zieht ein Nürnberger Unterneh-

---

mer gegenwärtig mit einer Wäscheschau durch Bayern. Dabei werden die einzelnen spärlichen Bekleidungsstücke direkt von der Haut der zur Discomusik tänzelnden Go-Go-Girls weg verkauft. Zwar werden Jugendliche vorher ,,hinausgewiesen", doch sollen künftig auch die 16- bis 18jährigen Jungen und Mädchen — so will es die Novelle zum Jugendschutzgesetz — bis 24 Uhr auch ohne erziehungsberechtigte Begleiter in der Disco bleiben dürfen.

Um das Geschäft in den Plattenkramerläden wieder in Schwung zu setzen, werden neuerdings die Disc-Jockeys besonders geschult. Immerhin üben in der Bundesrepublik etwa 10 000 Männer (und nur wenige Frauen) im Alter von 18 bis 32 Jahren diesen Beruf aus, abenso viele arbeiten als Amateure am Tonpult. Die Teilnehmer des ersten Fachseminars erhielten Nachhilfe in der Diskothekentechnik, aber auch in Rhetorik, Spracherziehung und ein wenig Psychologie. Sie sollen keine bloßen Plattenaufleger sein, sondern Alleinunterhalter.

,,Softlights" anstelle der grellen bunten Flackerlichter und eine erhebliche Herabstufung der ,,Beschallung" sollen die Discos endlich ,,gemütlicher" machen. Der Trend, so stellte Linden fest, gehe derzeit ohnehin mehr zur ,,Piano-Bar" mit Klaviermusik vorwiegend aus den 50er Jahren. Von dieser Sorte gibt es schon an die 250 Lokale zwischen Waterkant und Alpen.

Auf der anderen Seite entwickeln sich sogenannte ,,Bierdörfer" am Rande mancher Städte. Sie sind dort nur noch Teil von größeren Vergnügungs- und Einkaufskombinaten. ,,Die Großinvestoren im Immobiliengewerbe haben jetzt den Freizeitmarkt entdeckt", bemerkte Sattler. Die Disco auf der grünen Wiese, bei der es keine Außenlärm- und Parkplatzprobleme mehr gebe, werde künftig nur noch eines der Angebote neben Fitness, Saunas, Squash und anderen, vielleicht erst kommenden ,,Betriebsarten" sein.

Passauer Neue Presse, 25.10.1983

Am liebsten in die Diskothek

Junge Menschen halten sich in der Regel weit lieber in Diskotheken als in Jugendzentren auf. Das hat ein Forscherteam um Professor Helge Peters vom Fachbereich Pädagogik der Universität Oldenburg bei einer Befragung von rund 500 Jugendlichen im Alter zwischen 15 und 19 Jahren herausgefunden. Während 38 Prozent der Befragten in den letzten drei Tagen einer Diskothek und immerhin 34 Prozent einem Sportverein ihre Aufwartung gemacht hatten, waren nur 15 Prozent in einem Jugendzentrum gewesen, berichten die Wissenschaftler in der Zeitschrift ,,Neue Praxis" (4/84). Zu den schall- und lichtdurchrieselten Tanztempeln fühlten die Jugendlichen sich auch dann hingezogen, wenn diese weit entfernt und ihre Freizeit knapp bemessen war. Jugendzentren wurden hingegen nur dann aufgesucht, wenn diese nah gelegen waren und wenn ausgiebig Zeit zur Verfügung stand. In den Jugendzentren stiegen die Befragten überhaupt nur ab, wenn sie sich zwanglos irgendwo treffen wollten und nicht, um die häufig dort angebotenen Veranstaltungen zu besuchen. Schüler lassen sich häufiger in Jugendzentren blicken als berufstätige Jugendliche, Mittel- und Oberschichtangehörige öfter als Angehörige der Unterschicht. df

Stuttgarter Nachrichten, 16.2.1985

2.4. Breakdance Sensation

„,Direkt' hat eine gute Nachricht über die Jugend: Sie tanzt wieder! Eine neue Modewelle — natürlich aus den USA — hat nun die Bundesrepublik erreicht. Ska, Steptanz, Electric-Boogie — in vielen Varianten rütteln und schütteln sich junge Menschen ihren Alltagsfrust vom Leibe ... Der Tanz der letzten Jahrzehnte zu den Beat-, Rock- und Disco-Rhythmen war überwiegend eine introvertierte Angelegenheit, ein Versinken in der Musik, in der momentanen Stimmung, war freie, spontane Bewegung. Die neuen Tanzformen dagegen zeigen vielfach das Bemühen um Ausdruck und Artistik, sie sind Selbstdarstellung, sind für Zuschauer gedacht. Wenn man so will, steht ein ausgeprägter Leistungswille dahinter." (Lübecker Nachrichten, 23.11.1983)

Lautete erst Aerobic das Zauberwort des Freizeitmarktes, so überschwemmt jetzt in der Tat die Breakdance-Welle die Bundesrepublik. Die New York Times spricht vom Breakdance als der „größten Kulturrevolution der westlichen Hemisphäre seit Erfindung des Hula-Hoop". Die Bunte schreibt:

„Breakdance — das ist der neue Modetanz und noch ein wenig mehr: Ausdruck eines neuen Körpergefühls. Fit sein, beweglich, das ist bei der Jugend '84 wieder gefragt. Wilde Nächte mit Alkohol und Drogen sind ,out'."

Diese Mischung aus Pantomime, Akrobatik, Tanz und Turnen war vor ungefähr 10 Jahren in den schwarzen Ghettos der New York Bronx entstanden; Ende 1983 sprang der Funke nach Deutschland über, und diese neue Modewelle kann ohne weiteres mit dem ,Travolta-Fieber', das die Jugend Ende der siebziger Jahre überwältigte, verglichen werden. Zumindest bis Mitte 1984 war Breakdance in aller Munde. Sah man die Breakdancer anfangs vereinzelt in den Fußgängerzonen und Einkaufspassagen, so setzte sehr schnell eine Vermarktung ein, so daß schon bald Tausende dem neuen Kult frönten. (Februar 1984 meldeten die Zeitungen, daß die Breakdance-Welle schon 360.000 Anhänger zählt). Breakdancer wurden beliebte Werbeträger für alle möglichen Produkte, ihre Accessoires — aufgemotzte Trainigshose, buntes Sweatshirt, Truckermütze, weiße Handschuhe und Sonnenbrille — wurden zu Highlights der neuesten Mode, Breakdanceplatten wurden am laufenden Band produziert, Kinofilme wie ,Flashdance', ,Breakdance Sensation', ,Breakin', ,Beatstreet' u.a. wurden zu Kassenschlagern und sogar das ZDF strahlte an 3 Tagen der Woche eine Fernsehserie mit dem Titel „Breakdance — mach mit, bleib fit" aus. In der „Weltwoche" vom 29.9.1983 heißt es:

„Der Erfolg von Filmen wie ,Flashdance' liegt wohl darin, daß

WAS TEENS UND TWENS IN DIESEM FRÜHJAHR TRAGEN

Tanz-Mode für die Straße

Breakdance hat auch schon unsere Fotomodelle angesteckt: Ruck-zuckend führen sie modische Frühlingskleidung vor. Mal Grau mit Weiß, mal fröhlich bunt. Die unkomplizierten Hosen, Jacken, Sweatshirts und Westen sind aus leichter Baumwolle und ideal zum Kombinieren. Sie wirken hier sportlich, können aber mit verschiedenen Accessoires immer wieder anders aussehen. Fetzig, cool, fein. Amerikanisch oder japanisch. Immer dabei: weiße Handschuhe.

M.K.

Hamburger Abendblatt, 3.3. 1984

sie zeigen, wie man ohne Kapital, Bildung und Beziehungen, nur mit Einsatz des eigenen Körpers die Erfolgsleiter hochsteigen kann. Denn in Zeiten von Rezession und Arbeitslosigkeit ist der eigene Körper noch das einzige, was einem niemand wegnehmen kann."

Nicht zuletzt profitieren, neben Gymnastik-, Tanz- und Sportstudios die Tanzschulen von dem Breakdanceboom, indem sie spezielle Tanzkurse anbieten. Um Breakdance zu beherrschen, sind zahlreiche Trainingsstunden vor dem Spiegel erforderlich, denn es gibt unzählige Tanzvarianten, wie z.B.: „Electric-Boogie - die Körper zucken wie unter Elektroschocks, Moonwalks — die Illusion des Rückwärtsgehens, Smurf — das elegante Fallen in die Waagerechte und anschließende Drehen auf dem Boden. Unübersehbar sind die Anleihen bei der Pantomime: das Abtasten einer imaginären Glaswand, das Ziehen einer nicht vorhandenen Stange." (Allgemeine Zeitung Mainz, 13.3.1984)

Neben Vorführungen auf der Straße oder Showeinlagen in Discos kam es im Breakdance — bei dem übrigens fast ausschließlich Jungen aktiv sind — zu regelrechten Wettkämpfen, Anfang 1984 sogar zu einer deutschen Breakdance-Meisterschaft, die unter Aufsicht des Allgemeinen Deutschen Tanzlehrerverbandes (ADTV) stattfand. Die Jugendzeitschrift „Bravo" featurte die Vorentscheidung, die auf lokaler Ebene in 650 Tanzschulen gefällt wurde. Waren 1984 noch von ca. 150 Zeitungsartikeln zu Tanz 2/3 ein bebil-

BREAK DANCE
sensation '84

Breakdance-Boom in Hannover oder wie ein neuer Schwoof vermarktet wird

Raus aus der dreckigen Bronx – rein in die bürgerlichen Ballsäle

Der Traum vom Ticket nach oben tanzt immer mit

Mit Chic und Charme – Berlin feiert ersten Ball der Jugend

„Darf ich bitten ..." Diese Aufforderung zum Tanz ist bei jungen Leuten wieder „in". Und nicht nur das: Auch der nette Umgangston im Alltag gehört natürlich dazu. Schlechte Manieren sind „out"

Tanzstunde wie einst im Mai

Nostalgie für Tänze und Kleider

32 Debütantinnen werden in die Gesellschaft eingeführt

Es fehlte noch ein Mädchen – da griff Renata zu

Höflichkeit im Kommen

BREAKDANCE

Beim verrücktesten Tanz flippt Deutschlands Jugend aus

Mit großen Schritten zum kleinen Erfolg

Anfänger im Tanzkurs

Junge Menschen lieben traditionelle Volkstänze

One, two, three o'clock!

Vor dreißig Jahren: Die Geburtsstunde des Rock'n'Roll

Tanzen ist bei der Jugend von heute wieder „in"

Straßenkultur aus den Slums begeistert eine gepflegte Jugend

Vom Tango zum Disco-Fox

Vier Würzburger Tanzschulen bieten breitgefächertes Programm – Erste Schritte

Tango-Boom in Paris

Jugend ist discomüde

Große und traurige Gefühle sind bei der Jugend gefragt

Starke Besuchereinbußen – Kritik an „Sexschlachten"

Breakdance in der Einkaufspassage

EIN NEUER SCHWUNG

Breakdance – das ist der neue Modetanz und noch ein wenig mehr: Ausdruck eines neuen Körpergefühls. Fit sein, beweglich, das ist bei der Jugend '84 wieder gefragt. Wilde Nächte mit Alkohol und Drogen sind „out"

Nach Disco-Welle lockt die Piano-Bar

Jugendliche geben weniger an einem Abend aus

WAS TEENS UND TWENS IN DIESEM FRÜHJAHR TRAGEN

Tanz-Mode für die Straße

Junge Leute besinnen sich auf ihre Gefühle und wollen träumen

Jugendliche sehnen sich wieder nach Zärtlichkeit

Bei einem „Klammer-Blues" wird die Tanzfläche proppenvoll

Viele Mädchen legen ihre Jeans ab und kaufen schicke Kleider

Bauchtanz ist „in"

Die Teenager haben die Tanzschule für sich neu entdeckt

Der Schwof zu zweit als Abwechslung zum Disco-Fieber

Trotz vieler Probleme: Die Jugend tanzt wieder

Gutes Benehmen

In Turnschuhen und T-Shirt zum Walzertraining

Erste Schritte in lockerer Atmosphäre

Klassisches Repertoire ist wieder gefragt

Feuchte Hände, rote Wangen und große Angst vor dem Sitzenbleiben derter Aufsatz über Breakdance, so findet man 1985 kaum noch Material dazu. Breakdance hat sich als eine sehr kurzfristige Mode erwiesen. Heute spricht kaum noch einer von diesem Stil, auch Tanzschulen und -studios bieten kaum noch Breakdancekurse an.

3. DAS INSTRUMENTARIUM

Bereits in der Untersuchung Jugend '54 und Jugend '55 gaben 2/3 der befragten Jugendlichen an, gerne zu tanzen. In der Vorerhebung hat sich dieses Ergebnis sowohl bei der Jugendlichen- wie auch bei der Erwachsenenstichprobe wiederholt. Äußerst spannend sind die Antworten auf die Frage danach, ob und in welchem Stil getanzt wird — vor allem unter dem Aspekt des veränderten Körperbewußtseins in den letzten Jahren, sowie in anbetracht der gestiegenen Tanzmöglichkeiten (Diskotheken, Tanz- und Fitnesstudios, Ballettschulen usw.) und der gerade ab Mitte der 50er Jahre aufgekommenen neuen Tänze (wie z.B. Rock 'n' Roll, Beat, Discotanz, freier Stil, Breakdance). Deshalb war es notwendig, den Codeplan der 54er Jugendstudie um weitere Tanzmöglichkeiten zu ergänzen.

Durch die Einteilung der Lieblingstänze in Gesellschaftstänze (hier wurden Wiener-Walzer, Langsamer Walzer, Foxtrott, Slow Fox, Disco-Fox, Slowstep, Quickstep, Rumba, Samba, Cha-Cha-Cha, Tango, Standardtänze, lateinamerikanische Tänze und Gesellschaftstänze zusammengefaßt), Discotänze, freien Stil und Mischformen soll versucht werden zu ermitteln, ob bestimmte Tanzpräferenzen an unterschiedliche Typen von Jugendlichen gebunden sind.

Die Unterscheidung nach dem Kriterium, ob in Berührung mit geregeltem Bewegungsablauf (verbunden), ohne Berührung, aber im geregelten Bewegungsablauf (unverbunden) oder ohne Berührung und ohne geregelten Bewegungsablauf (ungeregelt) getanzt wird, trägt zu der Untergliederung in Gesellschafts-, Disco-, Freistil- und Mischformen keine neuen Gesichtspunkte bei und findet daher im folgenden keine Berücksichtigung. Zur genauen Formulierung der Fragen und der Vorgaben verweisen wir auf den Fragebogen in Band 5.

4. DES TÄNZERS LUST UND PFLICHT. STILKONJUNKTUREN, VERHALTENSKONZEPTE, SOZIALPROFILE

4.1. Interesse am Tanzen 1954 und heute

Die Frage ‚Tanzt Du gerne' — eine Replikationsfrage aus der Jugendstudie von 1954 — beantworteten 66% der Jugendlichen mit ja, 31% mit nein und lediglich 3% gaben an, noch nie getanzt zu haben. Beim Vergleich der Antworten mit denen Mitte der 50er Jahre tritt zutage, daß der Anteil derjenigen, die gerne tanzen, mit 2/3 der Befragten fast konstant geblieben ist. Der Prozentsatz der Befragten, die ungern tanzen, ist hingegen merklich angestiegen. Diese Zunahme korrespondiert mit der Abnahme der Anzahl der Jugendlichen, die noch nie getanzt haben. Zumindest probiert hat es heutzutage fast jeder, da die Tanzmöglichkeiten (Discos, etc.) sowie auch die Vielfalt an Tänzen enorm gestiegen ist. Die Freude am Tanzen ist unter Mädchen erheblich weiter verbreitet als unter Jungen. Schon damals tanzte die weibliche Jugend lieber als die männliche. Während sich die Tanzbegeisterung der Mädchen seit der Mitte der 50er Jahre kaum verändert hat (von 82% zu 83%), ist der Anteil von Jungen, denen das Tanzen Vergnügen macht, seit 1954 um mehr als 5% gesunken.

Was den Zusammenhang der Tanzfreude mit der Altersklasse angeht, so sind einige Verschiebungen zu beobachten. Daß „naturgemäß der Anteil der am Tanzen Interessierten bei den älteren Jugendlichen größer ist als bei den jüngeren" (Jugend '54), trifft heute überhaupt nicht mehr zu, mit zunehmendem Alter ist eher eine geringfügige Abnahme zu konstatieren. In der Altersklasse der 15-17jährigen hat der Anteil der Tanzlustigen erheblich zugenommen, während er in der Altersklasse der 18-21jährigen um einige Prozentpunkte zurückgegangen ist.

Noch nie getanzt zu haben, ist vor allem in den 50er Jahren sehr stark altersgebunden gewesen (1954 haben 32% der 15-17jährigen noch nie getanzt, während es bei den 21-24jährigen lediglich 3% waren).

Weitgehend unabhängig ist die Verbreitung der Tanzfreude von der Wohnortgröße. Schon in der Erhebung aus dem Jahre 1954 ergaben sich nur geringe Differenzen zwischen der Anzahl von gerne tanzenden Jugendlichen in Ortschaften bis zu 10.000 Einwohnern bzw. solchen mit bis zu 100.000 Einwohnern. Auch in Großstädten lagen die Verhältnisse kaum anders. Diese Konstellation ist bis

1984 relativ stabil geblieben. In Ansiedlungen mit bis zu 10.000 Einwohnern ist der Prozentsatz der gerne tanzenden Jugendlichen leicht angestiegen, in größeren Orten hingegen etwas stärker abgesunken.

Der Anteil lediger Jugendlicher, die am Tanzen Gefallen finden, ist in den letzten 30 Jahren konstant geblieben. Verheirateten Jugendlichen lag allerdings das Tanzen um die Mitte der 50er Jahre mehr als heute (77% gegenüber 67%).

Während Schulentlassene damals häufiger tanzten als Schüler, hat es sich heute angeglichen. Zu einigen Veränderungen ist es hinsichtlich der Korrelation von Tanzlust und Schulbildung gekommen. Während Volks- und Mittelschüler heute weniger gerne tanzen als in den 50er Jahren, macht das Tanzen den Oberschülern heute in höherem Maße Vergnügen als zum Vergleichszeitpunkt.

4.2. Die beliebtesten Tänze 1954 und heute

Die Antworten auf die Frage nach den Lieblingstänzen erlauben keinen direkten Vergleich mit Resultaten der Erhebung von 1954, da damals nur nach einem Tanz gefragt wurde, diesmal jedoch nach Tänzen, die am liebsten getanzt werden. Möglich ist jedoch ein Vergleich in Form einer Hitliste, die folgende Werte zeigt: Spitzenreiter bei den Jugendlichen ist der Discotanz (32%), gefolgt von Foxtrott (26%) und freiem Stil (21%). An 4. Stelle steht der Walzer (15%) und den 5. Platz nimmt der Rock 'n' Roll mit 12% ein. 1954 und 1955 stand der Walzer (20%) an oberster Stelle, dicht gefolgt vom Tango (18%); Langsamer Walzer und Foxtrott nahmen mit je 7% den dritten bzw. vierten Platz ein. Zieht man die Ergebnisse der Vorstudie hinzu, so verhält sich die Hitliste der Erwachsenen — also der zum damaligen Zeitpunkt Jugendlichen — ähnlich zu dem Ergebnis aus den Jahren 1954/1955. Wiederum steht der Walzer an erster und der Tango an zweiter Stelle; Foxtrott hat nun den dritten, Langsamer Walzer den vierten Platz eingenommen. Die um die Mitte der fünfziger Jahre beliebtesten Tänze haben also über die Jahre hinweg ihre Spitzenplätze in der Gunst halten können. In der Kommentierung der Ergebnisse von 1954 heißt es: „Nicht die modernen Tänze wie Boogie-Woogie und Jitterbug — selbst wenn die etwas älteren Tänze wie Rumba und Samba hinzugerechnet werden — stehen am höchsten in der Gunst der Jugend, sondern ganz eindeutig der klassische Walzer und der Tango." Sowohl Rumba und Samba als auch Boogie-Woogie und Jitterbug zusammengenommen, werden nur von 3% der Befragten als Lieblingstänze angegeben. Die Befragung von 1955 bestätigt dieses Ergebnis, daß den modernen ‚artistischen' Tänzen nur ein recht geringes Interesse entgegengebracht wird. Foxtrott steht bei heutigen Jugendlichen immerhin noch an 2. Stelle, der Walzer behauptet noch den 4. Platz. Langsamer Walzer und Tango hingegen spielen kaum noch eine Rolle. Auch der in der Öffentlichkeit so große Aufmerksamkeit erregende Breakdance läßt die erdrückende Mehrheit der Jugendlichen kalt — lediglich 2% nennen ihn als Lieblingstanz. Ebenso wenig Resonanz finden der Tango (6%) und der Blues (3%) trotz gegenteiliger Meinungen in den Zeitungen: „Tango-Boom in Paris. Große und traurige Gefühle sind bei der Jugend gefragt." (Südkurier, 14.1.84) „Tango statt Disco" (Bunte, 23.5.85) „Die Jugend mag's zärtlich. Gefühle wieder gefragt / Bei einem ‚Klammer-Blues' füllt sich die Tanzfläche" (Frankenpost, 23.9.83)

4.3. Unterschiede zwischen Tänzern und Nichttänzern

Vergleicht man die Gruppe der Tänzer mit derjenigen der Nichttänzer, so kann man vor allem in Hinblick auf den Lebensentwurf kaum Unterschiede feststellen. Sehr klar hingegen differieren die Tänzer untereinander (s. Kapitel 4.4.). Das ist insofern bemerkenswert, als sich unter den Nichttänzern deutlich mehr Jungen befinden. Das heißt: 3/4 aller Jungen geben an, nicht zu tanzen bzw. noch nie getanzt zu haben, während weit mehr als die Hälfte der Mädchen gerne tanzt.

Insgesamt gesehen sind die Nichttänzer eher naturwissenschaftlich-technisch interessiert und in ihrer Freizeit vergleichsweise passiver als die Tänzer.

Betrachtet man die Schulfächer, so zählen eher neue Fremdsprachen, Geschichte und Deutsch zu den Lieblingsfächern der Tänzer, während die Nichttänzer mehr an Chemie oder Physik interessiert sind (vgl. Tabelle im Anhang). 33% der Nichttänzer gegenüber 24% der Tänzer konzentrieren sich in der Schule ausschließlich auf die Naturwissenschaften. Prozentual ähnlich ist die Verteilung bei der Frage nach dem Interesse an Technik bzw. technischen Fragen. Lediglich 16% der Nichttänzer zeigen gar kein Interesse an technischen Fragen. Die Nichttänzer haben besonders viel Interesse an harter Technik: In erster Linie an Autos und Motorrädern (65%), gefolgt von Motoren und Maschinen (43%) und Elektrotechnik (25%). Dementsprechend höher ist auch die Anzahl der Leser der einschlägigen Fachzeitschriften wie „ADAC", „AUTO, MOTOR, SPORT", „MOTORRAD" unter den Nichttänzern. Das Ergebnis erklärt sich wohl zum Teil daraus, daß unter den Nichttänzern die Jungen dominieren.

Während 39% der Tänzer vier und mehr Freizeitbeschäftigungen ausüben, sind es bei den Nichttänzern nur 29%. Die Zahl der Tänzer, die ein Musikinstrument spielen ist größer als diejenige der Nichttänzer. Die Nichttänzer treiben in geringerem Maße Sport (66%) als die Tänzer (75%). Des weiteren ergeben die Fragen nach den Schreibpraktiken deutliche Unterschiede. Bei den befragten Jugendlichen, die Tagebuch geschrieben haben, überwiegen mit 34% gegenüber 18% die Tänzer. Ebenso haben 43% der Nichttänzer gegenüber 20% der Tänzer keine oder nur geringe Schreib- und Kunstpraxis.

Diese Unterschiede ergeben sich völlig unabhängig vom Geschlecht.

Vergleicht man Mädchen, die tanzen, mit Mädchen, die nicht tanzen, so wird diese Tendenz bestätigt: Die weiblichen Nichttänzer beschäftigen sich lieber zu Hause mit Dingen, die ihnen Spaß machen oder wollen zu Hause ihre Ruhe haben (31% gegenüber 19% der Mädchen, die gerne tanzen). Dementsprechend niedriger ist natürlich auch der Organisationsgrad unter ihnen. Es ist nicht weiter verwunderlich, daß die Nichttänzerinnen in ihrer Kindheit eher Haus- als Straßenkinder gewesen sind.

Die Frage nach dem Interesse an Politik bejahen nur 35% der Nichttänzerinnen, während die Tänzerinnen mit 50% sich in merklich höherem Maße mit politischen Problemen auseinandersetzen. Bemerkenswert ist die große Sympathie für die Grünen / Alternativen bei den Nichttänzerinnen.

4.4. Gegenüberstellung von Gesellschafts-, Disco- und Freistiltänzern

Während die Unterschiede zwischen Tänzern und Nichttänzern keineswegs sehr prägnant sind, ergeben sich innerhalb der Gruppe der Tänzer sehr starke Differenzen: So bilden die Gesellschaftstänzer auf der einen Seite und die Freistiltänzer auf der anderen, zwei Extremgruppen. Diejenigen, die Mischformen bevorzugen, nehmen eine Mittelstellung ein, die fast immer dem Durchschnitt entspricht und somit für eine Gegenüberstellung wenig ergiebig ist. Auch die Discotänzer nehmen eine mittlere Position ein, die zuweilen an die Gruppe der Freistiltänzer heranreicht, in den meisten Fällen allerdings den Gesellschaftstänzern näherkommt. Nichtsdestoweniger kommt in einigen Fällen ein recht interessantes Profil dieser Gruppe zum Vorschein.

Sozialdaten

Ob ein Jugendlicher Gesellschaftstänze bevorzugt oder Discofan ist, hängt sehr stark mit dem Alter zusammen, d.h. die Jüngeren gehen wesentlich lieber ab und zu in die Disco als die Älteren, die eher den Gesellschaftstanz wählen. So sind 61% der Discotänzer und 37% der Gesellschaftstänzer 15-19 Jahre, während es bei den 20-24jährigen gerade umgekehrt aussieht: hier stehen 63% Gesellschaftstänzern 39% Discotänzer gegenüber. Freier Stil und Mischformen hingegen sind altersunabhängig.

Die Schulbildung spielt bei der Wahl des Tanzes nur insofern eine Rolle, als bei den Freistiltänzern ein höherer Anteil von Abiturienten und Hochschülern zu verzeichnen ist und die Hauptschüler unterrepräsentiert sind.

Nicht weiter verwunderlich ist, daß die Gesellschaftstänzer, also die Älteren, eher schon einmal hauptberuflich erwerbstätig gewesen sind als die anderen und auch mehr Geld im Monat zur Verfügung haben. Unter den Gesellschaftstänzern befinden sich auch mehr Verheiratete als bei den Anhängern anderer Tanzformen. In Dörfern in rein ländlicher Umgebung bzw. in Ortschaften bis zu 10.000 Einwohnern mit niedriger Industriedichte ist die Anzahl der Gesellschaftstänzer vergleichsweise höher, wohingegen in großen Großstädten bzw. in Städten mit mehr als 500.000 Einwohnern mit hoher Industriedichte die Zahl der Discotänzer erheblich höher liegt und die der Gesellschaftstänzer extrem niedrig ist.

Erziehung/Sozialisation

Daß diejenigen, die freien Stil tanzen, insgesamt unkonventioneller sind als andere Jugendliche, ergibt sich schon aus den Antworten auf die Frage nach der Kindererziehung: 65% der Gesellschaftstänzer würden ihre Kinder genauso oder ungefähr so erziehen, wie sie selbst erzogen worden sind; umgekehrt würden es in demselben Ausmaß die Freistiltänzer (64%) anders oder sogar ganz anders machen. Betrachtet man die Daten zum Bereich Schule, so kann man zusammenfassend konstatieren, daß die Gesellschaftstänzer eher die Naturwissenschaften bevorzugen. Ihre Lieblingsfächer sind Erdkunde, Mathematik, Chemie und Physik. Bei den Freistiltänzern stehen Deutsch und Sozialkunde an oberster Stelle; für 74% der Discotänzer ist Sport der absolute Spitzenreiter.

Die Freistiltänzer geben am häufigsten an, Probleme während der Schul- und Ausbildungszeit zu haben: so sind 34% von ihnen schon einmal sitzengeblieben und 16% konnten keine Lehrstelle finden. Nur 18% der Gesellschaftstänzer mußten eine Klasse wiederholen und nur 3% blieben bei der Suche nach einer Lehrstelle erfolglos. Bei den Discotänzern sind die Probleme in der Schulkarriere mit Abstand am geringsten, dafür konnten aber 32% von ihnen nicht die berufliche Laufbahn einschlagen, die ihnen am liebsten gewesen wäre.

Lebensentwurf

Vor allem anhand der Daten dieses Abschnittes kommt der krasse Gegensatz zwischen Freistiltänzern und Gesellschaftstänzern deutlich zum Ausdruck. Die Gesellschaftstänzer bejahen in hohem Maße (also zu 71%) einen konventionellen Lebensentwurf — ganz im Gegensatz zu den Freistiltänzern, bei denen nur eine Zustimmung von 46% zu vermerken ist. So geben 4% der Gesellschaftstänzer, aber 36% der Freistiltänzer an, nicht heiraten zu wollen. Weniger scharf ausgeprägt ist die Differenz zwischen diesen beiden Gruppen hinsichtlich des Wunsches nach Kindern: Die Frage danach, ob sie einmal Kinder haben möchten, bejahen 80% der Gesellschaftstänzer, jedoch nur 60% der Freistiltänzer. Bei der Beurteilung der eigenen Zukunftsaussichten zeigt sich ein höherer Anteil von Gesellschaftstänzern als von Freistiltänzern zuversichtlich. Nimmt man noch die Antworten auf die Frage nach den Leistungen, auf die man stolz ist dazu, lassen diese beiden Gruppen noch klarere Konturen erkennen. 65% der Gesellschaftstänzer geben nämlich die Gründung einer Familie und eines eigenen Heimes an, während für 33% der Freistiltänzer Persönlichkeitswerte (z.B. geistige Leistungen; ausgefülltes, sinnvolles Leben; Träume erfüllen) Priorität haben.

Lebenslaufdaten

Bei der Frage, in welchem Lebensjahr man bestimmte Ereignisse erlebt bzw. noch nicht erlebt hat, liegen die Gesellschaftstänzer bei den beiden folgenden Punkten am höchsten gegenüber allen anderen: 37% haben bereits als 18jährige das erste Auto gefahren und 62% haben bis einschließlich zum 16. Lebensjahr den ersten Tanzkurs mitgemacht. Die Freistiltänzer hingegen verlassen früher als alle anderen Gruppen das Elternhaus. Während 66% der befragten Gesellschaftstänzer und 72% der Discotänzer noch bei den Eltern wohnen, haben bereits 43% der Freistiltänzer das Elternhaus verlassen. 20% der Discotänzer sind der Auffassung, daß man mit 14 Jahren selbst bestimmen können sollte, wie man aussieht; je 1/3 meint, daß man mit 16 Jahren weggehen und heimkommen dürfen sollte, wann man will bzw. selbst bestimmen sollte, größere Anschaffungen zu tätigen. Damit liegen sie prozentmäßig um einiges höher als die Vergleichsgruppe der Gesellschafts- und Freistiltänzer.

Soziale Orientierungsmuster

Die Aussagen zum Lebensgefühl, also die Frage, wie der einzelne seine Stellung im Leben und in der Gesellschaft empfindet, ergeben auch ein sehr klares Bild, d.h. sowohl bei den Gesellschaftstänzern als auch bei den Discotänzern finden die Orientierungsmuster Privatisierung und Anpassungsbereitschaft breite Zustimmung. Bei den Discotänzern spielt darüber hinaus die Selbstentfremdung eine bedeutsame Rolle. Alle anderen Skalen weisen bei beiden Gruppen niedrige Werte auf. Bei den Freistiltänzern sieht das wieder völlig anders aus: hier finden die Skalen Eigenverantwortung, Selbstentfremdung, Träume und Selbstbehauptung absolut hohen Anklang, wohingegen Privatisierung und Anpassungsbereitschaft nur niedrige Werte erreichen.

Auf die Frage, ob Jugendliche bzw. Erwachsene etwas falsch machen und was das ist, erfolgen ebenfalls ganz typische Antworten, und zwar: 42% der Gesellschaftstänzer sehen die Fehler von Erwachsenen in einem falschen Erziehungsverhalten. Dagegen glauben die Freistiltänzer zu 35%, daß Erwachsene ein falsches Verhältnis zum politischen Bereich haben und 56% von ihnen sind der Auffassung, daß sie eine falsche Lebensweise haben. Je 40% der Disco- bzw. Freistiltänzer, jedoch lediglich 28% der Gesellschaftstänzer, sehen Hinweise für rigides Denken bei den Erwachsenen. Die Discotänzer sehen von allen am wenigsten Dinge, die Jugendliche falsch machen. Was verkehrt gemacht wird, ist bei den Freistiltänzern wieder ähnlich: verkehrte Lebensplanung bzw. -haltung und politische Kritik; die Gesellschaftstänzer sehen die Fehler vor allem in der falschen Beziehung zu den Erwachsenen bzw. an mangelndem Respekt oder zu hohen Ansprüchen der Jugendlichen. Der Generationskonflikt wird generell von den Gesellschafttänzern am geringsten und von den Freistiltänzern am höchsten wahrgenommen.

Der Mittelwert der Skala Jugendzentrismus ist bei den Freistiltänzern deutlich höher als bei den Discotänzern, die wiederum jugendzentrierter sind als die Gesellschaftstänzer.

Vor allem bei den Freistiltänzern sind neue Werte (wie z.B.: lockerer, spontaner leben; aus Sachzwängen ausbrechen; neue Lebensformen finden) gefragt — alte Werte wie Umgangsformen, Fleiß, Ordnung und Sauberkeit, etc. werden für weniger wichtig erachtet. In ungleich höherem Maße als die Gesellschaftstänzer empfinden die Discotänzer die Arbeit als notwendiges Übel. Bei der Aussage zu Arbeit und Verdienst sind sich Gesellschafts- und Discotänzer jedoch nahezu einig: 21% bzw. 24% von ihnen möchten soviel verdienen, daß sie sich fast jeden Luxus erlauben können. Dagegen sind 16% der Freistiltänzer mit einem Einkommen zufrieden, das gerade zur Bestreitung des Lebensunterhaltes reicht. Am meisten Probleme oder Schwierigkeiten sieht die Gruppe der Freistiltänzer im Freizeit-und Kontaktbereich.

Es ist nicht weiter verwunderlich, daß die Freistiltänzer mit 71% ein höheres Interesse an Politik haben als die Gesellschaftstänzer mit 58% und die Discotänzer mit 51%. Das Interesse wird bei denjenigen, die Freistil tanzen, vor allem folgendermaßen begründet: 18% sagen, ,,es geht um mein Leben, meine Zukunft'', 16% geben ihre Verantwortung als Bürger / Wähler an und 15% wollen mitbestimmen können. Die Gesellschaftstänzer stehen in der Regel der CDU / CSU bzw. SPD nahe, während sie Grüne zumeist ablehnen. 41% der Discotänzer geben an, keiner politischen Partei zuzugehören und fast die Hälfte (45%) der Freistiltänzer zählt sich zu den Grünen. Mithin glauben auch 46% der Gesellschaftstänzer im Gegensatz zu 12% der Freistiltänzer, daß von der Bundesregierung genug für die Jugend getan wird. Bei der Beurteilung der Zukunftsaussichten der Gesellschaft entsprechen die Angaben der Discotänzer und die Aussagen derjenigen, die Mischformen tanzen, ungefähr dem Durchschnitt. Die Gesellschaftstänzer und Freistiltänzer stehen einander vollkommen konträr gegenüber, d.h.: genau 63% der Freistiltänzer beurteilen die gesellschaftliche Zukunft eher düster und fast genausoviel (62%) Gesellschaftstänzer schätzen sie dagegen eher zuversichtlich ein. Auch wenn es um die Einschätzung von Ereignissen geht, die in der Zukunft eintreten könnten, so liegt die Zahl der Freistiltänzer mit 40%, was den Zukunftspessimismus angeht, mit Abstand am höchsten. Sie glauben somit zu besonders hohen Teilen beispielsweise daran, daß Technik und Chemie die Umwelt zerstören werden oder daß die Welt in einem Atomkrieg untergehen wird. Ebenso wenn es darum geht, was jeder für eine bessere Zukunft tun kann, wird von fast der Hälfte der

Freistiltänzer politisch-alternatives Handeln (also z.B. in Bürgerinitiativen mitmachen / mit friedlichen Mitteln demonstrieren / Alternativen selbst ausprobieren) für äußerst wichtig eingeschätzt. Die meisten Gesellschaftstänzer hingegen halten pädagogisch-soziales Handeln (wie: Kinder richtig erziehen / für ein gutes Familienleben sorgen / bereit sein, Zugeständnisse zu machen, Kompromisse zu schließen) für entscheidend.

Informieren + demonstrieren + sich wehren liegt in der Rangfolge der politischen Handlungsformen auch wieder bei den Freistiltänzern am höchsten. Nimmt man bei der Frage nach den Gruppen und Stilen die Antwortvorgaben ,,ich rechne mich selbst dazu / lebe so ähnlich" und ,,gehöre nicht dazu, finde solche Leute aber ganz gut" zusammen, so ergibt sich folgendes Bild: Lediglich die Bundeswehr-Anhänger erreichen mit 22% bei den Gesellschaftstänzern eine höhere Sympathie als bei den anderen. Die Discofans identifizieren sich am ehesten mit folgenden Gruppen: Poppern, Fußball-Fans, Aerobic, Body-Building, Jogging, Fans von Videospielen und Motorrad-Fans. Dagegen haben die Freistiltänzer einen starken Bezug zu neuen religiösen Bewegungen, Gruppen mit alternativer Lebensweise, Dritte Welt-Initiativen und zur Friedensbewegung, schließlich fühlen sie sich mit der Frauenbewegung und mit den Aufkleber- bzw. Buttonträgern eng verbunden. Während sich die Gesellschaftstänzer eigentlich mit keinem Stil so recht identifizieren können — mehr am konventionellen hängen —, so tendieren die Discotänzer eher in eine sportlich-kommerzielle Richtung, die Freistiltänzer mehr ins politisch-alternative.

Gruppenstile

Was die Intensität der Entspannungstechniken betrifft, so ist sie bei denjenigen, die Discotanz bevorzugen, weitaus am schärfsten ausgeprägt. Ebenso verhält es sich mit der Intensität der Flips. Bei den Discotänzern liegt sie mit 32% am höchsten gegenüber den Gesellschaftstänzern (19%) und den Freistiltänzern (26%). Flippen bedeutet für Discotänzer in erster Linie ,,Musik irrsinnig laut hören" (54%). Bei dem Flip ,,sich stundenlang vor den Fernseher / Videogerät setzen" liegen sie mit 24% wesentlich höher als die Freistiltänzer (6%) und die Gesellschaftstänzer (18%). Sowohl Discotänzer als auch Freistiltänzer ziehen gerne mal verrückte Sachen an (24% bzw. 25%), eher als die Gesellschaftstänzer (12%); jene geben auch erheblich häufiger als diese an, bisweilen mit anderen die Nacht bis zum Morgen durchzumachen oder hin und wieder ganz unvernünftig viel Alkohol zu trinken. Dementsprechend fallen dann auch die Antworten auf die Frage nach dem Alkoholgenuß aus: Lediglich 30% der Gesellschaftstänzer gegenüber 34% der Discotänzer und 43% der Freistiltänzer geben an, gerne Alkohol zu trinken. Diejenigen, die freien Stil tanzen, rauchen mit Abstand am meisten: 56% von ihnen erklären, täglich zu rauchen, während z.B. 55% der Gesellschaftstänzer überhaupt nicht rauchen. Die Discotänzer nehmen — mit 34% die gar nicht rauchen, und 47% die täglich rauchen — eine mittlere Position ein.

Soziale Bindungen

Unter allen Tänzern wenden sich Disco- (52%) und Freistiltänzer (51%) mit ihren Sorgen und Nöten am ehesten an Gesprächspartner außerhalb der Familie; nur 32% der Gesellschaftstänzer handeln ebenso. Daß die Disco- und Freistiltänzer eher extravertiert sind, zeigt sich weiter darin, daß 74% bzw. 71% von ihnen angeben, sich in ihrer Freizeit gern mit Leuten zu treffen bzw. zu Freunden und Bekannten zu gehen, bei den Gesellschaftstänzern trifft dies nur auf 48% zu. Mehr als doppelt soviel Gesellschaftstänzer wie Disco- und Freistiltänzer beschäftigen sich zu Hause mit Dingen, die ihnen Spaß machen oder halten sich am liebsten zu Hause auf, um dort ihre Ruhe zu haben. Allerdings ist der Organisationsgrad bei den Gesellschaftstänzern am stärksten ausgeprägt, ein Umstand, der sich aus ihrem Engagement in Sportvereinen erklärt.

Schreibpraktiken

Über die Hälfte aller Discotänzer hat noch nie Tagebuch geschrieben. Bei den Gesellschaftstänzern und den Freistiltänzern aber zeigt sich ein anderes Bild: die Hälfte der Gesellschaftstänzer hat Tagebuch geschrieben bzw. schreibt noch; 2/3 der Freistiltänzer geben an, geschrieben zu haben bzw. noch zu schreiben. Was die Dauer des Tagebuchschreibens anbelangt, sind die Freistiltänzer mit 32% bei 2-4 Jahren und 17% bei 5-15 Jahren die Ausdauerndsten. Auch in Hinsicht auf Schreib- und Kunstpraxis sind sie wesentlich engagierter als die Vergleichsgruppen. Bei den Discotänzern ist die Schreib- und Kunstpraxis am geringsten ausgeprägt.

Religiosität

Unter den Freistiltänzern bekennen sich nur 34% zur katholischen Kirche — gegenüber je 51% der Gesellschafts- und Discotänzer; 13% gegenüber 4% bzw. 5% der Gesellschafts- und Discotänzer gehören keiner Religionsgemeinschaft an. 80% der Freistiltänzer geben mithin auch an, in den letzten 4 Wochen gar nicht am Gottesdienst teilgenommen zu haben; bei den Gesellschaftstänzern beläuft sich der Anteil derjenigen, die zum Zeitpunkt der Erhebung 4 Wochen keinen Gottesdienst besucht hatten, auf 67%, bei den Discotänzern auf 75%. Nahezu doppelt soviel Gesellschaftstänzer und Discotänzer als Freistiltänzer geben an, manchmal oder regelmäßig zu beten. Insgesamt gesehen ist die Religiosität bei den Gesellschaftstänzern am höchsten; d.h. wesentlich mehr Gesellschaftstänzer als Anhänger anderer Tanzstile gehören einer Religionsgemeinschaft an, beten und nehmen am Gottesdienst teil.

Freizeitbeschäftigungen und -interessen

In der Freizeitgestaltung der Gesellschaftstänzer dominieren Sport und Wandern (55%). Mit praktischen Liebhabereien (34%), Handarbeiten, Kochen und der Einrichtung (26%) befassen sie sich weitaus häufiger als die Disco- und Freistiltänzer. Bei den Discoanhängern hingegen nehmen Tanz, Flirt und Vergnügen (51%) ganz eindeutig den ersten Platz ein. Liebste Freizeitbeschäftigung der Freistiltänzer ist es, sich zu unterhalten oder zu erzählen (54%). Sie lesen (42%) bzw. zeichnen, malen und musizieren (20%) lieber als die Anhänger jeder anderen Tanzform. Mit diesen Neigungen der Freistiltänzer korrespondiert dic Tatsache, daß wesentlich mehr von ihnen ein Musikinstrument spielen (40%) als Gesellschaftstänzer (29%) und Discotänzer (25%). Das Profil der liebsten Freizeitbeschäftigung läßt es weiterhin als plausibel erscheinen, daß der Anteil der Tänzer, die Sport treiben, unter den Gesellschaftstänzern am weitaus höchsten ist. Die Freistiltänzer gehen in ihrer Freizeit mehr Beschäftigungen nach als alle anderen. Mehr Gesellschafts- und Discotänzer haben ein ausgeprägtes Interesse an Technik bzw. technischen Fragen als die Freistiltänzer. Mit besonderer Aufmerksamkeit verfolgen sie die Entwicklung in den Bereichen Auto und Motorrad (60%), Photo und Optik (38%), Technik im Haushalt (37%) und Computer (31%). Unter den Gegenständen technischer Interessen sind für die Discotänzer Auto bzw. Motorrad die Favoriten (65%); 37% von ihnen — ein größerer Anteil, als bei irgend einer anderen Gruppe — beschäftigen sich mit Motoren und Maschinen. 30% von ihnen finden Gefallen an der Videotechnik; also eine deutlich größere Gruppe als sie unter den Gesellschaftstänzern (16%) und den Freistiltänzern (11%) zu finden ist. Wenn sich Freistiltänzer mit technischen Problemen auseinandersetzen, dann richten sie ihr Augenmerk hauptsächlich auf alternative, weiche Verfahren: im Mittelpunkt steht für sie der Umweltschutz (71%), an 2. Stelle folgen neue Formen der Energie mit 52%. 51% der Gesellschaftstänzer lesen die ADAC-Zeitschrift und 34% von ihnen die Bunte Illustrierte: das Interesse an diesen beiden Zeitschriften ist bei den Gesellschaftstänzern deutlich höher ausgeprägt als bei den Disco- und Freistiltänzern. 34% der Discotänzer gegenüber je 26% der Gesellschafts- und Freistiltänzer sind Bravoleser. Lieblingszeitschriften der Freistiltänzer sind Stern (78%) und Spiegel (64%).

4. 5. Porträts

Gesellschaftstänzer

— gehören zu den älteren und sind eher berufstätig und verheiratet. Sie haben in der Schule keine Probleme und sind vornehmlich naturwissenschaftlich interessiert. An Optik, Computer, Technik im Haushalt und in der Industrie finden sie besonders Gefallen. Ansonsten betreiben sie in ihrer Freizeit sehr viel Sport, können sich aber genauso gut mit Kochen, Handarbeiten u.ä. zu Hause beschäftigen. Entspannungstechniken und Flips sowie Rauchen und Trinken sind bei ihnen nicht gefragt.
— bejahen in hohem Maße einen konventionellen Lebensentwurf: Heim und Familie sind ihr ganzer Stolz. Sie halten an alten Werten fest; ihre Kinder würden sie genauso erziehen wie sie selbst erzogen worden sind. Der Generationskonflikt ist für sie nicht existent und an Jugendlichen bemängeln sie, daß sie keinen Respekt gegenüber Erwachsenen hätten und zu hohe Ansprüche an den Tag legten.
— politisch stehen sie der CDU / CSU bzw. der SPD nahe; sie meinen, die Bundesregierung würde genug für die Jugend tun, und die eigene und gesellschaftliche Zukunft betrachten sie durchweg zuversichtlich. Viele von ihnen begeistern sich für die Bundeswehr; Privatisierung und Anpassungsbereitschaft haben einen hohen Stellenwert in ihrem Leben.

Discotänzer

— sind zumeist jünger als 19 Jahre; beteiligen sich in der Schule am liebsten am Sportunterricht; zählen sich oft zu den Poppern und Fußballfans und begeistern sich leicht für gerade aktuelle Formen von Körpertraining wie Body Building, Jogging und Aerobic. Im Zentrum ihrer Freizeitgestaltung stehen Tanz und Flirt. Die Inten-

sität von Entspannungstechniken — um zu sich zu kommen und sich wieder gut zu fühlen — ist sehr hoch.
— haben ein ausgeprägtes Interesse an technischen Entwicklungen, vor allem an Motoren, Maschinen, Autos und Video.
— sind in hohem Maße konsumorientiert. Sie neigen zwar in der Regel zu eher konservativen Wertvorstellungen, betrachten jedoch die Erwerbsarbeit nicht mehr in erster Linie als Pflichterfüllung, sondern als notwendiges Übel, als Mittel zum Zweck, so viel Geld zu verdienen, daß sie sich fast jeden Luxus erlauben können.
— treten nur ungern aus ihrer Privatsphäre heraus, bringen den Fragen des öffentlichen Lebens und der Politik nur geringfügiges Interesse entgegen und orientieren sich vorbehaltlos an geltenden sozialen Normen.

Freistiltänzer

— favorisieren — vor allem im Rahmen des Gymnasial- und Hochschulunterrichts — geisteswissenschaftliche Fächer. Unter ihnen sind die meisten Tagebuchschreiber und sie haben an einer Reihe von Freizeitbeschäftigungen wie lesen, zeichnen, musizieren und unterhalten großes Interesse.
— neigen allgemein zum Nonkonformismus, nicht zuletzt auf politischem Gebiet. Sie stehen ausschließlich neueren Wertvorstellungen aufgeschlossen gegenüber und vertrauen den Grünen mehr als den etablierten Parteien. Sie engagieren sich in Friedens- und Dritte Welt-Initiativen und stehen alternativen Lebensformen, konsequenter Frauenemanzipation und der Mitgestaltung politischer Prozesse durch Bürgerinitiativen aufgeschlossen gegenüber. Sowohl die gesellschaftliche als auch die eigene Zukunft betrachten sie weitestgehend düster.
— ihre kritische Grundhaltung im Hinblick auf politische Fragen korrespondiert mit einem unkonventionellen Lebensentwurf. Sie sind weniger auf den Besitz materieller Werte als auf ihre persönlichen und charakterlichen Qualitäten stolz, messen dem Generationskonflikt erhebliche Bedeutung bei. Die meisten von ihnen sind gegen die Ehe und sie wollen ihre Kinder wesentlich anders erziehen als sie selbst erzogen worden sind.

5. ZUM ZUSAMMENHANG VON TANZSTILEN, LEBENSENTWÜRFEN UND WERTVORSTELLUNGEN

Wie aus der Geschichte des Tanzes deutlich ablesbar, war das Aufkommen neuer Tänze meist gekoppelt mit dem eines neuen Lebensgefühls und gleichzeitig verbunden mit der Furcht vor der befreienden Wirkung des Tanzes: So wie der Walzer als Paartanz die Überwindung der höfischen Etikette bedeutete, empörte man sich später über Rock 'n' Roll und Poptänze insgesamt, die wesentlich körperbetonter waren als der bis dahin praktizierte, eher steife Gesellschaftstanz: das Lamentieren vom Kulturverfall wurde laut.

Die allgemeine Form des Gesellschaftstanzes ist der Paartanz. Sie bringt es mit sich, daß die Partner sofort miteinander in Berührung kommen. Beim Discotanz und beim freien Stil hingegen bewegen sich die Tänzer isoliert voneinander. Sie haben daher die Möglichkeit, sich zu individualisieren oder auch Bezug zu anderen aufzunehmen, ohne sich gleich zu binden. ,,Der Tanz verliert dabei einen Teil seiner erotischen Qualitäten, man tanzt nicht unbedingt um des Partners willen, sondern um der versuchsweisen, gleichzeitig demonstrativen Erprobung der eigenen Körperlichkeit.'' (Müller 1967, 14)

Des weiteren lassen sowohl Disco- als auch Freistiltanz — im Verhältnis zu den konventionell festgelegten Bewegungsformen des Gesellschaftstanzes — einen weitaus größeren Spielraum für die eigenständige Entwicklung von Bewegungsformen und -abläufen offen, eben für die persönliche Gestaltung des Tänzers. Beim Gesellschaftstanz werden Schritte erlernt und nachgeahmt, ihn kennzeichnen nicht persönlich entwickelte Bewegungsformen, sondern vorgegebene; hier handelt es sich um einen vorgeformten und festgelegten Tanzstil. Freistil- und Discotanz werden zunächst in einer Umgebung getanzt, in der Jugendliche unter sich sind, also nicht von Erwachsenen beaufsichtigt oder gegängelt werden. Hier können sie sich in der Anonymität austoben und momentane Stimmungen und Gefühle in der Tanzbewegung zum Ausdruck bringen. Spannungen und Alltagsstreß können sich entladen. Der Tanz wirkt so als Ventil für körperlich-seelische Verspannungen, als befreiendes Moment und damit zugleich als Ausgleichfunktion und Entlastung.

Die befreiende Wirkung dieser Tanzformen resultiert nicht zuletzt daraus, daß sie den Jugendlichen davon entbindet, sich mit Worten ausdrücken zu müssen. Hier ist der Jugendliche selbst Herr über seine Bewegungen; sein Drang zur selbständigen Gestaltung kann hier verwirklicht werden: ein Bedürfnis, das sich ja vor allem bei Freistiltänzern in allen Lebensbereichen geltend macht.

Der recht eindeutige Zusammenhang von Tanzstil und politischer Werthaltung ist daher nicht weiter erstaunlich: eben die Gesellschaftstänzer, insgesamt am Vorgegebenen orientiert, tendieren zu den etablierten Parteien; die Freistiltänzer, die in allen Lebensbereichen eher alternativ engagiert sind und über ein kritisches Urteil verfügen, zu den Grünen; viele Discotänzer stehen keiner Partei sehr nahe — ein Zeichen ihres ohnehin geringfügigen Interesses an politischen Fragen.

Der gesamte Lebensentwurf der Anhänger des Gesellschaftstanzes zeichnet sich durch jene Orientierung an traditionellen Verhaltensstandards und Stilmustern aus, die auch den Kontext der von ihnen favorisierten Tanzform charakterisiert. In der Konventionalität ihrer Tanzbewegung spiegelt sich ihre allgemein positive Haltung zum Überkommenen wider. Gesellschaftstänzer richten sich durchweg an vorgegebenen sozialen Normen aus. Insgesamt gesehen läßt sich der durchschnittliche Gesellschaftstänzer eher als konservativer Typ bezeichnen; er übt sich schon möglichst frühzeitig freiwillig in die Erwachsenenrolle ein und lebt in einer Welt althergebrachter Werte. Wohl kein Motto charakterisiert seinen Lebensstil so prägnant wie: „Trautes Heim — Glück allein" oder „Küche, Kinder, Kirche". Sein Festhalten an einer seit eh und je bestehenden Form des Tanzes, die seine Eltern und Großeltern schon gelernt haben, spiegelt sich in seiner gesamten Lebensweise wider, Krisengefühle quälen ihn nicht, seine Welt ist noch heil.

Die Emanzipation der Frau scheint an vielen spurlos vorübergegangen zu sein. Die Gesellschaftstänzerin akzeptiert es als Selbstverständlichkeit, vom Mann zum Tanz aufgefordert und auf dem Parkett geführt zu werden.

In ihrem Auftreten und gesamten Erscheinungsbild unauffällig bis unscheinbar, haben die Gesellschaftstänzer keinerlei Bedürfnis, sich beim Tanzen ausschließlich unter Gleichaltrigen zu bewegen.

Freistiltänzer hingegen tendieren zur eigenen selbstgestalteten Lebensform. Ihr Lebensentwurf ist eher unkonventionell. Die Neigung zur Improvisation und Spontaneität, wie sie in ihren ungeregelten, aus dem Stegreif erfundenen Motionen zutage tritt, prägt ihre gesamte Lebenseinstellung. Den Freistiltanz empfinden sie als eine von vielen Möglichkeiten, aus dem Trott des Alltagslebens auszubrechen und sich gegen das überkommene Wertsystem zur Wehr zu setzen, dessen Forderungen sie für nicht erstrebenswert halten. Der Freistiltanz ist letztlich eine Weiterführung der Beattraditionen Mitte der sechziger Jahre, als die Hippies und Gammler diesen Mechanismus benutzten, um gegen die Gesellschaft bzw. die verknöcherte bürgerliche Ordentlichkeit nach dem Motto ‚wir sind anders' zu demonstrieren. In diesem Zusammenhang kann wohl auch die von H. Günther aufgestellte These betrachtet werden:

Er „spricht vom Tanz als Protest. Wie der Sport und die Gymnastik, so ist auch der moderne Tanz der Aufstand, ‚einer gegen das Mechanische kämpfenden großstädtischen Jugend, die in Rhythmus, Bewegung, Körperkultur wieder Freiheit' erleben will. Wiederum wird eine globale (eine global-politische) Funktion deutlich; denn Freiheit bedeutet hier politische, gesellschaftliche Freiheit." (Rössner 1965, 242)

Der Freistiltänzer ist eher der politisch-alternative Typ mit kritisch unkonventioneller, nicht an materiellen Werten orientierter Einstellung. Seine improvisierten Tanzbewegungen gehören für ihn — ähnlich wie sein übriges Spektrum an Freizeitaktivitäten — zur Selbstverwirklichung. Er zeigt nicht nur ein passives politisches Interesse, sondern engagiert sich auch praktisch in diversen Initiativen — setzt sich also aktiv für seine Zukunft ein, der er freilich andererseits recht pessimistisch entgegenblickt. So vermischt sich ein Schuß No Future-Mentalität in nicht selten widerspruchsvoller Weise mit der Bereitschaft, aktiv an der Beseitigung sozialer Mißstände mitzuwirken. Die im Milieu der Freistiltänzer herrschende prinzipielle Protestbereitschaft trägt gleichzeitig zur Abgrenzung ihrer Gruppe nach außen und zur Bildung einer positiven Gruppenidentität bei. Durch optische Zeichen wie z.B. bei Frauen das häufig anzutreffende demonstrative Ungeschminktsein signalisieren sie den sozialen Kreisen, von denen sie sich zu unterscheiden wünschen, ihre Eigenständigkeit und ihre Weigerung, tradierte Normen zu akzeptieren. Diese Verweigerung korrespondiert mit der Wahl ihrer Tanzlokalitäten, bei denen es sich in der Regel um nur von einer bestimmten Szene frequentierte preiswertere „Alternativ"-Discos oder nichtkommerzielle Einrichtungen, Veranstaltungen oder Privatwohnungen handelt, in denen ohne viel Aufwand eine Fete veranstaltet wird.

Die Resultate der Erhebung bestätigen einen großen Teil der Vorurteile, die über Discotänzer im Umlauf sind. Sie sind eher oberflächlich; an politischen Fragen sind sie kaum interessiert, gesellschaftspolitische Probleme stehen gar im Geruch des Prolohaften. Während sie — wie die Gesellschaftstänzer — an konventionellen Werten festhalten und zur Konformität neigen, denken sie doch ausgesprochen karriereorientiert; bezeichnend für diese Tendenz ist ihr Wunsch, sich jeden Luxus leisten zu können. So tanzen sie sich zwar nach getaner Arbeit — außerhalb der Erwachsenenkontrolle — frei; unterwerfen sich aber andererseits mehr oder weniger freiwillig dem Diktat einer neuen Ordnung. In ihr spezifisches Wertsystem fügen sich mit dem Ideal körperlicher Schönheit, Gesundheit und Fitness modische Wellen wie Jogging, Aerobic nahtlos ein. In der Glitterglimmerwelt der Disco spielt für sie der Traum, selbst einmal zum Star zu avancieren — vom Fließband weg zum Film —, eine bedeutsame Rolle. Mithin finden eben jene Musikfilme wie „Flashdance" sehr große Resonanz, die sich solche einfältigen Hoffnungen geschickt zunutze machen. Durch hübsches, attraktives Aussehen und ein tänzerisches Können, das in der Disco bewundernde Blick auf sich zieht, hoffen sie, eine alte Legende wahrmachen zu können: die vom Tellerwäscher, der sich zum Millionär mauserte.

So stellt sich die Disco-Szene dem Betrachter als janusköpfig dar: während sie sich einerseits gegenüber dem traditionsgebundenen Habitus der Gesellschaftstänzer, die Art des Tanzens z.T. verbunden mit narzißtischer Selbstdarstellung, deutlich abgrenzt, akzeptiert sie andererseits vorbehaltlos einen beträchtlichen Teil des herrschenden Wertsystems. Bei Neißer heißt es: „Im Grunde sind die Discotänzer konservative Leute, die sich im Innersten gegen wirklich Neues sträuben, ohne jedoch zu merken, daß sie sich selbst nur eine Art Narrenfreiheit zugestehen. Sie halten sich durchweg für dynamisch, progressiv und ‚allem Modernen gegenüber aufgeschlossen'." (Neißer u.a. 1981, 18/19) Während also ihre Neigung zum „Ego-Trip auf der Piste der Eitelkeit" (Neißer u.a. 1981, 86) sie von den klassischen Gesellschaftstänzern unterscheidet, stehen sie ihnen doch insofern wieder nahe, als sie Werte wie hohes Sozialprestige und die dazugehörigen Statussymbole — darüber nicht zuletzt teure Motorräder und Autos — ohne weiteres anerkennen. Die Disco erscheint daher natürlich als reizvoller Ort des Protests gegen die Eltern wie auch als Stätte, an der der Eintritt in die moderne Lebenswelt eingeübt wird. Den Discotänzer zieht es nicht zuletzt deswegen an seine liebste Freizeitstätte, weil ihn seine tägliche Arbeit unbefriedigt läßt; hier hofft er, jene Selbstverwirklichung bewerkstelligen zu können, die ihm im Berufsleben versagt bleibt, hier kann er den Dampf ablassen, den er bei seinen öde erlebten alltäglichen Verrichtungen angestaut hat. Freilich bietet die Scheinwelt der Disco nur eine scheinbare Alternative zu den Enttäuschungen des Alltagslebens an; zumeist hilft sie nicht bei de-

Tabelle : Tanzen und andere Merkmale. Angaben in Prozent

Fr.	Merkmale		tanze gerne n = 970	nicht gerne n = 502	tanze am liebsten Gesell-schafts-tanz n = 146	Disco-tanz n = 148	Freistil-tanz n = 136	Gesamt n = 1472
2.	Dinge, die Jugendl. heute falsch machen	Ja	86	81	86	80	91	84
9.	Möchtest Du einmal Kinder haben?	Ja	73	64	80	75	60	70
		Habe bereits Kinder	4	5	8	3	1	4
9a.	Erziehung der eigenen Kinder	Genauso oder ungefähr so	53	53	65	48	36	53
16.	Lieblingsfächer:	Deutsch	36	25	34	35	49	32
		Erdkunde/Geographie	28	28	38	30	18	28
		Geschichte	36	29	48	28	40	34
		Mathematik	36	36	45	31	27	36
		Musik	30	19	30	20	31	26
		Neue Fremdsprachen	42	27	42	39	40	37
17.	Aufgetretene Schul- und Ausbildungsprobleme	Sitzengeblieben	25	33	18	29	34	28
		Konnte gew. Beruf nicht ausüben	22	20	19	32	24	21
		Konnte keine Lehrstelle finden	8	6	3	12	16	7
18a.	Einstellung zum Heiraten	Habe ich noch vor	84	82	96	88	64	83
	Einstellung zur Vater-, Mutterschaft	Habe ich noch vor	87	86	96	90	77	87
19.	Beurteilung der eigenen Zukunftsaussichten	Eher zuversichtlich	48	46	53	46	40	47
23.	Hast Du schon einmal Tagebuch geschrieben?	Habe geschrieben bzw. schreibe noch	57	27	52	45	65	46
26.	Gesprächspartner f. Sorgen und Nöte vorhanden	Für alle bzw. die meisten Sorgen und Nöte	93	84	96	94	93	90
27.	Beurtlg. d. Zukunftsaussichten der Gesellschaft	Eher düster	45	48	38	44	63	46
31.	Interesse an Politik	Ja	56	52	58	51	71	55
32.	Parteienaffinität	CDU/CSU	17	16	27	14	7	17
		SPD	22	23	26	24	15	23
		Grüne/Alternative Liste	21	26	8	15	45	23
		keine	34	30	32	41	29	32
34.	Tut die Bundesregierung genügend f. die Jugend	Ja	29	30	46	26	12	29
36.	Befragte(r) spielt ein Musikinstr.	Ja	34	23	29	25	40	30
37.	Befragte(r) treibt Sport	Ja	75	66	80	71	70	72
39a.	Interesse an Technik, technischen Fragen	Sehr bzw. ziemlich stark	24	35	29	29	16	28

ren Bewältigung, sondern täuscht bestenfalls kurzfristig über sie hinweg: also keine Alternative, sondern „nur mal rasch für ein kurzes ‚Saturday Night Fever' ausklicken, um dann wie neu geölt und abgeschmiert wieder in den grauen Trott zurückzukehren, den man sich Samstagnacht aus den Gliedern schüttelt." (Neißer u.a. 1981, 77)

Tabelle : Tanzen und andere Merkmale. Angaben in Prozent

Fr.	Merkmale		tanze gerne n = 970	nicht gerne n = 502	tanze am liebsten: Gesell-schafts-tanz n = 146	Disco-tanz n = 148	Freistil-tanz n = 136	Gesamt n = 1472
44.	Religionsgemeinschaft	kath.	48	49	51	51	34	48
		keine	6	6	4	5	13	6
49.	Häufigkeit des Rauchens	Täglich	43	46	34	47	56	44
50.	Einstellung zum Alkoholgenuß	Trinke gern	33	35	30	34	43	33
51.	Geschlecht	Männlich	36	76	37	40	42	49
		Weiblich	64	25	63	60	58	51
60.	Einstellung zur Arbeit	Erfüllung einer Aufgabe	22	13	25	18	17	19
62.	Schulabschluß	Volks-, Hauptschulabschluß	34	39	34	38	32	36
		Allgem. Hochschulreife, Abitur	15	13	19	10	21	15
64.	Aussage zu Arbeit und Verdienst	... daß es zum Lebensunterh. reicht	7	8	3	3	16	7
		... fast jeden Luxus erlauben kann	19	20	21	24	12	20
67.	Finanzielle Situation	Ich komme mehr oder weniger gut zurecht	28	31	35	22	29	29
		Ist schwierig, über die Runden zu kommen	17	18	8	19	27	17
5.	Freizeit/Kontaktbereich	Hoch	21	18	19	20	30	20
7.	Jugendzentrismus	Hoch	25	29	19	32	43	26
21.	Eigenverantwortung	Niedrig	27	36	23	32	38	30
	Privatisierung	Niedrig	25	21	19	16	44	24
	Selbstentfremdung	Hoch	22	29	14	23	24	25
	Träume	Hoch	28	20	23	24	42	25
	Anpassungsbereitschaft	Niedrig	23	24	18	17	42	23
	Selbstbehauptung	Hoch	26	24	21	25	40	25
28.	Zukunftspessimismus	Hoch	23	21	14	22	40	22
29.	Polit. altern. Handeln	Hoch	26	24	21	19	47	25
	Päd.-soziales Handeln	Hoch	32	22	36	28	29	29

WERNER FUCHS

Sport und Sportverein

Schon seit längerem ist beobachtet worden, daß an den Sport zunehmend Bedürfnisse nach Geselligkeit, nach Spaß und Spiel herangetragen werden (Lüdtke 1972, 43). Seitdem häufen sich Diagnosen, daß sich die sportliche Aktivität insbesondere der Jugendlichen verändert hin zu weniger regelhaften und stärker zur Steigerung der körperlichen und seelischen Befindlichkeit beitragenden Bewegungsformen — auch unterm Eindruck einer allgemeinen sozialen Renaissance der Körperlichkeit. Weniger der in Sportvereinen organisierte Wettkampf oder die dort gegebenen Möglichkeiten des Trainings für den Leistungssport fänden Interesse, sondern mehr und mehr Bewegungsformen, die für den Erlebnisbereich wichtig sind, die das Zusammensein mit anderen fördern, die ungezwungener ausgeübt werden können.

Die einen beklagen eine ,,übermäßige Bewertung der Körperlichkeit" in Sport und Sexualität als Teil eines ,,Jugendkultes" (Opaschowski 1971, 33); die anderen entdecken im Surfen, im Roller Skating und in anderen neuen ,,Sportarten" einen ,,lustbetonten Umgang mit dem eigenen Körper, wie er sich in vielen anderen Lebensbereichen, von der Disco-, Rock- und Schwulenszene bis zu Karate, Bauchtanz und Body Building ausdrückt." (Buch o.J., 124; ähnlich Preuß-Lausitz 1983, 103 ff). ,,Die neue Lust am Körper", ,,Lebensfreude, die vom Körper ausgeht", so lauten die Überschriften von Artikeln über die neuen Fitness-Methoden in den Illustrierten (Cosmopolitan, 3.3.1985). Die neue Körperkultur beanspruche, den Körper nicht länger für Erfolge in anderen Lebensbereichen (Sport, Sexualität, soziale Druchsetzung usw.) zu trainieren. ,,Der Körper sei nicht mehr Mittel, sondern Zweck, Gegenstand eines interesselosen Wohlgefallens, ästhetisches Ergebnis par excellence." (Die Welt, 25.1.1982).

Die einen sehen in der Tatsache, daß ,,Wandern und Jogging, Radfahren und Tennis ... zu einem Breitensport geworden" sind, den Ausdruck einer neuen Präferenz für das ,,Natürliche" gegenüber dem ,,Künstlichen" (Ewert 1983, 153); die anderen vermuten im Körper als ,,Sinn-Instanz" (Rittner 1982, 48 ff) einen letzten Ausweg der Individuen aus den Zerfallsprozessen der Moderne. In ,,Psychologie heute" lautet das so:

> ,,Nur vordergründig geht es ... um das bessere Funktionieren des Körpers, der vielfachem Stress ausgesetzt ist. Der tiefere Grund für das neue Interesse am eigenen Leib scheint der zu sein: In den modernen Industriegesellschaften, die durch ein hohes Maß an Komplexität, Differenzierung und Spezialisierung gekennzeichnet sind, muß der Einzelne sich in einer großen Zahl unterschiedlicher Rollen und Situationen zurechtfinden ... Die

letzte Konstante, die bleibt, ist der eigene Körper. Er ist stets gegenwärtig und konkret faßbar. Identität läßt sich über den eigenen Körper gewinnen, wenn alle anderen Bausteine brüchig geworden sind." („Leib und Seele" 1983, 41).

Auch werden Analogien zwischen neuen Formen des Sports und Protestformen der politischen Bewegungen in den letzten Jahren gezogen: Auch bei Blockaden und bei Demonstrationsformen unter Einsatz des Körpers handele es sich um „Manifestationen der neuen Körper-Kultur" (Buch o.J., 129).

Die Fragen

Zwei Fragen zum Sport sind in der Hauptstudie den Jugendlichen (nicht jedoch den Erwachsenen) gestellt worden:
„Treibst du von dir aus Sport?" (ja/nein)
„(Falls Ja) Welchen?" (offen)
Dabei handelt es sich um nahezu wortgetreue Replikationen zweier Fragen in der Shell-Jugenstudie 1954 (Frage 13c und 13d). Natürlich ist die Frage, ob man Sport treibt, nicht besonders scharf; wir erfahren dadurch weder etwas über die Regelmäßigkeit der sportlichen Betätigung noch über die Bedeutung, die sie für den Befragten hat.

In der quantitativen Vorstudie waren beide Fragen auch den Erwachsenen gestellt worden. 46% der männlichen und 36% der weiblichen Erwachsenen gaben an, daß sie einen Sport betreiben. Darüberhinaus enthielt der Fragebogen der Erwachsenen in der quantitativen Vorstudie vier Fragen zum Sport als Retrospektivfragen, die ebenfalls wortgetreu den Fragen in der Studie von 1954 folgten. Eingeordnet in eine Reihe von Fragen, die sich an die Jugendzeit der Erwachsenen in den fünfziger Jahren richtete, kam z.B. die Frage: „Haben Sie von sich aus irgendeinen Sport betrieben?" (ja/nein). Hier ergab sich eine beachtliche Übereinstimmung mit den in der Jugendstudie von 1954 erhobenen Daten: Damals hatten 60% der männlichen und 35% der weiblichen Jugendlichen angegeben, einen Sport zu betreiben (EMNID 1955, 73). Auf die Retrospektivfrage 1984 antworteten 65% der männlichen und 35% der weiblichen Erwachsenen mit „ja".

Sportler und Nichtsportler

Sportliche Aktivität hat sich in den letzten Jahrzehnten bei den Jugendlichen, aber auch in der Bevölkerung insgesamt (vgl. Noelle-Neumann/Piel 1983, 119) deutlich ausgeweitet. 1954 gab es bei den männlichen Jugendlichen 65% Sportler, bei den weiblichen 35%. Laut unseren Ergebnissen sind es 1984 75% der männlichen und 69% der weiblichen Jugendlichen. Bereits die Jugendstudie von 1966 „Jugend — Bildung und Freizeit" hatte eine Steigerung der aktiven Teilnahme am Sport (Blücher 1966, 52) gegenüber der Untersuchung von 1954 konstatiert. Am bemerkenswertesten an dieser Verschiebung ist dabei sicher das Aufholen der Mädchen und jungen Frauen; der Anteil der weiblichen Sportler ist heute doppelt so hoch wie bei den Jugendlichen 1954, die Quoten in den beiden Geschlechtern sind nahezu gleich groß.

Besonders viele aktive Sportler finden sich bei den jüngeren Jugendlichen; mit steigendem Lebensalter geht ihr Anteil zurück (besonders deutlich bei den Jungen) — gegenüber früheren Untersuchungen keine neue Information (Blücher 1956, 69; D.L. Scharmann 1976, 95). Diese Verschiebung dürfte damit zusammenhängen, daß mit steigendem Alter andere Lebensbereiche an Bedeutung gewinnen: die Beziehung zum anderen Geschlecht, die Anforderungen in Schule und Berufsausbildung insbesondere (Deutsche Sportjugend 1980, 255 f).

Sport zu treiben, das ist heute nur im Alter von 15 bis 17 Jahren eher eine Sache der Jungen (84% zu 72% bei den Mädchen). In den Altersgruppen von 21 bis 24 Jahren sind die Anteile der beiden Geschlechter einander angeglichen (69% und 67%).

Der in früheren Untersuchungen (z.B. Veen 1980, 8; Deutsche Sportjugend 1980, 128 f) mitgeteilte Befund, daß Jugendliche aus der Unterschicht bzw. mit Hauptschulniveau weniger Sport treiben, kann durch unsere Daten unterstrichen werden (vgl. Diagramm).

Diagramm 1: Jugendliche '84, nach Schulniveau und Geschlecht/Sportler. Angaben in Prozent.

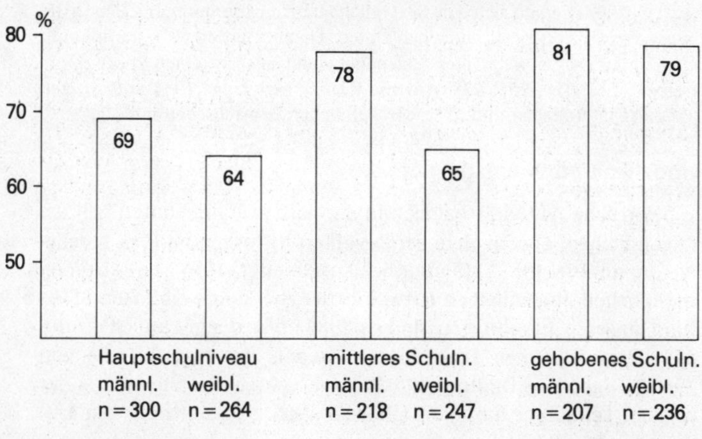

Jungen und Mädchen mit Hauptschulniveau sowie Mädchen mit mittlerem Schulniveau haben danach einen eher niedrigen Anteil aktiver Sportler, hingegen Jungen und Mädchen mit gehobenem und Jungen mit mittlerem Schulniveau einen eher hohen Anteil. Das Bildungsniveau der Eltern hat einen entsprechenden Einfluß.

Ebenso bedeutsam ist, ob man Schüler bzw. Student ist oder nicht mehr, jedenfalls in den Jahren von 20 bis 24: Von denen, die in diesem Alter Schüler bzw. Studenten sind, treiben 77% Sport, von den anderen 65% (bei den Jüngeren ist der Unterschied immerhin angedeutet).

Der Versuch, die Profile der Sportler und der Nichtsportler zu vergleichen, stößt auf eine Schwierigkeit: Beide Gruppen unterscheiden sich in den meisten Merkmalsbereichen nicht. Dies gilt für das Verhältnis zu den Eltern und die Beurteilung, wie man erzogen worden ist; für die in Schule und Ausbildung aufgetretenen Probleme; für die Einschätzungen der persönlichen und der Zukunft der Gesellschaft; für das Interesse an Politik, die Parteienaffinität und die Handlungsmöglichkeiten für eine bessere Zukunft; für die Präferenz von Werten, für die Beurteilung der Arbeit, für die Frage nach finanziellen Lebensansprüchen; für die Altersnormen und für die sozialen Orientierungsmuster. Auch bei Identifikation bzw. Sympathie mit öffentlichen Gruppenstilen unterscheiden sich Sportler und Nichtsportler nicht (mit Ausnahme der im engeren Sinne sportlichen Gruppenstile Aerobic, Body-Building, Jogging und auch Motorrad-Fans).

Gewiß, es gibt vereinzelte Zusammenhänge. So wollen die männlichen Nichtsportler zu leicht geringerem Anteil einmal Kinder haben, sind die Nichtsportler beiderlei Geschlechts weniger aktiv beim Tagebuchschreiben bzw. in den Schreib- und Kunstpraktiken, beten die Sportlerinnnen zu größerem Anteil als die weibliche Gegengruppe (ähnliches gilt für den Gottesdienstbesuch). So sind die männlichen Nichtsportler stärker jugendzentriert ($\overline{X} = 24.9$, $s = 4.9$) als die Sportler ($\overline{X} = 23.6$, $s = 4.7$). Ein entsprechender Zusammenhang deutet sich für das soziale Orientierungsmuster „Selbstentfremdung“ an.

Im Grunde findet sich aber nur ein Merkmalsbereich, in dem sich Unterschiede durchgängig beschreiben lassen, und zwar der der Freizeitbeschäftigungen, der Alltagspraktiken und der Gesellungsformen. Wenn auch die Zusammenhänge oft nicht besonders stark sind, so machen sie zusammengenommen doch deutlich, daß die Nichtsportler weniger gesellig leben, weniger in Gruppen von Gleichaltrigen eingebunden sind und einen engeren Kreis von Frei-

Tabelle 2: Sportler und Nichtsportler, nach Geschlecht (Jugendliche '84)/Freizeitbeschäftigungen, Alltagspraktiken, Freizeitform. Angaben in Prozent.

	Sportler		Nichtsportler		Gesamt
	männl.	weibl.	männl.	weibl.	
	n = 543	n = 517	n = 182	n = 230	n = 1472
Freizeitbeschäftigung: — gesellige	91	86	74	78	85
Freizeitbeschäftigung: — vier und mehr genannt	36	41	25	33	36
Tanzen: — gern	51	87	37	76	66
Flip-Intensität: — hoch	33	21	21	17	25
zu einem Kreis junger Leute zugehörig: — nein	20	23	30	31	24
Freizeitform: — zu Hause	12	17	23	30	18
Organisationszugehörigk.: — keine	32	42	54	72	45

zeitbeschäftigungen haben. Wir können es zuspitzen: Sie leben vereinzelter.

Es bleibt als Gesamteindruck, daß der Gruppenvergleich kaum Konturen erbringt. Immerhin sind ja in früheren Jugendstudien Zusammenhänge zu wichtigen Variablen berichtet worden, zum Interesse für Politik etwa (Blücher 1966, 53). Wie können wir diese Profillosigkeit von Sportlern versus Nicht-Sportlern deuten?

Eine erste Vermutung muß die Unschärfe der Frage in Rechnung stellen. Ob man Sport treibt — das sagt noch nichts über die Regelmäßigkeit, über den Anteil am Zeithaushalt am Tage oder in der Woche, über die Relevanz dieser Aktivität im Verhältnis zu anderen Aktivitäten. Und dann käme es ja auch darauf an, verschiedene Sportarten, Sportstile und kommunikative Kontexte, in denen Sport getrieben wird, zu unterscheiden.

An diesen Gedanken läßt sich eine zweite Vermutung anschließen: Sport ist inzwischen eine derart sozial selbstverständliche Handlungsform geworden, weit verbreitet und ausdifferenziert nach Organisationsformen, Sportarten und kommunikativen Kontexten, daß die Teilnahme an dieser Handlungsform nur noch wenig bedeutet für andere Praktiken, Haltungen und Einstellungen. Ein gesellschaftlicher Bedeutungswandel von Sport kann unterstellt werden: Sport heißt nicht mehr (nur) Leistungssport, nicht mehr (nur) Aktivität in einem funktional klar begrenzten Raum der Körperertüchtigung und des Wettkampfes. Als Sport gilt inzwischen auch der Spaziergang, bei dem man einen Dauerlauf einlegt, die Morgengymnastik und die Wanderung am Feiertag. Eine Solche Verallgemeinerung dessen, was als Sport gilt, könnte mit dazu beitragen, daß zwischen Sportlern und Nicht-Sportlern heute kaum Unterschiede im Hinblick auf weitere Merkmale auszumachen sind.

Daß Sport enger verstanden worden ist als heute, geht auch aus den Kodiergewohnheiten der Jugendforscher in den fünfziger Jahren hervor: Spazieren, Wandern und Radfahren sind bei Blücher 1956 (72) z.B. als separate Kategorie neben dem eigentlichen Sport im Spektrum der Freizeitbeschäftigungen aufgezählt (ebenso noch EMNID 1964, 98).

Ein Blick auf den Schulsport

Der Sportunterricht in der Schule erfreut sich großer Beliebtheit bei denen, die noch in der Schule sind, bei denen, die sie bereits verlassen haben und auch bei den Erwachsenen in deren Rückblick auf ihre Schulzeit. Aus der Liste von 14 möglichen Lieblingsfächern nennen ihn 73% der männlichen und 59% der weiblichen Jugendlichen, 62% der männlichen und 39% der weiblichen Erwachsenen. In allen Teilgruppen nach Alter und Geschlecht erreicht der Sportunterricht gegenüber anderen Fächern die höchste Nennung als Lieblingsfach — außer bei den weiblichen Erwachsenen; hier wird er von Deutsch, Musik, Erdkunde und Geschichte überflügelt. Zwar ist also bei den Jugendlichen heute der Schulsport bei den Jungen beliebter als bei den Mädchen, er hat aber auch bei diesen — verglichen mit den weiblichen Erwachsenen — inzwischen die erste Präferenz gewonnen, hat also viel von seiner männlichen Farbe verloren.

Die Beliebtheit des Sportunterrichts auch bei den Erwachsenen steht in einem hier nicht aufklärbaren Kontrast zu den in den fünfziger Jahren verbreiteten Klagen übers Desinteresse der Jugendlichen an diesem Schulfach. Beispielhaft sei ein Artikel aus der „Welt" vom 6.10.1956 zitiert: „Die Jugend, ganz gleich, welche Schule sie besucht — und erst recht die Lehrlinge —, stellt heute die nüchterne Frage: ‚Wofür soll ich turnen, Handball spielen, 1000m laufen?' Oder ‚Wofür' fragen die Jungen, ‚sollen wir den doppelten Schulweg am Schulnachmittag machen?‘ Dieser Nachmittag ist für sie ... einfach ‚Zeitverschwendung.‘ Sie würden in diesen Stunden lieber arbeiten und Geld verdienen.“ (C. Wolter, „Viele denken nur an die D-Mark“).

Mit steigendem Alter verliert der Schulsport bei den Jugendlichen etwas an Attraktivität, was aber nichts damit zu tun hat, ob man noch Schüler bzw. Student ist oder nicht mehr, also nicht darauf zurückgehen kann, daß man noch am Sportunterricht teilnimmt. Es dürfte sich eher um eine Parallele zur mit dem Alter abnehmenden sportlichen Aktivität (s. oben) handeln; der Sportunterricht wird in diesem Zusammenhang leicht an Präsenz in der Erinnerung verlieren.

Mit dem Schulniveau der Jugendlichen hat die Nennung des Sportunterrichts als Lieblingsfach wenig zu tun (ein leichter Schwerpunkt bei denen mit Hauptschulniveau deutet sich an; bei den Erwachsenen verhält sich das ähnlich, auch hier eine Andeutung in Richtung Volksschulniveau). Anders jedoch beim Bildungsniveau der Eltern: Während die Werte der weiblichen Jugendlichen davon nicht beeinflußt werden (also in erster Linie auf weibliche Bedingungen und Haltungen zurückgehen), zeigt sich bei den Jungen, daß eher solche aus einem Elternhaus mit Volksschulniveau (76%, n = 400) Sport als Lieblingsfach nennen als die aus einem Elternhaus mit gehobenem Bildungsniveau (62%, n = 118).

Daß diejenigen, die den Sportunterricht als Lieblingsfach nennen, auch zu höherem Anteil Sport treiben, ist trivial. Nicht trivial dagegen ist, daß rund die Hälfte von denen, die den Sportunterricht anhand der vorgelegten Liste von Fächern nicht zu ihren Lieblingsfächern gezählt haben, Sport treiben. Sport zu treiben, so können wir schließen, das wird keineswegs bei allen jugendlichen Sportlern durch den Schulsport vorbereitet oder angestoßen.

Sportarten: Vielfalt

Ein Drittel der Jugendlichen betreibt nur eine Sportart, ein weiteres Drittel zwei, das dritte Drittel nennt drei bis sechs Sportarten.

Mit dem Geschlecht hat es nichts zu tun, ob man eine, zwei oder drei und mehr Sportarten betreibt; mit dem Alter nur wenig (der Anteil der Jungen, die besonders vielfältige Sportaktivität zeigen, ist bei den 20 bis 24jährigen leicht größer als bei den Jüngeren). Anders beim Schulniveau (und — schwächer — auch beim Bildungsniveau der Eltern): Jugendliche mit Hauptschulniveau haben eine geringere Vielfalt an Sportarten (drei und mehr: 29%) als die mit gehobenem Schulniveau (drei und mehr: 39%).

Wer besonders viele Sportarten betreibt, tanzt auch eher gern, identifiziert sich oder sympathisiert eher mit den körperbezogenen öffentlichen Gruppenstilen (Jogging und Body-Building vor allem), erreicht eher hohe Werte beim sozialen Orientierungsmuster „Träume."

Sportstile

Fußball einerseits und Aerobic/Fitness/Jogging andererseits bilden im Spektrum der Sportarten zwei sehr unterschiedliche Stile der sportlichen Betätigung: Fußball ist ein inzwischen traditionsreicher Mannschaftssport, in dem es um Sieg oder Niederlage geht. Durch die Bedeutung, die Fußball als Zuschauersport und Medienereignis in den letzten Jahrzehnten erlangt hat, ist das eigene Fußballspiel bezogen auf eine weltweite Theatralik.

Aerobic/Fitness/Jogging dagegen sind Bewegungsformen, die man allein (jedenfalls ohne Mannschaft und Regeln) vollzieht, bei denen es nicht um Sieg oder Niederlage geht, sondern ums Feilen und Polieren an den körperlichen Kräften und Formen (in diesem Sinne der „Technisierung" sind diese Bewegungsformen weniger spielerisch als traditionelle Sportarten, vgl. Lasch 1980, 133 f). Besondere Leistungen bei diesen Bewegungsformen finden — außer in den entsprechenden Bewegungsanleitungen im Fernsehen, in den Frauen- und Gymnastikzeitungen — keine Beachtung in den öffentlichen Diskursen. Von traditionsreicheren Vorläufern wie Waldlauf, Lauftraining, Gymnastik usw. unterscheiden sich Aerobic/Fitness/Jogging durch eine Ästhetisierung: Es geht nicht um verbissene Körperertüchtigung, sondern um Erreichen von Geschmeidigkeit, von „Lebendigkeit" des Körpers. Dies schließt nicht aus, daß manche Fitness-Training, Body-Building und auch Jogging als Mittel zu einem anderen Zweck betreiben („Erhöhung der Muskelkraft, körperlicher Ausgleich, Erhaltung der Gesundheit und Verbesserung der figürlichen Erscheinung"), als Ausgleichssport also und ohne innere Verpflichtung auf die je besondere Körperkultur (Honer 1985, 133).

Ist Fußball auf ein festes Publikum hin geordnet, das zu bestimmter Zeit und an bestimmtem Ort zusammenkommt, sind Aerobic/Fitness/Jogging diffuser und zugleich allgemeiner auf Zuschauer hin orientiert: Jogger begegnen uns inzwischen in vielen Alltagsräumen, in den Parks, auf den Straßen der Vorstädte, im

Wald nahe der Siedlung (Waldlauf oder Lauftraining war noch deutlich an die Aschenbahn gebunden oder fand in den Morgenstunden statt, von zufälligen Zuschauern abgeschirmt). Aerobic und Fitness-Training mögen zwar versteckt ausgeübt werden, fassen aber doch alle sozialen Begegnungen des Alltags als potentielles Publikum ins Auge — geht es doch um die Präsentation der lebendigen Körperlichkeit in allen Lebensbereichen.

Fußball ist eindeutig eine Sache der Jungen (41%, Mädchen: 4%), Aerobic/Fitness-Training/Jogging eher eine Sache der Mädchen (37%, Jungen: 30%). Fußball wird von den Jüngeren bevorzugt, Aerobic/Fitness/Jogging von den Älteren (und dies unabhängig davon, ob man noch Schüler bzw. Student ist oder nicht mehr). Fußball hat eine klare Farbe nach Schulniveau: Eher die Jugendlichen mit Hauptschulniveau (und aus Elternhäusern mit Volksschulniveau) treiben diese Sportart. Anders Aerobic / Fitness / Jogging: Zusammenhänge zu Bildungsvariablen sind nicht sichtbar, auch dies ein Beleg für die Modernität dieser Sportformen, die ohne Bindung zu tradionellen sportlichen oder sozialen Milieus von einzelnen (und einzelnen Gruppen) angenommen und ,,individualisiert" betrieben werden.

Deutlich verschieden sind die beiden Sportarten in das Spektrum der auf den Körper bezogenen öffentlichen Gruppenstile eingebunden. Von den Jungen (die Mädchen können wegen zu kleiner Zahlen beim Fußball in diesen Vergleich nicht einbezogen werden), die Fußball spielen, tanzen 41% gern, von den Jungen, die Aerobic / Fitness / Jogging betreiben, dagegen 57%. Auch im Spektrum der sozialen Orientierungsmuster ergeben sich Hinweise für eine über den Sportstil hinausgehende Konturiertheit beider Sporformen: Die Fußballer stehen dem Orientierungsmuster ,,Träume" distanzierter gegenüber als die Jugendlichen, die Aerobic / Fitness / Jogging betreiben. Fußballspielen hängt positiv zusammen mit den Orientierungsmustern ,,Privatisierung" und ,,Anpassungsbereitschaft", Aerobic/Fitness/Jogging hängt positiv zusammen mit den Orientierungsmustern ,,Selbstbehauptung" und ,,Selbstentfremdung."

Diese Unterschiede zwischen Fußballern und Jugendlichen , die Aerobic / Fitness / Jogging betreiben, legen einen Versuch zur Bildung umfassenderer Sportstile nahe.

Zu diesem Zweck sind folgende Gruppen gebildet worden: a) ,,aggressiv": nur solche Sportarten werden vom Jugendlichen betrieben, die einen körperlich-aggressiven Kontakt mit einem oder mehreren Gegnern wenn nicht ermöglichen, so doch keinesfalls durch Regeln ausschließen (z.B.

Fußball, Handball, Hockey, Boxen, Ringen, Judo, Karate, Taekwando). 16% aller Sportler gehören zu dieser Gruppe. („Aggressiv" ist hier nicht als Bewertung zu verstehen. Auch soll der sozial- und kulturgeschichtliche Horizont unberücksichtigt bleiben, der uns lehrt, daß die modernen Wettkampfarten ein relativ geringes Maß an Gewaltsamkeit zulassen, vgl. Elias, „Genese des Sports", 1983. Jenseits auch der Unterscheidung zwischen Regelwerk und informellem Regelverständnis der Spieler — vgl. Kähler/Volkamer 1982 — geht es nur darum, ob eine Sportart aggressiv-körperlichen Kontakt mit Gegnern zuläßt).

b) „gezügelt": nur solche Sportarten werden vom Jugendlichen betrieben, die zwar Wettkampfcharakter haben, aber einen körperlich-aggressiven Kontakt mit dem oder den Gegnern ausschließen (z.B. Tennis, Tischtennis, Badminton, Volleyball, Squash). 13% aller Sportler gehören zu dieser Gruppe.

c) „Ohne Gegner": nur solche Sportarten werden vom Jugendlichen betrieben, die weder Wettkampfcharakter haben noch ein Gegnerschaftsverhältnis implizieren (z.B. Tauchen, Gymnastik, Aerobic, Fitness-Training, Jogging, Wandern, Ballet, Yoga, Body-Building, Spazierengehen). Die hier zusammengefaßten Sportarten werden nicht des Gewinnens wegen betrieben und können fast alle ohne weiteres allein ausgeübt werden. 29% aller Sportler gehören zu dieser Gruppe.

d) „Mischgruppe": hierunter wurden Jugendliche zusammengefaßt, die Sportarten betreiben, die sich den Kategorien a) bis c) nicht eindeutig zuordnen ließen (z.B. Segeln, Schwimmen, Skifahren), sowie diejenigen, die Sportarten aus nicht nur einer der Kategorien a) bis c) nennen. 42% aller Sportler gehören zu dieser Gruppe.

Mit dieser Gruppeneinteilung sind klare Muster geschlechtsspezifischer Sportstile beschreibbar (vgl. Diagramm): Unter den Sportlern mit dem Muster „aggressiv" überwiegen eindeutig die Jungen, unter denen mit dem Muster „ohne Gegner" fast ebenso eindeutig die Mädchen. Das Muster „gezügelt" zeigt demgegenüber ein leichtes weibliches Übergewicht.

Eher die 15 bis 19jährigen betreiben „„aggressive" Sportarten, eher die 20 bis 24jährigen betreiben Sportarten „ohne Gegner" (auch eher die bereits Erwerbstätigen). Der Sportstil „aggressiv" hängt positiv mit dem unteren Schulniveau von Jugendlichen zusammen, „gezügelt" eher mit einem gehobenen Schulniveau; bei „ohne Gegner" finden sich keine Beziehungen — erneut ein Hinweis auf die Modernität, auf den aus Sozial- und Bildungsmilieus herausgelösten Charakter der Sportarten, die ohne Gegner, ohne Wettkampf und prinzipiell allein betrieben werden können. Entsprechende Beziehungen ergeben sich beim Bildungsniveau der Eltern für „aggressiv" und „gezügelt"; und wiederum ergibt sich kein Zusammenhang beim Sportstil „ohne Gegner."

Diagramm 3: Sportstile (Jugendliche '84, nur: Sportler) / Geschlecht. Angaben in Prozent

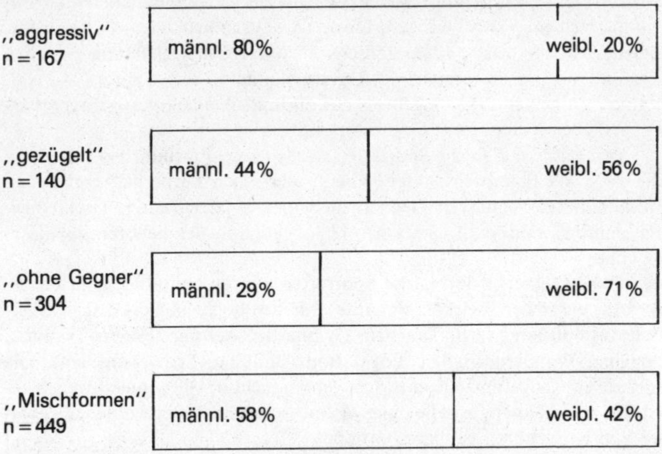

Wegen der nach Geschlecht heterogenen Zusammensetzung der gebildeten Gruppen teilen wir im Folgenden nur solche Unterschiede mit, bei denen Sicherheit besteht, daß sie nicht (nicht in erster Linie) Wirkungen des Geschlechtsunterschieds sind.

Der Sportstil ,,gezügelt" weist auch bei den Alltagsflips und beim Rauchen eine zurückhaltende, eine gezügelte Struktur auf. Wer Sport auf geregelte Distanz zu einem oder mehreren Gegnern betreibt, geht auch mit sich selbst in ganz anderen sozialen Situationen kontrollierter um. Das Muster ,,ohne Gegner" steht den beiden hergebrachten Institutionsbereichen des Sports — Schulsport und Sportverein — distanzierter gegenüber als die anderen Sportstile. Der Anteil derjenigen, die täglich rauchen, ist in diesem Muster durchaus durchschnittlich, und dies, obwohl es von allen Mustern die stärkste weibliche Farbe hat — ein Hinweis auf einen Zusammenhang von individualisiertem Sportstil und über die Alltagsdroge Tabak vermitteltes Befindlichkeitsmanagement.

Im Vergleich der Stile ,,gezügelt" und ,,ohne Gegner" überwiegt bei den letzteren eine Unzufriedenheit mit der eigenen Erziehung; hier werden mehr Konflikte mit den Eltern angeführt, wird die Strenge der elterlichen Erziehung stärker betont, nimmt man sich eher vor, eigene Kinder anders oder ganz anders zu erziehen, als man selbst erzogen worden ist. Ähnliche Kontraste tun sich beim

Tabelle 4: Sportstile (Jugendliche '84) / andere körperbezogene Merkmale und Alltagspraktiken. Angaben in Prozent.

	„aggressiv" n = 167	„gezügelt" n = 140	„ohne Gegner" n = 304	„Mischgruppe" n = 449	kein Sport n = 412	Gesamt n = 1472
Lieblingsfächer:						
— Sport	88	74	66	79	41	66
sportlich organisiert:						
— ja	62	54	32	47	—	46
Flip-Intensität:						
— hoch	34	14	24	31	18	25
Rauchen:						
— täglich	47	34	42	39	53	44

Jugendzentrismus auf (nicht jedoch bei den sozialen Orientierungsmustern). Nehmen wir die Informationen hinzu, daß die Jugendlichen des Musters „gezügelt" überdurchschnittlich häufig den Gottesdienst besuchen sowie beten und eher Tagebuch schreiben oder geschrieben haben als die Vergleichsgruppen (unter Berücksichtigung der Geschlechtsunterschiede), so dürfen wir ihnen insgesamt ein ausgeglicheneres, vielleicht auch braveres Verhältnis zu Eltern, zu institutionellen Bereichen und zu den Alltagsroutinen unterstellen.

Sport und Tanz

Sport und Tanz sind die beiden großen kulturellen Formkreise der Bewegung jenseits der Arbeitssphäre. Durch Konfiguration der Antworten auf die Fragen, ob man Sport betreibt und ob man gern tanzt, lassen sich einfache Muster der Teilhabe an diesen beiden kulturellen Formkreisen der Körperbewegung bilden: Die Hälfte aller Jugendlichen (49%) treibt Sport und tanzt gern; 12% üben weder Sport aus noch tanzen sie gern; 23% betreiben Sport, ohne gern zu tanzen; 16% tanzen gern, betreiben aber keinen Sport.

Sehr klar sind diese Konfigurationen geschlechtsspezifisch zusammengesetzt (vgl. Diagramm). Dominant männliche Muster sind „Sport/kein Tanz" sowie „weder Sport noch Tanz", dominant weibliche Muster sind „Tanz/kein Sport" sowie „Sport und Tanz." Wir können es auch so ausdrücken: Von den Jungen und jungen Männern haben 75% die Muster „Sport/kein Tanz“ und „weder Sport noch Tanz“, von den Mädchen und jungen Frauen haben 84% die Muster „Sport und Tanz“ und „Tanz / kein Sport“.

Diagramm 5: Konfiguration Sport + Tanz (Jugendliche '84) /Geschlecht. Angaben in Prozent.

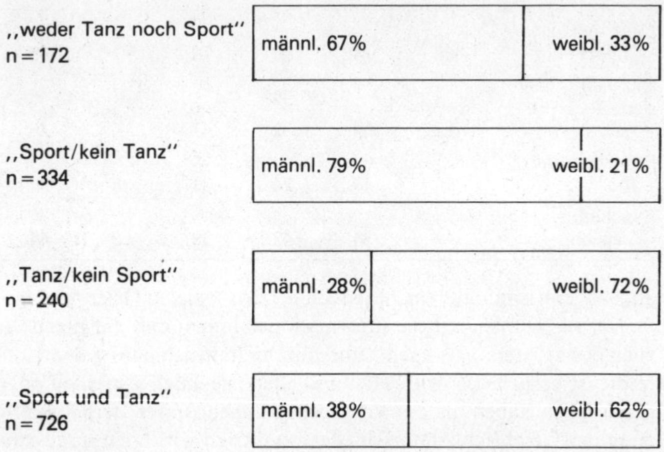

Die geschlechtsspezifische Kontur wird überlagert durch eine nach dem Schulniveau: Die Jugendlichen mit gehobenem Schulniveau haben einen größeren Anteil im Muster „Sport und Tanz“, die mit Hauptschulniveau einen größeren Anteil im Muster „weder Sport noch Tanz“ (von den Jungen mit Hauptschulniveau z.B. tanzen und treiben Sport 31%, von den Mädchen mit gehobenem Schulniveau 70%). Bis hinein ins Bildungsniveau der Eltern läßt sich diese Beziehung verfolgen: Die Jugendlichen mit Hauptschulniveau aus einem Elternhaus mit Volksschulniveau haben einen deutlich unterdurchschnittlichen Anteil (39%) am Muster „Sport und Tanz“ (Stichprobenwert: 49%).

Mit Provinz oder Großstadt haben diese Muster der Körperkultur nichts zu tun, wenig nur mit dem konfessionellen Milieu (die Jugendlichen ohne Konfessionszugehörigkeit sind im „Negativmuster“ — weder Tanz noch Sport — etwas weniger vertreten als die Jugendlichen katholischer oder evangelischer Konfession).

Entsprechend dem eher männlichen Charakter des Musters „Sport/kein Tanz“ betreiben die Jugendlichen dieser Kombination stärker ,,aggressive" Sportarten, entsprechend dem eher weiblichen Charakter des Musters ,,Sport und Tanz" betreiben diese Jugendlichen Sportarten ,,ohne Gegner." Im Spektrum der öffentlichen Gruppenstile ziehen Aerobic und Jogging am meisten Zustimmung beim Muster ,,Sport und Tanz" auf sich.

Bei den Jugendlichen des Musters ,,weder Sport noch Tanz" handelt es sich um eine Gruppe, die im Freizeitbereich und im Kontakt zu Gleichaltrigen recht isoliert wirkt. Im Vergleich zu den anderen Mustern nennen sie am wenigsten Freizeitbeschäftigungen (Effekte der heterogenen Zusammensetzung der Muster nach Geschlecht jeweils brücksichtigt), sie gehören zum geringsten Anteil einem Kreis junger Leute an, sie präferieren am meisten eine häusliche Freizeitform, sie sind zum kleinsten Teil Mitglieder von Organisationen und Vereinen. Auch in anderen körpernahen Merkmalsbereichen wirken die Jugendlichen des Musters ,,weder Sport noch Tanz" zurückhaltend und unbeteiligt, so bei den Alltagsflips (bei den Jungen) und bei den Entspannungstechniken (bei den Mädchen). Allein beim Rauchen überflügeln sie die anderen drei Muster (täglich: 56%, Stichprobenwert: 44%).

Die Jungen dieses Musters ,,weder Sport noch Tanz" haben — im Vergleich zu den Jungen der Muster ,,Tanz/kein Sport" sowie ,,Sport und Tanz" — geringe Neigung zum Träumen (Skala ,,Träume"). Umgekehrt ist der Zusammenhang zum sozialen Orientierungsmuster ,,Selbstentfremdung": Die Jugendlichen, die sowohl Sport treiben als auch tanzen, haben hier den niedrigsten Mittelwert ($\overline{X}$ = 7.5, s = 2.5), diejenigen dagegen, die an beiden Formen von Körperkultur nicht teilhaben, den höchsten ($\overline{X}$ = 8.4, s = 3.2). Wer an beiden Formkreisen der Körperkultur nicht teilhat, so können wir schließen, lebt nicht nur in der Freizeit und im Verhältnis zu Gleichaltrigen einsamer, sondern neigt auch in seinem Bild vom Ich in der sozialen Welt zu ,,strukturlosen", zu ,,entfremdeten" Vorstellungsformen.

Sport im Verein oder privat?

Knapp die Hälfte von allen Jugendlichen, die Sport betreiben (n = 1060), gehört einem Sportverein an, von den Jungen 49%, von den Mädchen 43%.

Der Anteil von Jugendlichen, die in Sportvereinen Mitglieder sind, hat sich seit den fünfziger Jahren deutlich erhöht (vgl. den ,,Vergleich über 20 Jahre" in: Jugend zwischen 13 und 24, 1975,

III, 27 f). Diese Zunahme gilt übrigens nicht nur für Jugendliche (vgl. Noelle-Neumann/Piel 1983, 120 f).

Die Bedeutung des Sportvereins für das eigene Sporttreiben nimmt mit steigendem Alter der Jugendlichen ab — keine neue Information gegenüber früheren Untersuchungen (z.B. D.L. Scharmann 1976, 95). Von den 20 bis 24jährigen betreibt die Mehrheit der Sportler Sport von sich aus, privat, ohne Angebote von und Bindungen an Sportvereine (vgl. Diagramm).

Diagramm 6: Sportler (Jugendliche '84) nach Alter und Geschlecht/Sport organisiert und unorganisiert. Angaben in Prozent.

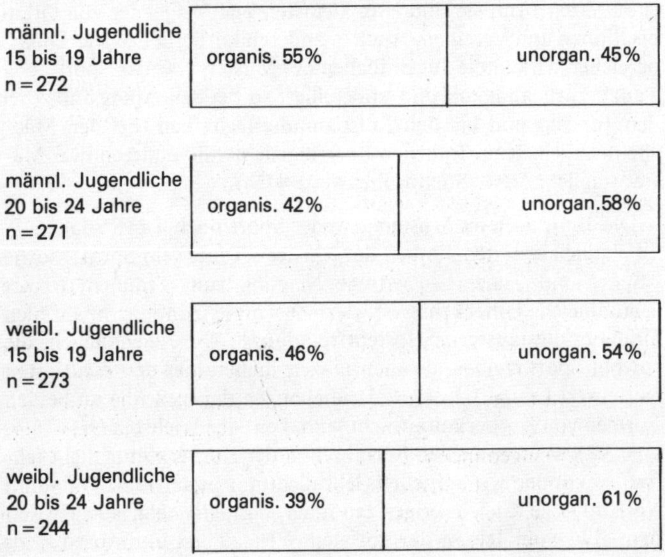

Organisiert oder unorganisiert Sport zu treiben, das hat deutlich mit dem Schulniveau zu tun: 51% der Sportler mit gehobenem Schulniveau sind in Sportvereinen, 41% der Sportler mit Hauptschulniveau. Weiter differenziert nach Geschlecht lassen sich ein niedrigeres und ein höheres Niveau von Organisiertheit in Sportvereinen unterscheiden: Ein niedrigeres haben die Jungen und Mädchen mit Hauptschulniveau sowie die Mädchen mit mittlerem Schulniveau, ein höheres die Jungen und Mädchen mit gehobenem Schulniveau sowie die Jungen mit mittlerem Schulniveau.

Da sich ganz ähnliche Unterschiede beim Bildungsniveau der Eltern ergeben, da sich die gleiche Ergänzungswirkung von Geschlecht und Schulniveau bereits oben beim Vergleich von Sportlern und Nichtsportlern ergeben hatte, können hier stabile gemeinsame Effekte von Herkunft, eigenem Schulniveau und Geschlecht angenommen werden. Es ergibt sich, daß mit steigendem Lebensalter eher männliche Sportler mit gehobenem Schulniveau den Sportvereinen angehören. Dies kann zwar die pointierte Behauptung der Fluktuationsuntersuchung der Deutschen Sportjugend: „Etwas grob ausgedrückt: im Sportverein sind mit zunehmendem Jugendalter ... die Gymnasiasten unter sich" (Deutsche Sportjugend 1980, 248) nicht belegen, deren Richtung aber unterstützen.

Nachzutragen zum soziodemographischen Profil von organisierten und unorganisierten Sportlern ist noch, daß Sport ohne Sportverein deutlich großstädtische Züge trägt, während die organisierten Sportler in kleinen Gemeinden und mittelgroßen Städten überwiegen. Die organisierten Sportler sind im übrigen zu einem geringeren Anteil hauptberuflich erwerbstätig als die Gruppe der unorganisierten Sportler (und erhalten überdurchschnittlich häufig ihren Unterhalt von den Eltern).

Die Vielfalt der sportlichen Betätigungen ist bei den organisierten Sportlern größer (41% geben drei und mehr Sportarten an) als bei denen ohne Sportvereinszugehörigkeit (28% betreiben drei und mehr Sportarten). Daß den Sportlern, die einem Sportverein angehören, Sport als Lieblingsfach in der Schule und als Freizeitbeschäftigung präsenter ist und daher jeweils häufiger genannt wird als von den unorganisierten Sportlern, ist plausibel. Sie sind durch den Verein in einen regelmäßigen Gesprächszusammenhang über den Sport eingebunden, brauchen den eigenen Sport nicht als Ergebnis von individuellem Entschluß aufzufassen, sehen ihn als festen Bereich ihres Lebens. Hinzu kommt, daß die organisierten Sportler dem Sport eine größere Bedeutung in ihrer Freizeit einräumen als die unorganisierten: 22% der Mitglieder von Sportvereinen antworten auf die Frage nach ihrer dominanten Freizeitform, sie seien öfter nicht zu Hause, weil sie sich überwiegend sportlich betätigen. Bei den unorganisierten Sportlern sind es 5%.

Organisierte Sportler betreiben mehr Fußball und mehr Skilauf, unorganisierte mehr Aerobic/Fitness-Training/Jogging und mehr Radsport. Diese Unterschiede spiegeln die Kulturgeschichte der Sportarten und — als deren Ergebnis — die unterschiedliche Zugänglichkeit der Bedingungen fürs Sporttreiben (für ein „richtiges" Fußballspiel braucht man einen Platz, den gewöhnlich allein ein Verein bietet. Aerobic/Fitness-Training/Jogging dagegen erfordern prinzipiell weniger Voraussetzungen — allenfalls die modisch-sportliche Kleidung — und können privat ausgeübt werden, sind an feste Sozialräume nicht gebunden).

Im Spektrum der öffentlichen Gruppenstile jedoch sind sich organisierte und unorganisierte Sportler in ihrer Zustimmung (Identifikation und Sympathie zusammengefaßt) zu den modernen körperbezogenen Stilformen (FKK-Bewegung, Aerobic, Body-Biulding und Fitness-Training, Jogging) durchaus ähnlich. Ob organisiert oder unorganisiert, die Vorliebe fürs Tanzen ändert sich dadurch nicht, auch nicht die Intensität von Entspannungstechniken und die Flip-Intensität. Nur ,,seinen Körper mal bis zum Letzten verausgaben" machen die organisierten Sportler zu höherem Anteil sehr häufig oder häufig (51%) als die unorganisierten (30%), ein Hinweis, daß der Sport der unorganisierten weniger die Grenzerfahrung körperlicher Leistungsfähigkeit sucht als der der organisierten Sportler. Hingegen raucht ein größerer Anteil der Unorganisierten täglich (47%, was nahe am entsprechenden Wert der Nichtsportler — 53% — liegt), bei den Sportlern mit Vereinszugehörigkeit sind es 33%. Diese Nähe von individualisierten Sportformen und höherem Befindlichkeitsmanagement mittels der Alltagsdroge Tabak ist oben schon im Vergleich von Fußball und Aerobic/Fitness-Training/Jogging festgestellt worden.

Anders als eine ältere finnische Untersuchung, die den Sportverein als ,,ein Aggregationszentrum für junge Leute" beschrieben und die Überlappung von ,,Jugendbanden" und Sportgruppen betont hatte (Helanko 1966), können wir eher von einer die Alterssegregation übergreifenden Funktion des Sportvereins ausgehen. Sportvereine wie auch andere Vereine bringen Jugendliche mit Menschen anderen Alters zusammen, auch mit Jugendlichen anderen Alters. ,,Derartige Organisationen erleichtern die Interaktion von Jugendlichen verschiedenen Alters untereinander und ermöglichen damit Erfahrungen, welche ein nach dem Altersklassenprinzip organisiertes Schulwesen kaum noch zuläßt" (Allerbeck / Rosenmayr 1976, 136). Hinweise für eine solche, die Altersgruppen und Generationen betreffende Bedeutung der Zugehörigkeit zum Sportverein lassen sich unseren Daten immerhin entnehmen: Organisierte Sportler nennen weniger Konflikte mit ihren Eltern als unorganisierte. Ein analoger Zusammenhang besteht zur Einstellungsdimension Jugendzentrismus, die — mit Schwerpunkt auf dem Verhältnis zu den Eltern — ein mißtrauisch-oppositionelles Verhältnis zu den Erwachsenen faßt.

Tabelle 7: Jugendliche '84 (organisierte und unorganisierte Sportler, Nichtsportler) / Konflikte mit den Eltern (Index) und Skala Jugendzentrismus. Mittelwertvergleich.

	organisierte Sportler n=486	nichtorganisierte Sportler n=574	Nichtsportler n=412	Gesamt n=1472
Konflikte mit den Eltern (Ind.): $\bar{x}$	20.4	21.5	21.2	21.1
s	5.0	5.3	5.1	5.1
Skala Jugendzentrismus $\bar{x}$	22.6	23.9	24.3	23.6
s	4.5	4.6	4.7	4.7

Hingegen differenziert die Tatsache, ob man einem Sportverein angehört oder nicht, weder bei den sozialen Orientierungsmustern deutlich noch bei den Werthaltungen. Auch bei den meisten politischen Merkmalen bleibt sie ohne Differenzierungskraft. Allein bei der Sichtweise von der Zukunft der Gesellschaft („eher düster" / „eher zuversichtlich" sowie Skala Zukunftspessimismus) finden sich Zusammenhänge. So sehen von den organisierten Sportlern 38% die Zukunft der Gesellschaft eher düster, von den unorganisierten Sportlern 49%, von den Nicht-Sportlern 52% (entsprechend die Mittelwerte in der Skala Zukunftspessimismus).

Diese insgesamt geringe Konturiertheit der Sportvereinszugehörigkeit im politischen und Einstellungsbereich unterstreicht die oben — beim Vergleich von Sportlern und Nichtsportlern — gegebenen Vermutungen: Ob man Sport treibt oder nicht, ob man dies in einem Sportverein tut oder nicht, das ist bei den Jugendlichen zwar mit konturierten Freizeitmustern verknüpft, kaum aber mit politischen und sozialen Orientierungsmustern.

Ergänzung: Der Sportverein bei den Erwachsenen

Ein direkter Vergleich von Jugendlichen und Erwachsenen unter der Frage nach organisiertem oder unorganisiertem Sport ist nicht möglich, weil der Erwachsenen-Fragebogen die Frage nach dem Sport nicht enthielt und weil die nach der Zugehörigkeit zu einem Sportverein über die Vorlage einer Liste erfolgte, bei den Jugendlichen dagegen durch eine offene Frage nach Organisationszugehörigkeiten. Ein Nachtrag zur Bedeutung der Mitgliedschaft in Sportvereinen bei den Erwachsenen mag dennoch sinnvoll sein. Hier können wir diejenigen vergleichen, die einem Sportverein angehören, die in anderen Vereinigungen organisiert sind, die überhaupt keinen Vereinigungen angehören. 34% der Männer und 18% der Frauen gehören einem Sportverein an (besonders der Anteil der Frauen ist bei den 45 bis 49jährigen leicht höher als bei den 50 bis 54jährigen). 16% der Männer und 39% der Frauen sind weder in einem Sportverein noch in einer anderen Vereinigung.

Bei allen Grenzen der Vergleichsmöglichkeiten mit den Jugendlichen läßt sich doch zweierlei festhalten: Der Anteil der in Sportvereinen organisierten Erwachsenen ist deutlich geringer als der bei den Jugendlichen. Und: Mitgliedschaft in Sportvereinen hat bei den Erwachsenen eine deutlich männliche Farbe, bei den Jugendlichen nur andeutungsweise.

Ebenso wie bei den Jugendlichen nennen die Mitglieder von Sportvereinen den Schulsport häufiger unter den Lieblingsfächern (70%) als die in anderen Vereinigungen (44%) oder gar nicht Organisierten (42%). Ähnlich wie bei den Jugendlichen verausgaben die Mitglieder von Sportvereinen zu höherem Anteil ihren Körper mal bis zum letzten häufig oder sehr häufig (23%) als die Vergleichsgruppen (6% bzw. 5%). Im Übrigen erreichen sie eine höhere Flip-Intensität (36% ,,hoch") als die in keiner Vereinigung Organisierten (23%). Sie interessieren sich stärker für Technik, trinken zu größerem Anteil gern Alkohol und zeigen in ihrer Freizeitform mehr außerhäusliche Aktivitäten. Klar verorten sie sich im Spektrum der öffentlichen Gruppenstile bei den körperbezogenen modernen Stilformen. Ihre Zustimmung (Identifikation und Sympathie zusammengefaßt) zu Aerobic, Body-Building und — besonders deutlich — Jogging übertrifft die Zustimmung derer, die in anderen Vereinigungen oder aber gar nicht organisiert sind , deutlich.

Sportvereinsmitglieder haben leicht höhere Werte in der Skala ,,Eigenverantwortung" und — bei den Frauen — leicht niedrigere in der Dimension ,,Selbstentfremdung." Sie sind (ähnlich wie bei den Jugendlichen) leicht zuversichtlicher, was die Zukunft der Gesellschaft angeht. Im übrigen geben sie ein deutlich höheres Interesse für Politik zu Protokoll (68%) als die Gruppe der überhaupt nicht Organisierten (43%) und votieren in der Frage nach der Parteienpräferenz stärker für die CDU/CSU. Dies sind, wiederum trotz aller Grenzen der Vergleichsmöglichkeit mit den Jugendlichen, Hinweise, daß die Mitgliedschaft in Sportvereinen bei den Erwachsenen auch etwas für deren politische Einstellungen bedeutet, während bei den Jugendlichen solche Beziehungen nicht (mehr) bestehen.

ROLF KIRCHNER

Von der Geige zur Gitarre
Zur Musizierpraxis von Jugendlichen

Eingehende Untersuchungen zum musikalischen Verhalten Jugendlicher sind bis in die siebziger Jahre hinein vor allem musikpädagogisch motiviert (Klausmeier 1968², Wiechell 1977), sie sind als Reaktion der westdeutschen Musikpädagogik auf die veränderten Hörgewohnheiten der Jugendlichen zu verstehen. Meist gehen diese Untersuchungen von einer „Degeneration des Musiklebens" (Adorno 1973, 16) durch den Einfluß angloamerikanischer Popularmusik aus. Dabei bewegen sie sich nicht selten in Bahnen konservativer Kulturkritik. So stellt noch Wiechell (1977, 43 und 92) das negativ bewertete „negroide Ausdruckideal" der populären Musik dem Ideal der „zuchtvollen" Distanziertheit der ernsten Musik gegenüber. Wir folgen mit den Fragen nach der sozialen Herkunft der Musiker, ihren politischen und sozialen Einstellungen und ihren kulturellen und Freizeitaktivitäten der nüchterneren Studie von Silbermann (1976).

DIE FRAGEN

Innerhalb der Folge der Shell-Jugendstudien sind musikalische Verhaltensweisen bisher erst einmal behandelt worden und zwar in der Studie von 1966 „Jugend, Bildung und Freizeit" (EMNID 1966). Lauteten die Fragen 1966 „Spielen Sie ein Musik-Instrument?" und „Welches Instrument spielen Sie?", so wurde in dieser Studie bei der Befragung der Jugendlichen das informellere „Du" dem förmlichen „Sie" vorgezogen, sodaß die Fragen nun lauten: „Spielst Du ein Musik-Instrument?" und „Welches Instrument spielst Du?". Der Fragebogen für die Erwachsenen übernahm die Formulierung von 1966.

Da es sich bei dieser Fragestellung um eine Standardfrage der Musiksoziologie handelt, hat sie den Vorteil, daß die Ergebnisse sowohl mit der Shell-Studie von 1966 als auch mit anderen Umfragen (z.B. Noelle-Neumann 1983, 35) vergleichbar sind. Dieser Abfragemodus weist allerdings auch einige Nachteile auf, die durch differenziertere Fragestellung vermieden werden könnten (z.B. Silbermann 1976, 117ff; ein Programm zur systematischen Untersuchung der Laienmusik findet sich bei Buchhofer et. al. 1974, 256ff): Die Fragestellung trennt nicht scharf zwischen der irgendwann einmal erworbenen Fähigkeit, ein Instrument zu spielen, und der tatsächlichen, aktuellen Musikausübung; zudem erfaßt sie nicht den Grad der Beherrschung des jeweiligen Instrumentes. Die Antwort „Ich spiele das Instrument X" kann demnach verschiedene Bedeutungen haben (vgl. Clemens 1983, 109). Da es sich bei der vorliegenden Studie jedoch nicht um eine musiksoziologische Untersuchung handelt, konnten die Nachteile des Abfragemodus in Kauf genommen werden.

VERGLEICH MIT DER SHELL-JUGENDSTUDIE VON 1966

Im Gegensatz zu den musikpädagogischen und kulturkritischen Befürchtungen der sechziger Jahre, der Einfluß der Massenmedien könne zu einer Passivität gerade auch auf musikalischem Gebiet führen (zusammenfassend zur Kulturkritik Silbermann 1976, 13), zeigen die Ergebnisse dieser Studie den umgekehrten Trend: Während 1966 17% der Jugendlichen angaben, ein Musikinstrument zu spielen, sind es 1984 30%, fast doppelt soviele. Ob dieser gravierende Unterschied den „neuen musikalische Verhaltensweisen der Jugend" (Blaukopf 1974), sprich: dem verstärkten Spielen in Rock- und Jazz-Gruppen, oder einem „Tief" der Musikausübung Mitte der sechziger Jahre zuzuschreiben ist, wäre in weiteren Untersuchungen zu klären.

Daß in jungen Jahren eher Angehörige des weiblichen Geschlechts musizieren (Klausmeier 1968, 53), wird durch diese Untersuchung in der Tendenz bestätigt: während von den Mädchen und jungen Frauen 34% ein Musikinstrument spielen, sind es bei den Jungen und jungen Männern 27%. Ein Blick auf die Altersverteilung zeigt allerdings einige Unterschiede zwischen den weiblichen und männlichen Musikern. Sind es bei den Mädchen und jungen Frauen vor allem die 15 bis 17jährigen, die musizieren, so bei den Jungen und jungen Männern die über 21 Jahre alten.

Was nun die einzelnen Instrumente anbetrifft, kann der Unterschied zwischen den Jugendlichen heute und den Jugendlichen der sechziger Jahre mit dem Slogan vom „Aufstieg der Gitarre" und, sehr zum Bedauern mancher Musikpädagogen (z.B. Wiechell 1977, 126), vom „Niedergang der Geige" beschrieben werden. (Ein ähnlicher Trend ergibt sich auch bei der Gegenüberstellung der Studien von Klausmeier 1968^2, 242 und Silbermann 1976, 182.) Bei den Jugendlichen heute ist die Gitarre mit Abstand das am häufigsten gespielte Instrument; zählt man die elektrische Gitarre hinzu, geben über die Hälfte der befragten Jugendlichen an, dieses Instrument zu spielen. Die Rock- und Pop-spezifische E-Gitarre ist vor allem bei Jungen und jungen Männern ein beliebtes Instrument, mit 21%

Tabelle 1: Jugendliche '84, Jugendliche '66 und Erwachsene '84, nach Geschlecht/Art der Musikinstrumente. – Angaben in Prozent –

	Jugendliche '84			Jugendliche '66			Erwachsene '84		
	männl. n = 194	weibl. n = 251	Gesamt n = 445	männl. n = 190	weibl. n = 167	Gesamt n = 357	männl. n = 83	weibl. n = 71	Gesamt n = 154
Gitarre	48	37	42	29	15	23	17	10	14
Blockflöte	14	58	39	12	47	28	15	34	23
Klavier	14	30	23	22	32	27	19	34	26
Heimorgel	9	11	10	–	–	–	11	9	10
E-Gitarre	21	1	10	–	–	–	–	–	–
Mundharmonika*	11	6	8	18	10	15	47	30	39
Geige	2	4	3	9	11	10	7	6	7
Sonstige Instrumente	78	41	57	48	30	40	56	39	51
	197	188	192	138	145	143	172	162	170

* (1966: und Ziehharmonika)

rangiert sie hinter der akustischen Gitarre (48%) auf Rang zwei. Die Gitarre scheint also *das* jugend-spezifische Instrument geworden zu sein; von den 1966 befragten Jugendlichen geben nur knapp ein Viertel an ,,Jazz-Gitarre" oder ,,sonstige Zupfinstrumente" zu spielen (EMNID 1966, 132). Zur Beliebheit der Gitarre hat wohl neben der relativ leichten Erlernbarkeit (nach der Punk-Devise: ,,Lern drei Akkorde und mach 'ne Band auf") und dem relativ geringen Anschaffungspreis vor allem die Tatsache beigetragen, daß die Gitarre seit dem Rock'n'Roll zum zentralen Instrument der Popularmusik geworden ist (vgl. Silbermann 1976, 70).

Der entgegengesetzte Trend läßt sich bei der Geige beobachten. Wurde dieses Instrument 1966 von 10% der Jugendlichen gespielt (EMNID 1966, 132), so heute von 3%. Ein Grund dafür könnte sein, daß die Geige in der Popularmusik zumindest als Soloinstrument so gut wie keine Rolle mehr spielt. Auch das andere klassische bürgerliche Instrument, das Klavier (zur Schichtspezifik des Klaviers vgl. Rosenmayr et al. 1966, 79), wird heute von weniger Jugendlichen gespielt als 1966: Vor zwanzig Jahren gaben 32% der Jugendlichen an, dieses Instrument zu spielen, heute sind es 23%. Zu beiden Zeitpunkten ist das Klavier vor allem ein Instrument der Mädchen und jungen Frauen.

Als stark geschlechtsspezifisch erweist sich neben den ,,männlichen" Instrumenten E-Gitarre und Schlagzeug, die vor allem von

15 bis 19jährigen Jungen gespielt werden (30%), insbesondere die Blockflöte. Sie scheint *das* „Mädcheninstrument" zu sein; während über die Hälfte der Mädchen und jungen Frauen dieses Instrument spielen, sind es 14% der Jungen und jungen Männer. Ein ähnlich starkes Gefälle innerhalb der Geschlechterverteilung bezüglich der Blockflöte läßt sich auch für die Jugendlichen von 1966 feststellen. Aus verschiedenen Untersuchungen über den Beliebtheitsgrad von Instrumenten ergibt sich, daß die Blockflöte im Gegensatz zur Häufigkeit des Spielens vergleichsweise unbeliebt ist. Zwar besitzen häufig die Eltern bereits eine Blockflöte (Klausmeier 1968[2], 235), doch wird sie von den Jugendlichen weder gern gehört (Pape 1974, 76), noch möchten sie dieses Instrument erlernen (Pape 1974, 82), noch wünschen sie es sich (Silbermann 1976, 182), selbst wenn es kostenlos von den Eltern (Klausmeier 1968[2], 235) oder von der Schule zur Verfügung gestellt würde (Klausmeier 1968[2], 236). Daraus läßt sich die These ableiten, daß es sich bei diesem Instrument um eine Art „Pflicht-" oder „Zwangsinstrument" handelt, das auf Betreiben der Eltern erlernt wird.

Von den befragten Erwachsenen antworten 21%, daß sie ein Musikinstrument spielen. Bezüglich der Instrumentenwahl unterschieden sie sich deutlich von den heutigen Jugendlichen. Das bei den jugendlichen Musikern beliebteste Instrument, die Gitarre wird von relativ wenig Erwachsenen gespielt. Die Gitarre scheint also tatsächlich so etwas wie ein jugendspezifisches Instrument geworden zu sein. Umgekehrt wird die von fast der Hälfte der männlichen Erwachsenen und einem knappen Drittel der weiblichen Erwachsenen gespielte Mundharmonika nur von einem relativ geringen Prozentsatz Jugendlicher gespielt. Dies dürfte vor allem mit dem Wandel der Popularmusik zusammenhängen, in der, mit Ausnahme des Blues, die Mundharmonika kaum einen Platz hat.

Der „Niedergang der Geige" läßt sich auch beim Vergleich der Jugendlichen von 1984 und den Erwachsenen feststellen. Allein das Klavier wird von beiden Gruppen in etwa gleich häufig genannt. Es scheint das einzige Instrument zu sein, das über die verschiedenen Generationen hinweg eine gleichbleibende Popularität genießt.

SOZIODEMOGRAPHISCHES PROFIL DER MUSIKER UND MUSIKERINNEN

Eine der allgemeinsten Aussagen über die Musikausübung lautet, daß mit steigendem Bildungsgrad auch die Bereitschaft zum Instrumentalspiel wächst (Silbermann 1976, 28; Wiechell 1977, 124). Dies läßt sich auch aus unseren Zahlen entnehmen: Während von den Haupt- und Realschülern 24% bzw. 28% musizieren, beträgt der Prozentsatz bei Gymnasiasten und Studenten 41%. Bei den jungen Frauen und Mädchen zeigt sich die Abhängigkeit des Instrumentalspiels vom Bildungsniveau ähnlich deutlich: Spielt von den Hauptschülerinnen ein Viertel ein Musikinstrument, von den Realschülerinnen ein Drittel, so beträgt die Zahl der musizierenden Gymnasiastinnen und Studentinnen fast die Hälfte. Anders ausgedrückt: Der Anteil der Musiker, die auf das Gymnasium oder die Universität gehen, beträgt 40%, der entsprechende Anteil bei den nicht Musizierenden 26%.

Tabelle 2: Jugendliche '84 und Erwachsene '84, nach Geschlecht und Schulniveau / Musikinstrument. – Angaben in Prozent –

	Jugendliche '84						
	Hauptschule		Realschule		Gymnasium, Hochschule		
	männl.	weibl	männl.	weibl.	männl.	weibl.	Gesamt
	n = 300	n = 264	n = 218	n = 247	n = 207	n = 236	n = 1472
Musikinstrument:							
– Ja	24	25	23	32	36	45	30

	Erwachsene '84				
	Volksschule		Realschule und höher		
	männl.	weibl	männl.	weibl.	Gesamt
	n = 253	n = 307	n = 104	(n = 62)	n = 726
Musikinstrument:					
– Ja	23	17	23	(31)	21

Schlüsselt man die Musiker nach Altersgruppen auf, so ergibt sich für die Mädchen und jungen Frauen keine neue Information: Sowohl bei den 15 bis 19jährigen als auch bei den 20 bis 24jährigen stellen die Gymnasiastinnen und Studentinnen die Mehrheit der Musikerinnen (39% bzw. 47%). Anders bei den Jungen und jungen Männern: Hier entspricht nur die Altersgruppe der über 20jährigen dem bisherigen Eindruck des „gebildeten" Musikers (49% Gymnasiasten und Studenten). In der Altersgruppe der 15 bis 19-jährigen dagegen rekrutiert sich die Hälfte der Musiker aus Hauptschülern. Mit anderen Worten: Während das Klischee von der musizierenden „höheren Tochter" durchaus eine reale Basis hat, sind die Musiker deutlich in zwei nach dem Alter und der Schulbildung getrennte Lager gespalten. Eine Erklärungsmöglichkeit dafür wäre, daß die in der Folge des Punk eingetretene Akzeptanz handwerklich einfacherer Musik es auch Hauptschülern verstärkt ermöglicht, an Kulturaktivitäten teilzunehmen, von denen sie bisher ausgeschlossen waren. Dafür spricht die oben aufgezeigte hohe Beliebtheit der Instrumente E-Gitarre, Gitarre und Schlagzeug bei den jüngeren Musikern.

Bei den befragten Erwachsenen hat das Schulniveau nur bei den Frauen einen Einfluß auf das musikalische Verhalten. Von den ehemaligen Volksschülerinnen spielen 17% ein Instrument, während der Prozentsatz bei ehemaligen Realschülerinnen, Gymnasiastinnen und Studentinnen fast doppelt so hoch ist (31%). Am ehesten vom Instrumentalspiel ausgeschlossen sind Personen mit dem niedrigsten Statusrang: ehemalige Volks- und Berufschülerinnen ohne Lehre, 14% dieser Gruppe spielen ein Musikinstrument.

Daß es sich bei dem Zusammenhang von Bildung und Instrumentenspiel um einen Zusammenhang handeln könnte, der sich über die Generation hinweg tradiert, mithin um etwas, das man mit Bourdieu (1982, 143ff.) als „Vererbung kulturellen Kapitals" bezeichnen könnte, zeigen die Angaben zum Bildungsniveau der Eltern. Sowohl bei den Jugendlichen als auch bei den Erwachsenen zeigt sich die Tendenz (allerdings eher wenig ausgeprägt bei den männlichen Musikern), daß mit der Höhe des Bildungsniveaus der Eltern auch der Anteil der musizierenden Kinder wächst. So musizieren von den Mädchen und jungen Frauen, deren Eltern ein gehobenes Bildungsniveau aufweisen, 45%, während nur 28% der Töchter von Eltern mit Volksschulbildung ein Instrument spielen.

Tabelle 3: Jugendliche '84, nach Geschlecht und Bildungsniveau der Eltern / Musikinstrument. – Angaben in Prozent –

	Volksschule		Realschule		Gymnasium und höher		
	männl.	weibl	männl.	weibl.	männl.	weibl.	Gesamt
	n = 400	n = 401	n = 207	n = 218	n = 118	n = 128	n = 1472
Musikinstrument:							
– Ja	25	28	28	37	32	45	30

Angesichts der relativen Dominanz derjenigen mit höherem Bildungsniveau unter den Musikern kann es nicht verwundern, daß der Anteil der Musiker unter denjenigen Jugendlichen am größten ist, die noch nicht hauptberuflich erwerbstätig sind, wiederum besonders ausgeprägt bei den jungen Frauen und Mädchen. Beide Gruppen, die noch nicht Erwerbstätigen und jene mit hohem Schul- und Ausbildungsniveau verfügen allein vom Zeitbudget her über mehr Möglichkeiten zu musizieren. Bei den Mädchen und jungen Frauen beträgt der Anteil der Musizierenden unter den nicht Erwerbstätigen 42%, bei den Erwerbstätigen 25%.

Die Vermutung, daß es sich bei jugendlichen Musikerinnen zumindest zu einem Teil um eine Art „höhere Töchter“ handelt, verdichtet sich, betrachtet man die Hauptquelle für den Lebensunterhalt. Die jungen Frauen und Mädchen, die finanziell von ihren Eltern abhängig sind, weisen den größten Anteil an Musikerinnen auf. Dies gilt sowohl für die Altersgruppe der 15 bis 19jährigen, die ja einen Großteil der Musikerinnen stellen, als auch für die Altersgruppe der 20 bis 24jährigen. Daß die männlichen Musiker eine sozialstatistisch gesehen wesentlich heterogenere Gruppe darstellen als die Musikerinnen, zeigt sich daran, daß hier diejenigen, die irgendeine Form staatlicher Unterstützung erhalten (Arbeitslosengeld, Sozialhilfe, Bafög, u.a.), den größten Anteil an Musikern aufweisen.

Bei den Erwachsenen zeigt sich neben der Abhängigkeit des Musizierens vom Bildungsniveau auch ein Zusammenhang mit dem Nettoeinkommen des Haushalts (vgl. Silbermann 1976, 29). Setzt man den Schnitt bei DM 2000,– an, so macht der Anteil der Musiker unter den besser Verdienenden 23% aus, unter den finanziell schlechter Gestellten 15%.

SOZIALE UND POLITISCHE EINSTELLUNGEN

Jugendliche Musiker und Nicht-Musiker unterscheiden sich kaum bei der Beantwortung der Frage, welche gesellschaftlichen Gruppen weniger gut oder überhaupt nicht gut miteinander auskommen. Fast einhellig sind beide Gruppen der Meinung, daß das Verhältnis von Deutschen und Ausländern und dasjenige einer radikalen politischen Minderheit und der schweigenden Mehrheit Anlaß zu Konflikten bietet. Dies gilt analog auch für die befragten Erwachsenen. Die 15 bis 19jährigen Musiker schätzen mögliche Konflikte zwischen gesellschaftlichen Gruppen eher niedriger ein als die gleichaltrigen Jungen, die kein Instrument spielen. Neben dem Generationskonflikt (63% der 15 bis 19jährigen Musiker meinen, daß sich Jugendliche und Erwachsene nicht oder weniger gut verstehen, 73% der gleichaltrigen Nicht-Musiker) ist diese Sicht der Dinge vor allem in privaten Konfliktbereichen auffällig, so in der Beurteilung des Verhältnisses von Haustierbesitzern und solchen die keines besitzen (19% zu 35%) und im Verhältnis von Rauchern zu Nichtrauchern (45% zu 55%). Die erwachsenen Musiker und Musikerinnen beurteilen die Beziehungen zwischen den gesellschaftlichen Gruppen generell harmonischer als nicht Musizierende. 55% der musizierenden Männer meinen, daß Jugendliche und Erwachsene gut miteinander auskommen, 45% meinen das Gegenteil. Nicht musizierende Männer beurteilen den Generationenkonflikt schärfer, 60% halten das Verhältnis von Jugendlichen und Erwachsenen für weniger gut. Ähnliches gilt für die Einschätzung des Verhältnisses von Mittelstand und Arbeiterschaft, über 65% der Musiker und Musikerinnen halten dieses Verhältnis für gut, gegenüber 55% der nicht Musizierenden.

Bei der Frage nach Sympathie oder Antipathie bezüglich der verschiedenen Gruppen, die einen eigenen Stil pflegen (öffentliche Gruppenstile), zeigen sich die interessantesten Unterschiede bei denjenigen Gruppen, die man dem Spektrum „alternative Lebensweise/ neue soziale Bewegungen“ zuordnen kann. Der Anteil der jugendlichen Musiker und Musikerinnen, die solche öffentliche Gruppenstile sympathisch finden oder sich dazu zählen, liegt stets höher als der entsprechende Anteil derer, die kein Instrument spielen. Dies gilt für die Anti-Atomkraft-Bewegung/Kernkraftgegner, die Gruppen mit alternativer Lebensweise, für Dritte Welt-Initiativen, die Friedensbewegung, für Bürgerinitiativen und schließlich für Anhänger bio-dynamischer Ernährung und kirchlicher Initiativgruppen. Einen Hinweis darauf, daß es sich bei diesem Phänomen weniger um ein politisches, sondern um eines handelt, das man „humanistisches Engagement“ nennen könnte, gibt die geschlechtsspezifische Verteilung der Sympathie. In fast allen der oben genannten Fälle ist die Sympathiekundgabe der Musikerinnen stärker ausgeprägt als die der Musiker (Ausnahme: Gruppen mit alternativer Lebensweise). Auch die nicht musizierenden Mädchen und jungen Frauen sympathisieren mehr mit den neuen sozialen Bewegungen und Gruppen mit alternativer Lebensweise als die Jungen und jungen Männer. Eine Interpretation, die in der hohen Sympathiekundgabe der Mädchen und jungen Frauen zu neuen sozialen Bewegungen einen hohen Politisierungsgrad erkennen

Tabelle 4: Musiker und Nicht-Musiker nach Geschlecht (Jugendliche '84)/ öffentliche Gruppenstile (finde ich gut oder zähle mich dazu).
— Angaben in Prozent —

	Musikinstrument		kein Musikinstr.		
	männl.	weibl.	männl.	weibl.	Gesamt
	n = 194	n = 251	n = 531	n = 496	n = 1472
Öffentliche Gruppenstile:					
Fußball-Fans	25	18	36	20	26
Disco-Fans	25	28	39	36	34
Kernkraftgegner	58	63	40	55	52
Gruppen mit alternativer Lebensweise	61	59	44	51	51
Kirchliche Initiativgruppen	34	42	27	32	32
Dritte Welt-Initiativen	72	81	57	70	67
Friedensbewegung	76	87	64	76	73
Bürgerinitiativen	62	66	49	60	57
Body-Building/ Fitness-Training	26	36	36	38	35
Biodynamische Ernährung/natürlicher Anbau	52	62	40	55	50

möchte, müßte erklären, wieso sich Musikerinnen und nicht musizierende Frauen weniger für Politik interessieren als ihre männlichen Kollegen (s. unten).

Daß die Sympathie für alternative Lebensweisen und neue soziale Bewegungen nicht mit einer generellen Technikfeindlichkeit einhergeht, wie oft befürchtet oder beklagt wird, sondern mit einem Interesse an einer anderen, ,,weichen" Technik, zeigen die Antworten auf die Frage nach dem Technikinteresse. Die von Musikern häufiger genannten technischen Interessen liegen zum großen Teil in einem Bereich, der der Sympathie für alternative Lebensweisen und neuen sozialen Bewegungen entspricht: Techniken im Umweltschutz und neue Technikformen. Hinzu kommen Photo- und Elektrotechnik, 30% interessieren sich für Computer.

Komplementär zur positiven Einschätzung von öffentlichen Gruppenstilen lassen sich die ablehnenden Haltungen deuten. Von den jugendlichen Musikern und Musikerinnen werden vor allem massenkulturell orientierte Gruppen eher abgelehnt als von Nicht-

Musikern. Dazu zählen Fußball-Fans, Disco-Fans und Anhänger der neuen Medien Computer und Video-Spiele. Die kulturelle Abwertung dieser Gruppen ist durch den Sprachgebrauch bereits vorgeprägt: im Gegensatz zu „Anhängern" von Bewegungen werden sie durchweg als „Fans" bezeichnet, ihnen wird damit die kulturelle Volljährigkeit abgesprochen.

Hat nun die größere Sympathie der Musiker und Musikerinnen einen möglichen Beweggrund in der Einschätzung der eigenen und der gesellschaftlichen Zukunft? Zumindest für die männlichen Musiker läßt sich dies nicht ganz ausschließen. Mit 57% sind sie die einzige Gruppe, die die gesellschaftliche Zukunft mehrheitlich in düsterem Licht sieht, während Musikerinnen und Nicht-Musiker sie mehrheitlich zuversichtlich sehen (52 bis 57%). Dagegen wird die eigene Zukunft von keiner Gruppe ausgeprägt düster gesehen. Unter den Erwachsenen, die die gesellschaftliche Zukunft insgesamt optimistischer als die Jugendlichen einschätzen, finden sich die Schwarzseher, sowohl was gesellschaftliche als auch eigene Zukunftserwartungen anbetrifft, bei den Musikerinnen; von ihnen sehen 35% zuversichtlich der eigenen Zukunft entgegen (dagegen 48% der Musiker).

Unterschiede und Ähnlichkeiten zu den Einschätzungen der öffentlichen Gruppenstile finden sich bei den Einstellungen zur Politik. Ähnlich ist das größere Politikinteresse der Musiker und Musikerinnen, unterschiedlich ist das jeweilige Verhältnis der Geschlechter. Im Gegensatz zu den öffentlichen Gruppenstilen interessieren sich Mädchen und junge Frauen, ob musizierend oder nicht, weniger für Politik als die vergleichbaren Gruppen der Jungen und jungen Männer. Ausgeprägt ist das größere Politikinteresse der Musizierenden in der Altersgruppe der über 20jährigen: Hier geben 77% der Musizierenden an, sich für Politik zu interessieren, gegenüber 61% der Nicht-Musiker. Von den Erwachsenen zeigen nur die Musikerinnen ein geringfügig stärkeres Interesse als die Frauen, die kein Instrument spielen (51% zu 41%). Dem hohen Niveau des oben so genannten „humanistischen Engagements", das vor allem auf die neuen sozialen Bewegungen abzielt, korrespondiert im Bereich der Parteienpräferenzen eine ausgeprägte politische Sympathie mit den Grünen, sie können bei den Musikern mit den größten Sympathien rechnen. 37% von ihnen geben an, daß ihnen diese Partei politisch am nächsten stünde, SPD und CDU kommen nur auf knapp die Hälfte dieses Prozentsatzes. Musikerinnen und die nicht musizierenden Jugendlichen entscheiden sich zu knapp 20% für diese Partei, die damit in der Gunst dieser Jugendlichen allgemein gleichauf mit der SPD steht, im Gegensatz zu den Erwachsenen, die kaum Sympathien für die Grünen als politische Gruppierung übrig haben. Von diesen Ergebnissen her wären die Grünen zumindest auch als Partei humanistisch engagierter männlicher Jugendlicher zu verstehen.

Freizeit und kulturelle Interessen

Aufgrund des insgesamt höheren Bildungsniveaus der Musizierenden könnte man erwarten, daß sie neben der primären Kulturtechnik des Instrumentalspiels auch andere kulturelle Praktiken wie Lesen, Malen, Schreiben in stärkerem Maße ausüben als diejenigen, die kein Musikinstrument spielen. Dies trifft im großen und ganzen auch zu.

Das Musizieren ist allerdings nur für den männlichen Musiker auch die am häufigsten genannte Freizeitaktivität (40%). Die Frauen und jungen Mädchen dagegen, die angeben, ein Musikinstrument zu spielen, plazieren die aktive Musikausübung nur wenig vor dem passiven Musik- und Radiohören und weit hinter Lesen, Tanzen, Sporttreiben, sich unterhalten. Dies ist womöglich (neben der weiter oben angegebenen Funktion der Blockflöte als ,,Zwangsinstrument'') ein Indiz dafür, daß eine nicht unbeträchtliche Menge der Mädchen und jungen Frauen, die angeben, ein Musikinstrument zu spielen, eher unfreiwillig musizieren oder musiziert haben. Allerdings zeigen die Musikerinnen stärkeres Interesse am Musikunterricht als die Musiker.

Die Kulturpraktiken Lesen, Briefe schreiben, Malen, Zeichnen und Tagebuch schreiben werden von Nichtmusikern in geringerem Maß ausgeübt als von Musikern und Musikerinnen. Insbesondere das Führen eines Tagebuches ist dabei die Domäne der Mädchen und jungen Frauen. Auf gezieltes Fragen nach dem Führen eines Tagebuches antworteten 22% der über 20jährigen Musikerinnen, 39% der Nichtmusikerinnen, 65% der Musiker und 81% der Nicht-Musiker mit nein. Ähnliches gilt für die befragten Erwachsenen, auch hier sind die Musikerinnen mit 55% die eifrigsten Tagebuchschreiberinnen, gegenüber 30% der nichtmusizierenden Frauen. Männer schreiben kaum Tagebuch (15% der Musiker, 11% der Nicht-Musiker).

Allen oben genannten Kulturpraktiken ist gemeinsam, daß man sie alleine ausübt. Dies gilt auch für einen Großteil der Musik. Lassen sich individudalisiertere Verhaltensformen der Musizierenden

Tabelle 5: Musiker und Nicht-Musiker, nach Geschlecht (Jugendliche '84)/ Schreib- und Kunstpraktiken (Ind.), Tanz, Sportarten, Lieblingsfach Musik, Musik-Flip. — Angaben in Prozent —

	Musikinstrument		kein Musikinstr.		
	männl.	weibl.	männl.	weibl.	Gesamt
	n = 194	n = 251	n = 531	n = 496	n = 1472
Lieblingsfächer:					
— Musik	41	52	11	23	26
Alltagsflips:					
— Musik irrsinnig laut hören	53	45	50	34	37
Schreib- und Kunstpraktiken (Ind.):					
— keine, gering	25	7	45	21	28
Tanz:					
— ja	56	88	45	81	66
Sportarten:	n = 141	n = 187	n = 402	n = 330	n = 1060
— Fußball	35	6	43	3	23
— Schwimmen	28	43	23	34	31
— Aerobic/Fitness/ Jogging	37	37	27	37	33

auch bei anderen Freiezeitbeschäftigungen, wie Tanz und Sport aufzeigen? Zunächst einmal: Mädchen und junge Frauen tanzen lieber als Jungen und junge Männer. Wer ein Musikinstrument spielt, tanzt in der Regel auch lieber als nicht Musizierende (65% zu 45% für das männliche Geschlecht, 88% zu 81% für das weibliche). Schlüsselt man die Tänze nach Gesellschaftstänzen, Discotänzen und Tänzen mit freiem Stil auf, so zeigt sich, daß vor allem jüngere Musiker den individuellen freien Stil bevorzugen (21% zu 8% der Nicht-Musiker).

Auch auf dem Gebiet des Sportes erfreuen sich diejenigen Sportarten, die man alleine ausüben kann, bei den Musikern und Musikerinnen einer größeren Beliebtheit als bei den nicht musizierenden Jugendlichen. Während Sporttreiben bei allen Gruppen gleich beliebt ist (ca. drei Viertel der Jugendlichen treiben von sich aus

Sport), scheinen die Musizierenden ihn vielfältiger zu betreiben, legt man die Anzahl der angegebenen Sportarten zugrunde: Während von den nicht musizierenden Sportlern 64% mehr als eine Sportart betreiben, sind es von den musizierenden Sportlern 75%. Bei den Musikern und Musikerinnen sind diejenigen Sportarten, die sich alleine ausführen lassen, beliebter als bei den Nicht-Musikern: Schwimmen (vor allem bei Mädchen und jungen Frauen beliebt), Aerobic, Fitness und Jogging und der Radsport. Umgekehrt verhält es sich mit dem Mannschaftsport, der sich vor allem unter Jungen und jungen Männern allgemein großer Beliebtheit erfreut: dem Fußballspiel. Fußball ist die einzige Sportart, die von Musikern weitaus weniger gespielt wird als von nicht Musizierenden. Daß Individualisierung nicht mit Privatisierung verwechselt werden darf, zeigen die Antworten auf die Frage, wie man seine Freizeit hauptsächlich verbringt: Zwischen Musikern und Nicht-Musikern zeigen sich kaum Unterschiede. 15% der Musiker und Nicht-Musiker verbringen ihre Freizeit zuhause, von den Musikerinnen tun dies 23%, von den nicht musizierenden Mädchen und jungen Frauen 20%. Die männlichen Musiker sind zu einem größeren Anteil regelmäßig in einem Kreis junger Leute (48%) als die Nicht-Musikern gleichen Geschlechts (37%, beim weiblichen Geschlecht ergibt sich hier kein nennenswerter Unterschied).

Bei allen drei Fragen, die die Religiösität betreffen (Kirchenbesuch, Beten, Glauben an ein Leben nach dem Tod), stimmen dic Prozentwerte der Musiker in etwa mit denen der nicht musizierenden Frauen überein. Die jugendlichen Musikerinnen haben den stärksten Bezug zur Religion: 41% von ihnen sind in den letzten vier Wochen zumindest einmal in den Gottesdienst gegangen, 54% beten manchmal oder regelmäßig, 63% glauben an ein Leben nach dem Tod. Die entsprechenden Zahlen für die nicht musizierenden Mädchen und jungen Frauen lauten: 26%, 39% und 50%. Die Werte für die männlichen Jugendlichen liegen insgesamt niedriger, in der Frage des Betens und des Glaubens an ein Leben nach dem Tod zeigt sich die größere, nicht an die Institution der Kirche gebundene Religiösität der Musiker.

DIE MÄNNLICHEN MUSIKER: EINE PRÄGNANTE GRUPPE

Als Ergebnis der Untersuchung der musikalischen Verhaltensweisen Jugendlicher läßt sich zusammenfassen, daß als prägnante Gruppe der Jugendlichen die männlichen Musiker sich herausschälen. Während viele der Unterschiede zwischen Musikerinnen und nicht musizierenden Mädchen und jungen Frauen vor allem auf das höhere Bildungsniveau jener zurückzuführen sind, ist dies bei den männlichen Musikern nicht der Fall. Sie rekrutieren sich aus Jugendlichen mit unterschiedlicher Schulbildung. Jugendspezifische Instrumente wie E-Gitarre und Schlagzeug sind am ehesten bei ihnen zu finden. Die Sympathien der männlichen Musiker mit neuen sozialen Bewegungen im Vergleich zu den Nicht-Musikern ist deutlicher ausgeprägt als bei den Mädchen und jungen Frauen. Mit der großen Sympathie für die Grünen, der eher pessimistischen Einschätzung der gesellschaftlichen Zukunft und deutlich häufigeren Konflikten mit den Eltern gleichen sie am ehesten dem Bild einer nonkonformistischen Jugend, deren Verständnis den Erwachsenen Schwierigkeiten bereitet.

JÜRGEN ZINNECKER

Literarische und ästhetische Praxen in Jugendkultur und Jugendbiografie

Diese Studie widme ich Frau Martha Muchow, Jahrgang 1892, die 1933 den Freitod wählte und deren Werk über Briefe und Tagebücher von Mädchen ungeschrieben blieb;
Frau Hildegard Hetzer, die 1925 entdeckte, daß auch proletarische Mädchen in der Pubertät kulturell produktiv sind, und der ich die Abhandlung nachträglich zum 86. Geburtstag schenken möchte;
Frau Waltraut Küppers, die den Nachweis führte, daß Mädchen in der Nachkriegszeit 1945-1960 weiter an der weiblichen Tradition des Tagebuchschreibens festhielten.

*

„Wir haben also den Jugendlichen in seiner wahren Art nur vor uns, wenn wir uns an die Selbstzeugnisse halten, die aus der Sehnsucht nach Ausdruck geboren sind. Alles andere ist Schale, Selbstschutz, Abwehr."
(Eduard Spranger: Psychologie des Jugendalters 1924, 52)

*

„Man kann ... sagen, daß der schöpferische Mensch zeitlebens die Pubertät nicht beendet."
(Siegfried Bernfeld: Über eine typische Form männlicher Pubertät 1923/1969, 765)

*

1. ÜBER DAS INTERESSE AM THEMA

Die Frage nach den kulturellen Praxen von Jugendlichen zieht sich wie ein roter Faden durch die Gesamtheit der Umfragen und Erkundungsgänge, die die Arbeitsgruppe seit 1980 unternommen hat. Es gehört zu den Akzentsetzungen der Studie '81, Jugendliche als Akteure ihres Lebens ins Blickfeld der Jugendforschung zu rücken, statt auf den einsinnigen Perspektiven Prägung durch Milieu und Vergangenheit (Sozialisation) bzw. Integration in Rollen und Positionen zu beharren. Wir interessieren uns ausdrücklich dafür, wie Jugendliche handelnd ihre Lebensgeschichte und ihren Alltag mitgestalteten. Thematisiert wurde ein doppeltes: Welche kulturellen Praxen nutzen die Jüngeren — haben sie vielleicht selbst erfunden —, um mit den biografischen Anforderungen und Zumutungen umzugehen, die sich dieser sozialen Altersgruppe in einer bestimmten historisch-gesellschaftlichen Situation stellen? Und, zum anderen, welche persönliche Sichtweise entwickeln Jugendliche gegenüber dieser globalen Situation wie gegenüber den Alltagspraktiken, die sie im Rahmen der jugendlichen Alterskultur entwickelten, um die Situation zu bewältigen (Zinnecker 1982, 422ff.)?

(Alltags-)Kulturelle Praxen von Jugendlichen wurden von der Arbeitsgruppe auf verschiedenen Ebenen und durch unterschiedliche methodische Vorgehensweisen thematisiert. Dazu rechnen beispielsweise biografische Einzelporträts, die mithilfe qualitativ-erzählender Interviews erstellt wurden (Studie '81 Band 2). In die repräsentative Befragung wurden aufgenommen: die Kultur der öffentlichen Wandsprüche; der öffentlichen Gruppenstile; die Kultur von Alltagsflips und Traumorten; die kulturelle Orientierung am Gegensatz der Generationen und Altersgruppen. In explorierenden Tiefeninterviews kam die persönliche ästhetische Praxis zur Sprache, die sich in identitätsbildenden „Accessoires" — Kleidungsstil; Zimmergestaltung; Buttons, Sticker u.ä. — ausdrückt (Zinnecker 1983). Manches davon haben wir 1984 beibehalten, ergänzt um Aspekte der jugendlichen Freizeitkultur: Musik, Tanz, u.ä. Die Berichte hierüber befinden sich in diesem zweiten Band. Was in der aktuellen Studie neu hinzukommt, ist die eingehende Auseinandersetzung mit literarischen und künstlerischen Selbstzeugnissen heutiger Jugendlicher.

Der folgende Teil, den wir „literarische und ästhetische Praxen in Jugendkultur und Jugendbiografie" genannt haben, ist Ausdruck dieser Schwerpunktsetzung. Er sollte mit zwei weiteren Publikationen zusammen gelesen werden: einmal mit dem Sammelband jugendlicher Selbstäußerungen, der 1984 unter dem Titel „Jugend vom Umtausch ausgeschlossen“ in der Reihe rowohlt panther erschien (Arbeitsgruppe Jugend ’83); zum anderen mit dem vierten Band von Jugend ’85, der weitere literarische Lebenszeugnisse aus der heutigen Jugendgeneration dokumentiert, erweitert um Interpretationen und statistische Analysen.

2. HISTORISCHE UND THEORETISCHE VORFRAGEN

Von der historischen Jugendbewegung und den Anfängen der Jugendforschung

Das Interesse an literarischer und künstlerischer Praxis von Jugendlichen ist starken historischen Schwankungen unterworfen. Ein solches Wechselbad von Verklärung und Mißachtung der ‚kulturellen Produktivkraft Jugend‘ ist der Kontinuität und dem Voranschreiten von Jugendforschung — sofern es das gibt — nicht eben förderlich. Die Schwankungen und Zick-Zack-Bewegungen sind ihrerseits von außerordentlichem Interesse für eine Sozial- und Kulturgeschichte der Jugend (und ihrer Forscher). Die Historiografie kann hier nicht nachgeholt werden. Einige Fußnoten dazu wollen wir uns angesichts der Bedeutung des Themas gestatten.

Jugendforschung im heutigen Sinn setzt bekannterweise mit Beginn des Jahrhunderts ein. Im engeren Sinn handelt es sich um psychologisch-pädagogische Studien zur ‚seelischen Pubertät‘. Die ersten Gesamtdarstellungen, die zu prägenden Standardwerken für die folgenden Jahrzehnte werden sollten, erschienen 1921 (Charlotte Bühler (Wien): Das Seelenleben des Jugendlichen) und 1924 (Eduard Spranger (Berlin): Psychologie des Jugendalters). Was nun im Sinne unserer Frage merkenswert ist, das ist die Hochschätzung kultureller Leistung im Jugendalter, die nahezu allen Begründern der Disziplin eigen ist. Neben den Genannten können wir als weitere Garanten des ‚kulturellen Blicks‘ auf Jugend beispielhaft anführen: F. Giese (1914/1928); E. Goldbeck (1921); S. Bernfeld (1924; 1931); C. Bondy (1922); W. Stern (1922; 1923); M. Muchow (1935/1979).

Ins erste und zweite Jahrzehnt des 20. Jahrhunders fällt die Hoch-Zeit der Sammlung kultureller Selbstzeugnisse (‚Leistungen‘, wie man auch sagte) von Kindern und Jugendlichen. Jeder Jugendforscher oder Pädagoge, der etwas auf sich hielt, legte eine pädagogische oder psychologische Sammlung im Dienste der ‚Jugendkunde' an (Bernfeld 1914; 1920; A. Dyroff 1911; F. Giese 1914; W. Stern 1916; A. Fischer 1915; vgl. zum wissenschaftlichen Kontext H. Hetzer 1982). Das gilt jedenfalls für den deutschsprachigen Raum, der damals neben dem Deutschen Reich ja im wesentlichen noch die österreichisch-ungarische Doppelmonarchie mit einschloß.

Augenfällig erscheint eine historische Gleichzeitigkeit. Die kulturpsychologische Würdigung von Jugend und Pubertät fällt in dieselben Jahrzehnte, in denen die Generation der historischen Jugendbewegung in Deutschland wirksam ist. Die Gleichzeitigkeit ist keine äußerliche, zufällige. Es lassen sich person- und generationsbezogene Verbindungslinien ausmachen: Mancher prominente Jugendforscher fühlte sich diesem oder jenem Flügel der Jugendbewegung verbunden; gehörte selbst zu den Aktivisten. Aus den Reihen der Jugendbewegung erwuchs die Forderung nach kultureller Emanzipation und Autonomie der Jugend. G. Wyneken formulierte den Begriff „Jugendkultur" als kulturrevolutionäre Losung und programmatisches Versprechen für die Zukunft (1920). Unübersehbar auch die Zunahme literarischer Tätigkeit in dieser Generation. Zur Zeit der und durch die Jugendbewegung entwickelte sich — auch und gerade außerhalb des kommerziellen Bücher- und Zeitschriftenmarktes — ein vielfältiges jugendeigenes Pressewesen. Einen Eindruck hiervon vermittelt die diesbezügliche Sammlung des Archivs der Deutschen Jugendbewegung auf Burg Ludwigstein, die — anders als die meisten wissenschaftlichen Sammlungen der Zeit, die verloren gingen — für eine Sozial- und Kulturgeschichtsschreibung der Jugend in den ersten Jahrzehnten des Jahrhunderts zur Verfügung steht.

Bedingungen kultureller Jugendforschung heute

Unschwer lassen sich Parallelen zur Gegenwart ziehen. Auch heute erleben wir eine Renaissance jugendkultureller Forschung und dies unter dem Eindruck und der Wirkung einer gesellschaftspolitischen Protestgeneration Ende der siebziger, Anfang der achtziger Jahre. Friedens- und Ökologiebewegung; eine Vielfalt ausdifferenzierter Lebensstile, ‚Szenen' und Alternativen; Feminismus; Neue Religiösität; ‚Psycho-Boom' — ein breites Spektrum zeitgeschichtlicher Krisen und Bewegungen nahm und nimmt Einfluß auf die kulturelle Renaissance in der heutigen Jugendgeneration. (vgl. Brand/Büsser/Rucht 1983). Und, in gleicher Weise wichtig, die kulturelle Tätigkeit der Jüngeren bleibt nicht unbeachtet. Im Gegenteil: Wissenschaftliche und Medienöffentlichkeit interessieren sich für die Sondersprachen der Jüngeren; Wandsprüche und Graffitis werden in Bild- und Lyrikbänden vermarktet; stilistische Eigenarten und Lebensformen einzelner jugendlicher Gruppenstile — seien diese nun Punker und New-Wave-Anhänger; Motorbiker und Rocker, Fußballfans und Skinheads — werden in Reportagen, Porträt- und Fallstudien gewürdigt.

Und, was in diesem Zusammenhang entscheidend ist, Selbstdarstellungen der Jüngeren erhalten wieder vermehrt eine Chance, auf dem Markt für Belletristik gelesen sowie von Jugendforschern ernst genommen und — interpretiert — an eine interessierte Öffentlichkeit weitervermittelt zu werden. Ganz ähnlich wie vor sechzig Jahren avancierten literarische und künstlerische Praxen von Jugendlichen zu privilegierten Quellen von Jugendforschung. Einschränkend ist nur hinzuzufügen, daß sich zwischenzeitlich die Eigenmacht der Humanwissenschaften in einer Weise eingerichtet hat, daß sie in eigener Vollkommenheit beliebige ‚Datenmengen' über Jugend auf jeweils gewünschtem Meßniveau zu produzieren vermag. An ein Monopol jugendlicher Selbstäußerungen, wie dies in den Anfängen pädagogisch-psychologischer Forschung kurz einmal als Möglichkeit aufschien, ist nicht mehr entfernt zu denken. Die ‚kulturelle Produktivkraft Jugend' wird in der Gegenwart von einzelnen darauf spezialisierten Forschungssparten genutzt, nicht mehr. Dies geschieht jedoch nicht ohne Signalwirkung. Denn außerhalb des unmittelbaren Wissenschaftsbetriebes hat sich die Lage für die Jüngeren in gewisser Weise günstiger gestaltet als zu Beginn des Jahrhunderts. Journalisten, Verleger, Musik- und Modeindustrie warten gebannt auf Stilwandel und kulturelle Neuerungen, die von der jeweils neuesten Jugendgeneration kommen mag. Angesichts dieser — von Vereinnahmungsinteresse wachgehaltenen — Offenheit für die ‚kulturelle Produktivkraft Jugend' wirkt eine Wissenschaft antiquiert, die Jugend nicht als Subjekt von Kultur zu sehen vermag. Aus dem gleichen Grund geraten pädagogische Institutionen unter gesellschaftlichen Innovationsdruck, die, wie z.B. Schule, überlieferungsmäßig Jugendliche als bloße Rezipienten von Wissens- bzw. Wissenschaftsbeständen definieren.

Das Bild soll hier nicht im Detail ausgemalt werden; die Grundzüge dürfen als bekannt vorausgesetzt werden. Stellt sich die Frage nach der Lehre, die wir daraus ziehen. Unstrittig ist wohl, von einer Dreieinigkeit auszugehen: Jugendliche Protestgeneration — gesteigerte kulturelle Produktivität der Jugend — Wirkung und Anerkennung in außerwissenschaftlicher und wissenschaftlicher Öffentlichkeit. Die Wirkungsrichtung läßt sich am ehesten in dieser Reihenfolge denken, obwohl Annahmen über einsinnige, mechanische Determinierungen zu vermeiden sind. Im Sinne eines zyklischen Ablaufmodells interpretiert, gehört als vierte Phase gewiß dazu: Gegenwirkung und Re-Integration in die kulturelle Normalität mit den entsprechenden Folgen: Verbreitung, Verflachung, Vermarktung usw. Bezogen auf den engen Sektor subkultureller Stilbildung ist dieser Zyklus wiederholt analysiert und kultur-kritisch verurteilt worden (Clarke 1979; Lindner 1981).

Im Umkehrschluß können wir aus dem Modell Annahmen über Jugendforschung in den historischen Zeitabschnitten ableiten, in denen jugendlicher Protest und kulturell bewegte Generation weniger an die Öffentlichkeit treten. Wir mögen jugendliche Nachkriegsgeneration und darauf bezogene Jugendforschung der 50er Jahre als naheliegendes Beispiel wählen. In einer solchen Phase erhöht sich allem Anschein nach die Wahrscheinlichkeit, daß Jugendtheorie den Objektcharakter der jüngeren Generation thematisiert und Forschung sich entsprechend (re-)organisiert. Jugend wird vermehrt unter den Perspektiven: sozialer Problemfall; Opfer des Milieus; politisch verführte/verführbare Generation; abhängiges Klientel pädagogischer Einrichtungen u.ä. analysiert (Hornstein 1979; 1982 a; Brusten 1983). Bezogen auf den kulturellen Bereich heißt das, daß Jugendliche ausschließlich als Konsumenten und Rezipienten des gesellschaftlichen Kulturangebotes, nicht als Mit-Produzierende angesprochen werden. Jugendforschung der fünfziger Jahre — das ist die erste Sternstunde politischer und kultureller Marketingforschung: Was lesen, hören, nehmen junge Leute auf? Ist es gelungen, die ‚skeptische Generation' in das gesellschaftliche System der Republik einzubeziehen?

Zyklen der Machtbalance zwischen Generationen

Es ist an der Zeit, in das vereinfachte Modell weitere Faktoren einzufügen. Beispielsweise ist zu bedenken, daß eine politisch-kulturell offensive Jugendgeneration mit dazu beiträgt, die historisch vorfindliche Machtbalance zwischen den sozialen Altersgruppen zu verschieben. Es macht einen Unterschied, ob die Jüngeren — als ‚Kulturrevolutionäre', als Träger der ‚Neuen Werte' u.ä. — im Bunde mit gesellschaftlicher Zukunft sind oder sich fühlen können, oder ob ein gesellschaftliches Einverständnis darüber hergestellt ist, daß die ‚Herren (und evtl. Damen) im besten Alter' die eigentlichen Stützen der Gesellschaft seien — ein Einverständnis, das für die 50er Jahre in Westdeutschland charakteristisch ist. Angesichts dieses wenig druckvollen kollektiven Jugendstatus gewinnen Jugendtheorien nach dem Muster von H. Schelsky (Die skeptische Generation. 1957) erhebliche Plausibilität, die dieser sozialen Altersgruppe ein kulturelles Eigenleben oder eine eigenständige soziale Bedeutung absprechen und Jugend zur bloßen ‚transitorischen Phase', zu einer Durchgangsphase zwischen Kindheit und Erwachsenenalter erklären. Es ließe sich im einzelnen demonstieren, wie im Vorfeld der europäisch-nordamerikanischen Jugendbewegung Ende der 60er Jahre solche — den geringen Status von Jugend bekräftigende — Theorien Zug um Zug durch Jugendtheorien abgelöst wurden, die dem anwachsenden sozialen Status und soziokulturellen Bewußtsein der nachfolgenden Jugendgeneration(en) adäquater waren. Der Weg führte über die Kontroverse um die Anerkennung einer jugendlichen ‚Teilkultur' (Tenbruck 1962; Friedeburg 1965) zur radikalen Thematisierung von Jugend als Teil autonomer Subkultur und als eigenständige Gesellschaftsklasse bzw. -schicht (Kreutz 1974; Schwendter 1971; Rowntree 1968). In den 80er Jahren drückt sich die — immer umkämpfte, abgestrittene, daher als relative anzusehende — Verbesserung jugendlichen Status in modernisierter Version aus: Jugend als (Mit-)Träger zentraler ‚Neuer Werte' und als Träger des Ideals von ‚Jugendlichkeit', das zur Leitlinie des Lebensstils aller Altersgruppen avancierte. Teile der Jugendtheorie konnten Ende der 70er Jahre demgemäß umgeschrieben werden. In den erneuerten Versionen kam verstärkt das Selbstverständnis von jüngeren Partizipanten soziokultureller Bewegungen zur Geltung; die tradierte Jugendforschung orientierte sich ‚subjektoffener' — Jugendliche wurden als Akteure, in biografischer Perspektive gezeigt; konnten sich selbst zeigen. Wenn den angesprochenen historischen Zusammenhängen Realitätsgehalt zukommt, so sind sie ohne Zweifel auch von einigem erklärenden Wert für die allfällig zu beobachtenden Konjunkturzyklen und Richtungsschwankungen in der Jugendforschung.

Der Jugendliche als Schriftsteller und Künstler

Unsere wissens- und wissenschaftssoziologische Frage ist begrenzter. Wir wollen uns für die Zwecke dieses Kapitels vergegenwärtigen, welche Hindernisse sich einer Jugendforschung entgegenstellen, die Jugend als soziokulturelle Produktivkraft ins Blickfeld rücken möchte, bzw. welche unterstützenden Kräfte sich für eine solche Sichtweise anführen lassen. Gehen wir noch einmal in die für unsere Frage lehrreichen ersten Jahrzehnte des Jahrhunderts zurück. Wir finden dort, wenn die literarische Tätigkeit von Jugendlichen angesprochen wird, Jugendforscher in angestrengte Akte der Rechtfertigung verstrickt. Nahezu ausnahmslos ist der Kotau vor dem geltenden Begriff ,,hoher Literatur" und dem Kanon anerkannten literarischen Erbes. Angesichts der verfeinerten, hochgestellten Ansprüche des ästhetisch-literarischen Geschmacks sind die privaten Schreibversuche ,,durchschnittlicher" Jugendlicher als kümmerlich zu bezeichnen. So sieht sich F. Giese, der eine ,,vergleichende Kunstpsychologie" z.B. der Lebensalter anstrebt, wiederholt gemüßigt, auf den einförmigen und konventionellen Charakter jugendlicher Dichtwerke — an erster Stelle bei der weiblichen Jugend — hinzuweisen; Tagebücher möchte er generell als Kunstform gar nicht erst gelten lassen (1914/1928).

Und selbst S. Bernfeld, der — von G. Wyneken beeindruckt — als Gymnasiast und Student jugendliche Dichtungen enthusiastisch sammelt, äußert sich in späterer Zeit zurückhaltend bis abwertend: ,,Die Literaturwissenschaft ... soweit sie überhaupt psychologischer Methoden sich bedient, hat wenig Anlaß, sich mit dem Kunstschaffen der Jugend, das ja gerade in den für das Künstlerische bezeichnenden Momenten unvollkommen und uninteressant ist, ausführlich zu befassen ... es gibt gewiß dringendere und lohnendere Forschungsaufgaben." (1924,1)

Jugendforscher stehen erkennbar unter dem Eindruck herrschender Kunst- und Kulturauffassung. Selbst wenn auf der Hand liegt, daß im Jugendalter kulturelles Tätigsein von außerordentlicher Bedeutung ist, kann das Diktat einer fest in Sozialisation und sozialer Klassenstruktur verankerten Geschmackskultur eine wissenschaftlich angemessene Bearbeitung dieses Tatbestandes verhindern. Existenz und Wirkungsweise des ästhetischen Geschmacksurteils gehören zu den Teilen des sozialen Lebens, die angesichts ihrer ,,Besetztheit" mit hegemonialen Klasseninteressen und ihrer Tiefenverankerung in der persönlichen Lebensgeschichte nur schwer aufklärbar sind (Bourdieu 1979/1982).

Welche gesellschaftliche Kräftekonstellation zu Beginn des Jahrhunderts begünstigte gleichwohl eine Jugendforschung, die sich auf die literarisch-ästhetischen Praxen von Jugendlichen konzentrierte? Unverkennbar befindet sich der Kunst- und Literaturbetrieb der Zeit in einer Phase des Umbaues und der Krise. Das kulturelle Monopol des — auf die Humanistische Bildung gestützten — wilhelminischen Bürgertums zerbrach; oppositionelle Kunst- und

Literaturrichtungen etablierten sich (z.B. Expressionismus) in den Metropolen; die Maßstäbe dessen, was ,,wirkliche Kunst" sei, wurden relativiert. Auf der Suche nach ,,natürlichen", archetypischen Quellen ästhetischer Praxis wurden andere als professionelle Künstler und Kunstorte entdeckt: außereuropäische Gesellschaften; aber auch Kinder oder die Insassen der Psychiatrie.

Für uns von Belang: In diese Zeit fällt ein Genrationswechsel im offiziellen Kunst- und Literaturbetrieb. Jüngere Autoren und Künstler erreichten eine gewisse Anerkennung; der Kunst- und Literaturbetrieb stellte sich auf neuartige Themenbereiche ein, die nicht zuletzt auch der Lebenserfahrung und -problematik zeitgenössischer Pubertät und Adoleszenz Rechnung trugen. Unmittelbar vor wie auch unmittelbar nach dem Ersten Weltkrieg sind wir Zeuge einer Jugenddebatte im Medium der Literatur. Die erste Generation der Pubertäts- und Jugendforscher bedient sich ausgiebig dieser literarischen Quelle (Spranger 1924; Bühler 1921).

Vielleicht dürfen wir die Erfahrung der damaligen Zeit in folgender Weise verallgemeinern. Für Jugendforschung bedeutsam ist nicht lediglich der allgemeine gesellschaftliche Status und die vorfindliche Machtbalance zwischen den sozialen Altersgruppen. In besonderer Weise ist Jugendforschung der Wirksamkeit von Jugendlichen (und jungen Erwachsenen) im offiziellen Kunst- und Literatursektor verpflichtet. Genießen junge Autoren und Künstler dort ein gewisses Ansehen, als Träger neuartiger Stilrichtungen beispielsweise, vermag auch Jugendforschung die aktive und kulturell produktive Seite der jüngeren Generation angemessener zu sehen und zu würdigen. An dieser Stelle erscheint der Hinweis darauf angebracht, daß die bis heute folgenreiche gesellschaftliche Theorie der Generationen in eben jenen Jahren formuliert wurde. Mit K. Mannheims Beitrag zum ,,Problem der Generationen" (1928) gelingt ein erster Beitrag der sich konstituierenden deutschen Soziologie zur Jugendtheorie. K. Mannheim setzt sich in seinem Aufsatz mit der ,,geisteswissenschaftlich-romantischen" Theorie der Generationen auseinander, die anhand der Generationen innerhalb von Kunst- und Literaturgeschichte entwickelt wurde (Dilthey; Pinder).

Nicht außer Betracht lassen dürfen wir die förderliche Wirkung, die seinerzeit von der pädagogischen Reformbewegung auf die sich konstituierende Jugendforschung ausging. Die überlieferte Rolle der ,,Alten Schule" des 19. Jahrhunderts war paradox: Sollte sie doch einerseits Kindern und Jugendlichen die Elemente kulturellen Tätigseins übermitteln; diese Übermittlung war zugleich jedoch als eine Beschneidung der produktiven Fähigkeiten der Schüler angelegt. Gelernt wurde das schematische Reproduzieren, nicht die eigenständige Weiterentwicklung des kulturellen Erbes. So lautete ein zentraler Kritikpunkt verschiedener didaktischer Reformer. In einer Neubestimmung u.a. des Kunst- und des Aufsatzunterrichtes sollte das schöpferische Potential von Kindern und Jugendlichen auch und gerade in der Schule gefördert werden (Scheibe 1969; Sennlaub 1980). Jugendforschung konstituierte sich in ihren Anfängen als pädagogisch-psychologische. Ohne die historische Koexistenz zur pädagogischen Reformbewegung wären manche ihrer kulturellen Akzentsetzungen nicht zur Geltung gelangt.

Eine ganz ähnliche historische Gleichzeitigkeit mit wechselseitiger Stützung und Anregung läßt sich für die Gegenwart konstatieren. Im letzten Jahrzehnt fanden manche der Anregungen, die eine außerschulische Schreibbewegung (Boehncke/Humburg 1980) vermittelte, Aufnahme in die Schuldidaktik (Mattenklott 1979) und beeinflußte Fragehaltung, methodische Vorgehensweisen und publizistische Darstellungen in der Jugendforschung. Beispielsweise ist es üblich geworden, im Rahmen wissenschaftlicher Abhandlungen zur Jugend diese auch mit dem einen oder anderen Selbstzeugnis (zumeist allerdings mündliche Äußerungen, die in Interviews gesammelt wurden) selbst zu Wort kommen zu lassen. Literarische Quellen zu Kindheit und Jugend werden vermehrt hinzugezogen (an erster Stelle veröffentlichte Autobiografien); integriert in den oder zusätzlich zum Forschungsbericht werden persönliche Dokumente Jugendlicher publiziert. Die Liste der Einflüsse läßt sich unschwer fortsetzen.

Schreiben — ein Entwicklungssymptom?

Wie lösten Jugendforscher zu Anfang des Jahrhunderts den Konflikt, daß sie — und ihr Leserpublikum — aufgrund des eigenen strengen Kunst- und Literaturgeschmacks jugendliche Schreib- und Kunstversuche geringschätzen mußten; auf der anderen Seite aber außerordentlich daran interessiert — um nicht zu sagen, davon fasziniert waren? Zuhilfe kam dieser Forschergeneration die Verselbständigung der Psychologie als Wissenschaftsdisziplin. Auf diesem Weg war es möglich, die anders schwer verrückbaren Maßstäbe des gebildeten Literatur-Urteils auszusetzen. Anstelle des Kunst-Produktes, des fertigen Werkes, interessierte der Prozeß; das Erlebnis und die Psychologie des Schaffensprozesses. Die psychologische Frage erlaubte eine Subjektivierung des ästhetischen Urteils, da es sich rückbeziehen ließ auf die seelische Funktion von künstlerischem Akt und künstlerischem Werk. In den Worten der Protagonisten kulturorientierter Jugendpsychologie: ,,Mit Einsetzen gewisser Pubertätserscheinungen schreiben die Jugendlichen. Die Pubertätsschriftstellerei ist nicht Begabungs-, sondern Entwicklungssymptom.“ (Ch. Bühler 1925, zit. nach Hetzer 1926, 12)

,,Allgemein aber muß man betonen, daß in erdrückender Mehrzahl der Fälle überhaupt keine ausgesprochene Dichtergabe da ist. Der Trieb zum Dichten ist hier bloßes, allerdings sehr wertvolles Entwicklungsphänomen. Der Sinn, der ihm innewohnt, liegt weit mehr in der Selbstformung als in der Werkgestaltung. Auch hören die meisten von selbst zu dichten auf, wenn der Entwicklungsprozeß seinen ersten vorläufigen Abschluß gefunden hat. Die innere Quelle beginnt dann spärlicher zu fließen, und der Kampf mit der Objektivierung wird allzu verdrießlich.“(Spranger 1925/1928, 69)

Ästhetisch-literarische Produktivität wird geradezu zum entwicklungsbezogenen Qualitätsmerkmal von Jugend. Insbesondere E. Spranger bezieht seine Typenlehre von den menschlichen Lebensformen (1925 b) auf diese Entwicklungsphase. Der ästhetische Typus des Welterlebens findet sich am ausgeprägtesten in diesem Lebensabschnitt.

,,Vielleicht der häufigst erscheinende Typus der Jugendlichen ist der ästhetische Schwärmer. Auch solche Naturen, die späterhin zu einer ganz anderen Lebensform gelangen, gehen in der Jugend durch eine Epoche des ästhetischen Enthusiasmus hindurch. Wir verstehen sie als eine seelische Blütezeit, die gerade bei den reicheren Seelen mit ihrer beweglichen Einbildungskraft fast entwicklungsnotwendig eintritt.“ (Spranger 1925/1928, 354)

Die westdeutsche Jugendforschung der fünfziger und sechziger Jahre steht gerade diesem enthusiastischen Bekenntnis zur adoleszenten Dominanz ästhetischen Welt- und Werterlebens skeptisch bis verständnislos gegenüber. Sie bekämpft das Bild als historisch überlebte Figur der Jugendbewegung-Generation (Schelsky 1957) und verzichtet in der Umfrageforschung der Nachkriegsjahre umstandslos auf entsprechende Fragen; oder - sofern entwicklungspsychologisch ausgerichtet — findet sie ästhetisch-literarische Orientierungen empirisch nicht bei den Befragten wieder. So resumiert R. Oerter seine 1961 durchgeführte Untersuchung zur ,,Entwicklung von Werthaltungen während der Reifezeit“ in bezug auf ästhetische Werte: ,,Der ästhetische Wert spielt im Erleben des Heranwachsenden, zumindest in der hier stichprobenweise untersuchten Population, offenbar keine große Rolle, es wird im Durchschnitt bei allen Altersstufen als unwichtigster Wert eingeschätzt.“

(1966, 69) Die Population zu erwähnen ist in der Tat ausschlaggebend, handelt es sich doch um männliche Volks- und Berufsschüler mit einem hohen Anteil von Arbeiter-Eltern. Die „Demokratisierung" von Jugendforschung, das heißt die Erweiterung der in Betracht gezogenen jugendlichen Sozialgruppen, die als Charakteristikum der Jugend-Empirie der fünfziger und sechziger Jahre angesehen werden kann, verändert mit der Zielgruppe der Forschung auch Fragehaltung und Ergebnisse mit.

Immerhin sei angemerkt, daß die soziodemografischen Veränderungen der Forschungs-Population nicht alles zu erklären vermögen. Jugendforscher(innen) der ersten Stunde, die sich der Grenzen einer auf (bildungs-)bürgerliche Jugend eingegrenzten Forschung bewußt waren, vermochten in den zwanziger Jahren kulturelle Produktivität durchaus auch in der „Primitivpubertät" — so der seinerzeit gebräuchliche Terminus — von Arbeiterkindern zu entdecken.

Herausragendes Beispiel hierfür sind die Studien von Hildegard Hetzer zur Wiener Arbeiterkindheit nach 1918. Beispielsweise beobachtete sie 1924 und 1925 als Erzieherin 51 „pubertierende Proletariermädchen" in einem Städtischen Hort in Wien. Ihre Frage, unter dem Eindruck der Tagebuchsammlung Charlotte Bühlers: „‚Schreiben auch diese Mädchen, von deren Schreibunfähigkeit man ... zu sprechen geradezu genötigt scheint, ... während der Pubertät?' Ich bezweifelte, daß die primitiven Mädchen ... literarisch produzieren würden. Daß mein Zweifel nicht gerechtfertigt war, haben die Tatsachen bewiesen, denen ich mich beuge." (Hetzer 1926, 1)

Die Eingrenzung ästhetisch-literarischer Praxen und Orientierungen auf ein entwicklungs-psychologisches Phänomen, das zudem nur für einen begrenzten Umkreis privilegierter bürgerlicher Jugend Geltung beanspruchen darf, impliziert — bei aller engagierter Befürwortung seitens der historischen Pubertätspsychologie — eine stillschweigende Abwertung dieser Tätigkeit. Unbefragt bleibt die Legitimität eines spezialisierten und professionalisierten Kunst- und Literaturbereiches. Entwicklungspsychologie bestätigt durch die lebensgeschichtliche Ortsbestimmung des Ästhetischen die vorwaltende Aussperrung von Kunst und Literatur aus der Lebenspraxis der Erwachsenengesellschaft. Daraus erwächst ein weiteres Motiv zur Vernachlässigung dieser Alltagspraxis. Insofern Jugendforschung sich nämlich an künftiger Handlungsfähigkeit ausrichtet, ist Kunst und Literatur vernachlässigbar. Gehört dieser Bereich doch nicht zu den — häufig arbeits(markt)-bezogen gedachten —

,,Qualifikationen", die Jugendliche als Vorbereitung auf das Leben sich aneignen müssen. Auf diesen Zusammenhang macht H. Hartwig (1980) aufmerksam, der sich — ähnlich wie wir in bezug auf literarische Praxis — die Frage stellt, ,,warum die Aufmerksamkeit der Jugendtheoretiker für ästhetisches Verhalten in der Pubertät so widersprüchlich und flüchtig ist" (S. 58).

,,Der Grund dafür könnte in der Perspektivlosigkeit des ästhetischen Verhaltens in der Alltagspraxis der Erwachsenen liegen. Im Gegensatz zu den anderen Verhaltens- und Praxismomenten (erg. der Jugendphase) muß ästhetisches Verhalten nämlich nicht notwendig weitergebildet und in die erwachsene Persönlichkeit integriert werden, sondern tritt vielmehr meist nur verselbständigt — dafür aber mit erhöhtem sozialen Prestige — in der Künstlerrolle in Erscheinung. Eine Folge ist, daß das ,,Schöpferische" nicht als Moment des Alltagsverhaltens diskutiert wird, sondern — in der Form seiner objektiven historischen Abspaltung — als eine in einigen herausgehobenen Individuen stellvertretend ausgebildete, spezialisierte Fähigkeit." (60)

Traumberufe

Daß Künstler- oder Dichtersein eine zukunftslose Sache sei — ein solches Verdikt beeindruckt keineswegs alle Jugendlichen. Literarische und künstlerische Berufe — von Erwachsenen ausgeübt — vermitteln einen Hauch nicht-bürgerlicher Existenz. Daß es sie gibt, erweckt Hoffnung, daß Erwachsenwerden nicht darin bestehen muß, realistisch, alltäglich und pflichttreu zu werden; daß nicht alle adoleszenten Größenträume und Utopien zu verlernen und zu vergessen sind. Manche Jugendliche verbinden — kontrafaktisch zur bestehenden Arbeitsteilung — biografische Perspektiven mit ihrer ästhetisch-literarischen Tätigkeit. Erwähnenswert erscheint zum Beispiel das Prestige, das der Beruf des Schriftstellers bei manchen Jugendlichen und jungen Erwachsenen der 80er Jahre genießt. In einer Umfrage 1981 stehen Schriftsteller bei den 16-29jährigen mit 41 Prozent an zweiter Stelle von achtzehn auf einer Liste angebotenen Prestigeberufen (zumeist aus dem Dienstleistungssektor). Bei Erwachsenen (45-59 Jahre) rangieren Schriftsteller mit 20 Prozent im hinteren Drittel. Die Frage lautete: ,,Hier sind einige Berufe aufgeschrieben. Können Sie bitte vier oder fünf davon heraussuchen, die Sie am meisten schätzen, vor denen Sie am meisten Achtung haben?" Daraufhin wurde den — repräsentativ für die Bundesrepublik ausgewählten Befragten — eine Liste mit Prestigeberufen vorgelegt. Die Ergebnisse, nach Lebensjahrzehnten aufgeschlüsselt, wobei als Kontrastberuf der des Politikers mit aufgeführt ist:

	Schriftsteller	Politiker
16 bis 29 Jahre	41% (Rang 2)	14% (Rang 16)
30 bis 44 Jahre	31%	17%
45 bis 59 Jahre	20%	21%
60 u. mehr Jahre	18%	18%

Quelle: Noelle-Neumann (1983, 419)

Auf die persönliche Wunschwelt ist eine Befragung unter 14-20jährigen bezogen, die 1980 durchgeführt wurde. Es zeigt sich, daß Schriftsteller für eine qualifizierte Minderheit der Jüngeren zu den „heimlichen Traumberufen" rechnet. Allerdings rangiert der Schriftsteller etwas hinter dem Journalisten, den sich mehr Jugendliche für sich als Beruf vorstellen können. Die Unterschiede nach Geschlecht sind nicht unerheblich. Die beiden schreibenden Berufe rangieren bei Mädchen auf Rangplatz 9 und 11, bei Jungen auf den Plätzen 13 und 17 — von insgesamt 25 zur Wahl stehenden „Traumberufen". Ähnlich verhält es sich mit Maler(in) und Schlagersänger(in). Bei Mädchen rangieren sie als Traum in mittlerer Position, bei Jungen abgeschlagen im Hinterfeld. Ausnahme: Rockmusiker; eine männlich stärker besetzte Phantasie. Die Wahl der Berufe aus dem Kunst- und Literatursektor ist in Tabelle 1 auszugsweise festgehalten.

Die jugendlichen Künstler- oder Dichterphantasien lassen sich nicht nur als Auseinandersetzungen mit der künftigen Erwachsenenidentität lesen; sie sind ebenso mit der biografischen Vergangenheit verknüpft. Für letzteres waren, natürlich, psychoanalytisch geschulte Jugendforscher besonders sensibel. Ausdrücklich befaßte sich S. Bernfeld (1924; 1931) mit dem Schreibmotiv als Abkömmling kindlicher Sozialisation. So wies er auf die Vermischung von Romanheld, Schauspieler und Autor in der kindlichen Phantasie hin, was dazu führen könne, früh und dauerhaft ein Bild des Dichters als Helden in der Vorstellungswelt des Kindes zu verankern (1924, 276). In der Pubertät leiste die libidinöse Besetzung der „Dichterattitüde" manchem Jugendlichen wertvolle Hilfe beim Aufbau eines Ich-Ideales (1924, 274f). Vor allem aber legte S. Bernfeld auf den Zusammenhang kindlicher und jugendlicher

Tabelle 1: Künstlerische und literarische Tätigkeit als „Traumberuf" – nach Geschlecht –

14 bis 20jährige – September 1980 – BRD

„Jeder Mensch hat ja einen heimlichen Traumberuf, was er am liebsten machen würde oder gern einmal geworden wäre, wenn es die Möglichkeit gäbe." – Vorlage einer Liste mit 25 Berufen –

	Jungen		Mädchen	
	Rang	%	Rang	%
Rockmusiker(in)	4	15	15	7
Journalist(in)	13	9	9	14
Schriftsteller(in)	17	6	11	9
Schlagersänger(in)	18	5	12	9
Maler(in)	22	2	13	8

Quelle: Noelle-Neumann/Piel (1983, 106)

Phantasietätigkeit großes Gewicht. Er wies darauf hin, daß Kunst- und Literaturtätigkeit in der Pubertät als lebensgeschichtliche Fortsetzung kindlicher Spieltätigkeit zu deuten sei. Die Ernsthaftigkeit von Kunst und Literatur erlaube die Befriedigung archaischer Spielwünsche in psychologisch und sozial akzeptierter Weise, die anderenfalls vom Jugendlichen als „kindische" verurteilt und beendet werden müßten.

„Der Wunsch zu schaffen entsteht nicht in der Pubertät. Er reicht in die früheste Kindheit zurück, in die narzißtischen, magischen, analen Einstellungen vor der Ödipuszeit; hat sich in ihr zum Wunsch ein Kind zu produzieren konzentriert, und nach dem Untergang des Ödipuskomplexes in die zahllosen Aktivitäten und Phantasien der Latenzperiode aufgesplittert, am reinsten, primitivsten, den unbewußten Ursprüngen am nächsten, im Spiel und den spielerischen Tätigkeiten, die eine gewisse Verwandtschaft zu den Künsten — vom Tanz bis zur bildenden Kunst — aufzeigen. In der Pubertät, die ganz allgemein Umbau auf Grund von Regressionen ist, erfährt auch dieser Wunsch seine Neubelebung, seine neue Einordnung ...

Das kindliche Schaffen (Spielen) kann aber nicht fortgesetzt werden oder nur dann, nur so weit, als es den beginnenden, das ganze Ich organisierenden Persönlichkeitsforderungen entspricht. Die Kinderspiele werden abgebrochen, wenn sie nicht in einen neuen Ernstzusammenhang eingereiht werden können. Die Kinderphantasien werden verdrängt oder bekämpft, wenn sie nicht den neuen Ichfunktionen sich eingliedern können, wenn sie nicht in den Dienst der Idealichansprüche treten können. Zugleich sind die

Bedingungen günstig für das Wuchern von Phantasien und Stimmungen, und die Regressionen ins Narzißtische, Animistische, Anale beleben die Bedeutung des Wortes, des Bildes, des Gedankens, die Neigung mit ihnen zu „spielen". Das Spiel wird zum Schaffen und Leisten, wenn es in das Ziel: Dichter eingereiht wird. Das ist einer der entscheidenden Gründe, warum der Dichter ein bevorzugtes Ichziel der Pubertät, wenigstens der gestreckten, genialischen, ist. Ist das Ziel, Dichter zu werden, in das Ichideal (oder ins Ich) aufgenommen, so kann sich die Erfindung reichlich und intensiv an den eigenen Erlebnissen, den vorgefundenen Stoffen und den eigenen Phantasien betätigen." (Bernfeld 1924, 272f)

Vom Wert und Unwert der Phantasie

Mit dem Schriftsteller- und Künstlerideal eng assoziiert ist die Tätigkeit der Phantasie. Das Motto hierzu entstammt wiederum dem Jahrhundertbeginn und den Jahrzehnten danach. E. Spranger erklärt „Phantasieleben und Phantasieschaffen des Jugendlichen" zum Schlüssel einer „psychologischen Gesamtcharakteristik des Jugendalters (1924, 3. Kap.). S. Bernfeld erörtert verschiedene Zusammenhänge zwischen jugendlichem Dichten und tagträumerischer Tätigkeit und verweist auf eine respektable Ahnenreihe von Autoren, die dieser Verknüpfung auf der Spur waren — W. Dilthey, S. Freud, A. Freud (1924, 270ff). Anfang der 60er Jahre faßt P. Blos die mittlerweile gefestigte Einsicht psychoanalytischer Jugendforschung in dem Satz zusammen: „Phantasieleben und schöpferische Tätigkeit sind in diesem Stadium auf dem Höhepunkt"(1962/1978, 110).

Die Beschreibung des Phänomens läßt sich mit anderen Mitteln fortsetzen. Aus neueren Umfragen, die Anfang der 80er Jahre bei verschiedenen Altersgruppen durchgeführt wurden, läßt sich entnehmen, daß Traum und Phantasie zu den kollektiven Charakteristika zählen, die Adoleszenz als soziale Altersgruppe auszeichnen. Phantasie zu haben gehört zum positiven Selbstbild, das Jugendliche von sich haben — Erwachsene wollen ihnen diese Qualität weniger oft als Attribut zugestehen. Es sind davon überzeugt, daß „Phantasie haben ... auf die meisten jungen Menschen zwischen 14 und 20 heute" zutreffe: 63 Prozent der 14-20jährigen Befragten (Selbstbild); 38 Prozent der 45-59jährigen Befragten (Fremdbild) (Noelle-Neumann/Piel 1983, 101f).

Im direkten Vergleich der Selbstbilder von Jugendlichen und Erwachsenen — genauer: der Elterngeneration — erweist sich gleichfalls der höhere Stellenwert der Phantasietätigkeit für das Selbstverständnis der Jüngeren. Vergleichsweise gering fallen die Prozentunterschiede in der sog. Stern-Untersuchung zu den persönlichen Lebenswerten in der bundesrepublikanischen Bevölkerung aus (1981, 88). Dort wird — wenig spezifisch — nach der Bedeutung von „Phantasie und Kreativität" gefragt. Die jüngste und die älteste Befragtengruppe antworten darauf:

Phantasie/Kreativität sind für mich ...	Befragte im Alter von 14-17 Jahren	45-54 Jahren
von sehr großer Bedeutung	22%	14%
von ziemlicher großer Bedeutung	40%	41%

Eindeutiger fallen die Unterschiede in einer fast zeitgleich (1981) vom Institut für Demoskopie durchgeführten Umfrage aus. Dort geht es um Lebensziele, „wo auch Sie meinen, dafür lohnt es sich zu leben." (Noelle-Neumann/Piel 1983, 105) Das Ziel „Träume haben" rechnen 55 Prozent der 14-20jährigen gegenüber nur 28 Prozent der 45-54jährigen aus der Elterngeneration dazu. (Ein zweiter, in diesem Zusammenhang bemerkenswerter Unterschied: „In den Tag hinein leben können" wählen 29 Prozent der Jüngeren und nur 9 Prozent der Älteren als Lebenswert, der „für sie das Leben lebenswert macht".)

Das Selbstbild der Jugendlichen umschließt auch die Vorstellung, daß sie es seien, die „an die Zukunft denken" — was ihnen von älteren Jahrgängen wiederum abgestritten wird (Noelle-Neumann/Piel) 1983). Der weithin prospektive Charakter jugendlicher Phantasietätigkeit liegt aufgrund der lebensgeschichtlichen Situation dieser Altersgruppe auf der Hand — wobei man nur darüber streiten kann, ob es die „richtigen" Gedanken sind, die sich die Jüngeren zu machen pflegen. Der eine oder andere empirische Fingerzeig dafür, daß Traum und Phantasie bei Jugendlichen vielfach antizipatorisch gerichtet sind: In dem Preisausschreiben „Jugend '83" wurde die Bezugnahme auf Zukunft, die eigene wie die gesellschaftliche, besonders zahlreich aufgegriffen (siehe Band 4). In einer Großumfrage zur Traumtätigkeit Londoner Schüler stellte sich heraus, daß die Träume häufig prospektiv auf das künftige Leben ausgerichtet sind. Sie „träumten beispielsweise über das Erwachsenendasein, über Mutterschaft, Berufsleben und sogar über den Tod im Alter." Diese Traumtätigkeit war aufgrund ihrer Genauigkeit und emotionalen Qualität für die Forscher bemerkenswert (Psychologie heute 1984 (Febr., 25).

Ein letzter Hinweis, entnommen einer inzwischen historischen Längsschnittstudie aus den USA der Jahre 1940 bzw. 1953. Damals wurde die Phantasiewelt einer kleineren Gruppe von 12-18jährigen erkundet — und was aus diesen Phantasien dreizehn Jahre später geworden war, als die Untersuchten 26-31 Jahre zählten (Symonds 1961). Das Forscherteam fand u.a. den Charakter vieler Phantasien als vorwegnehmendes Handeln bestätigt. Die jugendlichen Vorstellungen kreisten um unerledigte Lebensthemen, die, konnten sie handelnd „realisiert" und zu einem befriedigenden Abschluß gebracht werden, die Erwachsenen nicht weiter mehr in Anspruch nahmen.

Sind sich die verschiedenen Jugend-Kundigen in der Beschreibung des Sachverhaltes (Phänomenologie jugendlicher Traum- und Phantasietätigkeit) noch weithin einig, so unterscheiden sie sich um so mehr in der Einschätzung des Ganzen. Umstritten ist zum einen die Wertung; zum anderen die theoretische Herleitung. Wir beginnen mit ersterem. Vorab ist festzuhalten, daß über progressive oder regressive Funktionen der Phantasietätigkeit nicht nur in der Forschung oder in Pädagogenkreisen gestritten wird. Wir finden einen entsprechenden Diskurs auch unter den Jugendlichen selbst. Gerade auch Jugendliche, die künstlerisch-literarisch tätig sind, führen als Betroffene eine anhaltende Debatte hierüber. (Arbeitsgruppe Jugend '83 (1984) und Band vier dieser Studie)

Phantasietätigkeit von Jugendlichen wird auf der einen Seite auf ihre klinisch-psychologische Symptomatik und auf ihre pädagogische Bedenklichkeit hin befragt. Als Vertreter einer pädagogischen Pubertätslehre mag R. Heidemann (1979) — stellvertretend für andere mit — zu Wort kommen, der das Negativkonto der Phantasietätigkeit belastet.

„Eine typische Form der Regression in der Pubertätszeit ist der Tagtraum, der in enger Beziehung zu bestehenden Rollen- und Statusunsicherheiten zu sehen ist. In der Phantasie versucht der Jugendliche schließlich, Frustrationen und Spannungen zu überwinden und sich Befriedigung zu verschaffen ... Eine Analyse von Tagträumen durch Kobi (1963) bestätigt die Zusammenhänge zu unzureichend ausgebildetem Selbstwertgefühl. Bei 244 Jugendlichen im Alter zwischen 10 und 15 Jahren nahmen in den Tagträumen Themenbereiche wie „mehr haben", mehr erleben" und „mehr gelten" mit zunehmenden Alter stetig zu." (S. 56)

Auf der Gegenseite stehen Adoleszenztheoretiker wie der Psychoanalytiker Mario Erdheim, die die vermehrte Phantasietätigkeit in der Adoleszenz als Entwicklungsnotwendigkeit verteidigen,

,,um die Infragestellung der äußeren Welt wagen und die dadurch bedingte Verunsicherung ertragen zu können.'' (1984, 301) Das Argument bezieht sich insbesondere auf die ,,narzißtische Selbstaufblähung'' und das ,,falsche Machtgefühl'' (Blos 1962/1978, 109, 118), das sich bei Jugendlichen im Zusammenhang des Tagträumens einstelle. Eine weitere Gruppe von Jugendforschern nimmt zur ,,Notwendigkeit dieser Selbstvergrößerung'' in der Adoleszenz eine vermittelnde Position ein, verweist auf das regressiv-progressive Doppelgesicht solcher Phantasietätigkeit (Helsper/Bietau 1984, 23f).

Moratorium und Phantasieraum

Der Gegenstand des Streits wird deutlicher, wenn wir einen weiteren Kronzeugen gegenwärtiger ästhetischer Praxis im Jugendalter und dessen Standpunkt bemühen. H. Hartwig hat jüngst in seinem Buch zur ,,Ästhetischen Praxis und Pubertät'' (1980) die Bedeutung phantastischer, surrealistischer Phantasieräume — etwa nach dem Muster der Raum-Mythologien eines Dali oder Roger Dean — für einen Typus jugendlicher Entwicklung ausbuchstabiert (S. 32ff). Die Vorliebe für die Symbolik ,,narzißtischer Psychoräume'' steht für ihn in Beziehung mit dem Moratorium der (bürgerlichen) Jugend, das Fluchtbewegungen aus dem zivilisierten Normalitätsraum gerade auch auf symbolisch-kultureller Ebene, d.h. als produktive Phantasietätigkeit, zuläßt und fördert. Am Beispiel eines Jugendlichen mit ästhetischer (Bild-)Praxis deutet Hartwig die Richtung der symbolischen Aktivität:

,,Für ihn repräsentiert die gegenständliche Ordnung, ein Raum, in dem sich Alltag abspielen könnte und in dem die Gegenstände ihre überlieferte, feste, objektive Gestalt hätten, nur die Langeweile einer sozialen Ordnung, die ihm ,,nichts bringt''. Im imaginären Raum werden aus der realen Welt nur einzelne gefühlsmäßige Objekte wie zum Beispiel die eigene Hand oder ein nackter Frauenkörper zugelassen, ansonsten aber ,,darf kein Raum entstehen, der Zustimmung zu realistischen, angepaßten Alltagshandlungen symbolisieren könnte''. Dieser unendliche, ambivalente, vieldimensionale Raum ... ist die Projektion eines Innenraums, symbolisiert also so etwas wie den Aggregatzustand seiner Phantasietätigkeit und einen Widerspruch zum Praxisraum.''

Es liegt nahe, den Gedanken von den gezeichneten auf die geschriebenen Raumwelten auszuweiten. Auch im Tagebuch, Gedicht oder in der science-fiction-Geschichte vermeiden bestimmte

Jugendliche peinlich Berührungen mit dem Alltäglichen. Thema ist die Symbolik von Innenwelten: Liebessehnsüchte, Träume, Ängste, Gewaltphantasien, Stimmungen.

Der Text von H. Hartwig weist auf zwei der zentralen Streitpunkte hin. Zum einen handelt es sich um eine Wertung der gegenwärtigen Industriezivilisation, ihres Alltags und ihrer möglichen Weiterentwicklung. Sind wir im Einverständnis mit dieser soziokulturellen Realität, werden wir eine adoleszente Phantasietätigkeit, die sich davon abwenden möchte, je nachdem mit Skepsis, Besorgnis, Unwillen betrachten. Sind wir Pädagogen oder Politiker, werden wir nach Mitteln und Wegen suchen, die abschweifende Phantasie der Jüngeren in den realen Handlungsraum der Zivilisation, der die Mitte unserer evidenten Wirklichkeitserfahrung darstellt, zu reintegrieren. In jedem Fall wird es uns darum zu tun sein, der utopisch-isolationistischen Phantasieproduktion möglichst jede soziale und kulturelle Anerkennung und damit gesellschaftliche und psychologische Aufwertung zu verweigern.

Zum zweiten steht die Einschätzung jugendlicher Moratorien zur Debatte. Adoleszente Phantasieräume entwickeln sich vor allem dort, wo Jugendlichen eine lebensgeschichtliche „Auszeit" — das von E. Erikson als „psychosoziales Moratorium" bezeichnete jugendliche Zwischenreich jenseits erwachsenen Verpflichtetseins — eingeräumt oder auch aufgedrängt wird. Eine verlängerte Adoleszenz — oder gar Post-Adoleszenz — vergrößert das Potential utopischer Träumer oder „postkonventioneller" Prinzipienstreiter, die in idealen Wertehimmeln ohne Handlungspraxis verweilen (Kreutz 1976).

Die Mehrheit der entwicklungspsychologischen Autoren nimmt eine vermittelnde Position ein. Auf der einen Seite sichern sie jugendliche Phantasien und Utopien argumentativ ab, indem sie diese zum Bestandteil einer notwendigen Entwicklungsphase erklären. Sie gehören zur Bandbreite „normaler" Entwicklung, sind weder klinisch auffällig noch pädagogisch besorgniserregend. Ja, ihnen kommt eine besondere gesellschaftliche Weihe dadurch zu, daß sie selbst den durchschnittlichen Jugendlichen in die Nähe von Kunst und Literatur rücken; und — nicht zu vergessen —: Jugendliche Phantasietätigkeit gehört zu den Qualitätszeichen der verlängerten „Kulturpubertät", dem Idealbild des (bürgerlichen) Jugendlichen mithin. Auf der anderen Seite weist Entwicklungspsychologie die ästhetische Praxis Jugendlicher in ihre Schranken. Es handelt sich um eine vorübergehende Entwicklungserscheinung, die lebensgeschichtlich beim Übergang in die Erwachsenenwelt absterben wird.

Als Entwicklungsgesetz ist jugendliches Phantasieren — letztlich jedenfalls — jenseits von Geschichte und Gesellschaft wirksam. Das beraubt diese Tätigkeit ihrer utopischen Dimension.

Gegen eine solche Kompromißlösung nehmen Jugendforscher Stellung, die jugendliche Phantasien und Utopien in einen expliziten Zusammenhang mit historisch-gesellschaftlichen Strukturen — und deren Kritik — stellen möchten (Bruder-Bezzel/Bruder 1984; Mythos Jugend? 1984). Zu den gesellschaftswissenschaftlich argumentierenden Kritikern psychoanalytischer oder akademischer Entwicklungspsychologie gesellen sich Kultur- und Literaturwissenschaftler, die jugendliche Kunst- und Literaturpraxis einer kritischen Würdigung unterziehen (M. Rutschky 1980; Literatur & Erfahrung 1982). Bei ihnen fließen positive Einschätzungen der utopischen Funktion von Kunst und Literatur in der bürgerlichen Gesellschaft und kritische Reflexion gegenwärtig bedrängter und beschädigter Subjektivität zusammen. Jugendliche Schreiber(innen) stehen stellvertretend für die Versuche des Subjekts, gesellschaftliche Zumutungen und Zuweisungen zu überleben.

Als Beispiel mag die Interpretation dienen, die W. Graf (Literatur & Erfahrung 1982) jugendlichem Tagebuchschreiben gibt. Er sieht diese Schreibtätigkeit als Ausdruck jugendlicher Ghettosituation. Zum Beispiel schreibe die Autorin Karin Q. (Projektgruppe Jugendbüro 1978) aus dem „Gefängnis der Jugend" heraus. In der Befangenheit ihrer Situation stelle das Schreiben ein produktives Warten dar. Dem „literarischen Gedächtnis" komme die Aufgabe zu, ungelebtes Leben dem Vergessen zu entreißen, es als Anspruch für die Zukunft aufzubewahren: „... im Tagebuch wird verwahrt, was am Leben hindert, und auf rätselhafte Weise wird das Leben frei." (S. 96) Eine Besonderheit dieser Position: Eine ausgesprochen negative Einschätzung jugendlichen Moratoriums geht mit einer (relativen) Hochschätzung jugendlicher (und generell: alltagskultureller) Phantasietätigkeit einher. Vom verhinderten Leben und behinderter Identität gehen übrigens auch Autorinnen aus, die vom Standpunkt feministischer Frauenbewegung weibliche Schreibversuche würdigen (Heuser 1982; Niemeyer 1985).

Hilfen für das bedrängte Ich

Eine gewisse Einigkeit herrscht unter den verschiedenen Theorien darüber, daß Phantasietätigkeit, literarische und künstlerische Produktivität, einem jugendlichen Ich zugutekommen, das sich in vielfacher Bedrängnis befindet. Nur darüber, was dieses jugendliche Ich in Bedrängnis bringt, darüber gehen die Auffassungen beträchtlich auseinander. Wir lassen die verbreiteten Denkmodelle kurz Revue passieren, um die jeweiligen Akzentsetzungen zu verdeutlichen. Den Anfang sollen die gesellschafts- und subjektkritisch argumentierenden Adoleszenztheorien machen. Danach gehen wir auf die beiden entwicklungspsychologischen Schulen — die kognitive und die psychodynamische (psychoanalytische) — ein, die beide verwandte, aber eigenständige Deutungsmuster entwickelt haben.

Innerhalb der Deutungsversuche, die gesellschafts- und subjektkritisch argumentieren, können wir zwei Richtungen unterscheiden. Wir verleihen ihnen das — zugestandenermaßen — grobe Etikett: Verdrängung versus Erweiterung des Subjekts. Die eher pessimistische Variante haben wir oben bereits kennengelernt. Dieser Deutungsversuch unterstellt, daß die Lage der Subjekte sich im Zuge der Gesellschaftsentwicklung verschlechtere — gemäß dem Diktum der Kritischen Theorie, wonach das historische Ende des Subjekts in der Moderne erreicht sei (Adorno) oder doch zumindest unmittelbar bevorstehe.

Als Illustration mag die Einschätzung zitiert werden, die G. Brenner in der sozialpädagogischen Fachzeitschrift „deutsche jugend" (1982) kürzlich für „Schreibversuche Jugendlicher in Orwells Jahrzehnt" gab. Der Text fungierte als Einleitung des Herausgebers in das einschlägige Themenheft.

„Winston Smith, Hauptfigur in George Orwells Anti-Utopie „1984", geht mit der Eröffnung eines Tagesbuches in die heimliche Opposition zu einem politischen Regime, das seine Bürger total verplant und kontrolliert. Das beschreibende Festhalten persönlicher, durch eigenes Erleben beglaubigter Wirklichkeit, die von gesellschaftlichen Meinungsmonopolen bewußt vorenthalten wird, hilft Winston Smith zunächst, sich als Individuum zu behaupten. Gegen einen subjektivitätsfeindlichen gesellschaftlichen Machtapparat rettet er Ansätze sowohl persönlicher Identität als auch historischer Wahrheit. Viele Anzeichen sprechen dafür, daß Jugendliche solche und ähnliche Verfahren schreibender Selbstbehauptung in letzter Zeit neu entdecken und daß sie den gesellschaftlichen Hintergrund, auf dem der Schreibboom wächst, in Ansätzen ähnlich erleben wie Winston Smith den totalen Staat Ozeanien. „Ihr Thema", kommentieren die Herausgeber einer der interessantesten neueren Anthologien von Texten Jugendlicher, „ist die Bedrohung des Menschen durch einen perfektionierten Unterdrückungsstaat und durch das Beherrschtsein von einer Technik, die nicht mehr kontrollierbar ist". (S. 153)

Eine optimistischere Version gesellschaftsbezogener Subjekttheorie betont eher den wachsenden Aufgabenbereich und die erhöhte Bedeutung von Subjekt und Subjektivität. „Optimistisch" sind entsprechende Annahmen nur insoweit, als sie von einer sich ausdifferenzierenden Individualität ausgehen, statt von einer sich zurückbildenden. Verluste und Gewinne moderner Subjektivität halten sich nach diesem Verständnis eher die Waage. Vielleicht dürfen wir als Vertreter von Adoleszenztheorien, die auf entsprechenden Annahmen aufbauen, T. Ziehe (1982) auf der einen, W. Fuchs (1983) und die Autoren vorliegender Studie auf der anderen Seite anführen. Diese thematisieren insbesondere den wachsenden psychologischen Erwartungsdruck, er auf dem jugendlichen Subjekt lastet und viele seiner soziokulturellen Äußerungsweisen bestimmt. Von besonderer Bedeutung erweisen sich die historische Freisetzung von Kultur und Subjektivität, mit dem Doppelaspekt Enteignung und Befreihung (Ziehe); und die Individualisierung und Biografisierung der Adoleszenz (Fuchs). Prozesse der Individualisierung beziehen sich danach auf Erfolg und Versagen; Modellierung der Persönlichkeit; des Körper-Ich, der Sexualität usw. Ästhetisch-literarische Praxen haben an diesem epochalen Vorgang der Freisetzung bzw. Individualisierung Anteil, der sich seit den 60er Jahren des Jahrhunderts beschleunigt hat. Zugleich sind sie als Antwortversuche der jugendlichen Generation auf das sich erweiternde Problemfeld der Subjektkonstituierung zu lesen.

Die psychodynamische (psychoanalytische) Entwicklungstheorie arbeitet den Gesichtspunkt heraus, daß mit dem Übergang aus der späten Kindheit (Latenzphase) und einer auf einem bestimmten Entwicklungsniveau stabilisierten kindlichen Persönlichkeit in die Pubertät eine Destabilisierung der Ich-Organisation verbunden sei. In der frühen Adoleszenz wird eine produktive Krise durchlebt, die den Jugendlichen zur Neustrukturierung seiner gesamten Persönlichkeitsstruktur veranlaßt (A. Freud 1936). Eine der Erscheinungsformen dieser Entwicklungskrise wird als „Pubertätsnarzißmus" thematisiert (Bernfeld 1923). Der Jugendliche zieht einen Teil seiner Emotion und Aufmerksamkeit von der Umwelt zurück und besetzt dafür sein Ich libidinös. Anders als in der Kindheit (primärer Narzißmus) werden beträchtliche Gefühlsenergien vom Ich weg auf das sich bildende jugendliche Ich-Ideal gelenkt. Der Jugendliche richtet seine Liebe auf ideale Objekte in seinem Inneren: Phantasien, Werte, Ideen. Ästhetisch-literarische Praxen erhalten angesichts dieser Situation ihre besondere psychologische Sinnbestimmung. Ermöglichen sie doch die Konzentration der Aufmerksamkeit auf die narzißtisch besetzten innerpsychischen Ideal- und Größenvorstellungen. Durch den Akt des Produzierens und durch das fertige Werk erlangen die inneren Vorstellungen den Charakter einer sozialen und kulturellen Realität. Literatur und Kunst verhelfen dem narzißtisch befangenen Jugendlichen dazu, seinen Bezug zur sozialen Umwelt und zu realitätsbezogenem Handeln zu festigen. Die schöpferische Betätigung in der Adoleszenz wird von der psychoanalytischen Entwicklungstheorie folglich als eine wichtige Möglichkeit der Stabilisierung jugendlicher Ich-Organisation gewertet. (Blos 1962/1978, 205f).

Die geschilderte psychodynamische Sinngebung jugendlicher Kunst- und Literaturpraxen gilt in dieser Form nur für einen bestimmten Typus von Adoleszenz, für die „kulturelle" oder „gestreckte" Pubertät (Bernfeld 1923; 1935). Für eine Theorie der Adoleszenz kommt diesem Entwicklungsverlauf eine Schlüsselstellung zu. Handelt es sich doch um das Idealbild bürgerlicher Kulturjugend, das — wie an anderer Stelle zu zeigen ist — zur Normvorstellung von Jugend überhaupt wurde, seit im 18. Jahrhundert die moderne europäische Idee von Jugend erfunden wurde (Rousseau).

Eine sozialpsychologische Version des skizzierten Entwicklungsmodells finden wir in der Theorie adoleszenter Identitätskrise, verknüpft mit einem psychosozialen Moratorium (Erikson 1974). Auch hier wird jugendliche Produktivität unmittelbar mit dem Durchleben einer krisenhaften, von „Auflösung" (Diffussion) bedrohten Entwicklungsphase zusammengebracht. Ästhetisch-literarische Praxen werden als eine mögliche soziokulturelle Ausprägung jugendlichen Moratoriums verstanden. (Jedoch wird dieser Gedankengang nicht weiter verfolgt.) In der Nachfolge E. Eriksons wurde verschiedentlich versucht, die auf klinischen Beobachtungen basierende Identitätsthese empirischer Prüfung zugänglich zu machen (Marcia 1980; Haußer 1983). Waterman u.a. (1977) gingen dabei in einer kleineren Studie bei US-amerikanischen College-Studenten der Rolle nach, die persönliche Schreibtätigkeit bei der Bildung von Ich-Identität zufällt. Sie fanden, daß Studierende, die Gedichte schrieben, sich häufiger als die nicht Schreibenden im Status einer produktiven Identitätssuche befanden; seltener dagegen im Status konventionell gefestigter bzw. diffuser, sich auflösender Identität. Bei Tagebuchschreibern gelang ein entsprechender Nachweis nicht.

Vertreter kognitiver Entwicklungspsychologie haben sich im Rahmen ihrer Begrifflichkeit um Klärung des gleichen Sachverhaltes bemüht. Was die psychodynamische Psychologie als Narzißmus thematisiert, wird hier als ,,Egozentrismus" der Adoleszenz angesprochen. Der Begriff wurde von J. Piaget zunächst in bezug auf eine kindliche Entwicklungsstufe eingeführt. Den Grundgedanken jugendlichen Egozentrismus finden wir bereits in der verstehenden Psychologie bei E. Spranger vorformuliert. Für ihn steht ,,die Entdeckung des Ich" im Mittelpunkt der ,,seelischen Organisation" des frühen Jugendalters, jedenfalls bei der ,,gebildeten männlichen Jugend". ,,Die Entdeckung des Fürsichseins ... die Wendung des Blickes nach innen (Reflexion), die Entdeckung des Subjektes als einer Welt für sich, die auf immer inselhaft getrennt ist von allem andern in der Welt, Dingen und Menschen — und damit das Erlebnis der großen Einsamkeit." (1924/1928, 38) Ein Kennzeichen für den Beginn der ,,Versenkung in das Geheimnis der Individuation" ist der egozentrische Charakter dieses Tuns. ,,Alle diese Erlebnisse sind ungeheuer stark ichbezogen." (S. 40)

,,Die natürliche Folge ist Selbstreflexion in allen möglichen Formen, von dem bloßen Sicheingraben in die eigenen gegenstandslosen Gefühle bis zu philosophischer Vertiefung ... Grübelzustand ohne Gedanken ... radikalen Existenzfrage ... — man sieht sich durch einen Phantasieschleier, der alles im eigenen Ich sehr interessant, sehr bedeutsam macht ... Man steht in diesen Jahren, bildlich gesprochen, ständig vor dem Spiegel; man greift hastig nach allem, was sich zum Seelenspiegel eignet." (S. 40f) Aus dieser Seelenlage heraus erklärt E. Spranger das gesteigerte Bedürfnis der Jugendlichen nach persönlicher Schreibtätigkeit.

Ganz ähnlich verläuft der Deutungsansatz in der modernen kognitiven Entwicklungspsychologie (vgl. Oerter (1982): ,,Jugend als Abschnitt mit gesteigerter Selbstwahrnehmung", 266ff). In Nachfolge von Piaget hat sich insbesondere D. Elkind (1967/1980) um eine Klärung des Jugend-Egozentrismus bemüht. Er sieht diesen als Folge des Zusammentreffens zweier Entwicklungsprozesse, der gesteigerten Selbstwahrnehmung und Selbstbezogenheit in der frühen Adoleszenz und dem zeitgleichen Erreichen einer neuen Qualität der Denkfähigkeit, der Bildung formallogischer Operationen. Die neue Denkfähigkeit wird nun in exzesssiver Weise auf die eigene Person angewandt. Persönliche Schreibtätigkeit erhält zum einen die Aufgabe, den persönlichen Roman der eigenen Grandiosität und die überdifferenzierte subjektive Gefühlswelt experimentell zu entwerfen und — literarisch glaubwürdig — zu repräsentieren.

Nicht zuletzt mithilfe der eigenen Werke „entwirft der Jugendliche ... ständig ein imaginäres Publikum und reagiert dann darauf.“ (S. 174ff.)

Erst allmählich gelinge die Überwindung der Egozentrizität der Prä-Adoleszenz. Das geschieht nach Elkind durch praktische Interaktionserfahrungen mit realen Bezugsgruppen, die als wirkliches Publikum das lediglich imaginierte zu ersetzen beginnen. Festzuhalten ist zweierlei. Zum einen ist die relative Ähnlichkeit der verschiedenen entwicklungspsychologischen Erklärungsmodelle unübersehbar. Zum zweiten fällt auf, daß D. Elkind der Kunst- und Schreibtätigkeit einen ausgesprochen negativen Akzent verleiht. Die jugendliche Produktivität entspringt einem illusionären Selbstbild in einer transitorischen Entwicklungsstufe, die im Zuge voranschreitender Umwelterfahrung durch realitätsgerechtere Anwendung der formallogischen Denkfähigkeit überwunden wird (werden soll).

Die weibliche Seite des Ideals ...

Die Jugendforschung zu Beginn des Jahrhunderts erweckte den Anschein, als sei Kunst und Literatur eine Praxis männlicher Pubertät. Die Modelle der „gestreckten“ oder „kulturellen“ Pubertät waren zunächst von der „gebildeten männlichen Jugend“ her gedacht. So beispielsweise bei S. Bernfeld oder E. Spranger. Das ist insoweit nicht verwunderlich, als das europäische Idealbild des Jugendlichen, das die bürgerliche Aufklärung im 18. Jahrhundert entworfen hatte, zunächst ausschließlich dem männlichen Teil vorbehalten war. Rousseau, der geistige Ziehvater dieses epochalen Jugendmodells, wollte nur von männlicher Pubertät etwas wissen. Unter dem Eindruck der historischen Frauenbewegung und der sozialgeschichtlichen Wandlungen des weiblichen Jugendstatus änderte sich dieses Bild Anfang des Jahrhunderts. Die erste Generation lehrender Entwicklungspsychologinnen entwarf ein empirisch untermauertes Bild weiblicher Kultur-Pubertät. Zu nennen sind hier die jugendpsychologischen Arbeiten Charlotte Bühlers, Hildegard Hetzers, Martha Muchows.

Die genannten Wissenschaftlerinnen sammelten in erster Linie kulturelle Selbstzeugnisse junger Mädchen: Briefwechsel, Tagebücher, Gedichte oder Zeichnungen. Diese Akzentsetzung war nicht wissenschaftspolitisch — etwa im Sinne der Frauenbewegung der Zeit — begründet; sie ergab sich vielmehr aus der lebenspraktischen Vertrautheit und identifikatorischen Nähe der Wissenschaftlerinnen zu damaligen Mädchenwelten. Dabei müssen wir bedenken, daß die Trennung männlicher und weiblicher Jugend zu Beginn des Jahrhunderts in psychologischer wie in sozialer Hinsicht ungleich strenger ausgeprägt war, als dies gegenwärtig der Fall ist.

Ungeachtet einer Vielzahl empirischer Untersuchungen, die sich ausschließlich auf die Jugend von Mädchen richteten, wurden Gesamtdarstellungen und Theorien der psychischen Pubertät geschlechtsunabhängig formuliert. Charlotte Bühlers Analyse ,,Das Seelenleben des Jugendlichen'' macht hier keine Ausnahme. Sie interpretiert das Tagebuchmaterial — von einige Ausnahmen abgesehen — vorwiegend auf das Gemeinsame, nicht auf das Jungen und Mädchen Trennende hin aus (1921).

Ähnlich zurückhaltend äußert sich die psychoanalytische Pubertätstheorie. Die von S. Freud konzipierte Theorie der Weiblichkeit spielte für die psychoanalytische Pubertätstheorie zunächst keine Rolle. Nur gelegentlich berührten die Analysen jugendlicher Kulturtätigkeit diesen Gesichtspunkt. Einer dieser Exkurse, die nicht weiter verfolgt wurden, sei angesichts seiner Bedeutsamkeit hier zitiert. Bei der Besprechung der möglichen Genese des Dichter-Ideals beim Kind und Jugendlichen geht S. Bernfeld beiläufig auch auf die ,,weibliche Seite des Ideals'' ein.

,,Das Dichterideal bedeutet also den gewaltigen, gewalttätigen Täter ebenso wie den zarten, feinen, empfindsamen, liebevollen Tröster ... Die weibliche Seite des Ideals ist, so scheint mir, zu wenig beachtet. ... die früheste Bekanntschaft, die das Kind mit der Dichtung macht, wird ihm vorzugsweise durch die Frau vermittelt: das Märchen ... Und wenn das Kind beginnt, selbst Märchen zu phantasieren, so setzt es sich an Mutters Stelle, produziert, was sie vorher, wie sie vorher schuf. Für das Unbewußte behält alles Schaffen zeitlebens den Nebensinn des Gebärens, der weiblichen Funktion. Der Konflikt um die Mutteridentifizierung ist ein sehr bedeutsames Merkmal jener Pubertätsformen, die optimale Bedingungen für die dichterische Betätigung bieten.'' (Bernfeld: Vom dichterischen Schaffen der Jugend (1924), 277)

Vierzig Jahre später denkt P. Blos in seiner Summe psychoanalytischer Adoleszenztheorie über die Häufigkeit weiblichen Tagebuchschreibens nach, ohne daraus weitergehende Schlußfolgerungen abzuleiten. Er sieht letztlich eine kulturelle Modifikation darin, keine Grundtatsache psychischer Pubertät.

,,Typisch für dieses Zwischenstadium (d.i. Adoleszenz) ist es, ein Tagebuch zu führen. Im heutigen Amerika (d.i. USA) ist es bei Mädchen mehr verbreitet als bei Jungen ... Die emotionale Selbstversunkenheit, die das Tagebuch bedeutet, ist für den Knaben leicht mit einer Note der Passivität belastet. Sein Bedürfnis nach extrovertierter, oft defensiver physischer Selbstsicherheit lenkt seine Aufmerksamkeit meistens von der Introspektion ab." (Blos 1962/1978, 112)

Weibliche Schreibbewegungen — kulturhistorisch

Für die Gegenwart ist es nicht gut möglich, den weiblichen Charakter der Schreibtätigkeit zu ignorieren. Beispielsweise profilieren sich junge Frauen in den 70er Jahren als Trägerinnen von Schreibbewegungen, in deren Mittelpunkt Autobiografie, Erfahrungsbezug, Authentizität, persönliche Betroffenheit — um nur einige der Stichworte anzuführen — stehen (G. Mattenklott 1979, 16ff). Im Gefolge der Frauenbewegung etablierte sich eine eigenständige Frauenliteratur — innerhalb und außerhalb der großen Verlage; der Anteil professioneller Autorinnen wuchs; von Frauen favorisierte Literaturgattungen wie Tagebücher, Lyrik u.ä. erfuhren eine Aufwertung als Kunstform; fraueneigene Zeitschriften kamen heraus; schreibende Frauengruppen meldeten sich öffentlich zu Wort; zusätzlich zu einem sich erweiternden weiblichen Lesepublikum entstand ein eigenes Rezensionswesen und — im akademischen Raum — eine feministisch ausgerichtete Sprachkritik.

Die etwas willkürliche und gewiß unvollständige Aufzählung mag für unsere Zwecke genügen. Umfang und Qualität weiblicher Schreib- und Lesebewegung legen die Vermutung nahe, daß literarische Produktion und Rezeption in der Gegenwart eine herausragende Rolle bei der Konstituierung weiblicher Adoleszenz spielen. Unsere Studie wird der Differenz weiblicher und männlicher Schreibkultur aufmerksam nachzugehen haben. Aus den oben geschilderten Gründen fällt ein historischer Vergleich zwischen heutiger und vorangegangener Jugendgeneration in diesem Punkt nicht leicht. Gleichwohl werden wir versuchen, einige Anhaltspunkte aus den älteren Studien zu gewinnen. In diesem einleitenden Teil tragen wir einige Stichworte zusammen, die die geschlechtstypische Affinität von Mädchen und jungen Frauen zur Schriftkultur zu erläutern vermögen. Wir beginnen mit kulturhistorischen Überlegungen, ehe wir abschließend auf entwicklungspsychologische Gesichtspunkte eingehen.

Lesen und Schreiben sind mittlerweile historisch ehrwürdige, vom Entwicklungsprozeß der Technologie „überholte" Kommunikationsformen. Mit dem Durchsetzen rationalisierter Formen der

Kommunikation verändert sich der Stellenwert der Schriftkultur im kulturellen Lebenszusammenhang. Einige Hinweise hierzu, die für unser Thema von Bedeutung sind:

— Die Kunst des Lesens hat sich im 20. Jahrhundert verallgemeinert, bezieht die Mehrheit der Bevölkerung ein. Durch die Verschulung der Adoleszenz für tendenziell alle hat sich der Zugang zur Literatur deutlich verbreitert. Daraus können wir ableiten, daß mehr Jugendliche heute die Chance erhalten, literarische Vorbilder und Traditionen kennenzulernen, die sie für private, subjektbezogene Schreibtätigkeit nutzen können. Verallgemeinerung der literarischen Lesetätigkeit, speziell in der Adoleszenz, erhöht die Chance, selbst schreibend im Sinne der erfahrenen Tradition tätig zu werden. Ein solcher Gedankengang kann uns erklären, weshalb mehr Jugendliche als früher heute Schreiben (und Lesen) im Dienste der Verarbeitung der Subjektproblematik in der Adoleszenz zu nutzen verstehen.

— Die Verallgemeinerung der Kunst des Lesens nimmt dieser natürlich etwas von der Aura des Besonderen, Herausgehobenen. Wenn alle lesen können, entwertet sich die Vorsprung, den in einer mehrheitlich lesefremden Kultur „Schriftgelehrte", lesende Bürger, literarisch Kundige genießen. Der Prestigewert des Lesens wird — alles in allem genommen — geringer. Der Prestigewert, der dieser Kunst der Kommunikation früher anhaftete, heftet sich an die jeweils aktuellen und neuentwickelten Formen der Kommunikation. Gegenwärtig sind dies computertechnologisch vermittelte Weisen der Textverarbeitung, alle Variationen der neuen technologischen Medien.

Wer sich mit älteren Weisen der Kommunikationstechnik, dem Buch und der Schreibkultur, der literarisch vermittelten Kommunikation, verbündet, steht in dieser Situation eher im Schatten der öffentlichen und sozialen Aufmerksamkeit. Es dürfte kein Zufall sein, daß Jungen und junge Männer sich verstärkt den neuen Kommunikationsmedien zuwenden, während Mädchen und junge Frauen die ältere Weise der technologisch vermittelten Kommunikation, die Schrift- und Buchkultur, als Hauptdomäne festhalten. Wir erleben hier — wie in anderen Bereichen der Alltagskultur — Männer stärker im Bunde mit technologischer Entwicklung und damit einhergehender soziokultureller Veränderung als Frauen, die — wie früher schon einmal als Hüterinnen mündlicher Erzähltraditionen — heute die allmählich veraltenden Kommunikationsweisen als ihre Domäne pflegen und deren Überleben, wie auch deren Veredelung als Teil der kulturellen Überlieferung, sicherstellen.

Das gilt einerseits für den Alltag, wo ihnen die Pflege häuslicher Pflanzen, Tiere usw. anheimfällt, die Überlieferung älterer Formen der Nahrungsaufbereitung usw. übertragen ist. Das gilt auch für die tradierten Hochformen der Kultur: Kunst und Literatur. Frauen werden zunehmend zu Trägern dieses Prozesses. Waren sie dies in der Vergangenheit, seit dem 19. jahrhundert, als Rezipientinnen von Kunst und Literatur, deren produktive Ausübung vorwiegend in Männerhand lag, so dringen Frauen zunehmend auch als Produzentinnen in die Kultursphäre ein. Sowohl Alltagskultur wie ,,Hoch''-Kultur verweiblichen als Wert im 20. Jahrhundert.

Männliche und weibliche ,,Besetzung'' gesellschaftlicher Sektoren sagt etwas über Macht- und Herrschaftsverhältnisse aus. Zwar erkämpft sich die Frauenbewegung, erkämpfen sich kulturell aktive Frauen z.B. die Sphäre von Kunst und Literatur als Produzentinnen. Sie können dies aber unter anderem deshalb so erfolgreich, weil es sich um gesellschaftliche Lebensbereiche handelt, die von Männern nicht zentral besetzt gehalten oder umkämpft werden.

Im kulturellen Sektor tummeln sich nicht nur vermehrt Frauen, dieser Sektor ist zugleich bevorzugter Handlungsort des öffentlich aktiven Teils der jüngeren Generation; aber auch gesellschaftlicher Minderheitengruppen. Die neue Schreibbewegung von Frauen ist hervorgegangen aus der kreativen Vermischung dieser genannten Einflußfaktoren: Adoleszenz, kulturelle Minderheiten, Frauen.

Eine relative Wiederaufwertung erfahren überlieferte (,,überholte'') kulturelle Ausdrucksformen dadurch, daß sie sich als bewußter Kontrapunkt zur Umwälzung der Kultur im Zuge der Entwicklung der Produktivkräfte und damit als Kontrapunkt zur permanenten Zerstörung überlieferter kultureller Ausdrucksweisen verstehen und betreiben lassen. Die Kunst des Buchdrucks war kulturell noch nie so hoch politisch — programmatisch besetzt wie zur Zeit ihrer historischer Abschaffung heute. (Dies zeigt zum Beispiel das Programm der ,,Anderen Bibliothek'', das Enzensberger Januar 1985 vorgelegt hat, in dem die Erhaltung dieser alten Handwerkskunst und Schreib- bzw. Lese- und Verlagskultur in einer gesellschaftlichen Nische verkündet und damit auf eine unaufdringliche Weise Widerstand gegen die Zerstörung überlieferter Buchkultur durch die technologische Revolutionierung des Büchermachens ausgedrückt wird.)

Die Nähe von Frauen zur Lesekultur ergibt sich nicht allein im privaten Bereich. Sie ist durch die Struktur der Arbeitsteilung mit gefördert. Wir sollten dabei an die Dominanz gewisser Büroberufe für Frauen denken. Die Schriftkultur im kommerziellen Bereich ist nicht unerheblich in weiblicher Hand. (Auch und gerade wenn die Chefs die Briefe diktieren, mit neueren Technologien in Form des handlichen Diktiergeräts, so sind für die Feinheiten, die ästhetische Gestaltung usw. der Briefe doch die Sekretärinnen zuständig.) Ferner besteht eine enge Kongruenz zwischen Verhäuslichung und Privatisierung des weiblichen Lebens in Familienhaushalten und den Erfordernissen für private Schreib- und Lesetätigkeit.

Die kulturellen Tätigkeiten lassen sich auch als häusliche Aktivitäten auffassen. Dies rückt sie in die Nähe von Frauen, die dort häufiger zu finden sind.

Familienkindheit und braves Mädchen

In der Kindheit, jedenfalls in der am bürgerlichen Modell des Kindseins orientierten, haben ästhetische Praxen ihren festen sozialen Ort. Sie sind verankert im Kommunikations- und Lebenszusammenhang von Familie, Kindergarten und Grundschule, jenen Institutionen also, die Kindheit als pädagogisch betreute und geförderte konstituieren. Kindliche Produktivität ist weithin „zeichnen, malen, musizieren für eine familiäre Kleinöffentlichkeit" (Hartwig 1980, 164). Die familistische Bedeutung von Kunst- und Schriftkultur ist zu bedenken, wenn es um die lebensgeschichtliche Verortung von Malen und Schreiben zwischen Kindheit und Jugend geht. In der Kindheit handelt es sich dabei um Tätigkeitsmuster, die zu Hause ausgeübt werden und sich auf den häuslichen Sozialraum und dessen Regeln beziehen. Kennzeichen kindlicher Schreib- und Malversuche sind daher deren Gerichtetsein auf die (erwachsenen) Familienmitglieder, was verschiedene Motive des „Gehorsams" und „Bravseins" einschließt, wie bereits die Kindheits- und Jugendpsychologie der 20er Jahre hervorhob (Bernfeld 1931). Entsprechende Tendenzen äußern sich nicht lediglich in jüngeren Kinderjahren und im engeren Umkreis bürgerlicher Kindheit, sondern kennzeichnen auch noch retardierende Verlaufsformen von Pubertät im kleinbürgerlichen Familienumfeld. So beschreibt etwa die Projektgruppe Jugendbüro die lebensgeschichtliche Einbettung kultureller Produktivität bei „familienzentrierten" Hauptschülern zwischen dem 13. und 15. Lebensjahr (8. Schuljahr) Anfang der 70er Jahre wie folgt:

„Im Gegensatz zu den Jugendlichen der Subkultur, die ihre Freizeit gern in größeren Gruppen zubringen, tun sich die Familienzentrierten höchstens zu zweit oder zu dritt zusammen oder beschäftigen sich allein. Sie basteln Schiffs- und Flugzeugmodelle, experimentieren mit dem Elektrobaukasten, lesen Heftchen, sehen Fernsehen, hören Musik oder lösen Kreuzworträtsel. Viele berichten über Haustiere, die sie halten (Meerschweinchen, Hamster, Wellensittiche, Schildkröten, Hunde). ...

Während die Subkultur sich in ihrem Element fühlt, wo in komplexen sozialen Beziehungen gelebt und agiert wird, wo sozial „etwas los ist", brauchen die Familienzentrierten häufiger eine übersichtliche Atmosphäre der Ruhe und Beschaulichkeit, die es ihnen gestattet, auf gespannte soziale Reaktionsbereitschaft zu verzichten und sich quasi zur Erholung auch einmal unbelebten Dingen zuzuwenden. Wahrscheinlich ist der Stellenwert, den gerade Bastelarbeiten, aber auch der Umgang mit Haustieren für die Familienzentrierten haben, erklärlich, wenn man bedenkt, daß sie das Leben in größeren Gruppen als Anstrengung empfinden." (Projektgruppe Jugendbüro 1977, 80f)

Wenn insbesondere Mädchen in Kindheit und früher Jugend künstlerisch und literarisch tätig sind, haben wir die familiale Kleinöffentlichkeit als möglichen Bezugsrahmen dieser Tätigkeit in Rechnung zu stellen. Die vermehrten Praxen von Mädchen verweisen in diesem Fall auf vermehrte Bindungen an häusliche und familiale Instanzen zurück. Die Geschichte des Poesiealbums als Medium der Schreibsozialisation bürgerlicher Mädchen-Kindheit mag das Gemeinte verdeutlichen (Lang 1982; Fiedler 1960).

Schönschrift, Schuldeutsch und Germanistik

> „Schreiben lernen geschieht häufig genug mit Triebkräften, die früher noch im Spiel, im Malen und Schmieren sich befriedigten, und reicht bis in die früheste Kindheit zurück."
> (S. Bernfeld)

Schreiben steht nicht nur mit der Familie, sondern auch mit der Schule im Bunde — eigentlich mit allen pädagogischen Bemühungen, den „kleinen Wilden" im Kind zu disziplinieren und zu zivilisieren. Psychoanalyse versteht den Akt des Schreibens als sublimierte Form analer Erotik. Illustrativ für diese emotionale Komponente des Schreibens: die Lust des Schreibens, die bei neuem, unberührtem Papier entsteht; der Spaß am Wechsel der Schreibfarben; der Gebrauch unterschiedlicher Schrifttypen und -größen bei unterschiedlicher innerer Stimmung; die Kontrolle der Feinmotorik als Lustgewinn, insbesondere bei kalligraphischen Übungen; die

Angst davor, ins Schmieren zurückzuverfallen. Schreibend wird die Bewegungslust des Körpers verfeinert, auf die Form sublimer Mikrobewegungen zurückgedrängt. Schreiben wird seit Jahrhunderten von Didaktikern als Schulung von Grundtugenden gerühmt, als da sind Geduld und Ausdauer; Ordnungssinn; Sauberkeit und weitere mehr.

Die Schule muß die Erfahrung machen, daß Mädchen sich dieser Schreib-Schulung lieber unterwerfen, daß sie dies geschickter tun, daß die affektive Bindung an Schriftkultur bei Schülerinnen zumeist etwas besser gelingt (Andresen 1982). Die Eindrücke der Grundschulzeit finden während der Schulzeit und danach ihre lebensgeschichtliche Verlängerung. Mädchen und junge Frauen binden sich häufiger als Jungen und junge Männer an Schuldisziplinen, Interessen, Ausbildungszweige, die mit Schriftkultur assoziiert sind. So fallen die Schulnoten von Schülerinnen gerade in Deutsch durchschnittlich besser aus als die der Schüler (Knoche 1969). Die weibliche Interessenstruktur in der Adoleszenz ist stärker auf Literatur und Sprache bezogen (Todt 1978; Hille 1977). Das drückt sich später in der Wahl der Studienfächer aus. Die amtliche Statistik für das Wintersemester 1981/82 weist nach, daß an westdeutschen Hochschulen bedeutend mehr Studentinnen Germanistik/Deutsch studieren, als dies männliche Studenten tun (Statistisches Jahrbuch 1983, 358).

Germanistik/Deutsch als Studienfach:	Studenten	Studentinnen
Anzahl der Studierenden	10012	34693
Prozentanteil	3%	9%
Rangplatz unter den Studienfächern	10. Rang	1. Rang

3. LITERATUR UND KUNST IM LEBENSLAUF. AUS REPRÄSENTATIVEN UMFRAGEN

Künstlerische Tätigkeit als Kinder- und Jugendkultur

Sich künstlerisch zu betätigen, ist in unterschiedlicher Weise im Lebenszyklus verankert. Malen, Zeichnen, Modellieren usw. sind unverzichtbarer, pädagogisch geförderter Teil der Kindheit. Diese starke Verbreitung geht in der Jugend zurück. Die jugendliche Altersgruppe unterscheidet sich jedoch wiederum von den Erwachsenen, wo Kunstpraxen nur noch einen bescheidenen Rang als in den Alltag einbezogene Tätigkeiten einnehmen. Im direkten Vergleich Jugendliche — Erwachsene erscheint ästhetische Praxis als Eigenschaft jugendlicher Kultur und jugendlichen Lebensstils (Hartwig 1980).

Künstlerische und literarische Aktivitäten in entwickelten Industriegesellschaften sind ein Vorrecht der gesellschaftlich (noch) nicht unmittelbar produktiven Altersschichten. Wer nicht im Zentrum verbindlicher und vielfach ineinander verwobener Handlungsketten steht, bezieht sich symbolisch auf Gesellschaft: Im fiktiven Rollenspiel der Kindheit; in Gestalt erträumter künftiger sozialer Rollen. Die Einschätzung von Kunst und Literatur als allgemein menschliche Ausdrucksweise schlägt sich in der Gleichsetzung und Zuordnung zum kindlichen Spiel nieder. Legitim als Lebensweise nicht aktiver Altersschichten, soll sie im Alltag des verpflichteten Erwachsenen auf rein ergänzende Funktion eingeschränkt werden: als erholungsintensive Freizeitbeschäftigung. Für Kinder und — eingeschränkt — für Jugendliche dagegen werden Kunst und Literatur noch als unerläßliche Medien des Lernens und der Enkulturation verstanden und durch pädagogische Tradition geheiligt. Das Voranschreiten der Jüngeren auf der Stufenleiter des Bildungssystems äußert sich darin, daß die sinnen- und phantasienahen Fächer und Arbeitsformen allmählich den ,,ernsten", d.h. dem Realitätsprinzip und der herrschenden Organisierung des Handelns verpflichteten ,,wissenschaftlichen" Schuldisziplinen weichen müssen (Rumpf 1981). Im Kanon der Schulfächer ist die implizite Entwicklungspsychologie enthalten, die die Zivilisation bereithält: künstlerische und literarische Tätigkeit als Aufgabe einer bestimmten Entwicklungsphase. Für den Erwachsenen bedeutet Kunst ,,Regression" oder die Notwendigkeit, diese Tätigkeit zur spezialisierten Profession innerhalb der arbeitsteiligen Berufsgesellschaft weiterzuentwickeln.

Das empirische Pendant zur zivilisationstheoretischen Aussage: Im Rahmen von allgemeinen Bevölkerungsumfragen stellt sich beim Vergleich der Lebensjahrzehnte regelmäßig ein Vorsprung der Jüngeren in bezug auf ästhetische Praxen heraus. Als Beispiel sei der Bereich Malen, Zeichnen herausgegriffen, nach dem wir 1984 bei Jugendlichen und Erwachsenen in vergleichender Absicht fragten. Grafik 2 zeichnet den Weg ästhetischer Praxis von der Kindheit bis zum Ende der Jugend nach. Die Stufenleiter verdeutlicht, wie Malen und Zeichnen von einer verbreiteten Kinderpraxis zur Sache einer Spezialisten-Minderheit wird — eine Tendenz, die sich auf dem Weg ins Erwachsenenalter hinein noch fortsetzt.

Grafik 2: Malen und Zeichnen in Kindheit und Jugend. Vergleich der Altersstufen – Jugend '84 – Angaben in Prozent –

Alter in Jahren	Erinnerte* Kindheit (3-14)	Jugend (15-17)	(18-20)	(21-24)
	n = 1472	n = 422	n = 473	n = 577

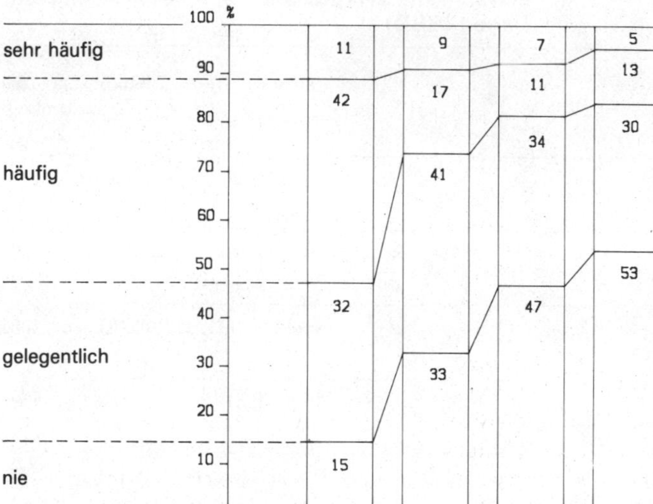

Jugend '84: Fragen 12, 22

* Keine Unterschiede in der Kindheits-Erinnerung nach befragter Altersgruppe (15-17 usw.).

Eine Synopse ausgewählter Umfragen seit den 70er Jahren ist in Tabelle 3 zusammengestellt. Es zeigt sich, daß Jugendliche — besonders die unter 20jährigen — diese künstlerische Praxis häufiger in ihr Leben jenseits der Arbeit einbeziehen, als dies bei Erwachsenen im vierten oder fünften Lebensjahrzehnt der Fall ist. Die Unterschiede sind klein — es handelt sich um die Praxis einer jugendlichen Minderheit zwischen 10% und 20% —, sie werden jedoch konstant in allen Untersuchungen reproduziert.

Auf ein gleiches Ergebnis stoßen wir, wenn wir — z.B. in den angeführten Studien — die Häufigkeit musikalischer Praxen bei Jüngeren und Älteren (Musizieren, Musikinstrument spielen) einander gegenüberstellen. Auch hier sind laut eigenen Angaben Jugendliche vermehrt produktiv (siehe das Musik-Kapitel). Eine Verschiebung stellt sich ein, wenn wir Fotografieren/Filmen mit einbeziehen. Diese technisch vermittelte, künstlerische Tätigkeit ist am stärksten erst um die Zeit des dritten Lebensjahrzehnts verbreitet.

Tabelle 3: Künstlerische Tätigkeit. Vergleich Jugendliche – Erwachsene in repräsentativen Bevölkerungsumfragen (BRD)

	Quelle	Institut	Jahr der Umfrage
	Stern (1984)	Allensbach	1984
	Stern (1984)	Allensbach	1984
	Noelle/Piel (1983)	Allensbach	1982
	Stern (1981)		1981
	Noelle-Neumann (1977)	Allensbach	1977
	Emnid/Spiegel	Emnid	1972

Fragetext (Stichwort)	Jugendliche/junge Erwachsene (Altersgruppen)		Erwachsene (Altersgruppen)	
„am liebsten" in Freizeit: Malen/Zeichnen	(16-20 J.) (21-29 J.)	13% 6%	(45-59 J.)	6%
Was macht Leben lebenswert? künstlerisch tätig sein	(16-20 J.) (21-29 J.)	23% 21%	(45-59 J.)	15%
„häufig" in Freizeit: Malen – Zeichnen	(14-19 J.) (20-29 J.)	13% 9%	(40-49 J.) (50-59 J.)	4% 5%
Malen/Zeichnen	(14-17 J.) (18-24 J.)	21% 9%	(45-55 J.)	5%
Hauptinteressengebiete: Malen, musizieren	(16-29 J.)	14%	(45-59 J.)	8%
Liebhabereien (wirklich häufig/ auch noch) Zeichnen/Malen	(18-29 J.)	14%	(50-64 J.)	5%

Freizeittätigkeit Malen und Zeichnen. Jugendstudien 1954-1984

Wie hat sich die Beteiligung von Jugendlichen an ästhetisch-künstlerischen Praxen in den letzten 30 Jahren entwickelt? (Tabelle 4) Ein genauer Vergleich der Verbreitung künstlerischer Praxen unter Jugendlichen zwischen den 50er und 80er Jahren ist nicht möglich. Die vorliegenden Umfragestudien lassen dies nicht zu. In den Jugendumfragen der 50er Jahre und vielfach auch in späteren Umfragen werden künstlerische Tätigkeiten zwar angesprochen bzw. — in offenen Fragen — als Antwortkategorien zugelassen. Da es sich dabei jedoch um geringe Prozentangaben handelt und ersichtlich auch, weil ein spezifisches Interesse an ästhetischen Praxen fehlt, fassen die Forscher und Berichterstatter die verschiedenen Praxen in globalen Kategorien zusammen. So werden gebündelt:

— ,,zeichnen, malen, musizieren‘‘ (Emnid 1954, 139)
— ,,musische Tätigkeiten‘‘ (Beirat für Jugendfragen 1951)
— ,,Kunst, Zeichnen‘‘ (Emnid 1961, 142)
— ,,zeichnen oder fotografieren‘‘ (Gehrmann 1979, 208)
— ,,künstlerische Hobbies‘‘ (Infratest 1982, 150)
— ,,mit Hobbies beschäftigen‘‘ (Infas 1982)
— ,,Werken (Töpfern, Basteln, Malen usw.)‘‘ (Seidenspinner/Burger 1982, 17)

Tabelle 4: Malen, Zeichnen als Freizeittätigkeit. Synopse repräsentativer Jugendstudien 1954 – 1984

Literaturverweis	Jahr der Erhebung	Repräs. Region	Repräs. Alter/Status	Fragestellung (Kriterium)	– Angaben in Prozent – Gesamt	Untergruppen			
Emnid (1954)	1954	BRD	15-24	,,Zeichnen, Malen, Musizieren" als Tätigkeit, mit der man sich ,,am liebsten" beschäftigt (offen)	9	männlich	10	weiblich	9
						Schüler	20	Schulentlassene	8
Fröhner (1956)	1955	BRD	15-24	Mit ,,Zeichnen, Malen, Musizieren" befassen „sich nach Feierabend am liebsten" (offen)	6	männlich	6	weiblich	6
						Schüler	12	Berufst. m. Volksschulbildung	4
								Berufstät. m. geh. Schulbild.	9
Divo (1958)	1958	Hessen	11; 13; 15; Schüler	,,Was tust Du am liebsten in Deiner freien Zeit?" (offen) ,,zeichnen, Malen"		5. Schuljahr		7. Schuljahr	
						Volkssch.	3	Volkss.	11
						Höh. Sch.	5	Höh. Sch	8
						1. Berufschulj.	8		

Literaturverweis	Jahr der Erhebung	Repräs. Region	Repräs. Alter/Status	Fragestellung	(Kriterium)	Gesamt	– Angaben in Prozent – Untergruppen			
Emnid (1961)	1961	BRD	15-20	(Dominierende Freizeittätigkeit) ,,Kunst, Zeichnen''			männlich		weiblich	
							15-16 J.	2	15-16 J.	4
							17-18 J.	1	17-18 J.	4
							19-20 J.	1	19-20 J.	4
Sand/ Benz (1976)	1974	BRD	12-20	(Liste mit Freizeitbeschäftigungen, N = 16, darunter ,,Malen, Zeichnen'') /9.Rangpl. v. 16/	häufig	20				
					hin u. wieder	42				
					gar nicht	38				
Gehrmann (1979)	1975	Koblenz	14-19	,,Geben Sie dabei aber nur für jeden Tag die 3 wichtigsten Tätigkeiten an'' /,,zeichnen oder fotografieren''/ (Postal. Erhebung/N = 4567 /8. Rangpl. von 19 Tätigk.)	Werktags	4	männlich	3		
					Samtags	5	männlich	3		
					Sonntags	4	männlich	3		
Rychlik (1981)	1979	Hattingen	12-19	(Freizeittätigkeiten) Malen, Zeichnen (N = 661) (Malen mehr im Alter von 12 J., Zeichnen mehr mit 12, 15, 16 J.)	Malen		männlich	4	weiblich	12
					Zeichnen		männlich	11	weiblich	13
					Zeichnen					
					sehr oft	3				
					häufig	9				
					manchmal	25				
					selten	27				
					nie	37				
Ministerium Wiss/ Kunst (1982)	1981	Baden-Württemberg	10.-13. Klasse Gymnasium	(N = 295) (Liste mit Spielen und Beschäftigungen der Kindheit – ,,besonders gern, besonders viel Spaß'' (N = 16 Tätigkeiten) ,,Malen, Zeichnen'' (Rang 5 von 18)		40				
Infratest (1982)	1982	BRD	15-30	,,... nennen Sie mir die fünf wichtigsten Dinge, die Sie in ihrer Freizeit tun.'' (Liste mit N = 33) ,,Künstlerische Hobbies'' (in allen Altersgruppen gleiche %)		17	männlich	13	weiblich	21
Jugend '84	1984	BRD	15-24	,,Machst Du eines oder mehrere der folgenden Dinge?'' (Liste) – ,,Bilder malen/Zeichnen''–	sehr häuf.	7	männlich	6	weiblich	7
					häufig	14		10		17
					gelegentl.	34		31		37
					nie	46		53		38
				,,Als Du im Alter so zwischen 3 und 14 warst, welche Spiele hast Du da gerne gespielt?'' – Malen, Zeichnen –	sehr häuf.	15	männlich	9	weiblich	21
					häufig	32		26		38
					gelegentl.	42		50		35
					nie	11		16		6

Tabelle 5: Malen und Zeichnen in erinnerter Kindheit (3 bis 14 Jahre) und Gegenwart. Vergleich Jugend '84 und Erwachsene '84 nach Geschlecht – Angaben in Prozent

	Jugend '84 (15-24 Jahre) Gesamt		männlich		weiblich	
	Kindheit	Gegenwart	Kindheit	Gegenwart	Kindheit	Gegenw.
	n = 1472	n = 1472	n = 725	n = 725	n = 747	n = 747
sehr häufig	15	7	9	6	21	7
häufig	32	14	26	10	38	17
gelegentl.	42	34	50	31	35	37
nie	11	46	16	53	6	38
	100	101	101	100	100	99

Jugend '84: Fragen 12, 22

	Erwachsene '84 (45-54 Jahre) Gesamt		männlich		weiblich	
	Kindheit	Gegenwart	Kindheit	Gegenwart	Kindheit	Gegenw.
	n = 729	n = 7292	n = 358	n = 358	n = 371	n = 371
sehr häufig	8	1	6	1	11	0
häufig	19	3	18	3	19	4
gelegentl.	44	14	43	13	44	14
nie	29	82	33	83	26	81
	100	100	100	100	100	99

Erwachsene '84: Fragen 12, 26

Freizeitforschung in der Bundesrepublik war von Beginn an (Blücher 1956) daran orientiert, aktive Tätigkeiten von passivem Freizeitkonsum zu scheiden. Zu den — als kulturell positiv gewichteten — ‚harten' Freizeittätigkeiten zählten so verschiedene Dinge wie Liebhabereien pflegen, handarbeiten, basteln, zeichnen, musizieren, sich mit Sammlungen beschäftigen u.ä. (DIVO 1958, 21ff). Mehrfach verschwinden ästhetische Praxen in dem Freizeitetikett ‚Hobby', das dem angelsächsischen Begriffsverständnis folgend interpretiert wird. Die Vergleichbarkeit im Bereich von Jugendstudien wird des weiteren durch den Umstand geschmälert, daß unterschiedliche Populationen befragt wurden. Die Stichproben unterscheiden sich z.B. nach Alter, Status, Region.

Hinsichtlich der Häufigkeit des Malens und Zeichnens lassen sich die Studien von Sand/Benz (1967), Rychlik (1981) und Jugend '84 miteinander vergleichen, die 1974 (BRD), 1979 (Hattingen, eine mittlere Industriestadt) und 1984 (BRD) im Feld waren. Die Proportionen der Beteiligung sind ähnlich. Zwischen 37% und 46% verneinen jeweils eine entsprechende Praxis. Zwischen 11% und 21% malen und zeichnen häufig bis sehr häufig.

Für die 50er Jahre lassen sich keine Unterschiede nach Geschlecht nachweisen, zumal die Emnid-Studien ästhetische und musikalische Praxen auch noch vermengen. Die Differenzen in den 60er und 70er Jahren sind klein, aber konstant. Erst in den Untersuchungen der 80er Jahre (Infratest und Jugend '84) ist die stärkere Beteiligung von Mädchen/jungen Frauen an künstlerischen Tätigkeiten klarer akzentuiert.

Die Befragung von Oberstufen-Schülern (Gymnasium) in Baden-Württemberg 1981 unterstützt das Ergebnis unserer eigenen Jugendstudie 1984, daß die Prozentzahlen der (erinnerten) kindlichen Kunst-Praxis um einiges über den Prozentangaben der Jugendlichen zur Gegenwart liegen.

Eine gewisse historische Tiefendimension enthält der Vergleich der Kindheitserinnerungen von Jugendlichen und Erwachsenen in der Studie '84. Zwar vermengen sich für die gegenwärtige Situation der Befragten Generations- und Alterseffekte, der Blick in die erinnerte Kindheit macht aber wenigstens für diesen Lebensabschnitt Generationsdifferenzen sichtbar. (Tabelle 5).

Erwachsene sind weniger als Jugendliche malend oder zeichnend tätig, in der Gegenwart wie in der Vergangenheit als Kind. Für beide Altersgruppen gilt, daß sie häufiger diese ästhetische Praxen als kindliche erinnern. Auch in den 40er und 50er Jahren gehören Malen und Zeichnen für viele zum festen Bestandteil (pädagogisch betreuter) Kinderkultur. Allerdings hat sich der Anteil derer, die häufig/sehr häufig damit in Berührung kamen, zwischen der Kindheit damals und der Kindheit in den 60er und 70er Jahren entscheidend vermehrt. Dürfen wir den Erinnerungen trauen, so stieg der Anteil von 27% auf 47% an.

Künstlerische Praxis hat sich im Vergleich der Generationen geschlechtsspezifisch ausdifferenziert. In der Elterngeneration sind Männer und Frauen nahezu gleich häufig daran beteiligt; als Erwachsene wie in der erinnerten Kindheit. Für die gegenwärtige Jugendgeneration ist Malen und Zeichnen näher zur weiblichen Seite hin gerückt. Mehr Mädchen und junge Frauen pflegen ästhetische Praxis im Jugendalter. Malen und Zeichnen gehören für die Jugendgeneration häufiger zur weiblichen als zur männlichen Kindheit (59% zu 35% erinnern häufiges/sehr häufiges Malen und Zeichnen zwischen 3 und 14 Jahren.) Die erinnerten Unterschiede betreffs Kindheit sind größer als die für die jugendliche Gegenwart angegeben.

Schreiben — eine ausgesprochene „Restkategorie"

Schreibtätigkeit fungiert in repräsentativen Umfragen als ausgesprochene Restkategorie — mit 0% bis 2% unter „sonstige Freizeittätigkeiten". Das gilt für Jugendumfragen ebenso wie für allgemeine Bevölkerungssurveys, die alle Lebensalter ab 16 (18) Jahren umschließen; für Befragungen in den 50er genauso wie für Befragungen in den 80er Jahren. Als Beispiel sei eine Emnid-Befragung von 1961 angeführt (Emnid 1961, 145, 152). Dort tauchen „Lyrik", „Briefeschreiben" u.ä. unter genannter Restrubrik „sonstiges" unter. Nicht anders verhält es sich in unserer eigenen Umfrage. In Jugend '84 nennen verschwindend wenige der Jüngeren im Rahmen der offen gestellten Freizeitfrage Schreiben als Tätigkeit, mit der sie sich in der Freizeit „am liebsten" beschäftigen.

Schreiben als „liebste Freizeitbeschäftigung" (Jugend '84)

	Geschlecht			
Alter	männlich		weiblich	
15-17 Jahre	-	(169)	3,6%	(253)
18-20 Jahre	0,4%	(244)	2,2%	(229)
21-24 Jahre	1,6%	(312)	0,8%	(265)

(Frage 35, Auszug)

Es ist charakteristisch für die Umfrageforscher der 50er Jahre, daß sie sie Teilhabe von Jugendlichen an Schriftkultur zunächst einmal rein rezeptiv auffaßten: Interessieren die Jüngeren sich für „das gute Buch", in welchem Umfang sind sie wertloser oder gefährdender „Schmutz und Schundlektüre" verfallen? Die Kategorien des Jugendschutzes, eine Geringschätzung des Jugendalters und eine hohe Auffassung von Kultur verhinderten vorab, Jugendliche als aktiv Mitproduzierende gegenwärtiger und künftiger Literatur aufzufassen. Gefragt wurde entsprechend nach dem Ausmaß, in dem Jugendliche sich das vorfindliche literarische Erbe rezeptiv angeeignet hatten (Emnid 1954; 1955;Fröhner 1956; Hörerforschung 1955). Die produktive Beteiligung von Jugend an kultureller Praxis rückt in der 50er Jahren am ehesten im Bereich der Musik ins Blickfeld der Umfragen. Dabei handelt es sich um sozial und familial eingebundene, repetitive Formen kultureller Praxis: Chorsingen, ein Instrument erlernen, Hausmusik, Schulmusik.

Briefeschreiben — kein Verfall der Schreibkultur

Eine Ausnahme unter den selbst geübten Schreibtätigkeiten bildet allein die Kategorie des Briefeschreibens. Danach zu fragen bildet eine gewisse Tradition in der westdeutschen Freizeitforschung. Insbesondere in Allensbach-Studien, die mit ihren Fragerichtungen stärker als manche andere Umfrageinstitute an Alltagspraxen ausgerichtet sind, wurde wiederholt die Verbreitung des Schreibens — auch im Zeitvergleich — in der Bevölkerung ermittelt. So fragte man im Februar 1977 in einer allgemeinen Bevölkerungsumfrage: ,,Was machen Sie im allgemeinen über das Wochenende?" (Noelle-Neumann 1977a, S. 44) Es gaben an, Briefe zu schreiben: 15% aller Befragten. Nach Geschlecht getrennt: 8% männliche, 20% weibliche Befragte schrieben laut eigener Einschätzung am Wochenende Briefe. Eine entsprechende Frage, 1959 zum erstenmal gestellt, 1978 wörtlich wiederholt, deutet darauf hin, daß die Kommunikationsform Briefeschreiben in den zwei Jahrzehnten kaum abgenommen hat. Die Frage lautete: ,,Haben Sie in den letzten vierzehn Tagen einen Brief oder ein Karte geschrieben — ich meine privat, nicht geschäftlich?" Das Ergebnis: September 1959 hatten 50% einen Brief oder eine Postkarte geschrieben, März 1978 waren es 44% der Befragten (alle Altersgruppen ab dem 11. Lebensjahr). Für das Jahr 1978 werden auch die Schreibquoten für Männer und Frauen getrennt mitgeteilt. Danach schreiben mehr Frauen als Männer (52% zu 35%). Noelle-Neumann/Piel 1983b, S. 83)

Auch der Vergleich zweier Umfragen aus den Jahren 1953 und 1979 belegt, daß die Häufigkeit des Briefeschreibens in den zweieinhalb Jahrzehnten nahezu gleich geblieben ist (Noelle/Piel 1983 a, 181). Frauen schreiben sowohl in den 50er als auch Ende der 70er mehr als Männer. Die Entwicklung weist für beide Geschlechter in entgegengesetzte Richtung. Während heute der Tendenz nach mehr Frauen als damals schreiben, ist die Beteiligung am privaten Briefverkehr bei Männern leicht zurückgegangen.

Die Vergleichszahlen für 1979 (in Prozent)

Es schreiben:	Männer	Frauen
viele Briefe	5	10
mittel	7	16
wenig Briefe	69	65
Schreibe nie	19	9
	100	100

(Bevölkerung von 18 bis 79 Jahren)

Die Kultur des Briefeschreibens ist — wie die Schreibkultur überhaupt — wiederholt totgesagt worden (Mattenklott 1983, 153ff). In Zeiten spektakulärer technologischer Innovationen im Kommunikationsbereich verdichten sich die Prognosen zu düsteren Stimmungsbildern des kulturellen Niedergangs (Neil Postman 1982). So läßt die Kommission für Fragen der Sprachentwicklung des Mannheimer Instituts für deutsche Sprache Juni 1982 über dpa nachrichtendienstlich verbreiten, die Zahl der Privatbriefe sei in den letzten Jahren deutlich zurückgegangen, gleichzeitig würden im Zeitalter von Telefon und Fernsehen auch weniger Briefe gelesen. Ein Kommunikationswissenschaftler stellt 1979 die Geschichte des Briefes als eine des allgemeinen Niedergangs seit dem 19. Jahrhundert dar: ,,Die Presse blüht auf, der Telegraph wird erfunden, die Postkarte kommt in Gebrauch; mit anderen Worten: der Niedergang des Briefes — zumindest in quantitativer Hinsicht (Häufigkeit pro Person / Länge des Einzelschreibens), jedoch auch in qualitativer (Schreibmaschine statt Handschrift) — beginnt und hat sich bis heute fortgesetzt. Die hohe Sozialmobilität, die Möglichkeit, individuell besprochene Tonbänder einander zuzusenden, besonders aber die Kommunalisierung des Telefons haben das Briefe-Schreiben für viele gänzlich obsolet werden lassen.'' (Bürgel 1979, 28)

Die mitgeteilten Umfragedaten widerlegen gewiß nicht alle Annahmen zum Niedergang der Briefkultur; sie mahnen aber entschieden zur Vorsicht. Es lassen sich genügend Motive der Personen und des Alltags benennen, in denen Briefe sich gut durch modernisierte Formen der Kommunikation ablösen lassen. Wir dürfen auch nicht das Prinzip außer Acht lassen, das die Modernisierung der Kommunikationsmittel — bislang jedenfalls — begleitete. Die jeweils neuen Medien ersetzten und ersetzen die älteren nicht, sie kamen ergänzend hinzu, wobei einige der vielfachen Funktionen überlieferter Medien abgewertet, andere jedoch — kompensierend — eine Aufwertung erfuhren. Dies wird weiter unten noch ausgeführt.

Die Entwicklung des Nachrichtenverkehrs, wie sie in der amtlichen Statistik der letzten Jahrzehnte festgehalten ist, gibt gleichfalls eine andere Auskunft als die Propheten des Niedergangs dies tun (Tabelle 6). Von 1950 bis 1980 stieg die Gesamtzahl der von der Deutschen Bundespost beförderten Briefsendungen von gut vier auf gut zwölf Millionen. Die Wachstumsrate war nur zwischen 1950 und 1960 dramatisch (Verdopplung der beförderten Briefe), hielt aber in den Folgejahrzehnten weiter an. Zwischen 1970 und 1980 wuchs der Briefverkehr nochmals um eineinhalb Millionen. (Leider ist keine Trennung zwischen privaten und geschäftlichen / dienstlichen Briefsendungen vorgesehen.) Was allerdings auch richtig ist: Orts- und Ferngespräche per Telefon verzeichnen höhere Wachstumsraten bis in die Gegenwart hin.

Tabelle 6: Entwicklung des Nachrichtenverkehrs — BRD/ Deutsche Bundespost von 1952 bis 1982

Jahr	Beförderte Briefsendungen	Fernsprechdienst Orts-	Fern- gespräche	Rundfunk-[2] genehmigungen	Fernseh-[2] genehmigungen
	in Mill.	in Millionen		in 1000	in 1000
1950[1]	4 253	1 844	324	9 018	—
1960	8 498	3 472	1 089	15 892	4 635
1970	10 680	6 878	3 338	19 622	16 675
1980	12 240	14 438	7 755	23 323	21 190

1) ohne Saarland
2) 1950, 1960, 1970 nur gebührenpflichtige Teilnehmer; 1980 einschließlich gebührenbefreite Teilnehmer

Quellen: Statistisches Bundesamt (1972) S. 209;
Statistisches Bundesamt (1983) S. 303, 369.

Offenkundig fördert die Entwicklung der Zivilisationskultur nicht lediglich Erneuerung und Verbreitung technologisch rationalisierter Kommunikationsmedien, sondern schafft zugleich auch neue Anwendungsmöglichkeiten für überlieferte ,Nachrichtenträger' wie den Brief.

Eine Verwendungsform im jugendlichen Lebenskontext mag als Beispiel für viele andere Funktionen stehen, die dem Briefverkehr durch die Modernisierung der Lebenswelt als neue zuwachsen. Die frühe Jugendphase ist bekanntlich seit langem eine Blütezeit der Brieffreundschaften unter Gleichaltrigen. Die vermehrte Reisetätigkeit (auch) dieser Altersgruppe mindert die Schreibaktivitäten nicht, sondern erzeugte im Gegenteil einen neuartigen Bedarf nach brieflichem Austausch mit Reise-Bekanntschaften ,aus aller Welt'. Einige Zitate aus einer Studie zur Lebenswelt fünfzehnjähriger Mädchen — Schülerinnen einer 9. Gesamtschulklasse in Südhessen — können den Zusammenhang illustrieren (Backes 1983).

Claudia
„Ich schreibe ziemlich viele Briefe, so an Freundinnen, die ich zum Beispiel getroffen habe, als ich drei Wochen in England war, also nach England, Frankreich und an meine Cousine in Amerika schreibe ich und bekomme auch viel Post, zu Weihnachten besonders. Jetzt habe ich schon 60 Postkarten bekommen."

Anke
„Und meine Briefe, die ich bekomme, die hebe ich auf, da habe ich riesige Kisten voll. Ich lerne gerne viele Leute kennen, meistens so im Urlaub, am Strand oder so, suche ich Kontakt zu anderen Leuten. Da habe ich vor zwei Jahren eine Italienerin kennengelernt und ein Jahr haben wir uns lange Briefe geschreiben und uns im Urlaub besucht. Zu ihr habe ich ganz guten Briefkontakt. Ich habe viele Brieffreundschaften."

Anne
„Jetzt in den Winterferien war ich bei meiner Brieffreundin in Zürich, in die Stadt habe ich mich total verliebt. ... Außer meiner Brieffreundin in Zürich habe ich noch eine in Hannover, eine aus Limburg und zwei in der DDR, außerdem habe ich noch ein paar Adressen aus Italien."

4. LESEKULTUR UND MEDIENKONSUM IM JUGENDALTER 1954-1984

Produktiver und rezeptiver Umgang mit Schriftkultur sind miteinander verkoppelt. Aus der sozialgeschichtlichen Entwicklung des Leseverhaltens lassen sich daher gewisse Rückschlüsse auf Distanz oder Nähe von Generationen und Lebensaltern zur Schreibpraxis ziehen. Wir schieben daher ein Kapitel ein, das sich mit den Entwicklungslinien von Lesekultur und Medienrezeption bei Jugendlichen in den letzten drei Jahrzehnten befaßt. Nur zum Teil können wir dabei auf die eigene Vergleichsstudie zurückgreifen. Vorwiegend basieren die Aussagen auf der Auswertung uns zugänglicher Umfragestudien.

Die Bedeutung des Lesens bleibt erhalten

> „Das Interesse am Lesen ist unter der Jugend mehr verbreitet, als man gemeinhin annimmt." (Bundesministerium für Familie und Jugend 1965, 19; Erster Jugendbericht)

Ganz ähnlich wie im Fall des (Briefe-)Schreibens können wir auch für den rezeptiven Umgang mit Schrift konstatieren: Ein Ende der Lesekultur läßt sich, was die Bundesrepublik Deutschland angeht, gegenwärtig bei Jüngeren nicht konstatieren. Eine solche Feststellung ginge schon an der Entwicklung des Marktes im Bereich der Print-Medien vorbei, die dahingeht, daß in den 70er Jahren das Bücher- und Zeitschriftenangebot für Kinder und Jugendliche (weiter) expandierte. In bezug auf Kinder konstatiert beispielsweise der Medienforscher H. Hengst Ende der 70er Jahre:

„In der Bundesrepublik haben Kinder in den letzten fünf bis zehn Jahren nicht nur häufiger ferngesehen, sondern auch sehr viel mehr Bücher aus Bibliotheken ausgeliehen als vorher. ... Ähnlich ... der Buchkauf. Festzuhalten ist, daß im genannten Zeitraum nicht nur die Ausleihziffern erhöht, sondern auch mehr Kinderbücher verkauft wurden." (Bauer/Hengst 1980, 198)

Die gleiche Tendenz finden wir, wenn wir uns Jugendlichen zuwenden: „Im Jahr 1978 kaufen beispielsweise 12% der 13-17jährigen mehrmals im Monat Bücher; 60% leihen mehrmals im Monat Bücher aus." (Steinborn 1979, 12).

Trotz einer erheblichen Ausdifferenzierung des Medienangebotes und der Konkurrenz von Bild- und Tonmedien (Fernsehen, Video, Tonkassetten) ist der Anteil der Jugendlichen, die viel und/oder gern lesen, annähernd gleich geblieben. Das historische Massenmedium Buch/Zeitschrift wurde durch die neu entwickelten Medien nicht verdrängt, wie Kulturkritiker gelegentlich unterstellen. Mit den Mitteln der Umfrageforschung läßt sich eine andere Entwicklungsrichtung bestimmen. Die Ausweitung der Palette der Medienangebote führte individuell, also beim einzelnen Jugendlichen, zu einer Erweiterung der Skala rezipierter Medien. Tonkassetten, Fernsehen und Video kommen ergänzend zum Lesen hinzu. Auf das gesamte Zeitbudget der Freizeit bezogen, ist die Freizeit der Jugendlichen der 80er Jahre mehr durch Medienkonsum bestimmt als in den Jahrzehnten davor. Nur handelt es sich hierbei nicht um die einsinnige Zunahme der audiovisuellen Medien — der zeitliche Anteil des Fernsehkonsums von Jugendlichen ist im letzten Jahrzehnt (1974-1980) sogar leicht rückläufig und liegt zudem unter den Zeiten,die Erwachsene und Ältere vor dem Gerät zubringen (Darkow 1982). Den größten Bedeutungsgewinn können die auditiven Medien bei Jugendlichen verbuchen. Charakteristikum für diese Lebensphase sind Ende der 70er/Anfang der 80er Jahre Tonkassetten, Schallplatten und Radio. Die Hörmedien sind als Lieferanten generationspezifischer Musik fest in den Lebensrhythmus der Jüngeren eingebaut; darüber hinaus fungiert der Rundfunk als Hauptübermittler von Nachrichten für die Altersgruppe.

In unserer eigenen Vergleichsstudie wurde die Entwicklung der Mediennutzung zwischen den 50er und den 80er Jahren nicht eigens erhoben. Gewisse Hinweise lassen sich jedoch den Antworten auf die — offen gestellte — Freizeitfrage abgewinnen: „Womit befassen Sie sich in Ihrer Freizeit am liebsten?" (Tabelle 7)

Bücherlesen steht mit 35% in der Jugendstudie '54 an erster Stelle der „liebsten" Freizeitbeschäftigungen. Diesen Rang hat das Lesen 1984 knapp an den Sport (einschließlich Spazierengehen/Wandern) abgetreten. Medienkonsum hat in den 30 Jahren deutlich zugewonnen, das Lesen aber nicht aus seiner Position verdrängen können. Das können wir jedenfalls für Mädchen und junge Frauen sagen, deren Vorliebe für Lesen mit 42% (1954) und 41% (1984) gleich hoch geblieben ist. Zurückgegangen ist der Anteil der gern Lesenden etwas bei männlichen Jugendlichen (von 27 auf 19%). Im Mittelpunkt des Medienkonsums steht bei Jugendlichen '84 das Interesse am Musikhören, das 19% angeben. Bezug auf ein Medium nehmen nur wenige: 4% verweisen auf das Fernsehen, 2% auf Video. Eine solche Bezugnahme auf Musik finden wir bei den Ju-

Tabelle 7: Lesen, Sport, Medienkonsum nach Geschlecht. Vergleich Jugend '54 — Jugend '84 — Angaben in Prozent —

	Jugend '54			Jugend '84		
(Auswahl der	männl.	weibl.	Gesamt	männl.	weibl.	Gesamt
Antworten:) n:	776	717	1493	725	747	1472
Bücher lesen	27	42	35	19	41	30
Sport, Wandern	45	19	32	49	48	48
Rundfk., Fernsehen	6	8	7	25	22	24
Kino	6	7	6	3	3	3

Fragetext: ,,Womit befassen Sie sich in Ihrer Freizeit am liebsten?" (offene Frage; Mehrfachantworten möglich) (Emnid, 1954, 139) (Jugend '84, Frage 35)

gendlichen der 50er Jahre nicht. Das mediale Interesse der Jugendlichen der 80er Jahre richtet sich also auf eine selektive Nutzung der akustischen Seite, während Bildmedien — vom Kino angefangen bis zu Fernsehen und Video — nur für eine geringe Minderheit der Jugendlichen zu den persönlichen Vorlieben für die freie Zeit zählt.

Die Freizeitfrage vermittelt einen deutlichen Eindruck von den zahlenmäßig beherrschenden Freizeitvorlieben. 1954 sind dies Lesen und Sport, 1984 die Trias Sport — Lesen — Musik. Nach Geschlecht dominiert für junge Männer der Sport, während für junge Frauen die Lesetätigkeit an der Spitze steht.

Erwähnenswert ist, daß der Jugendberichterstatter Viggo Graf Blücher bereits Mitte der 60er Jahre gegen die Unterstellung argumentiert, die rasante Verbreitung des neuen Mediums Fernsehen mindere die Freizeitbedeutung des Lesens bei Jugendlichen. Er tut dies u.a. auf der Grundlage der gleichen Freizeitfrage von Emnid, die auch unserem Zeitvergleich zugrunde liegt; nur daß er sich auf die kurze Dekade 1954 — 1964 bezieht.

,,Man weiß, daß vor Auftreten des Fernsehens Bücherlesen unter Jugendlichen die am häufigsten angegebene Freizeitbeschäftigung war... Das Interesse am Bücherlesen bei der Jugend ist durch das Auftauchen des neuen Mediums Fernsehen so gut wie gar nicht beeinträchtigt worden. Die Lesehäufigkeit hat sich nicht verringert..." (Blücher 1964, 286)

Die vermehrte bzw. anhaltend starke Lektüre von Jugendlichen und jungen Erwachsenen ist zum Teil Resultat der Lern- und Ausbildungssituation dieses Lebensabschnittes. Unter 30jährige lesen mehr Berufs- und Fachbücher, Sachbücher und Tatsachenberichte als über 30jährige — wobei diese Lesekategorien von Lebensjahrzehnt zu Lebensjahrzehnt weiter abfallen (z.B. Emnid 1973, Tab. 26 f). (Ganz ähnlich verhält es sich mit der Kategorie 'Moderne Literatur'. Was uns bei der Deutung der Entwicklung der Lesetätigkeit in den letzten Jahrzehnten ununmgänglich erscheint, ist der Hinweis auf den Zusammenhang von Lesen, Schule und Berufsqualifikation.

Zwischen den 50er und 80er Jahren liegt die weitgehende „Verschulung der Adoleszenz". Wenn die Mehrheit der Jugendlichen heute — im Gegensatz zu den 50er Jahren — zwischen dem 15. und 19. Lebensjahr irgendeine Form von Schule besucht, so läßt dies weitreichende Folgen in bezug auf Schreib- und Lesekultur vermuten. Schule ist der gesellschaftlich dominante Vermittler von Schriftkultur. Unter diesem Gesichtspunkt betrachtet muß es verwundern, wenn Jugendliche heute nicht bedeutend zahlreicher lesend an Schriftkultur partizipieren als in den 50er Jahren. Gleichbleibende Prozentanteile über die Jahrzehnte lassen sich demzufolge auch als Resultat zweier auseinanderweisender Entwicklungsprozesse verstehen: Auf der einen Seite relativieren neue Medienangebote die traditionelle Bedeutung des Lesens; auf der anderen Seite wachsen der Schriftkultur im Zuge der weitgehenden Verschulung der Adoleszenz neue Leserkreise zu. Beide Prozesse könnten sich — für Jugendliche — bislang die Waage gehalten haben.

Lesen — eine weibliche Tätigkeit?

Seit Anfang der 50er Jahre wurden in den verschiedensten Jugenstudien Fragen nach den häufigsten oder liebsten Freizeitätigkeiten gestellt. Lesen (von Büchern) taucht regelmäßig als Antwortvorgabe oder als spontan genannte Aktivität auf. Eine Auswahl einschlägiger Umfragen ist in Tabelle 8 synoptisch zusammengefaßt.

Die abweichenden Formulierungen und Antwortvorgaben zu den Fragen verunmöglichen einen präzisen Vergleich über die Zeit. Nur soviel läßt sich wohl sagen: Eine kontinuierliche Abnahme des Prozentanteils lesender Jugendlicher läßt sich nicht aus den Prozentzahlen ablesen. In den meisten Untersuchungen — aus allen drei Jahrzehnten — ist der Anteil lesender Jugendlicher vergleichsweise groß. Das kommt im Vergleich zu anderen Freizeitaktivitäten deutlich zum Ausdruck, die allerdings in unserer Synopse ausgespart wurden.

Etwas besser ist es um den Vergleich nach Geschlecht bestellt — dem Hauptzweck unserer synoptischen Darstellung. Lesen mehr Mädchen und junge Frauen als Jungen und junge Männer? Lesen sie häufiger und lieber?

Tabelle 8: Lesen als Freizeittätigkeit nach Geschlecht. Synopse repräsentativer Jugendstudien 1950-1984

Literaturverweis	Jahr der Erhebung	Repräs. Region	Repräs. Alter	Text der Frage	Untergruppen	- Angaben in % - männl.	weibl.
Beirat f. Jugendfragen (1951)	1950	Hessen (schriftl)	14-21	Was tun Sie in Ihrer Freizeit — Was machen Sie davon am liebsten? (Liste) — Lesen zur Unterhaltung —		57	67
Pipping (1954)	1950/ 1951	Nieders. Franken Baden	18-22	Was tun Sie am liebsten in Ihrer Freizeit? (offen) — Lesen —		57	57
Hörerforschung (1953)	1953	Nord-/ Westdeutschl	15-24	Womit beschäftigen Sie sich am liebsten? Wofür interessieren Sie sich hauptsächlich? (offen) — Kriterium: Lesen		28	47
				Womit beschäftigen Sie sich in Ihrer Freizeit? (offen) — Lesen —		41	59
				Lesen Sie Bücher? — Kriterium: sehr viel/des öfteren —		52	59
EMNID (1953)	1953	BRD	15-24	Haben Sie in den letzten vier Wochen ein Buch gelesen? — Krit.: Ja		52	55
				Was ist Ihre liebste Freizeitbeschäftigung? (offen) — lesen —		18	26
					15-17 J.	19	23
					18-20 J.	18	26
					21-24 J.	18	28
EMNID (1954)	1954	BRD	15-24	Womit befassen Sie sich in Ihrer Freizeit am liebsten? (offen) — Bücher lesen —		27	42
EMNID (1955)	1955	BRD	15-24	Womit befassen Sie sich nach Feierabend am liebsten? (offen) — Lesen		37	45
				Haben Sie vielleicht in den letzten vier Wochen ein Buch gelesen? (Ja)		49	54
Planck (1956)	1955	BRD Gemeinden u. 5000 E.	17-28 nur Landwirte	Was machst Du am liebsten in deiner freien Zeit — offen — Lesen		33	55

Literaturverweis	Jahr der Erhebung	Repräs. Region	Repräs. Alter	Text der Frage	Untergruppen	– Angaben in % – männl.	weibl.
EMNID (1961)	1961	BRD	15-20	Gibt es bestimmte Dinge, mit denen Sie sich außerhalb der Arbeits- und Schulstunden, ich meine in Ihrer Freizeit, besonders gern und besonders häufig beschäftigen (Ja: 58%) — Was ist das, womit Sie sich besonders gern beschäftigen — Lesen (Bücher einschl. Illustr. usw.)	15-16 J. 17-18 J. 19-20 J.	9 13 9	21 15 14
				Oder ist es so, daß sich Ihre Interessen mehr auf verschiedene Gebiete verteilen? (36%) — Was wäre das? Könnten Sie mir Ihre Interessengebiete nennen? — Lesen —	15-16 J. 17-18 J. 19-20 J.	11 11 8	20 19 41
EMNID (1964)	1964	BRD	15-24	Können Sie bitte angeben, was Sie gestern abend in der Freizeit getan haben? (offen) — Lesen —		38	41
EMNID (1966)	1965	BRD	14-21 (ohne Verh.)	Und wann haben Sie in einem Buch zuletzt gelesen? (Vorgaben) — Kriterium: Diese Woche —	14-17 J. 18-21 J.	38 34	38 42
				Kriterium: Im letzten Monat/ in den letzten 14 Tagen/diese Woche zus.	14-17 J. 18-21 J.	68 67	73 69
Planck (1970)	1968	BRD Gemeinden u. 5000 E.	17-28	Was machst Du am liebsten in Deiner freien Zeit? (offen) — Lesen, Kreuzworträtsel —	ledig verheiratet	11 8	36 20
Sand/ Benz (1979)	1975/ 1976	BRD	12-20	Auf dieser Liste stehen verschiedene Freizeitbeschäftigungen. Nennen Sie mir bitte alle Freizeitbeschäftigungen, für die Sie in der Woche mehr als 5 Stunden aufwenden? — Lesen (3. Rangpl.)		51	62
Steinborn (1979)	1977/ 1978	BRD	6-17	Reichweite von Büchern (ohne Schulbuch) — Kriterium: Es lesen:	pro Tag Woche Monat	44 78 91	49 83 94
Infratest (1982)	1982	BRD	15-30	Auf dieser Liste stehen eine ganze Reihe von Dingen und Beschäftigungen, die man in der Freizeit tun kann. Gehen Sie die Liste bitte durch und nennen Sie mir die fünf wichtigsten Dinge, die Sie in Ihrer Freizeit tun. — Lesen —		24	45
Jugend '84	1984	BRD	15-24	Womit befaßt Du Dich in Deiner Freizeit am liebsten? (offen) — lesen —	Gesamt 15-17 J. 18-20 J. 21-24 J.	19 14 18 22	41 40 37 45

Mit Ausnahme der beiden ältesten Studien von 1950 handelt es sich um mündliche Interviews im Rahmen von Stichproben (Quota; Zufall) in den Größenordnungen von 1000 bis 2000 befragten Jugendlichen.

Das Interesse an dieser geschlechtsbezogenen Aufschlüsselung leitet sich direkt aus den Ausführungen weiter oben über das besondere Verhältnis weiblicher Jugendlicher zur privaten Schreibpraxis her. Wenn die Unterstellung zutreffend ist, wonach lesende und schreibende Bezugnahme auf Schriftkultur eng miteinander liiert sind, sollten wir auf parallele Differenzen stoßen: Dem häufigeren Schreibengagement entspricht prozentual häufigeres Lesen bei Mädchen/jungen Frauen; zwischen den 50er und 80er Jahren vergrößert sich der weibliche Mehranteil sowohl bei der Schreib- wie bei der Lesetätigkeit.

Sieht man die repräsentativen Jugendstudien in der Synopse unter diesem Interesse vergleichend durch, bestätigen sich die unterstellten Geschlechtsunterschiede nur teilweise. Lesen als Lieblingsbeschäftigung oder Lesen als häufig ausgeübte Tätigkeit in der freien Zeit sind in etwa der Hälfte der Studien mehr eine Angelegenheit der Mädchen und jungen Frauen. Die andere Hälfte der Jugendstudien liefert keinen Beleg dafür. Die Prozentunterschiede sind zu klein oder verschwinden ganz. Allerdings finden wir auch keine Studie, nach der männliche Jugendliche zahlreicher lesen als weibliche.

Eine plausible Deutung für diese Differenz ergibt sich, wenn wir das Interessemoment vom Verhaltensmoment trennen. Die Unterschiede sind in allen Jahrzehnten konstant dann größer, wenn nach Vorlieben, „liebsten" Freizeitbeschäftigungen gefragt wird. Geht es dagegen um Häufigkeit oder zeitlichen Aufwand für die Lektüre, schwinden die Unterschiede oder werden zumindest kleiner. Wir dürfen daraus schließen, daß das Lesen mehr Mädchen und jungen Frauen emotional und interessenmäßig nähersteht als Jungen und jungen Männern. Dies könnte mit der Art der gelesenen Bücher und Artikel zusammenhängen. Bei männlichen Jugendlichen sind nicht wenige, bei denen Ausbildungs- und sachliche Orientierungsinteressen bei der Wahl der Lektüre überwiegen. Sie lesen berufs- und schulbezogener — und dies nicht immer aus freien Stücken. Bei weiblichen Jugendlichen spielt das Interesse am Erzählerischen, am Fiktiven eine bedeutendere Rolle (vgl. z.B. Emnid/Spiegel 1973; Emnid 1966, 199 ff). In einer neueren Studie zum Konsum von Druckmedien bei Kindern und Jugendlichen werden Selbsteinschätzungen von Jungen und Mädchen zur Lesepraxis mitgeteilt, die ganz auf der Linie unserer Annahmen liegen. Jungen zwischen 6 und 17 Jahren schätzen sich danach häufiger als Mädchen als „langsame" oder „schwache" Leser ein und betonen etwas mehr: „Bücherlesen ist für mich meistens kein Spaß, sondern Arbeit.“ (Steinborn 1979, 22)

Eltern sehen es am liebsten, wenn ihre Kinder Bücher zur Unterhaltung lesen (Steinborn, 1979, 11). Das Druckmedium umgibt eine Aura von Bildung und guter Erziehung, nach wie vor. Lesen kann die Bedeutung kindlichen Gehorsams annehmen. Notwendig erscheint an dieser Stelle der Hinweis auf die Liaison zwischen Lesekultur und den beiden pädagogischen Institutionen Familie und Schule. Die Kultur des Bücherlesens und die Einstellung zum Schulbesuch hängen eng miteinander zusammen. Kinder und Jugendliche im Alter von 6 bis 17 Jahren, die häufig Bücher lesen, gehen lieber zur Schule als diejenigen, die selten einmal Bücher lesen. Ebenso verhält es sich mit der Einstellung zum Deutschunterricht. Die häufigen Bücherleser mögen das Fach durchschnittlich lieber als die seltenen Bücherleser. (Die Untersuchung wurde 1978 durchgeführt; Steinborn 1979, 20). Wenn mehr Mädchen als Jungen gern lesen, so steht das auch in direkter Beziehung zur häufigeren Bereitschaft von Mädchen, sich an den Regeln und Wertmaßstäben der pädagogischen Einrichtungen zu orientieren (Andresen 1982; Zinnecker 1972).

Ähnlich wie bei Jugendlichen finden wir auch bei den Erwachsenen geschlechtsspezifische Unterschiede in der Beteiligung an Lesekultur, allerdings nicht durchgehend in allen Studien. In den 60er und 70er Jahren ergaben sich in allgemeinen Bevölkerungsumfragen zur Freizeit — also unter den Erwachsenen — keine Hinweise darauf, daß Frauen mehr als Männer lesen (vgl. z.B. Emnid 1969, 54; Emnid 1972, 35; Divo 1961, 148; Emnid/Spiegel 1973, Tab. 17a ff). (In der eigenen Studie „Erwachsene '84“ wurde leider keine entsprechende Freizeitfrage gestellt.) Dagegen vermeldet der Berichterstatter einer neueren Untersuchung (1978) klare Differenzen zugunsten von Mädchen und Frauen:

„Die im Vergleich zu den Jungen ausgiebigere Nutzung von Büchern zur Unterhaltung bei Mädchen beschränkt sich nicht allein auf die Bundesrepublik, sondern ließ sich auch in Buchmarktuntersuchungen in Österreich und Holland nachweisen. Die Tendenz intensiver Unterhaltungslektüre bei Mädchen findet ihre Fortsetzung in der ausgedehnten Lektüre belletristischer Literatur bei Frauen, die durch die parallel laufende Erhebung bei Erwachsenen aufgezeigt wurde.“ (Steinborn 1979, 6)

Jugendliche Mediennutzung im Bild aktueller Media-Untersuchungen

Präzisere Bestandsaufnahmen als allgemeine Freizeituntersuchungen liefern spezielle Media-Surveys. Insbesondere die Stellung des Lesens im Gesamtzusammenhang von Medienkonsum und Freizeitnutzung läßt sich auf diesem Weg genauer bestimmen. Die folgenden Aussagen stützen sich insbesondere auf zwei Infratest-Umfragen zum Medienverhalten. 1977/78 wurden im Auftrag der Bertelsmann-Stiftung Erwachsene und Kinder/Jugendliche (6-17 Jahre) zum „Kommunikationsverhalten und Buch" befragt (Infratest 1978; Steinborn 1979; Kiefer 1978; Unholzer 1978). 1980 wurde von Infratest im Rahmen einer 1964 beginnenden Zeitreihe eine Bevölkerungsumfrage (ab14 Jahren) im Auftrag der Rundfunk- und Fernsehanstalten zur „Massenkommunikation" durchgeführt.

Grafik 9: Tägliche Reichweite von Medien nach Altersgruppen (BRD 1977/78)

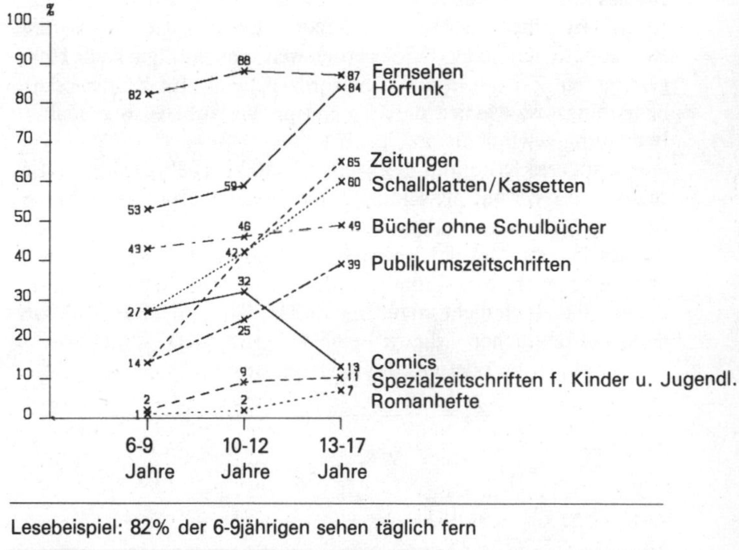

Lesebeispiel: 82% der 6-9jährigen sehen täglich fern

Quelle: Steinborn (1979) – Infratest-Studie (1978) mit N = 821; 6-17 jährigen (Repräsentative Quota-Stichprobe)

Die Reichweite der verschiedenen Medien pro Tag ist in Grafik 9 dargestellt. Zugrunde liegen die Daten der Infratest-Studie 1977/1978, unterteilt nach drei Altersgruppen — 6-9, 10-12, 13-17 Jahre —, die Kindheit und frühe Jugend repräsentieren. Bücher — ohne Schulbücher — nehmen einen mittleren Rang ein. Knapp die Hälfte der Befragten greift täglich zu einem Buch. Nimmt man Schulbücher hinzu (nicht gesondert ausgewiesen in der Grafik) so kommt man auf eine tägliche Reichweite von gut 80 Prozent. Alle Bücher zusammengenommen stehen damit gleichauf mit dem Fernsehen, das ebenfalls gut 80 Prozent der Jüngeren täglich erreicht.

Bei den 6-9jährigen Kindern ist das Medium Fernsehen im Hinblick auf die Reichweite konkurrenzlos. Im frühen Jugendalter zieht der Hörfunk mit 84% gleichauf; auch Schallplatten/Kassetten und Zeitungen werden jetzt erheblich mehr — von jeweils zwei Dritteln der 13-17jährigen — tagtäglich in Anspruch genommen. Comics erweisen sich als kinderspezifische Medien, die von rund 30 Prozent der 6-12jährigen regelmäßig genutzt werden.

Auffallend ist innerhalb der Printmedien die Sonderstellung des Buches als Freizeitlektüre. Andere Druckerzeugnisse, Zeitung, Zeitschrift, aber insbesondere Kinder- und Jugendzeitschriften, Romanheftchen und Comics werden weit weniger täglich zur Hand genommen. Zeitungen und Zeitschriften stellen für Kinder relativ bedeutungslose Medien dar, die erst im Verlauf des Jugendalters Bedeutung gewinnen.

Ein anderes Kriterium des Medienkontakts stellt der eigene Besitz dar. Im Verlauf der Kindheit und Jugend nimmt der Eigenbesitz von Medien erst allmählich zu. Oben wurde am Beispiel des Buches bereits darauf hingewiesen, daß dem Ausleihen ein weit größerer Stellenwert zukommt als dem Besitz. Gleichwohl schneidet hier das Buch nicht ungünstig ab. Das läßt sich am Prozentsatz derer verdeutlichen, die in einem bestimmten Alter Kassetten/Schallplatten oder eigene Bücher besitzen.

1978 besitzen ...	6- 9 jährige	10-12 jährige	13-17 jährige
mehr als 20 Kassetten/Schallplatten	15%	21%	38%
mehr als 20 eigene Bücher	34%	52%	62%

(Steinborn 1979, 10)

Eine weitere methodische Vorgehensweise der Medienforschung besteht darin, den Anteil der Mediennutzung am Zeitbudget festzustellen. In Tabelle 10 sind einige Ergebnisse der ‚Fernsehstudie' von 1980 zusammengefaßt. Grundeinheit sind die Minuten, die an einem Werktag durchschnittlich für Mediennutzung aufgewendet werden. Das Zeitbudget vermag den Maßstab ‚Reichweite' von Freizeit- und Medienaktivitäten zu stützen oder auch zu korrigieren. So wissen wir um den hohen Prozentsatz von Jugendlichen, die Sport treiben. Im Zeitbudget relativiert sich die Bedeutung dieser Freizeittätigkeit erheblich. Für Sport treiben/wandern/sich trimmen wenden durchschnittlich pro Werktag auf (Darkow 1982):

— 14-19jährige 16 Minuten
— 20-29jährige 6 Minuten.

Verglichen mit den 56 bzw. 40 Minuten täglicher Buchlektüre ist dies bescheiden. Der schlichte Grund: Es handelt sich um eine Tätigkeit, die auf einzelne Termine in der Woche beschränkt bleibt. Lesen, Hören, Sehen von unterschiedlichen Medien sind demgegenüber tägliche Beschäftigungen.

Tabelle 10: Zeitbudget werktags (Montag bis Samstag) und Medienkonsum (Wohnbevölkerung ab 14 Jahre, BRD 1980) – rd. 2000 Personen –

	Gesamtbevölkerung	14 bis 19 Jahre	20 bis 29 Jahre
	Minuten	Minuten	Minuten
Freizeit insgesamt	429	494	395
Lesen			
– Bücher	22	56	40
– Tageszeitung	22	9	13
– Zeitschriften	11	11	18
Hören			
– Hörfunk	44	54	52
– Schallplatten/Kassetten/Tonbänder	15	36	26
Sehen			
– Fernsehen	114	75	80
– Kino	2	5	4

Eigene Zusammenstellung nach Darkow (1982) – Infratest i.A. ARD, ARW, ZDF –

Die Angabe des Zeitbudgets widerlegt jede Vorstellung von einer besonders fernseh- oder allgemein medienabhängigen Jugend. 14-19 jährige verfügen über das größte Freizeitbudget aller Altersgruppen, der Anteil der für Mediennutzung aufgewendeten Zeit fällt jedoch geringer als bei Erwachsenen aus. So sieht ein 14-19jähriger im Tagesschnitt 75 Minuten, ein durchschnittlicher Erwachsener aber 114 Minuten pro Werktag. Diese Tendenz verstärkt sich — zum nicht geringen Entsetzen der Programmgestalter der Rundfunkanstalten — im Lauf der 70er Jahre noch etwas.

Ein Vergleich 1974 und 1980 ergibt: „Der schon immer unterdurchschnittliche Zeitaufwand der 14-19jährigen für Mediennutzung hat sich 1980 gegenüber 1974 nochmals ... verringert; davon sind das Fernsehen ... und besonders die Tageszeitung ... betroffen. Der Hörfunk konnte seine Spitzenstellung auch in dieser Altersgruppe ... gegenüber 1974 festigen. ... Der Hörfunk ist demnach 1980 noch deutlicher als schon 1974 zum zeitaufwendigsten Massenmedium der jüngeren Generation geworden. ... Wie schon bei der Nutzungsdauer trifft aber auch für den Reichweitenvergleich zu: das Massenmedium der jungen Generation ist der Hörfunk, am ausgeprägtesten ist diese Stellung des Hörfunks in der Gruppe der 20-29jährigen." (Darkow 1982)

In bezug auf die Lesetätigkeit läßt sich aufgrund der Tabelle behaupten: Auch wenn wir den Maßstab täglichen Freizeitbudgets zugrunde legen, bewahrheitet sich die besondere Stellung, die die Buchlektüre im Jugendalter einnimmt. Folgen wir der Untersuchung 1980, so verwenden Jugendliche zwischen 14 und 19 Jahren 11 Prozent ihrer gesamten freien Zeit an Werktagen für Bücherlesen. Zum Vergleich: In der durchschnittlichen Bevölkerung sind dies 5 Prozent.

Zu einem ganz ähnlichen Resultat gelangte die Infas-Studie 1978: „Bei Kindern und Jugendlichen haben — rechnet man die Beschäftigung mit Schulbüchern ein — Bücher im Zeitbudget einen höheren Stellenwert als bei Erwachsenen. Die 6-17jährigen beschäftigen sich pro Monat etwas über 50 Stunden mit Büchern. Das sind 40 Prozent des Zeitbudgets für Medien; 30 Prozent davon entfallen auf Schulbücher und 10 Prozent auf andere Bücher." (Unholzer 1978, 6)

Medien im Lebenszyklus

Die Nutzung der unterschiedlichen Medien ist lebensalterspezifisch. In Kindheit und Jugend erreichen sie einen ersten und zugleich später in gewisser Hinsicht nicht mehr erreichten Höhepunkt. Aus der Sicht der Infas-Studie 1978 sieht die lebensalterspezifische Mediennutzung wie folgt aus:

,,Die Position einiger Medien verändert sich in Abhängigkeit vom Alter ihrer Nutzer:

□ Bereits bei den 10 bis 12jährigen erreicht das *Buch* Spitzenwerte: 83 Prozent Leser pro Woche ohne Schulbücher. Dieser hohe Stand wird bis in das dritte Lebensjahrzehnt gehalten, um danach zunächst leicht, ab 60 Jahren dann stark abzufallen.

□ Während bei den Jüngsten das Kinder- und Jugendbuch im Vordergrund steht, zieht bei den 13 bis 17jährigen die belletristische Literatur schon gleichauf. In allen Altersgruppen ab 13 Jahren steht jedoch das Sach- und Fachbuch an erster Stelle.

□ Die *Tageszeitung* findet bei Kindern und Jugendlichen zunächst nur geringes Interesse und ist erst mit Erreichen der Volljährigkeit ein voll akzeptiertes Medium, das dann bis ins hohe Alter hinein nicht mehr an Bedeutung verliert.

□ Völlig altersunabhängig ist die Nutzung des *Fernsehens*, das allen Altersgruppen etwa gleichbleibend interessant erscheint.

□ Der *Hörfunk* findet das größte Interesse bei Jugendlichen und jungen Erwachsenen.

□ Dagegen haben Schallplatte und Tonkassette bei den über 30jährigen eine relativ schwache Position; ihre Zielgruppe besteht hauptsächlich aus Kindern, Jugendlichen und jungen Erwachsenen.''
Unholzer 1978, 5)

Sieht man einmal von der Tageszeitung ab, die im Erwachsenenalter erst den Höhepunkt ihrer Nutzung erlebt, und auch vom Fernsehen, das gleichbleibend von allen Altersgruppen genutzt wird, so nehmen lesende und hörende Medientätigkeiten mit dem Eintritt ins aktive Erwachsenenleben durchweg ab. Vielleicht erlauben diese altersbezogenen Kurven der Mediennutzung folgende Aussage über eine der Funktionen der Medien im Lebenszyklus. In der Frühphase der Lebens dienen Medien der kulturellen Initiation der gesellschaftlichen Neulinge, die zugleich von vielen verpflichtenden Handlungsketten der Erwachsenengesellschaft ausgeschlossen bleiben. Im Alter erfüllen sie die Aufgabe, den zunehmend in die segregierte Altengesellschaft Hineinwachsenden den Kontakt zum kulturellen Leben auf der Symbolebene weiter zu ermöglichen. Medien sind demzufolge kulturelle Kontaktformen insbesondere für die sozialen Altersgruppen, deren handelnde Verflechtung in Kultur und Gesellschaft noch nicht oder nicht mehr voll entwickelt sind.

Gewiß erfüllen Medien im Lebenszyklus noch andere Aufgaben als die angedeuteten. Buch und Fernsehen sind, wie andere Medien auch, multifunktional für die Erfüllung von Bedürfnissen oder die Lösung von entwicklungstypischen Lebensproblemen einsetzbar. Ein Beispiel für den thematischen Wechsel der Medienbedeutung zwischen Kindheit und Jugend, dem eine biografisch orientierte Medienforschung nachging:

„An Befunden läßt sich dazu beispielhaft festhalten, daß bei den Kindern zunächst emotionale Bedürfnisse nach Spannung, Spaß und Abwechslung dominieren und informations- oder lernbezogene Bedürfnisse sich erst allmählich verstärken. Im Jugendalter werden hingegen emotionale Probleme der Spannungslösung- und Stimmungskontrolle stetig wichtiger, die besonders gut durch die Nutzung auditiver Medien zu lösen sind.“ (Bonfadelli 1983, 319)

Exkurs: Berichte aus dem Medienalltag von vier Mädchen

Alle vier Mädchen sind Schülerinnen einer integrierten Gesamtschule, 9. Schuljahr. Die Gespräche fanden Herbst 1982 in einer Kleinstadt statt, die in einem industriellen Ballungsgebiet (Rhein-Main) liegt.

„In der Woche gucke ich kaum Fernsehen, so freitags und samstags sehr viel, das ist schlecht, muß ich zugeben. Manchmal lese ich, wenn ich Langeweile habe, meistens Kriminalromane, oder was ich gerne mag, sind Problembücher.

Oder ich blättere in Zeitschriften. Meine Mutter, die kauft immer die Zeitschrift ‚gracia‘, eine italienische Modezeitschrift, die lese ich. Manchmal kauf ich mir auch die ‚Brigitte‘.“ (Rena, 14 Jahre)

„Ich lese gerne Mädchenbücher oder Detektivgeschichten, meistens tagsüber oder abends an Wochenenden. Zeitschriften lese ich auch gerne so, z.B. die HÖR ZU, oder so ältere Zeitschriften, die meine Oma geschenkt kriegt, die lese ich durch und löse gerne Kreuzworträtsel oder andere Rätsel. Aus den Zeitschriften schneide ich alles über ‚Prinzessin Diana‘ oder ‚Dallas‘ aus, das sammel ich. Ich habe schon einen ganz großen Ordner voll und bereits den zweiten angefangen. Von der Angelika bekomme ich schon mal die BRAVO, da schneide ich die Poster für meine Cousinen aus Rumä-

nien aus und lese meistens nur was über einzelne Sänger. Aber selbst kaufen würde ich sie mir nicht. Tageszeitungen interessieren mich nicht und Politik, das finde ich langweilig.

Wenn ich nicht weiß, was ich machen soll, gucke ich am liebsten Fernsehen. (Eigener Fernseher und eine Stereoanlage auf ihrem Zimmer. Anm.) Nachmittags mache ich zuerst Hausaufgaben ... Danach bastel ich manchmal was, oder sehe fern, abends gucke ich meistens, das tue ich sehr gerne. Ich höre auch gern Musik, Schlager. Wenn ich Schlager höre, dann versetze ich mich irgendwie in das Lied rein und das gefällt mir. Schallplatten kauft mein Vater mir meistens. Der weiß, was ich hören will, er ist Mitglied im Club-Center, und wenn es dort Sonderangebote gibt, meistens Platten, die schon etwas älter sind, dann bringt er mir welche mit so für 2 DM oder 3 DM.“ (Sybille, 14 Jahre)

„Ab und zu gucke ich auch Fernsehn, aber mir ist lieber, wenn ich mal weggehen kann und mit anderen Leuten zusammen bin, als wenn ich mir im Fernsehn einen Film anschaue.

Wenn ich ins Bett gehe und noch keine Lust habe zu schlafen, da lese ich unwahrscheinlich gerne. Zur Zeit lese ich so Familiengeschichten. Davor habe ich Edgar Wallace und Alfred Hitchcock gelesen und früher Mädchenbücher wie ‚Gisela und Nina‘. Na, also mein Geschmack hat sich verändert.

Wenn ich Lust habe, irgendetwas zu lesen oder zu stricken, dann kaufe ich mir schon mal die ‚Brigitte‘ oder die ‚Freundin‘, oder meine Mutter kauft sie,“ (Claudia, 15 Jahre)

„Und dann halt, gehe ich in die Bücherei, leihe mir jeden dritten Mittwoch Bücher aus. Früher habe ich immer so ‚Hanni und Nanni‘ gelesen, und jetzt so Bücher, die sich leicht lesen lassen, zu Jugendproblemen, Jugendkriminalität, Mädchen, die Drogen nehmen, grad was mir so ins Auge fällt, was ich in dem Gefühl finde. Die meisten guten Bücher sind halt schon weg. Manchmal lese ich auch einen Schmalzthriller. Von einem Buch, ‚Dennis Traum‘ war ich ganz begeistert, das lief auch im Fernsehen.

Dann löse ich noch gerne Kreuzworträtsel, aber nur in Heften, wo hinten die Auflösung drin ist. An Zeitschriften, da habe ich mir eine Zeitlang mal die ‚Freundin‘ gekauft. Manchmal kauft meine Mutter so Modezeitschriften, da lese ich ab und zu drin. Ich hatte früher mal ne ‚Bravozeit‘, aber für sowas gebe ich jetzt kein Geld mehr aus. In Zeitschriften, da gucke ich meistens mal so rein, was so ist, lese so Witze und Horoskope. Hin und wieder gehe ich auch mal ins Kino. ‚E.T.' war mein letzter Kinofilm. Und sonst, och, habe ich so ‚Eis am Stiel', so Jugendfilme, Porkies und Hollowe'en oder Gruselfilme mir angeschaut.

... Och, ich bin daheim, sitze da und gucke Fernsehen. Früher habe ich das viel gemacht, jetzt weniger. Aber manchmal, da rappelt's mich, da setze ich mich hin und gucke jede bescheuerte Sendung, die kommt, das ist echt irre. Wir haben eine neue Stereoanlage gekauft, da sitze ich jetzt oft unten im Keller und höre Musik."
(Anne, 15 Jahre)

Reichweite von Medien im Zeitvergleich 1953–55 — 1977/78

In den Jugendstudien Mitte der 50er Jahre (Emnid) wurde die Reichweite von Medien für das jugendliche Zielpublikum detailliert — wenngleich nicht standardisiert in der Frageform — erkundet. Leider war es nicht möglich, in der Jugendstudie '84 den Fragenkomplex, der sich auf Lesen und Mediennutzung bezieht, für die achtziger Jahre zu wiederholen. Eine gewisse Aushilfe bedeutet hier die Medienstudie in Infratest von 1977/78, in der die breite Palette der gebräuchlichen Medien nach täglicher, wöchentlicher oder monatlicher Nutzung durchgefragt wurde. Der Vergleich muß allerdings mit der jüngeren Adoleszenz (bis 17 Jahre) vorliebnehmen, da die Infratest-Umfrage nur diese jugendliche Altersgruppe mit in die Stichprobe nahm. Eine gewisse Unschärfe des Vergleichs ergibt sich durch die sprachlichen Modifikationen der Frageformulierungen und durch die etwas abweichende Altersgruppierung (15-17jährige gegenüber 13-17jährigen). Die miteinander vergleichbaren Medien-Reichweiten sind von uns in Tabelle 11 zusammengestellt.

Ein erstes ins Auge fallendes Ergebnis: Die Reichweite von Tageszeitung und Hörfunk als tägliche aktuelle Medien ist zwischen Mitte der 50er und Ende der 70er Jahre relativ konstant geblieben. 84% der 13-17jährigen hörten 1977/78 täglich Rundfunk. 1953 hörten 76% der 15-17jährigen „gestern oder vorgestern Rundfunk". (Emnid 1953, 242).

Nicht zu übersehen ist auch, welche Medien zu einem Befragungszeitpunkt fehlen bzw. ausgespart bleiben: 1953–55 sind dies Fernsehen, Schallplatten/Kassetten und auch eine eigenständige Kategorie Comics. 1977/78 wird der Kinobesuch vernachlässigt.

Zu den Leseheftchen heißt 1954 die im Sinne des literarischen Jugendschutzes gestellte Frage: „Haben Sie in den letzten 4 Wochen vielleicht ein Leseheftchen gelesen, wie z.B. die sogenannten

Tabelle 11: Reichweite der Medien im Zeitvergleich von Jugendstudien (BRD) 1953-55 – 1977/78

Medium	Kriterium (Häufigkeit der Nutzung)	1953-55 (Emnid) 15-17 J.		1977/78 (Infratest) 13-17 J.
Hörfunk	täglich	76%	(1953)	84%
Tageszeitungen	täglich	65%	(1953)	65%
Zeitschriften	wöchentlich	62%	(1953)	78%
Jugendzeitschriften	wöchentlich	17%	(1953)	36%
Bücher (ohne Schulbücher)	monatlich	51%	(1955)	94%
Fernsehen	täglich	–		87%
Schallplatten/Kassetten	täglich	–		60%
Kino	monatlich	84%	(1954)	–
Leseheftchen (Roman)	monatlich	33%	(1954)	28%
Comics	monatlich	–		46%

Quellen: Steinborn (1979); Emnid (1954; 1955); Fröhner (1956)

20- oder 50-Pfennig-Hefte oder solche, die in Reihen erscheinen?" (Emnid, 1955, 286). Und als Nachfrage: „Wie heißen die beiden letzten?" Erst auf diese Nachfrage hin taucht gelgentlich (1%) der Hinweis auf „Jux, Humor, Comic, Stripes" auf. Die Comic-Industrie, nach dem Krieg neu aus den USA kommend, hatte zwar bereits die Massenproduktion in der Bundesrepublik begonnen, sich jedoch noch nicht als eigenständige Gattung im kulturellen Bewußtsein etablieren können. 1977/78 geben 46% der 13-17jährigen an, wenigstens einmal pro Monat Comic-Heftchen gelesen zu haben.

Durchweg zugenommen hat zwischen den Befragungsjahren die Reichweite von gedruckten Medien (außer Tageszeitung). Publikumszeitschriften lesen 1977/78 16% Jugendliche mehr, Jugendzeitschriften 19% mehr, und Bücher lesen sogar 43% Jugendliche im Monatsschnitt mehr.

Zum Bücherlesen ist beiläufig zu notieren, daß die neueren Medienuntersuchungen zwischen Schulbüchern und Büchern in der Freizeit differenzieren — eine Unterscheidung, die wir in den Emnid-Studien 1953–55 noch nicht finden. Dort heißt es schlicht: „Haben Sie vielleicht in den letzten vier Wochen ein Buch gelesen?“ Die notwendig gewordene Präzisierung 1977/78 spiegelt die Verschulung der Adoleszenz wieder, die zwischenzeitlich in den 60er und 70er Jahren stattgefunden hat.

Zur Buchlektüre können wir ergänzend eine Emnid-Freizeitstudie aus dem Jahr 1965 hinzuziehen. Das gestattet eine Präzisierung der Entwicklungslinie, die zur Vergrößerung der Reichweite der Buchlektüre führte, Tabelle 12 gibt uns die zusätzliche Information, daß die Verbreiterung des Kreises jugendlicher Buchleser Mitte der 60er Jahre bereits in vollem Gange war; nicht nur bei den Jüngeren (zwischen 14 und 17 Jahren), sondern auch in der späteren Adoleszenz (18-21 Jahre). Die Entwicklung danach (1965 — 1977/78) wird bereits besser durch das Kriterium „wöchentlicher Lektüre“ als durch monatliches Buchlesen (was bald alle Jugendliche praktizieren) beleuchtet.

Die Ergebnisse des Zeitvergleichs jugendlicher Mediennutzung stimmen gut mit den wachsenden Produktionsziffern der Medienindustrie überein.

Wie ist die Medienproduktion in den letzten Jahrzehnten gestiegen? Unholzer — der Geschäftsführer von Infratest Medienforschung — kommt zu folgenden Wachstumswerten zwischen 1958 und 1978:

„□ Die Zeitungen haben in diesen 20 Jahren ihre Auflagen um rund 50% gesteigert;

□ die Publikumszeitschriften um rund 80%;

□ die Buch-Titelproduktion hat sich um das zweieinhalbfache, der Buch-Stückumsatz hat sich schätzungsweise auf das Dreieinhalbfache erhöht;

□ das Fernsehen hat seine — im Jahr 1958 noch relativ geringe — Verbreitung inzwischen um das Dreizehnfache gesteigert;

□ die Hörfunkanmeldungen sind im gleichen Zeitraum nochmals um 40% gestiegen;

□ der Stückabsatz im Bereich der Schallplatte und der Tonkassette ist um das Dreieinhalb- bis Vierfache gestiegen;

□ und lediglich das Kino muß heute mit weniger als einem Fünftel der Besucherzahlen vorliebnehmen, die es 1958 noch gehabt hat (wobei hier einfach eine Publikumsverlagerung vom Kino zum Fernsehen hin erfolgt ist).

□ Und dies alles bei einem Bevölkerungswachstum in der gleichen Zeit von nur rund 13%.“(Unholzer 1978, 10)

Tabelle 12: Reichweite des Buches im Zeitvergleich von Jugendstudien. (BRD) 1954 – 1965 – 1977/78

Kriterium (Häufigkeit der Nutzung) Es lesen Bücher	1954 (Emnid) 15-17 Jahre	18-20 Jahre	1965 (Emnid) 14-17 Jahre	18-21 Jahre	1977/78 (Infratest) 13-17 Jahre	18-20 Jahre
wöchentlich	–	–	38%	34%	82%	–
monatlich	50%	51%	70%	70%	94%	–

Fragetext 1954: ,,Haben Sie vielleicht in den letzten 4 Wochen ein Buch gelesen?" (Ja)

Fragetext 1965: ,,Und wann haben Sie in einem Buch zuletzt gelesen?" (Vorgaben: im letzten Monat, in den letzten 14 Tagen, diese Woche)

Quellen: Emnid (1955, 288); Jugendwerk (1966, 195); Steinborn (1978).

Zwei mögliche Schlußfolgerungen

Die Expansion und Vervielfältigung der Medien war Begleiterscheinung und zusätzliche Antriebskraft für eine Verbreiterung des Freizeitkonsums, nicht zuletzt seitens einer aus dem Arbeitssektor entlassenen Adoleszenz. Dieser Wachstumsaspekt des Freizeitsektors wird in jugend- und zivilisationskritischen Mediendebatten gewöhnlich unterschätzt oder unterschlagen. Neue Medien oder, allgemeiner, neue Freizeitindustrien verdrängen für gewöhnlich nicht ältere Medien- und Freizeitnutzung, sondern stoßen eher in neuentstehende Lücken und Freiräume des Alltags vor. Pavel Uttitz (1984) resumiert ,,die Entwicklung des Freizeitverhaltens von 1953 bis 1980 in der Bundesrepublik Deutschland" wohl richtig, wenn er schreibt:

> ,,Die Entwicklung neuer Freizeitbereiche auf breiter Basis deutet eine starke Diversifikation des Freizeitverhaltens an. Zu Beginn der 50er Jahre konnten noch mit einem Dutzend von Fragen die wichtigsten Aktivitäten erfaßt werden (z.B. Reigrotzki 1956). Ende der 70er Jahre und Anfang der 80er Jahre war dazu schon die zwei- bis dreifache Anzahl an Fragen notwendig (z.B. Gruner & Jahr/Stern 1981). Die Erweiterung des Freizeitangebots geht, wie bereits dargestellt, mit einer Erhöhung des Freizeitbudgets einher. Deshalb sind in den vergangenen 30 Jahren nur sehr wenige Aktivitäten unbedeutender geworden. Es gab lediglich Umschichtungen, wobei neue Tätigkeiten meist durch die zusätzliche Freizeit aufgefangen wurden." (S. 34f)

In Begriffen der Sozialisation ausgedrückt: Neuartige Freizeit- und Mediennutzung erzwingt nicht in erster Linie ein Verlernen älterer Fähigkeiten, als vielmehr die Aneignung neuartiger Qualifikationen. Innerhalb des täglichen Freizeitkonsums wachsen die Zeiten und Phasen intensiven Neulernens und anspruchsvoller ,,Konsumarbeit" — Aspekte des Alltagshandelns, die wir traditionellerweise eher dem Arbeitsbereich und der Vorbereitung darauf zuordnen (Joerges 1983). Auf unsere Leitfrage — Umgang Jugendlicher mit überlieferter Schriftkultur — angewandt heißt das: Fernsehen, Video und Computer lösen den produktiven wie rezeptiven Umgang mit Schriftkultur nicht schlicht ab. Wohl aber modifizieren sie dessen Bedeutung im Gesamtstellenwert jugendlichen Alltags und jugendlicher Biografie. Mit der Weiterentwicklung von Kommunikationstechnologie kann (muß nicht) ein Zugewinn an (z.B subjektbedeutsamer) Funktion der überlieferten Schriftkultur verbunden sein. Wir müssen unser Urteil auf eine Gesamtbilanzierung stützen, nicht auf eine einsinnig ausgewählte Verlustrechnung. Berücksichtigen wir dies, wird unmittelbar einsichtig, daß und warum die populäre Auffassung, der vielfache Medienkonsum — Fernsehen, Video, Computer — habe der heutigen Jugendgeneration die kulturelle Produktivität in bezug auf ältere Medienpraktiken ausgetrieben, irreführend ist. Zugrunde liegt eine Monopolisierungsthese: Bildmedien monopolisieren Kommunikation und verdrängen dadurch Schreib- und Lesekultur. Richtig ist das Ausdifferenzierungs-Modell: Bildmedien führen zu einer Erweiterung und Neubewertung der Schreib- und Lesekultur. Anders ausgedrückt: Elektronisch rationalisierte Kommunikation setzt Schreibkultur für Zwecke der Subjektivität frei. Wenn Briefe z.B. sich im Rahmen von Geschäftskorrespondenz historisch erledigen, so werden sie um so stärker als Ausdrucksmittel persönlicher Freundschaft oder für Zwecke der Selbstfindung freigesetzt. Ähnlich wohl wie im Produktionsprozeß Handarbeit, die historisch veraltet, als persönliches Ausdrucksmittel für das moderne Ich freigesetzt wird. Ich wage die These, daß Jugendliche als erste die Bedeutung historisch veraltender kultureller Techniken als Nothelfer für die Krise moderner Subjektivität entdeckt haben oder noch entdecken werden.

Eine zweite Konsequenz der Entwicklung, die festgehalten werden muß: Die Ausdifferenzierung der Medienlandschaft in eine breite Palette von Medienangeboten schafft eine strukturelle Voraussetzung dafür, daß die verschiedenen Altersgesellschaften eigene Teilräume und Rezeptionsorte mit je eigener Tradition und zugeordnetem Programmangebot erhalten können. Im Verlauf der 50er Jahre ist ein solcher Ausdifferenzierungsschub zu beobachten, wie dies gegenwärtig auch wieder für die Zeit Ende der 70er, Anfang der 80er Jahre gilt. An die Zeit der Einführung schließt sich damals wie heute eine intensive Jungendschutzdebatte an, die im Kern darauf abzielt, die neue Verselbständigungschance der Jüngeren über ein neues Medium einzuschränken. Wir dürfen also die These aufstellen, daß die Ausdifferenzierung der Mediennutzung einen Doppeleffekt hervorruft: Einerseits sorgen Medien für einen symbolischen Zusammenschluß verschiedener soziokultureller Segmente der Gesellschaft und auch symbolische Verkoppelung verschiedener Altersgruppen in der Gesellschaft. Die Verallgemeinerung etwa des Fernsehens ließ die kindliche Lebens- und Erlebniswelt näher an die der Erwachsenengesellschaft heranrücken und trug maßgeblichen Anteil an der Aufhebung des pädagogischen Schutzraumes überlieferter Kindheit (Winn 1984; Postman 1983; Bauer/Hengst 1980). Dies ist jedoch nur die eine Seite soziokultureller Medienwirkung. Die Ausdifferenzierung und Individualisierung von Medien und Medienprogrammen sind in gleichem Umfang ein Hebel für die soziokulturelle Abkoppelung von Teilgesellschaften. Beispielsweise trug die Verbreitung von Kassetten und Kassettenrecordern maßgeblich zur Absonderung der Altersklassengesellschaften bei, in der sich jugendliche Hör- und Musikgewohnheiten als distinkte von erwachsenen entfalten können.

5. STREIFLICHTER DER JÜNGSTEN GESCHICHTE VON JUGENDMEDIEN

Kino

„Ja, das gab es damals häufiger. Die Kinonachmittage nach der Schule im Frankfurt der frühen fünfziger Jahre. Um 14 Uhr in ‚Die Kurbel' im Nordend (später ein paar Jahre Türkenkino, heute längst geschlossen). Um 16.10 ins ‚Roxy' auf der Vilbeler Straße (heute Möbellager). Um 18.20 ins ‚Eden' am Allerheiligentor (längst abgerissen). Danach die Angst, zu spät zum Abendessen nach Hause zu kommen.

Oder die Kinovorstellung nach dem Nachmittagsunterricht: 17 Uhr im Filmpalast an der Großen Friedberger Straße (heute Möbellager). Ein pompöses Kino mit 1500 Plätzen, es fanden dort auch Symphoniekonzerte statt. Wenn man sich hinsetzte, drifteten die Sessel in Liegenposition: ein irritierender Effekt, aber gut für ganz entspanntes Genießen. Trotzdem kam es beim Publikum auf die Dauer nicht an: Besitzer Willy Colm rüstete bald auf konventionelle Bestuhlung um." (Jungheinrich 1982)

1945: Erste Ausgabe der von der britischen und amerikanischen Militärregierung gemeinsam gestalteten Wochenschau „Welt im Film"

1947: Im Sommer erste Ausgabe der Wochenschau „Blick in die Welt" in der französischen Besatzungszone

1949: Konstituierung der „Freiwilligen Selbstkontrolle" in Wiesbaden-Biebrich.

1950: Erster deutscher Farbfilm nach dem Zweiten Weltkrieg (Schwarzwaldmädel)

1951: Die Sünderin (Willi Forst); Grün ist die Heide (Hans Deppe)

1954: Die letzte Brücke (Helmut Käutner); Canaris (Alfred Weisenmann); 08/15 (Paul May)

1955: Sissi (Ernst Marischka); Des Teufels General (Helmut Käutner); 08/15 Zweiter Teil 08/15 in der Heimat

1956: Die Halbstarken (Georg Tressler); Sissi, die junge Kaiserin; Die Trapp-Familie (Wolfgang Liebeneiner)

1957: Die Frühreifen (Josef von Baky); Sissi, Schicksalsjahre einer Kaiserin; Der Untertan (Wolfgang Staudte)

1962: Zusammenbruch der Ufa-Film Hansa GmbH
Oberhausener Manifest, die „Magna Charta" des jungen deutschen Films.
(Kahlenberg 1983)

W. Roeßler (1957) sammelte in der ersten Hälfte der fünfziger Jahre Selbstzeugnisse von Schülern zwischen dem 10. und 20. Lebensjahr (rund 5000). Die Aufsätze verraten auch etwas über das Kino als Erlebnis- und Raum kultureller Öffentlichkeit für die Jüngeren in diesen Jahren.

,,Wir traten in einen mittelgroßen, mit weichen Teppichen ausgelegten Raum. Die Beleuchtung war gedämpft, so daß man den Übergang in den Filmraum, der ebenfalls nur schwach beleuchtet war, nicht so stark spürte. Der Boden des Raumes war mit angenehm weichen Teppichen ausgestattet. Er lief zu zweidrittel zur Leinwand hin abwärts und stieg dann leicht wieder aufwärts. An den Wänden befanden sich kleine Lampen, die bunten Klecksen glichen. Nachdem wir uns auf den bequemen Polstersesseln niedergelassen hatten, dauerte es nicht mehr lange, bis der Gong ertönte." (Volksschülerin, 7. Schuljahr)

,,Der hohe große Raum war an den Wänden bunt tapeziert. Die Decke ging geschwungen in die Wände über. Der große rote samtene Vorhang bedeckte fast die ganze Stirnseite." (Gymnasiast, 6. Schuljahr)

,,Als ich in das Kinogebäude kam, strömten die Kinobesucher schon durch die weitgeöffneten Türen. Pagen in goldbetreßten Uniformen regelten hier das Gedränge. Bald wurde ein schwerer Samtvorhang zur Seite geschoben, und ich trat in den hellerleuchteten Saal. Hier herrschte eine schwüle Luft, und ein leises Gemurmel war zu hören. Als ich dann von einer Platzanweiserin meinen Platz zugewiesen bekam, ertönte gleich darauf ein leiser Gong..." (Gymnasiastin, 10. Schuljahr)

,,Das ganze Kino schrie. Mein Nebenmann klopfte mir auf die Knie." (Eine Berufsschülerin)

,,Bei vielen lustigen Szenen lachte der ganze Saal." (Gymnasiast, 11. Schuljahr)

,,Der Film war so spannend, daß die Kinder ganz still waren. Nur wenn es allzu toll war, johlten und pfiffen wir alle mit."

,,Kaum war der Film zu Ende, erhob sich alles rasch, um nicht ins Gedränge zu kommen. Ich war zuerst ganz benommen, als ich aufstand, bis die Ausgangstür von einem uniformierten Türhüter geöffnet wurde. Grelles Licht flutete uns entgegen. Taumelnd stolperten wir die Treppen hinunter." (Gymnasiast, 10. Schuljahr)

,,Ungefähr jeder 4. Film, den ein Jugendlicher zwischen 14 und 18 Jahren besucht, ist für ihn nicht zugelassen." (Vierteljahresschrift Jugend Film Fernsehen 1961/Nr.3)

Kino und Jugendkultur der fünfziger Jahre gehen eine enge Verbindung ein.

,,Die große Bedeutung, die das Kino durch seinen Charakter der Öffentlichkeit wie den der Anonymität als Treffpunkt der Jugend — als Freundesgruppe, als ‚Blase', als Freundespaar oder Pärchen zu zweit — besitzt, ist hinreichend bekannt....

Doch abgesehen vom Zusammenschluß zum Besuch hat der Film auch außerhalb des Kinos Anlaß zur Gruppenbildung und damit zu einem weiteren Freizeitinteresse gegeben. Dabei gibt es zwei ganz verschiedene Mittelpunkte der Gruppenbildung:

1. Die Gruppe bildet sich um den Star in Form der Film-, Fan- oder Starklubs, in denen neben den Bemühungen um den Star auch allgemeine Geselligkeit gepflegt wird. Nicht nur der Star selbst, auch die Filmwirtschaft ist an diesen Vereinigungen in hohem Maß interessiert (Verbreiterung der Popularität der Stars, billige Propaganda). Die Zahl derartiger Fan-Klubs lag in der Bundesrepublik 1960 schätzungsweise bei 800 und 13 000 Mitgliedern, ist aber seitdem im Rückgang.

2. Die Gruppe bildet sich um den Film selbst, angefangen von den Jugendfilmklubs, die den Erwachsenenfilmklubs angeschlossen sind, bis zu den Arbeitsgemeinschaften, Jugendfilmstunden in Jugendgruppen und Schulen ..." (Keilhacker/Wasem 1965, 17f)

Jugenddebatte seit 1956 und filmische Beantwortung:

„Zu einem in dieser Zeit seltenen Erfolg gedieh der Film ‚Die Halbstarken' von 1956, der die wachsenden Probleme der jungen Generation behandelte. Georg Tressler hatte mit einer genauen Milieuzeichnung der Großstadtjugend nach dem Buch von Will Tremper sein Debut.

Solche Qualität der Analyse blieb bei der Beschreibung selten. Josef von Baky demonstrierte ebenso wie Wolfgang Liebeneiner 1957 mit ‚Die Frühreifen' und mit ‚Immer wenn der Tag beginnt' am gleichen Thema den zeitgemäßeren Diktus, indem sie Mißstände nur erwähnten, um die geltenden Wert- und Ordnungsvorstellungen um so nachhaltiger zu bestärken. Daß jugendliche Arbeiter moralisch sauber bleiben, weil sie fleißig sind, konnte Baky verdeutlichen, indem er sie den für Müßigang anfälligen Söhnen und Töchtern von Intellektuellen gegenüberstellte. Liebeneiner zeigte, daß die Jugend der Führung bedarf. Doch die kraft ihres Engagements legitimierte Lehrerin wird von dem Vertreter der etablierten Ordnung geheiratet. ... Antikonformismus der jungen Generation wurde in den 50er Jahren gelegentlich als zu tolerierende Attitüde verharmlost, wie Wolf Rilla in der Franz-Seitz-Produktion ‚Die zornigen jungen Männer' 1960 zeigte." (Kahlenberg 1983, 371f)

„Seit dem Anwachsen des Fernsehens ist jedoch der Kinobesuch der Kinder deutlich rückläufig, was auch von der Filmwirtschaft beantwortet wird mit Verminderung der kommerziellen ‚Jugendvorstellungen' — vorwiegend von Kindern besucht — und mit geringem Interesse an der Produktion von Kinderfilmen. ... Wie allgemein bekannt, sind die durchschittlichen Besucherzahlen seit 1956 stark abgefallen. ... Im Gegensatz hierzu zeigt der Vergleich früherer und neuester Erhebungen in Jugendkreisen keine nennenswerten Veränderungen, so daß der prozentuale Anteil der Ju-

Statistik der Spielfilm-Produktion und des Kinobesuchs 1946-1981

	Spielfilme (deutsch)	Filmtheater	Kinobesucher (in Millionen)
1946	1	2125	ca. 300
1950	70	3962	487
1955	110	6239	766
1960	94	6950	605
1965	69	5209	321
1970	113	3446	160
1975	55	3094	128
1980	49	3254	144

Quelle: Kahlenberg 1983, 389

gendlichen an der Gesamtbesucherschaft im Steigen ist, mit der Konsequenz, daß auch für die Programmgestaltung ihr Geschmack immer wichtiger wird.“

„Hinsichtlich des Geschlechts hat sich ... ergeben, daß die männlichen Jugendlichen etwas häufiger ins Kino gehen als die weiblichen ... die Mädchen sind nicht weniger kinofreudig, doch sind sie weniger finanzkräftig und werden vom Elternhaus stärker zurückgehalten. Ebenso klar ist der Zusammenhang mit dem besuchten Schultyp bzw. der Unterschied zwischen Schülern und bereits im Beruf stehenden Jugendlichen. Die Kinofreudigkeit steigt im ganzen gesehen vom Oberschüler über den Mittel- zum Berufsschüler. ... Soweit Untersuchungen vorhanden, deuten sie darauf hin, daß der besuchte Schultyp die Kino-Gepflogenheiten stärker beeinflußt als das soziale Milieu des Elternhauses, daß also Oberschüler aus werktätigen Familien sich wie Oberschüler, nicht wie Jugendliche aus standesmäßig entsprechenden Familien verhalten.“ (Keilhacker/Wasem 1965, 10f)

„Jugendliche im Alter zwischen 14 und 18 Jahren gehen im Durchschnitt am häufigsten — 2 bis 4 mal pro Monat — ins Kino. Bei den Kindern ist der Kinobesuch dagegen seit 1955 merklich zurückgegangen. Das hängt eng mit der zunehmenden Verbreitung des Fernsehens zusammen. Vornehmlich im Alter zwischen 8 und 13 Jahren interessieren sich die Kinder stark für das Fernsehen. Im Unterschied zu den Erwachsenen ist das Kino bei den Jugendlichen unverändert beliebt. Die für das Jugendalter typische Neigung, sich vom Elternhaus zu lösen und eigene Wege zu gehen, ist wohl eine der wichtigsten Ursachen.“ (Bundesministerium für Familie und Jugend 1965, 19)

Mit dem rasanten Aufschwung des Fernsehens und dem Niedergang des Kinos in der zweiten Hälfte der 50er Jahre setzt eine Ausdifferenzierung des Programms ein. Die Filmwirtschaft übernimmt den provokanten Part: Mehr Nervenkitzel; mehr Gewalt; mehr Erotik und später mehr Sex. Das Fernsehen spielt zunächst den seriösen, den Familienteil. Die Jugendlichen neigen etwas mehr den Provokationen des Kinos zu (wie sie teilweise in den 80er Jahren der erneuten provokanten Ausdifferenzierung der Videos folgen, die sich gegenüber Film und Fernsehen gleichermaßen auszeichnen wollen).

Rundfunk und Fernsehen

1946: 15.12. erste Ausgabe von Programmzeitschrift Hör Zu! (Springer)

1950: Arbeitsgemeinschaft der Rundfunkanstalten Deutschlands (ARD) gegründet.

1954: Europäische Fernsehanstalten gründen Eurovision

1.11. offizieller Beginn des ARD-Gemeinschaftsprogramms Deutsches Fernsehen

1956: 1.10. Tagesschau jetzt täglich im Deutschen Fernsehen

1963: 1.4. Zweites Deutsches Fernsehen (ZDF) nimmt seine Sendungen auf.

1964: 22. 9. Bayrischer Rundfunk beginnt Drittes Fernsehprogramm; andere ARD-Anstalten folgen bis 1969

1965: „Early Bird“ (USA) erster kommerzieller Nachrichtensatellit.

1980: Bundespost beginnt Bildschirmtext-Feldversuch in Berlin und Düsseldorf

1982: Bundeskanzler Kohl kündigt Ausbau des Kabelkommunikationssystems an. Vorbereitung von Landesmediengesetzen mit Privatfunk-Regelungen in CDU-regierten Ländern.

1983: 1.9. Beginn der bundesweiten Einführung von Bildschirmtext (Btx) durch die Bundespost.

1985: Start des ersten bundesdeutschen Fernseh-Direktsatelliten
(Frei 1983)

Die Einbindung des Rundfunks Mitte der 50er Jahre entspricht in etwa der Einbindung des Fernsehens in den Familienrahmen Anfang der 80er Jahre. Eine qualifizierte Minderheit der Jüngeren verfügt über ein eigenes Gerät, die Mehrheit ist auf die Mitbenutzung des Familiengerätes angewiesen.

Die Jugendbefragung des Nordwestdeutschen Rundfunks bei 15-24jährigen 1953 zeigt, „daß bei ungefähr zwei Dritteln der befragten Jugendlichen der Rundfunkapparat den Eltern gehört, während 23% über ein eigenes Gerät verfügen. Die übrigen Jugendlichen hören am Gerät von Verwandten, Bekannten oder Hauptmietern." (Hörerforschung 1955, 16) Von allen jugendlichen Rundfunkhörern (=97% aller Befragten) besitzen ein eigenes Rundfunkgerät:

Hörer zwischen ...	
15 und 18 Jahren	6%
19 und 20 Jahren	14%
21 und 22 Jahren	31%
Hörer üb. 22 Jahre	50%

(Hörerforschung 1955, 17)

Jugendliche hören bereits in den 50er Jahren etwas mehr Rundfunk als Angehörige älterer Jahrgänge. Das zeigen die Ergebnisse der Hörerbefragung des Nordwestdeutschen Rundfunks 1953:

Es hören „viel" Rundfunk:

Hörer 15 bis 24 Jahre	46%
Hörer über 24 Jahre	37%

(Hörerforschung des Nordwestdeutschen Rundfunks 1955, 15)

Ab Mitte der 50er Jahre beginnt die Möblierung der Haushalte mit Fernsehern. Eine der ersten großangelegten Fernsehstudien — über 17000 Hamburger Schüler vom 1. bis 13. Schuljahr werden 1962 befragt — kommt zu dem Ergebnis, daß 1957 der Anteil der Fernseh-„Besitzer" unter der Schülerschaft die 10-Prozent-Marke überschreitet. 1962 zählen bereits zwei Drittel dazu (Stückrath/Schottmayer 1967, 17).

Anzahl der angemeldeten Fernsehgeräte

25.12. 1952	ca. 1000 (Beginn regelmäßiger Sendungen)
1954	61500 (Beginn ARD)
1955	100000 (rd. 3% aller Haushalte)
1957	1 Mio.
1961	5 Mio.
:	
1970	16 Mio (rd. 85% aller Haushalte)
:	
1981	21,5 Mio. (rd. 98% aller Haushalte)

(Eurich/Würzberg 1983, 52f)

Heutige Fernseherinnerungen an die 50er Jahre beziehen sich nicht aufs zuhause, sondern aufs Fernsehen in Gaststätten, Schaufenstern, bei Verwandten und Bekannten. Die heutige Elterngeneration gehört zu denen, die den Kauf des ersten Gerätes noch als etwas Neues, als Einschnitt in ihren Alltag erlebt haben. Für die heutige Jugendgeneration war Fernsehen immer schon da, eine kulturelle Selbstverständlichkeit ohne biografischen Erinnerungswert. (Eurich/Würzberg 1983, 52)

„Nach der Änderung des Jugendschutzgesetzes 1957 — laut § 6 wurde allen Kindern unter sechs Jahren der Kinobesuch strikt verboten, auch in Begleitung Erwachsener — hatten auch Juristen die Forderung nach Schutz der Kinder vor dem Fernsehen erhoben, und Ende 1958 entfielen durch Neugliederung des Nachmittagsprogramms die Sendungen für die ganz Kleinen, den Sieben- bis Zwölfjährigen wurde empfohlen, höchstens ein- bis zweimal pro Woche eine Sendung zu sehen, die nicht länger als dreißig Minuten dauern sollte."

„Bis zum Herbst 1958 bestand das Kinderprogramm aus meist schulmäßig aufgebauten Sendungen (‚Was wissen wir von der Spinne?'), außerdem gab es Märchen- und Puppenspiele und Mitmachsendungen mit Vorturnern und Basteltanten." (Schüler-Petkewitz 1983, 163f)

In den 60er und 70er Jahren bemächtigten sich die Pädagogen des Mediums (Vorschulprogramm).

„Die Jugendlichen (ergänze: Anfang der 60er Jahre) stehen — wie deutsche und ausländische Untersuchungen übereinstimmend feststellen — dem Fernsehn zurückhaltend gegenüber, Hauptseher sind Kinder und Erwachsene. Jugendliche Fernseher verbringen etwa 7 bis 8 Wochenstunden (Erwachsene 14 bis 16) vor dem Bildschirm — nach anderer Zählart sehen sie 2 bis 8 Sendungen — und nehmen damit etwa an der Hälfte der Sendungen teil, die die Familie sieht. Der Grund des mäßigen Konsums ist weniger grundsätzliche Abneigung — allerdings auch keine große Begeisterung — als die Vorrangstellung anderer, vor allem ‚aushäusiger' Interessen." (Keilhacker/Wasem 1965, 14)

Für nicht wenige Kindheiten und Jugendzeiten der 70er und 80er Jahre gehört das Zweitgerät zum Alltag (1981 ein Drittel der Haushalte). Die heutige Jugengeneration ist Nutznießer der Umstellung auf Farbfernsehgeräte. Ihnen wurden die Schwarz-Weiß-Geräte überlassen. 1978 verfügten 23 Prozent der 13-17jährigen über eigene Schwarz-Weiß-Geräte (Steinborn 1979, 11).

Heftchen

„Nach dem Zweiten Weltkrieg gab es Romanheftchen erst wieder 1949, nach Aufhebung des Lizenzzwanges. Der bundesrepublikanische Markt erlebte einen Boom von Verlagen und Serien, der bis zum Jahr 1953 dauerte, als 162 Serien erschienen, in ihrer Mehrheit Liebes- und Heimatromane. Seitdem hat die Zahl der Heftchen produzierenden Verlage und der Serien stark abgenommen. Gleichzeitig hat sich das Gewicht zugunsten der ‚harten‘ Genres (Krimi, Western, Krieg, Science Fiction) verschoben. In den letzten Jahren neu hinzugekommen sind Horror- und Gruselserien, die noch stärker als andere Genres sadomasochistische Züge tragen.

Die angesichts der Heftchen-Flut erneuerte ‚Schmutz- und Schund‘-Debatte führte 1953 zum ‚Gesetz über die Verbreitung jugendgefährdender Schriften‘ ... Ein ganzes Drittel der Indizierungsanträge, die in ihrem ersten Arbeitsjahr 1954 an die Bundesprüfstelle gerichtet wurde, verweist uns auf die Existenz einer neuen Heftchen-Gattung: diese Anträge bezogen sich auf Comic-Heftchen. ...

Stellt die Comic-Produktion nach 1945 einen eindeutigen Neubeginn dar: die Übernahme einer Literaturgattung, die in den USA bereits eine Fixierung in Formen und Genres gefunden hatte, und den Import der betreffenden Serienprodukte. Das gilt für die ‚strips‘, die seit 1947/48 in westdeutschen Zeitungen und Zeitschriften auftauchen, ebenso wie für die ‚comic books‘ (in Heftchen- oder in größerformativer, broschierter Buchform). Diese ‚comic books‘ hatten sich in den USA ... Mitte der 1930er Jahre entwickelt ... Entsprechende ‚comic books‘ in Heftchen-Form gab es in Westdeutschland ab 1948. ‚Blonder Panther‘ hieß 1950 die erste erfolgreiche Serie; und 1951 wurde das Heftchen gestartet, das bis heute das meistgekaufte ist: ‚Micky Maus‘. Bei weitaus den meisten Seriengründungen der ersten Jahre handelte es sich um Abenteuercomics der verschiedenen Genres. Darunter waren einige wenige (US-Vorbildern nachempfundene) westdeutsche Produktionen; das Gros stellten Importe aus den USA sowie aus Frankreich, Belgien und Italien dar. Die Produktion steigerte sich bis 1953/54, als eine Vielzahl von Verlagen mit etwa 80 Heftchen-Serien um Marktanteile konkurrierten. Aufmachung und Format waren noch sehr verschieden (einige erschienen als ‚Piccolos‘ im Format von 7,5 x 17 cm) ...

Die 1954/55 einsetzende Verlagskonzentration und Serienstandardisierung wurde beschleunigt durch Produktveränderungen, die aufgrund des öffentlichen Angriffs gegen die Comics und der Indizierungsentscheidungen durch die Bundesprüfstelle notwendig geworden waren. ... Ähnlich wie bei den Romanheftchen entstand 1955 eine ‚Freiwillige Selbstkontrolle für Serienbilder‘.“ (Geiger 1979, 171f)

1957 wurden in Bad Homburg bei Frankfurt/M. rund 1300 Schüler vom 4. bis 8. Schuljahr zur Gewohnheit des Comic-Lesens befragt. 85% der 9 bis 14jährigen lasen danach Comic-books. „Die Mädchen geben im Durchschnitt 10 Comic-Serien als in letzter Zeit gelesen an, die Jungen 19. Für die Volksschüler liegt der Durchschnitt bei 17, für die Schüler weiterführender Schulen bei 12.“ — Über ein Drittel der Comic-Leser ... liest eine oder mehrere Serien regelmäßig, das heißt er beschafft sich jedes neu erscheinende Heft seiner Serien ... Über die Hälfte der Kinder ... liest ihre Comics öfter als einmal durch.“ (Doetsch 1958, 73ff)

Schallplatten, Kassetten und Unterhaltungsmusik

1945: Aufbau voneinander unabhängiger Rundfunkanstalten in den einzelnen Zonen bzw. Ländern. Es existieren noch 7 Millionen Rundfunkgeräte.

1946: Der Siegeszug des Heimatschlagers in der deutschen Unterhaltungsmusik beginnt mit dem Erfolg ,,Möwe, du fliegst in die Heimat". Es folgen z.B. 1949 ,,Ich hab' so Heimweh nach dem Kurfürstendamm", 1950 ,,Auf Wiedersehen" und ,,Heimat, deine Sterne", 1956 ,,Heimweh" und 1959 ,,Eine Handvoll Heimaterde". Ende des Booms erst Ende der fünfziger Jahre.

1949: ,,Von den blauen Bergen kommen wir" — deutsche Version amerikanischer Hillbilly-Songs als geschäftlicher Erfolg.

Seit 1950: Erstes Jazz-Revival, begünstigt durch die westalliierten Soldatensender und einen gewissen Nachholbedarf in der BRD.

Seit 1950: Kinderstar Cornelia Froboess ,,Pack die Badehose ein". Beginn der Ära des Personenkults im Schlagergeschäft: Peter Alexander, Fred Bertelmann, Freddy Quinn, Vico Torriani, Caterina Valente. Vorherrschend betont gefühlvolle und melodiöse Lieder in der Schlagerbranche (,,Schnulzen").

1954: 40-60% der Schallplatten (25 Millionen Platten) werden an jugendliche Käuferschichten verkauft.

1955: ,,Rock around the Clock" (Bill Haley) erreicht Durchbruch des Rock'n Roll in den USA. Verbreitung über den gleichnamigen Film, Radio Luxemburg und die amerikanischen Soldatensender auch in der BRD.

1956/57: Deutsche Versionen amerikanischer Rock'n Roll-Hits werden produziert. Die bekanntesten deutsche Rockinterpreten: Peter Kraus, Tommy Kent, Ted Herold. Erste Halbstarkenkrawalle.

1958: Deutschland-Tournee Bill Haleys, begleitet von Saal- und Straßenschlachten.
Die erste Stereoschallplatte wird veröffentlicht. Die ersten original-amerikanischen Rockplatten sind erhältlich.

1959: Ende der frühen Rock'n Roll-Phase. Eine neue weiche Welle setzt sich durch (beispielsweise ,,Marina", ,,Muß i' denn", ,,O sole mio" von Elvis Presley; ,,Junge, komm bald wieder" von Freddy Quinn.

Seit 1960: Im Zuge des sich entwickelnden Massentourismus werden in deutschen Schlagern vor allem fremde Länder besungen. (,,Weiße Rosen aus Athen" von Nana Mouskouri; ,,Es war ihr itsy bitsy teenie weenie Honolulu-Strand-Bikini" von Rainer Bertram)

1962: Eröffnung des Hamburger Star-Clubs, der in der Folgezeit zum Zentrum des Life-Beat in der BRD wird.

1965: Die ersten Musikkassetten kommen auf den Markt.

1966: Deutschlandtournee der Beatles. Beatplatten erreichen Rekordumsätze. Der Beat wird zum populärsten Genre der Unterhaltungsmusik. Beginn mit elektronischen Experimenten.

1967/68: Erweiterung der musikalischen Ausdrucksformen von Jugendprotest und -auflehnung. Country-, Folk-, Polit-, Psychedelic-Rock (Bob Dylan, Miles Davis, Simon & Garfunkel, Greatful Dead, Jefferson Airplane, Frank Zappa u.a.)

1967: In der Musikwiedergabe hat sich die Stereophonie durchgesetzt.

1968: Entwicklung des Synthesizer durch den Hochfrequenztechniker A. Moog, Symbolinstrument der elektronischen Experimente in der Rockmusik.

1969: „Essener Songtage" als Beginn einer Reihe ähnlicher Fan-Festspiele in der BRD. In Anlehnung an amerikanische Musikfestivals organisiert.

Seit 1970: Der Rock verliert seine Podiumsfunktion für den Jugendprotest, wird kommerzialisiert und etabliert. Erstmals spezifisch deutsche Rockmusik (Ton-Steine-Scherben, Amon Düül u.a.)

1978: Dominierender Trend in der Unterhaltungsmusik ist die vereinfachte Rock-Variante der „Disco-Musik"

1979: Aus Punk-Rock und New Wave entsteht „Neue Deutsche Welle"
(Nach Brunhöber, 1983)

„Ab 1954 werden die ersten Produktionen stereophon aufgezeichnet (EMI), 1957 sind die ersten Stereo-Schallplatten am Markt. Ungefähr gleichzeitig läuft die Produktion von Schellackplatten aus. ...
Einführung von Heimtonbandgeräten ab 1950 ...
1963 stellte Philips sein Compact-Cassetten-System vor, das sich nach einigen Jahren der Konkurrenz mit anderen Kassettensystemen weltweit durchsetzen konnte ...
1976 kam auf 3 verkaufte Schallplatten bereits eine MC — bei steigendem Trend ... Neben dem HiFi-Heimanlagen-Markt findet die Cassette zunehmend Verbreitung in integrierten Autoradio-Recordern ...
Das Verhältnis von Spulentonbändern zu Cassettenrecordern ist für den Massenmarkt bereits eindeutig für das Cassettengerät entschieden worden." (Ludwig 1979, 281ff)

---

bravo

Im August 1956 erschien beim Kindler-Verlag „Bravo. Die Zeitschrift für Film und Fernsehen" in der ersten Nummer. Die Startauflage betrug um 200000. Gedacht war an Erwachsene als Zielgruppe (Knoll/Stefen 1978). Aber: Gekauft wurde sie vor allem von Jüngeren.

Viggo Graf Blücher über die Anfangszeit der kommerziellen Jugendpresse in der Bundesrepublik Ende der 50er Jahre:

„Jugendzeitschriften interessieren die jungen Menschen weitaus weniger als diejenigen der Erwachsenen ... (In einer GFM-Umfrage 1962) ergeben sich für ‚Bravo' 8% der jungen Menschen als Leser. Daneben werden gelesen ‚Twen' (3%7, ‚Hobby' (2%)." (Blücher 1964, 284)

Chefredakteur war zunächst Peter Boenisch, der spätere BILD-Chef. Eines der Filmsternchen von damals, Heidi Brühl, gefeatured von bravo 1957, erinnert sich an die erste Begegnung mit Peter Boenisch im Flugzeug — sie 16, er 15 Jahre älter. Er: „‚Ich mache gerade ‚Bravo', eine neue Zeitschrift für junge Leute, und es wär' nett, wenn wir mit dir ein Titelbild machen könnten.' Nachdem die Verhandlungen — mit dem Vater — gelaufen waren: ‚Morgen schick' ich dir unseren Fotografen. Du weißt ja, für das Titelbild. Zieh dich jung und frisch an, wie dein Publikum dich gern sieht — das saubere Mädchen aus gutem Hause, die kühle Blonde.'" (Brühl 1976, 58f)

---

bravo gehört zum Typus von Zeitschriften, der ursprünglich für Erwachsene gedacht war, inzwischen aber nahezu ausschließlich von Jugendlichen gelesen wird. Bravo als Film- und Schlagerillustrierte, d.h. Zeitschrift „mit Erwachsenencharakter, die sich in Aufmachung und Darstellung jugendlich" gibt (Blücher, 284). Für diese Veränderung müssen wir bedenken, daß das Kino Anfang der 60er Jahre — nachdem das Fernsehen sich sprunghaft als Heim-Medium durchsetzte — zunehmend zu einem Kino für Jugendliche und junge Erwachsene wird. Film- und Schlagerindustrie reorientieren sich in diesen Jahren — d.h. seit etwa 1956/57 — als jugendliche Medien neu. Bravo spiegelt diesen Entwicklungsprozeß.

---

bravo — in den ersten Jahren eine Angelegenheit der Mädchen und auch zum Teil noch der älteren Leser (junge Erwachsene). Stand Mitte der 60er Jahre:

„Wir wissen z.B., daß die Wochenzeitschrift ‚Bravo' mit einer Auflage von etwa 600000 Exemplaren in erster Linie von Mädchen gelesen wird. Eine DIVO-Untersuchung ergab 1960 folgende Altersschichtung der Bravo-Leser: 32 Prozent 10- bis 15jährige, 37 Prozent 16-24jährige und 31 Prozent über 24 Jahre. Von den Bravo-Lesern zwischen 14 und 20 Jahren sind 28 Prozent Jungen und 72 Prozent Mädchen.

Die Analyse dieses Blattes läßt sofort jugendaffine Züge erkennen, wie etwa die Hinwendung zum Idol und Star, eine sentimentale und zugleich kräftige Diktion sowie eine immanente, schrankenlose Bejahung der Welt der Jugendlichen als einer besonderen, in der sie sich immer wieder selbst entdecken können." (Keilhacker/Wasem 1965, 52)

Mit der Durchsetzung der Pop-Musik Ende der 50er Jahre erweiterte bravo die Themen um diesen dritten Bereich (nach Film- und Fernsehprominenz).

Zwei Medienkonzerne mit politischer Tendenz bemühten sich erfolgreich um die Fortentwicklung der Jugendillustrierten. Von 1965 bis 1968 der Springer-Verlag, danach — bis heute — der Verlag Bauer.

Der Weg zum Fast-Monopol, in Auflagenziffern ausgedrückt.

1956	rd.	200 Tsd.
1965	rd.	600 Tsd.
1971	rd.	900 Tsd.
1977	rd.	1 400 Tsd.
1980	rd.	1 500 Tsd.

1972 wurden zwei Hefte von bravo von der Bundesprüfstelle in die Liste der jugendgefährdenden Schriften eingetragen. Dabei ging es um die Aufklärungsreihe von Dr. Korff und die „Sprechstunde" von Dr. Sommer. Erneute Indizierung 1977.

Einige Neugründungen von Jugendzeitschriften sind Anfang der 70er Jahre zu beobachten: Yps, Treff (Schülermagazin), Musik-Express, ran. Keine Konkurrenz. Mitte der 70er Jahre tauchte ernsthaftere Konkurrenz auf dem Markt auf (Knodt 1983, 15):

Mädchen	225 Tsd.
Rocky	570 Tsd.

(verkaufte Auflagen 1980)

Die Leserschaft 1977 (Knoll/Stefen 1978, 156)

Bis 14 Jahre	38%
15 - 17 Jahre	38%
18 - 21 Jahre	19%

„Täglich erreichen die BRAVO-Redaktion bis zu 200 Problem-Briefe ... Themen der Briefe ... sind in erster Linie und ungefähr in der Reihenfolge der Häufigkeit: Kontaktschwierigkeiten ganz allgemein, sexuelle Schwierigkeiten und Fragen zur Aufklärung, Probleme mit dem Äußeren, Schwierigkeiten mit den Eltern." (Kohlhammer 1977, 129)

Die Verteilung der Fläche von Bravo im ersten Halbjahr 1980: 24% von 1688 Seiten Werbung

Diese Werbung nach Produktsparten aufgegliedert:

1. Motorrad/Auto/HiFi	29%
2. Kosmetik	24%
3. Mode/Kleidung	17%
4. Banken/Geldanlage	8%
5. Genußmittel	5%
6. Schwangerschaftstest	4%
7. Sonstige	14%
	101%

An Ängste (Verachtet werden, Ungeliebtsein, Häßlichsein, Schwangerschaft) appellieren insbesondere die Produzenten von Kosmetik. An Beziehungs- und sexuelle Wünsche knüpfen dagegen die Hersteller von Bekleidung oder der Genußmittelkonzerne an. Im redaktionellen Teil (76% des Platzes) sind die Hauptthemen (Red. Teil = 100%):

1. Poster	14%
2. Einzelprominenz	11%
3. Massenkommunikation	9%
4. Film/Filmschauspieler	9%
5. Bands/Gruppen	9%
6. Unterhaltung	9%
7. Lebensberatung	9%

Marginale Themen, weitgehend oder ganz fehlend (weniger als 1%): Technik — Autoritätskonflikt mit Erwachsenen — Natur und Tier — Politik/Wirtschaft — Religion. (Gerber 1980)

Die Rangfolge der in den Mittelpunkt gerückten wie der marginalen Themen-Kategorien ist seit Mitte der 60er Jahre, wo eine entsprechende Inhaltsanalyse vorgenommen wurde, nahezu in ihrer Bedeutung konstant geblieben (Holzer/Kreckel 1967).

Von den letzten 12 Ausgaben haben 1977 wenigstens eine gelesen:

71% der	12–14jährigen
70% der	15–17jährigen
39% der	18–21jährigen

(Jugend Media Analyse 1977, zit. Knoll/Stefen 1978, 156)

twen

Eine umgekehrte Entwicklung wie „bravo“ durchlief „Twen“. „Sie war, als sie 1959 gegründet wurde, mit der ausdrücklichen Zielsetzung als ‚Jugendzeitschrift‘ thematisch und dem Ziel nach viel ‚jünger aufgemacht‘ als heute (1964). Heute ... hat die Redaktion ‚junge Erwachsene‘ vor Augen ...“ (Blücher 1964, 285). Blücher stützt sich auf die Aussage von Udo Wüst, eines Redakteurs von Twen, der zur redaktionellen Politik und deren Veränderung unter Lernprozesse ausführte:

„Jugendliche wollen nicht als solche angesprochen und behandelt werden. ... Das gilt gerade für das Auftreten des Jugendlichen als Käufer. Hier erwartet er die gleiche Ernsthaftigkeit und den gleichen Service, wie sie normalerweise ein Erwachsener erwarten darf.“ (Blücher 1964, S. 285)

„Bei der Zeitschrift Twen und ihrem ‚Art Direktor‘ Willy Fleckhaus dominieren Gestaltung und vierfarbige Bilder gegenüber dem Inhalt. So gehört Twen, das Anfang der 60er Jahre einen Gutteil der ‚happy few‘ erreicht, mit zu den Wegbereitern des sowohl dekorativen Zeitschriften-Layout wie der spektakulären Farbfotografie. Monat für Monat ein wenig Jazz und Literatur, ein paar Modetips und Schallplattenbesprechungen und viele oft doppelseitige Farbaufnahmen machen Twen zum bevorzugten Testfeld und Trendweiser der Agenturen. Als sich nach und nach auch der übrige Blätterwald immer bunter färbt und die artifizielle Twen-Gestaltung zum Teil übernimmt, verliert die Zeitschrift ihre Leitbild-Funktion. Die beginnende Politisierung der jungen Generation wird von Twen verschlafen, und so verwelkt das Blatt Mitte der 60er Jahre aus Mangel an Substanz und Weitsichtigkeit.“ (Schwarz 1983, 240)

„Die wachsende Begeisterung der Gymnasiasten und Studenten für die Jazz-Musik macht die jugendlichen Jazz-Fans auch als Konsumenten für die Ende der fünfziger Jahre allmählich expandierende Jugendfreizeitindustrie interessant. Als ein Beispiel dafür kann man die ab 1959 erscheinende Zeitschrift ‚twen‘ anführen, die die Jazztrompete zu ihrem Symbol erkor. ...

Die äußere Aufmachung der Zeitung mit einem Verhältnis zwischen Anzeigen und Text von 1 zu 1, die Vielzahl von Platten-, Reise- und Modetips sowie die Hinweise auf interessante Autos, den old-timer oder den schnellen Sportwagen, machen jedoch deutlich, daß die Herausgabe dieser Zeitschrift auf ein anderes Interesse zurückzuführen ist, nämlich auf die Entdeckung des zwanzigjährigen als neue Käuferschicht für die Jugendfreizeitindustrie. Dafür wird der sog. Twen-Typ als neues Leitbild kreiert.“ (Krüger 1985)

Twen wird 1971 eingestellt.

6. JUGENDLICHE LESER/LESERINNEN DER KOMMERZIELLEN JUGENDPRESSE 1984

Verbreitung der Lektüre

In der Jugendstudie '84 wurde nach der Lektüre von 17 auflagestarken Zeitschriften mit hoher Reichweite bei Jugendlichen gefragt: ADAC, Stern, bravo, Spiegel, Brigitte, Neue Revue, Tina, Freundin, Bunte Illustrierte, Motorrad, Auto Motor Sport, Kicker, Quick, Rocky, Petra, Carina, Nicole (Frage 40). Die Liste enthält sieben ausgesprochene Frauenzeitschriften (Brigitte, Freundin usw.), vier Illustrierte (Stern, Quick u.ä.), drei Auto- und Motorradbezogene Blätter (ADAC, Motorrad, Auto Motor Sport) und neben dem politisch-kulturellen Magazin — Der Spiegel — auch die beiden auflagestärksten kommerziellen Jugendzeitschriften bravo und Rocky.

Gefragt wurde entsprechend einem bekannten Schema der Media-Analyse: ,,Wieviel von 12 aufeinanderfolgenden Ausgaben hast Du bei den folgenden Zeitschriften und Illustrierten gelesen?" So lassen sich bequem Nichtleser (keine Ausgabe) von Lesern (mindestens eine Ausgabe) und Gelegenheitsleser (1-9 Ausgaben) von regelmäßigen Lesern (10-12 Ausgaben) unterscheiden. Wie zu erwarten, hängt die Lektüre der genannten Gruppen von Publikationsorganen untereinander zusammen. So korreliert die Lektüre von Frauenzeitschriften mehr oder weniger hoch (Pearson-Koeffizient zwischen +0,20 und +0,61) miteinander. Entsprechendes gilt für die Illustrierten Neue Revue, Bunte Illustrierte, Quick — der Stern fällt hier etwas heraus; und schließlich für die motorbezogenen Organe (positive Korrelationen zwischen +0,3 und +0,5).

Im vorliegenden Kapitel konzentrieren wir uns in erster Linie auf die beiden einbezogenen Jugendmagazine bravo und Rocky. 31 Prozent aller Jugendlichen können zum weiteren Leserkreis von bravo gezählt werden. Diese geben durchschnittlich an, in sieben von zwölf Ausgaben gelesen zu haben. Damit liegt bravo im Hinblick auf die Regelmäßigkeit des Lesens von allen abgefragten 17 Zeitschriften — zusammen mit ADAC-Motorwelt — an der Spitze. Beispielsweise haben die 8 Prozent ,,Rocky"-Leser durchschnittlich nur vier von zwölf Ausgaben zur Kenntnis genommen. Wir müssen bei bravo dabei die relativ hohe Zahl der Abonnements in Rechnung stellen.

Ein relativ hoher Zusammenhang besteht zwischen bravo- und Rocky-Lesern, dem ähnlich konzipierten Konkurrenzblatt mit deutlich geringerer Reichweite. Der Korrelationskoeffizient (Pearson) beträgt +0,32. Ansonsten lassen sich keine oder nur geringfügige Zusammenhänge zwischen bravo-Lesen und anderer Zeitschriftenlektüre ausmachen. Leicht positiv korreliert bravo-Lesen mit gewissen Illustrierten wie Bunte (+0,14) und Neue Revue (+0,18) oder Quick (+0,13); leicht negativ ist die Korrelation mit der Lektüre des Spiegel (– 0,16). Kein Zusammenhang besteht zwischen bravo und Frauenzeitschriften auf der einen, Motor- und Sportzeitschriften auf der anderen Seite.

Die Leserschaft von bravo und Rocky zeigt eine ausgeprägte Alterskurve. Bei den jüngsten Befragten (15 Jahre) finden wir den höchsten Leseranteil, der von Altersstufe zu Altersstufe rasch abfällt. Ein auffallend starker Einschnitt ist nach dem 18. Lebensjahr zu verzeichnen. Auch nach dem 20. Lebensjahr wird bravo noch zur Kenntnis genommen, es handelt sich jedoch bereits um eine Minderheit. In den Grafiken 13 bis 16 sind auffallende Alters-

Grafik 13: Jugend '84. Lektüre von Zeitschriften: ADAC-Motorwelt nach Alter und Geschlecht

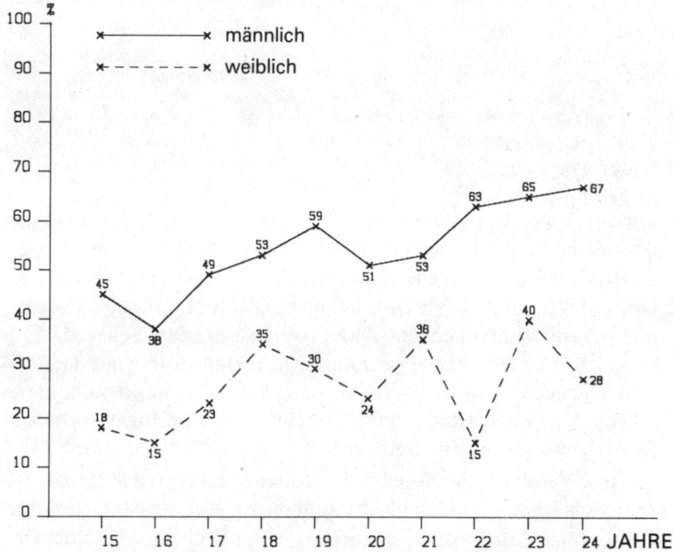

(n) (47/85) (55/75) (67/93) (87/63) (81/69) (76/97) (94/77) (67/65) (66/63) (85/60)
(männlich/weiblich)

Quelle: Frage 40.

Grafik 14: Jugend '84. Lektüre von Zeitschriften: ‚DER SPIEGEL' nach Alter und Geschlecht

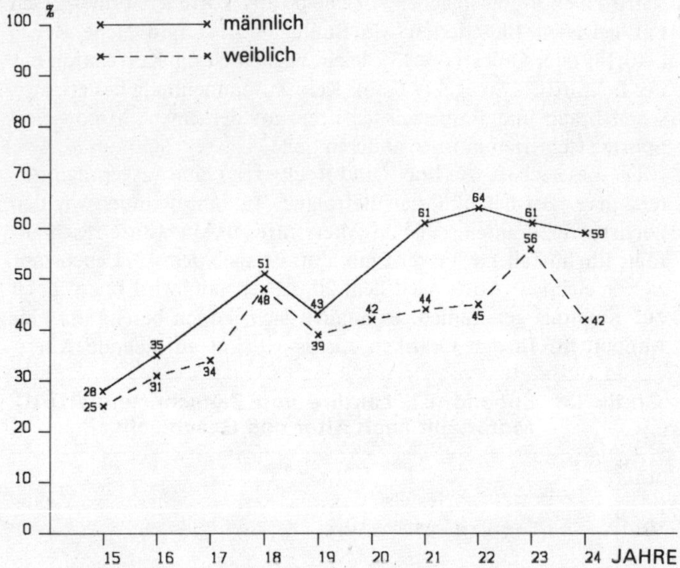

(n) (47/85) (55/75) (67/93) (87/63) (81/69) (76/97) (94/77) (67/65) (66/63) (85/60)
(männlich/weiblich)

Quelle: Frage 40.

kurven in der Leserschaft — teilweise nach Geschlecht aufgegliedert — verbildlicht. Neben bravo und Rocky haben wir noch die Leser-Kurven von Spiegel und ADAC-Motorwelt einbezogen, die einen gegenteiligen Verlauf nehmen. Beide Publikationsorgane werden mit zunehmendem Alter von wachsenden Teilen der Jugendlichen gelesen. (Eine ganz ähnliche Verlaufskurve mit nach Alter steigender Tendenz weist der Stern auf.) Das mit dem höheren Altersstatus wachsende Interesse ist für männliche Jugendliche klarer ausgewiesen als für weibliche.

Zum Vergleich der Reichweite kommerzieller Jugendzeitschriften nach Alter und Geschlecht können wir auf eine Infratest-Medienuntersuchung von 1980 zurückgreifen (Tabelle 17). Dort sind — unter anderen — auch Mädchen und easy rider ausgewiesen; zudem ist die Altersgruppe mit 12 Jahren früher angesetzt. Es zeigt sich, daß die Lektüre von „Jugendzeitschriften" nicht erst im Ju-

Grafik 15: Jugend '84. Lektüre von Zeitschriften: BRAVO und ROCKY nach Alter

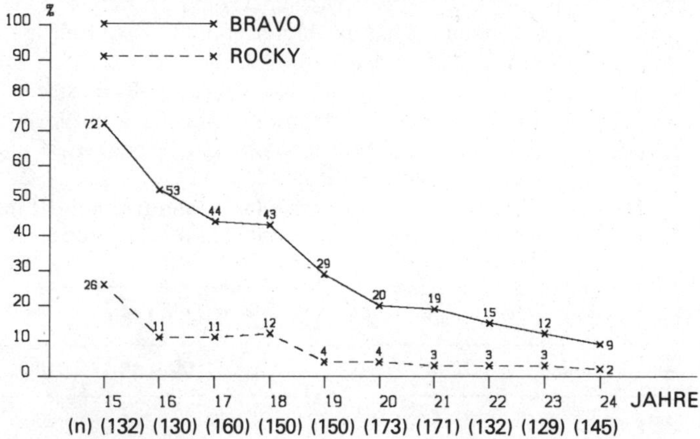

Quelle: Frage 40.

Grafik 16: Jugend '84.Lektüre von Zeitschriften: ‚BRAVO' nach Alter und Geschlecht

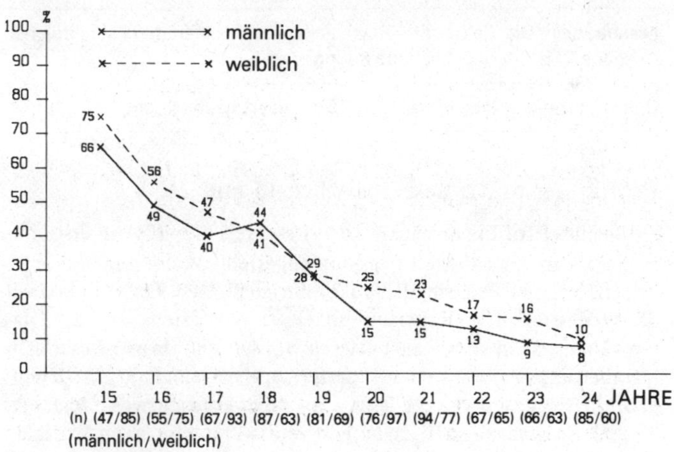

Quelle: Frage 40.

gendalter beginnt (sofern man überhaupt noch der überlieferten Altersgrenze von 15 Jahren eine Bedeutung beimessen will.) Höhepunkte der Reichweite von Bravo, Rocky, Mädchen liegen genausogut zwischen 12 und 14 wie zwischen 15 und 17 Jahren. Eine Ausnahme machen nur die auf das Motorrad und seinen Kult spezialisierten Magazine. Deren Hochzeit liegt zwischen dem 15. und 17. Lebensjahr — entsprechend der biographischen Herausforderung, die die jugendliche Zweirad-Motorisierung und deren Vorbereitung (Führerschein) in der frühen Adoleszenz beinhaltet.

Tabelle 17: Reichweiten kommerzieller Jugendzeitschriften (Auswahl der Auflagestärksten) — Angaben in Prozent — (BRD 1980)

Geschlecht	männlich			weiblich		
Alter in Jahren	12-14	15-17	18-21	12-14	15-17	18-21
Bravo	27	31	15	38	34	20
Rocky, das Freizeitmagazin	5	8	3	9	11	8
Mädchen	1	2	1	15	18	9
Motorrad	6	20	20	1	6	4
Easy Rider	6	11	4	2	4	1

Lesebeispiel: Die Zeitschrift bravo erreicht mit einer durchschnittlichen Ausgabe 27% aller 12-14jährigen Jungen.

Quelle: Infratest-Medienforschung 1980, zitiert nach (Knodt 1983, 16)

Porträt der bravo-Leser zwischen 15 und 24

Welches Profil kennzeichnet den Lesekreis bravo? Anhaltspunkte hierzu sind in Tabelle 18 zusammengestellt. Wie schon hervorgehoben, lesen 31 Prozent aller 15-24jährigen bravo. Dabei haben wir das weitestmögliche Kriterium angelegt: Wenigstens eine der letzten 12 Ausgaben sollte (an-) gelesen worden sein. bravo-Leser zählen allerdings zu den treuen Lesern („bravo-Gemeinde"). Diejenigen, die bravo überhaupt lesen, tun dies vergleichsweise regelmäßig. 13 Prozent aller Jugendlichen sind — nach unseren Kriterien — regelmäßige Leser von bravo, d.h. sie geben an, mindestens 10 der letzten 12 Ausgaben gelesen zu haben (bravo erscheint bekanntlich wöchentlich). Die größte Gruppe von Stammlesern finden wir unter den 15-17jährigen Mädchen (28%).

Nehmen wir die bravo-Leser/innen als 100 Prozent, ergibt sich folgende Verteilung:

Anzahl der gelesenen Ausgaben der letzten 12 bravo-Hefte

(Nur Leser/-innen)	%	
1 Ausgabe	12	
2 Ausgaben	13	
3- 5 Ausgaben	23	
6- 9 Ausgaben	10	
10-11 Ausgaben	12	
12 Ausgaben	29	
Alle Leser/-innen	99	(n = 458)

Die jugendlichen Leser/innen gruppieren sich also gemäß einer U-Kurve. Am einen Ende finden wir relativ viele Zufalls- oder Gelegenheitsleser (1-2 Ausgaben = 25%). Am anderen Ende der Verteilung häufen sich die „treuen" Leser (10-12 Ausgaben = 41%). Die Leserschaft zeigt erhebliche Unterschiede in der Regelmäßigkeit der Lektüre. Darauf sei hier an einem Beispiel hingewiesen. So lesen bravo-Leser/innen mit geringerer Schulbildung durchschnittlich mehr Ausgaben als solche mit höheren Schulabschlüssen:

Mittelwerte gelesener Ausgaben nach Schulabschluß (angestrebt/erreicht)

Leser mit Hauptschulabschluß	7,3 Ausgaben
Leser mit Realschulabschluß	6,9 Ausgaben
Leser mit Abitur/Hochschulbildung	4,8 Ausgaben

(jeweils von den letzten 12 Ausgaben)

Welche soziodemographische Gruppen unter den Jugendlichen sind häufiger, welche sind seltener Leser von bravo? Anhand der Tabelle 18 ergibt sich folgende Aufstellung. bravo-leser finden wir häufiger unter Jugendlichen mit folgenden Merkmalen: weibliche; jüngeres Alter; Wohnung in Kleingemeinden (Dorf); geringere Schulbildung (Hauptschule); Schüler (nicht berufstätig); Eltern mit geringerer Schulbildung.

Was läßt sich aufgrund unserer Studie über die psychosoziale Lage von bravo-Lesern aussagen? Hier fällt zunächst die „Durchschnittlichkeit" von bravo-Lesern ins Auge. Sie unterscheiden sich nicht von anderen Jugendlichen, was Konflikte mit Eltern, Wahrnehmung von Spannungen zwischen älterer und jüngerer Genera-

Tabelle 18: Der Leserkreis von Bravo. Jugend '84
(Der weiteste Leserkreis — von den letzten 12 Ausgaben wurde wenigstens in einer gelesen)
— Angaben in Prozent —

Gesamt		31	n = 1472	(= 100%)
Geschlecht	männlich	27	n = 725	(= 100%)
	weiblich	36	n = 747	(= 100%)
Alter	15-17 Jahre	56	n = 422	
	18-20 Jahre	30	n = 473	
	21-24 Jahre	14	n = 577	
Wohngemeinde/Selbsteinschätzung				
	Dorf/Weiler	43	n = 170	
	Großstadt	20	n = 212	
Angestrebter/erreichter Schulabschluß:				
Hauptschule		39	n = 564	
Realschule		31	n = 465	
Abitur/Hochschule		39	n = 564	
Bildungsniveau der Eltern:				
Volksschule		37	n = 801	
Mittelschule		27	n = 425	
Abitur/Hochschule		21	n = 246	
Nur 21-24jährige:				
Berufstätig: Fabrik		20	n = 288	
noch nie berufstätig		7	n = 155	
Lehrlinge nach Schulabschluß:				
Hauptschule und weniger		43	n = 107	
Realschule und mehr		24	n = 117	
Berufsstatus:				
Angestellte		17	n = 196	
Arbeiter		25	n = 227	
geringes Interesse an Schulfächern:				
männlich		(33)	n = 69	
weiblich		(46)	n = 56	

Gesprächspartner für Sorgen und Nöte:		
— keine Differenz —		
Konflikte mit Eltern:		
— keine Differenz —		
Wahrnehmungen von Spannungen zwischen den Generationen		
— keine Differenz —		
Identifikation mit Gruppenstilen:		
Disco-Fans	52	n = 273
Fußball-Fans	42	n = 210
Video-Spiele	52	n = 147
Aerobic	41	n = 118
Kernkraftgegner	21	n = 223
Alternative Lebensweise	18	n = 130
Friedensbewegung	19	n = 293
Bürgerinitiativen	(11)	n = 89
Biodynamische Ernährung	(19)	n = 91
Gegnerschaft zu Punks	(42)	n = 81
Orientierung an Gruppenstilen (Skala):		
Stilrichtung „Technik/Vergnügen"	40	n = 389
Stilrichtung „Protest"	18	n = 388
keine genaue Kenntnis der Stile	52	n = 118
Treffen mit Gleichaltrigen nach Alter:		
(15-17 Jahre) regelmäßig	63	n = 159
nie	(46)	n = 94
(18-20 Jahre) regelmäßig	28	n = 179
nie	31	n = 105
Jugendzentrismus		
— keine Differenz —		

Wichtigkeit Neuer / Alter Werte:		
Neue Werte wichtig/Alte Werte inwichtig	22	n = 419
Alte Werte wichtig/Neue Werte unwichtig	40	n = 331
Bilder des Selbst:		
Privatisiert niedrig	21	n = 353
hoch	41	n = 353
Anpassung niedrig	18	n = 340
hoch	47	n = 340
Entfremdet niedrig	24	n = 423
hoch	38	n = 360
Innengeleitet/ Träume / Selbstbehauptung — keine Differenz —		

Lesebeispiel: Von allen Jugendlichen sind 31% bravo Leser. Unter weiblichen Jugendlichen sind Leserinnen leicht überrepäsentiert (36%); unter männlichen Jugendlichen sind bravo-Leser tendenziell etwas unterrepäsentiert (27%).

tion oder was das Vorhandensein und die Qualität von Gesprächspartnern bei persönlichen Sorgen und Nöten angeht. Recht profiliert sind dagegen die jugendkulturellen und gesellschaftlichen Orientierungen der Leser. bravo-Anhänger sind gehäuft unter Jugendlichen anzutreffen, die sich als Disco-, Fußball-, Aerobic- oder Video-Spiel-Fans verstehen. Es sind dies die jugendlichen Stilrichtungen, die Technikinteresse und gegenwartsbezogenen Lebensgenuß auf ihre Fahne geschrieben haben. Politischer Protest (Kernkraft; Alternative; Friedensbewegung u.ä.) ist dagegen mit Nicht-Lesen von bravo verbunden. bravo-Leser sind häufiger unter Jugendlichen vertreten, die konservativen Orientierungen nahestehen: die alten Werte (Fleiß, Ordnung usw.) eher wichtig, neue Werte (z.B. neue Lebensweisen erproben) dagegen eher unwichtig finden. Dem entsprechen charakteristische Selbst-Bilder. Jugendliche, die sich für den Rückzug in Privatheit aussprechen oder die eine gewisse Anpassungsbereitschaft an die Bedingungen des Lebens propagieren , gehören vermehrt zur Leserschaft.

7. „MÖGLICHKEITEN, SICH MIT SEINEM LEBEN ZU BESCHÄFTIGEN" — EIN KATALOG BIOGRAFISCH-KULTURELLER ALLTAGSTECHNIKEN

Kulturelle Praxen des persönlichen Schreibens, Malens, Musikmachens sind in ein Gesamt kultureller Alltagstechniken eingebunden, die allesamt an den Zweck gebunden sind, die Befindlichkeit(en) der Person zu steuern. In gewissem Sinn handelt es sich um „Sozialtechniken" en miniature; dazu bestimmt, die schwankenden Stimmungslagen und Klein-Krisen des Alltags auszugleichen. Manche dieser Techniken besitzen Tradition und Würde — denken wir an das Tagebuchschreiben; manche erscheinen banal und unerheblich — zum Beispiel das Herumdösen in der Badewanne. Unterschiedlich sind auch angewandte Taktiken und angestrebte Zielsetzungen. Zu einem Teil handelt es sich um meditativ-religiöse „Techniken zur Kultivierung des Innenraumes" (Schmidtchen 1979); zu einem anderen Teil geht es darum, das Ich aus seinem gesellschaftlichen Verpflichtetsein heraus — und in meta-zivilisatorische Erlebnisräume hineinzureißen (Cohen/Taylor 1977; Zinnecker 1981, 556).

In der quantitativen Vorerhebung (Februar '84) zur Jugendstudie im Mai '84 wurden Jugendlichen und Erwachsenen jeweils eine Liste von unterschiedlichen Alltagstechniken der angesprochenen Art zur Stellungnahme vorgelegt. Die Liste der 37 Alltagspraxen wurde dabei mit folgendem Vorspruch eingeleitet: „Es gibt ja verschiedene Gelegenheiten/Möglichkeiten, sich mit seinem Leben zu beschäftigen. Welche der folgenden Möglichkeiten kommen bei Ihnen vor?" (Tabelle 19)

In der Haupterhebung '84 taucht die Gesamtheit dieser Praxen nicht mehr auf. Um Interviewzeit einzusparen, wurde nur ein Teil der Liste in die repräsentative Studie übernommen. Anhand des Gesamtkatalogs der Vorerhebung läßt sich die Einbettung der uns in erster Linie interessierenden literarisch-künstlerischen Praktiken gut empirisch veranschaulichen und theoretisch diskutieren. Wir würdigen daher die Vorerhebung bei 261 Jugendlichen und 239 Erwachsenen an dieser Stelle, müssen zugleich aber darauf hinweisen, daß Vorsicht geboten ist. Da es sich um methodisch unabgesicherte Stichproben handelt, sind Verallgemeinerungen von den befragten Gruppen auf die Gesamtheit aller altersgleichen Jugendlichen und Erwachsenen in der Bundesrepublik nicht zulässig.

Tabelle 19: Alltagstechniken. Jugend '84 – Erwachsene '84 (Vorerhebung)

„Es gibt ja verschiedene Gelegenheiten/Möglichkeiten, sich mit seinem Leben zu beschäftigen. Welche der folgenden Möglichkeiten kommen bei Ihnen vor?" (Liste) – Antwortmöglichkeiten vorgegeben – (Erwachsene: Sie)

	Vorerhebung Jugend '84 (15 bis 24 Jahre) (N = 261)			
	öfters %	gelegentl. %	nie %	(= 100%)
1 beten	14	40	46	
2 an einer Andacht oder einem Gottesdienst teilnehmen	13	38	48	
3 ein gutes Buch lesen	49	44	7	
4 seinem Hobby nachgehen	74	24	2	
5 durch die Straßen schlendern	38	55	7	
6 Musik hören	82	17	1	
7 sich von älteren Menschen ihre Lebenserfahrungen erzählen lassen	17	61	23	
8 mit einem guten Freund sprechen	73	24	3	
9 mit einer guten Freundin sprechen	71	25	4	
10 Fotos/Fotoalben ansehen	16	67	17	
11 Briefe von früher lesen	10	51	39	
12 kleine Aufsätze schreiben	2	20	78	
13 Gedichte über eigene Gefühle schreiben	4	18	78	
14 persönliche Briefe schreiben	24	46	31	
15 ein Tagebuch führen	13	20	67	
16 Horoskope lesen	19	44	37	
17 Leserbriefe zu persönlichen Fragen in Zeitschriften lesen	13	42	45	
18 einen Teil des Tages verträumen	28	55	17	
19 ein paar Tage auf ein Seminar fahren	5	25	71	
20 in einer Gruppe Lebenserfahrungen durchsprechen	8	41	51	
21 zusammen mit andern an einer Demonstration teilnehmen	6	23	71	
22 allein in die Natur gehen	20	54	26	
23 selbst Bilder malen	14	33	54	
24 mit einem Fachmann für Lebensprobleme sprechen	1	11	88	
25 sich auf ein Tier einlassen	33	42	25	
26 von einem Vorbild träumen	9	38	53	
27 eine Lebensgeschichte (Autobiografie /Biografie) lesen	9	42	49	
28 sich mit seiner Mutter unterhalten	56	36	8	
29 sich mit seinem Vater unterhalten	39	44	17	
30 wandern	13	55	33	
31 in der Badewanne herumdösen	33	43	24	
32 mit dem Auto/Motorrad in der Gegend herumfahren	33	33	34	
33 einfach mit irgendjemandem telefonieren	39	39	22	
34 sich mal richtig pflegen	38	48	14	
35 autogenes Training/Entspannungsübungen	5	20	75	
36 meditieren	5	14	81	
37 in den Garten gehen	22	48	31	

Jugendliche: Frage 19/ Erwachsenen: Frage 40

Vorerhebung Februar 1984; Quoten-Stichprobe, Bundesrepublik, ohne Anspruch auf Repräsentativität

	Vorerhebung Erwachsene '84 (45 bis 54 Jahre) (N = 239) öfters %	gelegentl. %	nie %	(= 100%)
1 beten	21	43	36	
2 an einer Andacht oder einem Gottesdienst teilnehmen	19	46	35	
3 ein gutes Buch lesen	32	49	18	
4 seinem Hobby nachgehen	55	35	10	
5 durch die Straßen schlendern	25	51	24	
6 Musik hören	60	37	3	
7 sich von älteren Menschen ihre Lebenserfahrungen erzählen lassen	23	59	18	
8 mit einem guten Freund sprechen	50	44	7	
9 mit einer guten Freundin sprechen	43	38	19	
10 Fotos/Fotoalben ansehen	22	66	12	
11 Briefe von früher lesen	5	29	65	
12 kleine Aufsätze schreiben	4	8	89	
13 Gedichte über eigene Gefühle schreiben	1	4	95	
14 persönliche Briefe schreiben	11	49	40	
15 ein Tagebuch führen	2	2	96	
16 Horoskope lesen	21	47	32	
17 Leserbriefe zu persönlichen Fragen in Zeitschriften lesen	24	41	36	
18 einen Teil des Tages verträumen	4	33	64	
19 ein paar Tage auf ein Seminar fahren	5	24	71	
20 in einer Gruppe Lebenserfahrungen durchsprechen	5	23	72	
21 zusammen mit andern an einer Demonstration teilnehmen	1	7	92	
22 allein in die Natur gehen	30	45	25	
23 selbst Bilder malen	2	9	90	
24 mit einem Fachmann für Lebensprobleme sprechen	5	22	73	
25 sich auf ein Tier einlassen	27	33	41	
26 von einem Vorbild träumen	6	21	73	
27 eine Lebensgeschichte (Autobiografie / Biografie) lesen	11	42	48	
28 sich mit seiner Mutter unterhalten	24	25	52	
29 sich mit seinem Vater unterhalten	10	13	77	
30 wandern	39	49	12	
31 in der Badewanne herumdösen	20	40	41	
32 mit dem Auto/Motorrad in der Gegend herumfahren	21	34	45	
33 einfach mit irgendjemandem telefonieren	23	36	41	
34 sich mal richtig pflegen	37	49	14	
35 autogenes Training/Entspannungsübungen	5	24	72	
36 meditieren	3	11	86	
37 in den Garten gehen	50	26	25	

Jugendliche: Frage 19/ Erwachsenen: Frage 40

Vorerhebung Februar 1984; Quoten-Stichprobe, Bundesrepublik, ohne Anspruch auf Repräsentativität

Die Einschränkung im Hinblick auf Repräsentativität der interviewten Gruppe mindert nicht den heuristischen Wert der im folgenden erörterten Ergebnisse.

Vom Vorsprung des Jüngeren

Die Erwachsenen der Vorerhebung nutzen weniger „Möglichkeiten, sich mit ihrem Leben zu beschäftigen." Aus dem breit gestreuten Angebot von 37 Alltagspraktiken gibt es nur weniges, das Erwachsene gleich häufig oder häufiger als Jugendliche in Anspruch nehmen. Charakteristisch für die Elterngeneration ist der stärkere Rückbezug auf die Natur: allein in die Natur gehen (22); wandern (30); in den Garten gehen (37). Geringfügig häufiger greifen Erwachsene auf religiöse Praktiken zurück (Nr.1,2). (Tabelle 19)

Die Jugendlichen der Vorerhebung zeichnen sich durch vermehrte Aktivitäten in vier Bereichen aus:
— mit anderen Menschen reden (8,9,20,28,29,33)
— träumen, dösen (18,26,31)
— im kulturellen Bereich rezipieren (3,6)
— kulturell aktiv sein (4,13,14,15,23)
— Teilnahme an der Straßenöffentlichkeit (5,21,32)

Jugendliche greifen mehr auf andere Menschen zurück, um sich über ihr Leben zu verständigen. Das gilt für Mutter und Vater ebenso wie für gleichaltrige Freunde und Freundinnen oder für eine Gruppe. Auch telefonieren und kommunizieren sie brieflich häufiger als die Elterngeneration.

Ein zweiter Bereich, den Jugendliche vermehrt für sich und ihre persönlichen Zwecke in Anspruch nehmen, sind gewisse kulturelle Angebote. Insbesondere lesen sie häufiger und hören häufiger Musik. Jugendliche schreiben aber auch vermehrt selbst, malen und zeichnen mehr, geben häufiger den Rückbezug auf ein Hobby an.

Ein letzter Bereich betrifft die Öffentlichkeit der Straße. Hier sind Jugendliche aktiver, wie aus den Beispielen „zusammen mit anderen an einer Demonstration teilnehmen", „mit dem Auto/ Motorrad in der Gegend herumfahren" oder „durch die Straßen schlendern" hervorgeht.

In diesen Tendenzen lassen sich einige Aspekte jugendlicher Lebenssituation wiedererkennen. Es gehört gewiß zu den Schwerpunkten jugendlicher Sozialisation, wie Jugendforscher und — zu einer früheren Zeit — Jugendpädagogen wiederholt dargelegt haben, die Gehalte und Ideologien der Kultur für die eigene Person und die eigene Biografie kritisch und intensiv zu prüfen. Einer solchen prüfenden (Selbst)Verständigung können offenkundig sowohl die vermehrten Gespräche, Diskussionen mit anderen Menschen wie auch kulturelle Aktivitäten dienen. Eine ähnliche Funktion kann die Auseinandersetzung mit Kultur und Gesellschaft auf der Ebene der räumlich erfahrbaren Öffentlichkeit haben. Man vergleiche mit diesem Bild die vermehrte Tendenz der Erwachsenen, sich für Zwecke der Selbstbesinnung auf den stummen Partner „Natur" zurückzuziehen.

Das Privileg des erklärten Nichtstuns, des Vor-sich-hin-Träumens, steht gleichfalls deutlich auf Seiten der Jüngeren. Die befragten Erwachsenen stehen, sei hierzu vermerkt, „in der Mitte des Lebens", das heißt in einem sozialen Altersabschnitt, der die größte soziale Entfaltung und Wirkungskraft im Leben mit einschließt. Es ist für einen Erwachsenen offenkundig schwerer, Tagträumereien als sozial akzeptierte anzusehen und zuzugeben. Träumen und Dösen verweist auf das Recht der Jüngeren auf ein soziokulturelles Moratorium. Auch im Alltag steht Jugendlichen daher eher zu, sich eine kleine „Auszeit" zu nehmen. Träumen als Teil auch vorwegnehmender Sozialisation. Die Jugendlichen träumen biografisch, von Möglichkeiten, die ihnen noch offenstehen.

Brief und Telefon

Die Tabelle 20 gestattet uns einen direkten Vergleich zwischen neuerem (Telefon) und älterem (Brief) Medium der Kommunikation über eine räumliche Distanz hinweg. Wie nutzen Männer und Frauen der Erwachsenengeneration im Vergleich zu männlichen und weiblichen Angehörigen der Jugend-Generation die beiden Kommunikationsmedien? (vgl. oben Abschnitt „Briefeschreiben".) Zunächst zeigt sich ein geschlechtstypischer Unterschied, der für die jüngere und ältere Generation gleichermaßen gilt. Frauen nutzen sowohl Telefon als auch Brief häufiger als Männer. In gleicher Weise läßt sich ein Generationsunterschied feststellen. Jugendliche telefonieren und schreiben häufiger als Erwachsene im Alter von 45-54 Jahren. Dabei ist die Differenz beim Telefonieren tendenziell etwas größer als beim Briefe schreiben. Letzteres hängt damit zusammen, daß junge Männer zwar erheblich mehr als ihre Väter-Generation telefonieren, die in diesem Medium äußerst zurückhaltend ist, aber nur ein wenig mehr auf die schriftliche Kommunikationsform des Briefeschreibens als ihre Väter zurückgreifen. Junge Frauen haben sich demgegenüber etwa gleich weit in brieflicher und in telefonischer Kommunikation von ihrer Müttergeneration entfernt. Alles in allem können wir konstatieren, daß in beiden Generationen etwas häufiger telefoniert als geschrieben wird. Diese Differenz rechtfertigt aber keinesfalls die Aussage vom „Verfall der Briefkultur" — falls zur Unterstützung dieses Arguments quantiativ argumentiert wird, wie es ja vielfach geschieht. Zudem ist darauf hinzuweisen, daß Telefonieren und Briefeschreiben als kommunikative Alltagspraxen bei Jugendlichen positiv miteinander zusammenhängen und nicht etwa einander ausschließen (siehe unten).

Tabelle 20: Telefonieren und persönliche Briefe schreiben. Jugend '84 – Erwachsene '84 nach Geschlecht

		Vorerhebung Jugend '84 (N=261)			
		öfters %	gelegentl. %	nie %	
einfach mit irgendjemand telefonieren	männlich	26	40	34	(=100%)
	weiblich	52	38	11	(=101%)
	Alle	39	39	22	(=100%)
persönliche Briefe schreiben	männlich	14	43	43	(=100%)
	weiblich	33	48	19	(=100%)
	Alle	24	46	31	(=101%)

Vorerhebung: Jugendliche Frage 19/Erwachsene Frage 40 (Auszug)

		Vorerhebung Erwachsene '84 (N=261)			
		öfters %	gelegentl. %	nie %	
einfach mit irgendjemand telefonieren	männlich	8	31	60	(= 99%)
	weiblich	38	42	20	(=100%)
	Alle	23	36	41	(=100%)
persönliche Briefe schreiben	männlich	7	46	48	(=101%)
	weiblich	16	52	32	(=100%)
	Alle	11	49	40	(=100%)

Vorerhebung: Jugendliche Frage 19/Erwachsene Frage 40 (Auszug)

Kulturelle Praxen und Biografie Jugend '81 - '84

Alltägliche Praxen, sich zu besinnen, waren bereits in der Jugendumfrage 1981 als Liste vorgelegt worden. Damals ging es um biografische Reflexionsansätze im engeren Sinn, die Liste umfaßte nur acht entsprechende Strategien. In der Vorerhebung wurde diese Liste erheblich erweitert, auf insgesamt 37 Vorgaben. Die Fragetexte wurden modifiziert, u.a., um sie Jugendlichen und Erwachsenen gleichermaßen vorlegen zu können. Zudem wurden Fragetexte, die gedoppelte Vorgaben enthielten (z.B. Aufsätze und Gedichte schreiben oder biografische Bücher und Filme), getrennt und damit eindeutiger abgefragt. Alle acht biografischen Alltagstechniken, die in der Umfrage 1981 angesprochen worden waren, wurden in der Vorerhebung 1984 in mehr oder weniger stark modifizierter Form erneut vorgelegt, diesmal sowohl Jugendlichen als Erwachsenen. Dies erlaubt gewisse Vergleiche (vgl. Tabelle 21).

Dort, wo Fragen (fast) wörtlich wiederholt wurden, erhalten wir — Vergleich Jugend '81 und Vorerhebung-Jugend '84 — durchaus ähnliche Prozentverteilungen. Das gilt etwa für die Fragen nach der Aufsatz- und Gedichtpraxis (1), für das Tagebuch schreiben (3) oder für Gespräche mit Freunden/Freundinnen (8). Erheblich abweichende Prozentangaben treten dort auf, wo die Textvorgaben spezifiziert wurden. So erhöht sich in Frage (2) die Zahl der jugendlichen Briefeschreiber, offenkundig, weil 1984 nicht mehr wie 1981 noch nach spezifischen Brieffreundschaften als Institution jugendlicher Briefkultur gefragt worden war. Brieffreundschaften gaben 1981 37% an, persönliche Briefe schreiben 1984 70% Jugendliche.

Schriftliche Autobiografien/Biografien lesen, wie sich in der Vorbefragung 1984 zeigt, rund die Hälfte der Jugendlichen. Rund 80% befassen sich mit dem Medienangebot an Lebensgeschichten, wenn wir — wie 1981 geschehen — das Filmangebot mit einbeziehen.

1984 war die Frage von 1981, ob man sich ,,von Erwachsenen ihre Lebenserfahrungen erzählen" lasse, auf ,,ältere Menschen" bezogen worden, um sie sinngemäß auch Erwachsenen vorlegen zu können. Daraufhin reduzierte sich der Anteil der Jugendlichen, die sich sehr oft/oft solche Erfahrungen erzählen lassen, von 41% auf 17%. ,,Ältere Menschen", dies wohl der Hintergrund, stehen mit den Jugendlichen in keinem ähnlich dauerhaften Kontakt wie dies für bestimmte Erwachsene gilt.

Tabelle 21: Verschiedene Möglichkeiten, sich mit sich und mit seinem Leben zu beschäftigen. Vergleich Jugend '81 – Vorerhebung Jugend / Erwachsene '84

		Jugend '81 (15 bis 24 Jahre) (N = 1077)					
		sehr oft %	( )	oft %	selten %	nie %	k. A. %
1	kleine Aufsätze, Gedichte über die eigenen Gefühle schreiben	2	(7)	5	18	75	0
2	sich mit Brieffreunden auch über persönliche Probleme schreiben	2	(14)	12	23	63	0
3	ein Tagebuch führen	5	(14)	9	15	72	0
4	Horoskope lesen, um für sich ein paar Anregungen zu bekommen	5	(18)	13	35	47	0
5	Leserbriefe zu persönlichen Fragen in Zeitschriften lesen, um daraus etwas für sich zu lernen	3	(17)	14	31	52	1
6	Lebensgeschichten von anderen Menschen in Filmen, Büchern kennenlernen	7	(41)	34	39	19	0
7	sich von Erwachsenen ihre Lebenserfahrungen erzählen lassen	7	(41)	33	45	15	0
8	mit Freunden/Freundinnen über die Probleme des eigenen Lebens sprechen	39	(83)	44	15	3	–

Fragetext: „Über sich und sein Leben kann man ja auf verschiedene Arten nachdenken oder mit anderen darüber reden. Wie machst Du das?"
(Vorlage einer Liste und der Anwortmöglichkeiten) (Frage 10)

Die Korrelationsmatrix (Tabelle 22) für die biografischen Praktiken, die 1981 abgefragt wurden, läßt drei Zusammenhangsmuster erkennen. Auffällige positive Korrelationen ergeben sich für:

1. Kommunikativer Austausch über Lebensgeschichte und Identität (größer +0,20)

Dazu gehören:

	Vorerhebung Jugend '84 (15-24 J.) (N=261)			Vorerhebung Erwachsene '84 (45-54 Jahre) (N=239)		
	öfters %	gele-gentl. %	nie %	öf-ters %	gele-gentl. %	nie %
1a kleine Ausätze schreiben	2	20	78	4	8	89
1b Gedichte über eigene Gefühle	4	18	78	1	4	95
2 persönliche Briefe schreiben	24	46	31	11	49	40
3 Ein Tagebuch führen	13	20	67	2	2	96
4 Horoskope lesen	19	44	37	21	47	32
5 Leserbriefe zu persönlichen Fragen in Zeitgeschichte lesen	13	42	45	24	41	36
6 eine Lebensgeschichte (Autobiografie/Biografie) lesen	9	42	49	11	42	48
7 sich von älteren Menschen ihre Lebenserfahrungen erzählen lassen	17	61	23	23	59	18
8a mit einem guten Freund sprechen	73	24	3	50	44	7
8b mit einer guten Freundin sprechen	71	25	4	43	38	19

Fragetext: ,,Es gibt ja verschiedene Gelegenheiten/Möglichkeiten, sich mit seinem Leben zu beschäftigen. Welche der folgenden Möglichkeiten kommen bei Ihnen vor?" (Vorlage einer Liste und der Antwortmöglichkeiten) (Erwachsene: Sie) — hier: Auszug aus der Liste — (Jugendliche: Frage 19/Erwachsene: Frage 40)

(2) Brieffreundschaften
(6) Lebensgeschichte in Medien (Film/Buch)
(5) Leserbriefe lesen
(7) Gespräche mit Erwachsenen
(8) Problemaustausch mit gleichaltrigen Freunden

2. Schreibpraxis (größer +0,20)
(1) Aufsätze/Gedichte
(3) Tagebücher
(2) Briefe

3. Rezeption von Zeitschriften/Illustrierten (größer +0,40)
(5) Leserbriefe
(4) Horoskope

In der Vorerhebung Jugend '84 liegen die Korrelationen der literarisch-künstlerischen Alltagspraxen — Aufsätze, Gedichte, Briefe, Tagebücher, Bilder — untereinander zwischen +0,19 und +0,40 und damit etwas höher als in der Haupterhebung Jugend '84; jedoch etwa gleich hoch wie in der Jugendstudie '81. (Tabelle 22). Der stärkste Zusammenhang besteht zwischen Aufsatz- und Gedichteschreiben (+0,40). Diese Praxen hängen relativ eng mit Tagebuchschreiben und Bildermalen zusammen (Interkorrelationen +0,30 bis 0,35). Die Praxis des Briefschreibens ist mit den an-

Tabelle 22: Nachdenken und Sprechen über sich und sein Leben. Korrelationsmatrix

(Spearman) Jugend '81 (15-24 J.) (n = 1077)

	Aufsätze/ Gedichte 1	Briefe 2	Tagebücher 3	Horoskope lesen 4	Leserbriefe lesen 5	Filme/ Bücher 6	Erwachsene 7	Freunde 8
1 Aufsätze/ Gedichte		0,26	0,39	-0,02	0,03	0,14	0,06	0,14
2 Briefe			0,33	0,12	0,18	0,20	0,09	0,17
3 Tagebuch				0,12	0,06	0,16	0,06	0,16
4 Horoskope					0,41	0,15	0,16	0,03
5 Leserbriefe						0,27	0,18	0,06
6 Lebensgeschichte Filme/Bücher							0,26	0,25
7 Erwachsene								0.17
8 Freunde								

(Frage 10)

Tabelle 23: Interkorrelationen literarisch-künstlerischer Alltagspraxen. Vorerhebung Jugend '84 (15-24 Jahre) (n = 261)

	4 Hobby	10 Fotos anseh.	11 Briefe lesen	12 Aufsätze	13 Gedichte	14 Briefe schr.	15 Tagebuch	17 Leserbriefe lesen	23 Bilder malen	27 Biografien lesen	33 telefonieren
ein gutes Buch lesen	.21	.16.	.15	.23	.18	.22	.17	.12	.10	.35	.08
seinem Hobby nachg.		.14	.10	06	.07	.12	.10	.06	.13	.02	.04
Fotos/Fotoal. ansehen			.32	.18	.05	.22	.16	.10	.15	.10	.15
Briefe v. früher lesen				.23	.21	.44	.29	.24	.18	.22	.27
kl. Aufsätze schreiben					.40	.19	.32	.02	.25	.24	.12
Gedichte schreiben						.26	.34	.11	.35	.17	.09
pers. Briefe schreiben							.27	.22	.22	.23	.29
ein Tagebuch führen								.10	.30	.15	.14
pers. Leserbriefe lesen									.12	.10	.18
selbst Bilder malen										.25	.20
Biografien lesen											.20
telefonieren											

deren literarisch-künstlerischen Praxen etwas geringer korreliert (+0,19 bis +0,27) (Tabelle 23)

Das Interesse an der Lektüre veröffentlichter (Auto-)Biografien geht einher mit einem gewissen Interesse für Schreibpraxen (leicht positive Korrelationen zwischen 0,15 und 0,25). Das verweist auf den biografiebezogenen Anteil persönlichen Schreibens und auch auf mögliche Vorbilder schreibender Jugendlicher, was Form und Inhalt subjektbezogenen Schreibens angeht. In die gleiche Richtung weist die Praxis des Bücher-Lesens, die ebenfalls leicht positiv mit Schreibtätigkeit korreliert.

Die Briefkultur ist eng mit dem Zusammentragen persönlicher Andenken und Erinnerungen und dem biografischen Rückbezug darauf verbunden. Wer viele Briefe schreibt, der holt ältere Briefe häufig hervor und vertieft sich erneut in sie (+0,44). Briefe von früher zu lesen ist aber auch mit der Praxis verknüpft, Fotos oder Fotoalben hervorzuholen (+0,32).

Briefkultur und das neuere Medium Telefon schließen einander auch nicht aus oder ersetzen einander nicht. Jugendliche, die vermehrt telefonieren, greifen parallel hierzu auch vermehrt auf die Praxis des Briefeschreibens (+0,29) und Briefelesens (+0,27) zurück (und umgekehrt). Ebenso wie beides mit vermehrten Gesprächen mit Freunden einhergeht. Allen diesen Praxen, ob medial vermittelt oder nicht, liegt als gemeinsamer Faktor ein starkes Interesse an Kommunikation und Entspannung sowie Ich-Findung mit Hilfe informeller Gesprächssituationen zugrunde.

Ein Überhang an weiblichen Strategien

Tabelle 24 fragt nach den Unterschieden in weiblichen und männlichen Alltagspraxen, „sich mit sich und seinem Leben zu beschäftigen“, gegliedert nach Jugendlichen und nach Erwachsenen der Vorerhebung. Wir können der vergleichsweise umfangreichen Liste von 37 Aktivitäten entnehmen, daß ein Gutteil von (jungen) Frauen und Männern etwa in gleichem Umfang praktiziert wird. Bei Jugendlichen können wir sagen, daß etwas weniger als die Hälfte der angebotenen Listen-Tätigkeiten jungen Männern und jungen Frauen gemeinsam ist. Für Erwachsene gilt, daß mehr als die Hälfte der Prozentwerte zwischen Männern und Frauen gleich verteilt ist. (Als pragmatisches Kriterium für geschlechtsspezifische Unterschiede legen wir 15% und mehr Differenz zwischen Männern und Frauen zugrunde.)

Wenn wir uns den unterschiedlich verteilten Alltagspraxen zuwenden, so fällt auf, daß es nahezu ausschließlich (junge) Frauen sind, die vermehrt bestimmten Praxen nachgehen. Bei den Jugendlichen können wir auf diesem Weg 20 Tätigkeiten als eher spezifisch weiblich bei nur einer eher männlichen Tätigkeit ausmachen. Bei den Erwachsenen ist die Differenz zugunsten der Frauen geringer. Hier unterscheiden sich Frauen durch 14, Männer ihrerseits durch 3 Alltagspraxen.

Noch vor einer inhaltlichen Analyse dieses Befundes sollten wir uns bewußt machen, daß wir zwei konkurrierende Deutungsmuster einsetzen können. Zum einen können wir generell mit der Unvollständigkeit der vorgelegten Liste argumentieren. Aus dem theoretischen Universum aller Alltagspraxen, in denen wir uns auf uns selbst und unser Leben rückbeziehen, haben wir für die vorliegende Frage möglicherweise einseitig weibliche Techniken und Strategien ausgewählt. Der Überhang an eher weiblichen Alltagspraxen wäre demzufolge Konsequenz der einseitigen Auswahl von Praxen seitens der Forscher.

Ein zweiter Interpretationsstrang könnte mit der Überlegung beginnen, daß Alltagspraxen, die durch die vorliegende Sammelfrage angesprochen werden, als Ganze bereits geschlechtstypische Züge aufweisen. Entspricht die Rückbesinnung auf sich und sein Leben eher dem gesellschaftlich geformten weiblichen Geschlechtscharakter?

Welche Alltagspraxen sind eher weiblich dominiert? Zum einen können wir die Gruppe von Strategien ausmachen, die kommunikationsbezogen sind. Frauen, jüngere wie erwachsene, sprechen mehr, beraten sich mehr. Darauf verweisen das verstärkte Telefonieren (33), der persönliche Briefwechsel (14), Gespräche mit einer guten Freundin oder auch mit der Mutter (letzteres geben nur weibliche Jugendliche vermehrt an) (9,28). Frauen neigen demzufolge mehr als Männer dazu, sich mit anderen, nahestehenden Mitmenschen auszutauschen, wobei insbesondere die eigenen Geschlechtsgenossinnen vermehrt in Anspruch genommen werden (Freundin und Mutter).

Die Kommunikation bezieht sich bei Frauen in besonderer Weise auch auf die Vergangenheit, die persönliche Tradition und die Tradition, die ältere, erfahrene Menschen repräsentieren. Junge wie ältere Frauen lesen häufiger Briefe von früher (11), lesen gedruckte Lebensgeschichten (Biografien/Autobiografien) (27), lassen sich von älteren Menschen ihre Lebenserfahrungen erzählen (7). Erwachsene Frauen stöbern darüberhinaus vermehrt in alten Fotoalben (10). Wir dürfen unterstellen, daß wir es hier mit einer Kontaktaufnahme zur Biografie- und Alltagsgeschichte zu tun haben, die familienorientiert und auch ausgerichtet ist an der Verbindung zur vorangegangenen Tradition. Frauen erscheinen in diesem Bereich vermehrt als Träger von privater, zum Teil selbsterlebter, zum Teil durch Ältere vermittelter Geschichte.

Eine dritte Gruppe spezifisch weiblicher Praxen hat mit schriftlich überlieferter Kultur und mit Lese- und Schreibpraxis zu tun. Frauen greifen vermehrt auf das Medium der Schreibkultur zurück, welches sich ja als eine Sonderform mündlicher Kommunika-

Tabelle 24: Weibliche und männliche Alltagspraxen, sich mit sich und seinem Leben zu beschäftigen. Vergleich (Vorerhebung) Jugend '84 - Erwachsene '84

	Vorerhebung Jugend '84 (15 bis 24 Jahre)			
	männl. (n = 129)		weibl. (n = 132)	
	öfters %	nie %	öfters %	nie %
1 beten	12	55	16	36
2 an einer Andacht oder einem Gottesdienst teilnehmen	12	52	14	45
3 ein gutes Buch lesen	36	11	61	3
4 seinem Hobby nachgehen	79	2	70	2
5 durch die Straßen schlendern	30	8	45	8
6 Musik hören	78	2	87	—
7 sich von älteren Menschen ihre Lebenserfahrungen erzählen lassen	12	30	21	17
8 mit einem guten Freund sprechen	70	4	77	2
9 mit einer guten Freundin sprechen	62	5	80	3
10 Fotos/Fotoalben ansehen	16	24	16	11
11 Briefe von früher lesen	5	56	15	23
12 kleine Aufsätze schreiben	1	84	4	73
13 Gedichte über eigene Gefühle schreiben	2	89	7	67
14 persönliche Briefe schreiben	14	43	33	19
15 ein Tagebuch führen	1	84	24	46
16 Horoskope lesen	8	49	30	25
17 Leserbriefe zu persönlichen Fragen in Zeitschriften lesen	10	58	16	32
18 einen Teil des Tages verträumen	25	23	31	11
19 ein paar Tage auf ein Seminar fahren	4	73	5	69
20 in einer Gruppe Lebenserfahrungen durchsprechen	8	54	9	47
21 zusammen mit andern an einer Demonstration teilnehmen	5	71	7	71
22 allein in die Natur gehen	19	29	21	24
23 selbst Bilder malen	9	66	19	42
24 mit einem Fachmann für Lebensprobleme sprechen	2	88	—	88
25 sich auf ein Tier einlassen	25	33	41	17
26 von einem Vorbild träumen	7	50	11	56
27 eine Lebensgeschichte (Autobiografie /Biografie) lesen	5	60	13	39
28 sich mit seiner Mutter unterhalten	48	10	64	5

	Vorerhebung Erwachsene '84 (45 bis 54 Jahre)			
	männl. (n = 121)		weibl. (n = 118)	
	öfters %	nie %	öfters %	nie %
1 beten	15	49	27	23
2 an einer Andacht oder einem Gottesdienst teilnehmen	17	41	21	30
3 ein gutes Buch lesen	26	22	39	14
4 seinem Hobby nachgehen	59	10	51	10
5 durch die Straßen schlendern	24	27	26	20
6 Musik hören	54	4	67	1
7 sich von älteren Menschen ihre Lebenserfahrungen erzählen lassen	22	26	25	11
8 mit einem guten Freund sprechen	52	6	48	8
9 mit einer guten Freundin sprechen	32	31	54	7
10 Fotos/Fotoalben ansehen	20	19	25	4
11 Briefe von früher lesen	3	73	8	58
12 kleine Aufsätze schreiben	5	88	3	90
13 Gedichte über eigene Gefühle schreiben	1	95	1	95
14 persönliche Briefe schreiben	7	48	16	32
15 ein Tagebuch führen	2	97	3	96
16 Horoskope lesen	12	36	31	27
17 Leserbriefe zu persönlichen Fragen in Zeitschriften lesen	16	47	32	23
18 einen Teil des Tages verträumen	3	68	5	59
19 ein paar Tage auf ein Seminar fahren	8	58	1	85
20 in einer Gruppe Lebenserfahrungen durchsprechen	7	73	3	70
21 zusammen mit andern an einer Demonstration teilnehmen	1	92	1	92
22 allein in die Natur gehen	37	17	22	33
23 selbst Bilder malen	3	88	1	92
24 mit einem Fachmann für Lebensprobleme sprechen	6	71	3	75
25 sich auf ein Tier einlassen	21	40	33	42
26 von einem Vorbild träumen	7	70	5	76
27 eine Lebensgeschichte (Autobiografie /Biografie) lesen	6	55	15	41
28 sich mit seiner Mutter unterhalten	21	53	27	50

	Vorerhebung Jugend '84 (15 bis 24 Jahre)			
	männl. (n = 129)		weibl. (n = 132)	
	öfters %	nie %	öfters %	nie %
29 sich mit seinem Vater unterhalten	37	17	41	17
30 wandern	14	30	11	35
31 in der Badewanne herumdösen	31	32	35	<u>16</u>
32 mit dem Auto/Motorrad in der Gegend herumfahren	<u>42</u>	30	25	38
33 einfach mit irgendjemandem telefonieren	26	34	<u>52</u>	11
34 sich mal richtig pflegen	28	24	<u>47</u>	5
35 autogenes Training /Entspannungsübungen	2	81	8	<u>69</u>
36 meditieren	5	81	5	82
37 in den Garten gehen	23	36	21	26

__ = 15% und mehr Differenz zwischen Männern und Frauen

tion, als eine Erweiterung der direkten und persönlichen Gespräche im Hinblick auf räumlich und zeitlich entfernte Kommunikationspartner entwickelt hat. Die besondere Nähe von Frauen zur Lese- und Schreibkultur läßt sich gewiß auch dahingehend verstehen, daß Frauen in ihren lebenslauf- und personenbezogenen Alltagstaktiken und -techniken in besonderer Weise kommunikativ erscheinen.

Die schriftlich fixierte Form der Kommunikation zerfällt in eine rezeptive (Lesen) und eine produktive (Schreiben) Seite. Was das vermehrte Lesen betrifft, so gilt dies für jüngere wie für ältere Frauen. So lesen beide Gruppen häufiger als ihr jeweiliger männlicher Widerpart ,,ein gutes Buch" (3) oder nehmen ,,Leserbriefe zu persönlichen Fragen in Zeitschriften" (17) zur Kenntnis. Was die Schreibtätigkeit angeht, so ist dies vor allem eine Angelegenheit jüngerer Frauen. Sie schreiben häufiger als andere ,,Gedichte über eigene Gefühle" (13), führen ein Tagebuch (15). ,,Persönliche Briefe" (14) zu schreiben wiederum ist ein Kennzeichen beider weiblicher Altersgruppen.

Lyrik und zum Teil auch die anderen persönlichen Schreibtätigkeiten enthalten nicht nur kommunikative und reflexive Momente, sie stehen vielfach auch einer besonderen Form der emotionalen Expressivität nahe. Sie gehören zu den Alltagspraxen, die in besonderer Weise gefühlsbezogen sind. Hierzu können wir auch noch die

	Vorerhebung Erwachsene '84 (45 bis 54 Jahre)			
	männl. (n = 121)		weibl. (n = 118)	
	öfters %	nie %	öfters %	nie %
29 sich mit seinem Vater unterhalten	10	77	9	78
30 wandern	46	12	33	12
31 in der Badewanne herumdösen	18	40	21	42
32 mit dem Auto/Motorrad in der Gegend herumfahren	26	37	16	53
33 einfach mit irgendjemandem telefonieren	8	60	38	20
34 sich mal richtig pflegen	33	23	41	4
35 autogenes Training /Entspannungsübungen	4	71	5	72
36 meditieren	2	88	4	84
37 in den Garten gehen	49	23	51	26

__ = 15% und mehr Differenz zwischen Männern und Frauen

weibliche Praxis zählen, selbst Bilder zu malen (23) oder auch die erhöhte weibliche Bereitschaft, „sich auf ein Tier einzulassen" (25) — beides Praxen, die vor allem Mädchen und jüngere Frauen auszeichnen.

Eine vierte, kleine, aber bedeutende Gruppe von Alltagshandlungen bezieht sich auf „magische Handlungsweisen", wenn wir darunter alle nicht der Handlungslogik des gesellschaftlichen Alltags folgenden Praxen verstehen wollen. Frauen beider Altersgruppen beten häufiger oder ziehen Horoskope zu Rate (1,16). Erwachsene Frauen besuchen darüberhinaus auch häufiger Andachten oder Gottesdienste (2). So unterschiedlich die kulturelle Wertigkeit beider Handlungsformen auch ist, so haben sie doch eines gemeinsam: Frauen beziehen sich auf Alltagspraxen, in denen Kontakt zu einer überweltlichen Macht gehalten wird, und in denen die Hoffnung auf einer nicht planenden, nicht von der Person selbst kontrollierten Handlungsweise ruht.

Fünftens: Jüngere Frauen beziehen sich in ihrem Handeln vermehrt auf Phantasie-Tätigkeiten. Sie sind die Gruppe, die am häufigsten zugibt, „einen Teil des Tages zu verträumen" (18) oder die angibt, gern einmal „in der Badewanne herumzudösen" (31). Es handelt sich hier um Alltagspraxen, in denen die Person die alltägliche Wachheit zurücknimmt, den äußeren Handlungsraum stillstellt und eher vorgestellten (Traum-)Handlungen nach innen nachhängt. Neben der äußeren Passivität fällt der narzißtische Charakter dieser Gruppe von Alltagspraxen ins Auge. Die einzelne Person stellt sich in den Mittelpunkt vielfach wunscherfüllender Handlungen. Das rückt diese Praxen in die Nähe zur Technik des ,,Sich-mal-richtig-Pflegens" (34) — gleichfalls eine besonders von Frauen (beider Altersgruppen) geübte Praxis.

Wie ist es um die männlich besetzten Handlungsformen im Alltag bestellt? Fehlen diese in der Liste der vorgelegten 37 Praxen, oder unterscheiden sich Männer und Frauen heute gerade dadurch, daß Frauen vermehrt person- und biografiebezogenen Techniken des ,,Selbst-Managements" anhängen? Wir kommen damit auf die eingangs gestellte Alternative der Interpretationsmuster zurück.

Beginnen wir mit einer eindeutig männlich belegten Tätigkeit: dem Agieren in räumlichen Bezügen. Dort, wo diese männliche Besonderheit angesprochen wird, stellt sich der erwartete Unterschied auch ein. Jüngere wie ältere Männer zeichnen sich vor der jeweiligen Gruppe von altersgleichen Frauen dadurch aus, daß sie häufiger ,,mit dem Auto/Motorrad in der Gegend herumfahren", wenn sie sich mit sich und ihrem Leben beschäftigen wollen (32). Vergleichbar ist noch die Praxis, die jedoch nur erwachsene Männer auszeichnet, ,,ein paar Tage auf ein Seminar zu fahren" (19). Ansonsten fehlen entsprechende Typen von Alltagspraxen in der angebotenen Frageliste. Wenn wir unterstellen, daß Männer ihr Identitätsmanagement im Alltag vermehrt in Form sportitiver Betätigung, bei Spiel und Spannung, in Wettkampfform betreiben, so bleibt festzuhalten, daß diese Tätigkeiten in der vorliegenden Liste ausgespart wurden. Allerdings sollten wir nicht ungeprüft unterstellen, daß alle Alltagspraxen, die in diese Richtung zu weisen scheinen, gegenwärtig durchweg auch noch geschlechtstypisch verteilt sind. Auch hier haben wir historische Wandlungsvorgänge im Bereich von Alltag in Rechnung zu stellen. Zwei Beispiele aus der Vorerhebung mögen dies belegen. ,,Durch die Straßen schlendern" (5) gehört bei jüngeren Frauen inzwischen zu den Alltagspraktiken, die häufiger betrieben werden, als dies bei jüngeren Männern der Fall ist. (Es handelt sich hierbei immerhin um eine Form räumlicher Aneignung von öffentlichem Raum, wenn auch in weicher, nichtaggressiver Form.) Noch deutlicher : Wir dürfen das Sich-Profilieren über die Ausübung eines Hobbys (,,seinem Hobby nachgehen" [4]) gewiß zu den traditionellerweise männlich geprägten Aktivitäten zählen. Ein entsprechender Unterschied ist in der vorliegenden Umfrage weder bei Jugendlichen noch bei Erwachsenen (mehr) festzustellen.

Moratorium und Alltag. Erklärungsversuche

Die Alltagspraxen, die hier zur Diskussion gestellt wurden, lassen sich unter dem Gesichtspunkt eines alltagsbezogenen Moratoriums analysieren. Psychosoziale oder soziokulturelle Moratorien werden gesellschaftlich ja nicht nur auf einer institutionell fest verankerten Ebene angeboten, erzwungen oder erkämpft. Auf unterer Ebene existiert auch eine alltägliche Form des Moratoriums. Diese tritt immer dann in Kraft, wenn der Einzelne sich — wie unauffällig oder wie kurz immer — vom aktiven und bewußten Alltagshandeln „verabschiedet", gleichsam seine tägliche, stündliche, wöchentliche Auszeit nimmt.

Es gehört zur gesellschaftlichen Institution Jugend, daß die Jüngeren sich nicht nur auf der sichtbar institutionell geregelten Hochbühne des sozialen Handelns Moratorien nehmen dürfen bzw. sollen. Zur Definition von Jugend gehört auch die Alltagsversion des Moratoriums. Den Jüngeren wird als Teil der sozialen Altersrolle zugestanden, sich auf der unteren Etage von mehr oder weniger unauffälligen Alltagspraxen Moratorien zu nehmen. Als solche Teilstücke alltäglicher Moratorien lassen sich die angesprochenen Taktiken und Techniken der Person verstehen.

Es ist daher konsequent, wenn ein Ergebnis auf die Fage nach den Alltagspraxen, mit denen die Person sich mit dem eigenen Leben beschäftigen kann, war, daß die Jugendlichen in manchen Bereichen stärker als die Erwachsenen auf solche Praxen zurückgreifen.

Nicht ganz so leicht zu interpretieren ist das Ergebnis, daß Frauen gegenüber Männern, und hier insbesondere jüngere Frauen gegenüber den jüngeren Männern, in verstärktem Maße an alltäglichen Moratorien teilhaben. Haben wir es hier mit einer spezifischen Auswirkung der gesellschaftlich als nachrangig definierten weiblichen Jugendzeit zu tun? Vorstellbar wäre, daß männlichen Jugendlichen eher die strukturell gewichtigen, als Institutionen ins Auge fallenden Moratorien — die z.B. mit der Freisetzung vom Arbeitsprozeß der Gesellschaft verbunden sind — zugestanden werden. Weibliche Jugendliche müssen sich demgegenüber mit eher informell geregelten, vom Individuum selbst zu organisierenden Moratorien des Alltags zufriedengeben.

Ein anderes Erklärungsmuster: Es gehört zum gesellschaftlichen Charakter der vorfindlichen Arbeitsteilung zwischen Männern und Frauen, daß der männliche Teil verbindlicher und langfristiger in die komplexen Handlungsketten der Industriezivilisation eingebunden ist, was besondere Handlungszwänge auf der einen und besondere Handlungschancen (vermehrte Machtressourcen) auf der anderen Seite einschließt. Das Repertoire der für Männer durchschnittlich zugelassenen alltäglichen Klein-Moratorien ist aufgrund dieser Besonderheit des modernen Geschlechterverhältnisses begrenzt. Selbst wenn einzelne Männer von einem erweiterten, ihnen eigentlich von der Typik des männlichen Sozialcharakters nicht zugestandenen Handlungsrepertoires der kleinen Fluchten und des Sich-Selbst-Besinnens Gebrauch machen, so praktizieren sie dies doch eher unter Ausschluß der Öffentlichkeit. Das heißt, sie werden es in Gesprächssituationen, wie die Umfrage eine darstellt, weniger selbstverständlich vor sich und dem Befragenden zugeben können, daß sie sich häufiger auch „mal richtig pflegen", dösend in der Badewanne sitzen, bei Tieren Gefühle abladen usw. Die Begrenztheit alltäglicher Flucht- und Rückzugspraktiken besitzt demzufolge eine objektive und ein subjektive Seite. Der einzelne Mann kann entsprechende Alltagspraxen sich selbst und anderen schwerer zugeben; und er dürfte entsprechende Praxen auch tatsächlich etwas seltener ausüben, als Frauen dies aufgrund ihrer gesellschaftlichen Lage tun können/müssen.

Bedenkenswert erscheint die Überlegung, ob die eingangs skizzierten „großen" Moratorien nicht als Kompensation speziell Männern für die stärkere alltägliche Zurückhaltung im Kleinbereich der Moratorien zugestanden wird — bzw. ob Männer sich nicht verstärkt gerade diesen Teil gesellschaftlich zugestandener lebensgeschichtlicher Auszeit selbst zuschanzen.

Die vier Dimensionen der Alltagspraxen

Die 37 Alltagspraxen wurden einer Faktorenanalyse unterzogen, um gemeinsame, relativ unabhängige Dimensionen ausfindig zu machen. Hierbei ergab sich eine recht interessante Vier-Faktoren-Lösung, die in Tabelle 25 veranschaulicht ist. Die Vielzahl der einzelnen Lebens-Praxen läßt sich auf folgende vier Dimensionen (Faktoren) zurückzuführen.

Erste Dimension: Literarisch-künstlerische Tätigkeit im Dienste der biografischen Reflexion.

Hier handelt es sich um eine Art der Beschäftigung mit sich und seinem Leben, die auf der Produktion literarischer Formen aufbaut: Lyrik, Tagebuch, Aufsatzform. Auch Mal- und Briefkultur ist in diesen Kreis eingeschlossen. Jugendliche, die in dieser Weise die Schreibkultur und deren Formen für persönliche Alltags- und

Biografiezwecke nutzen, sind auch als Lesende in diese Kultur stärker eingebunden. Sie lesen häufiger auch gute Bücher oder (Auto-) Biografien (3, 27).

Zweite Dimension: Selbsterfahrung und Gruppenerfahrung

In diesem Faktor sind Formen der Vergewisserung seiner Selbst gebündelt, die im Gefolge der Rückbesinnung auf die eigene Subjektivität in den letzten beiden Jahrzehnten institutionalisiert wurden. Es handelt sich um anspruchsvollere gedankliche und meditative Reflexion auf die eigene Person und den eigenen Lebenslauf, teils allein, teils in Verbindung mit therapeutischen Gruppen. Wer zu solchen identitätssichernden Alltagspraxen neigt, der verbindet dies mit überdurchschnittlichen biografischen Interessen (27), neigt zur Übertragung solcher Praxen in den politischen Raum (21: ,,zusammen mit anderen an einer Demonstration teilnehmen''). Auch die Nähe zur religiösen Form der Subjektvergewisserung (beten, Andacht, 1,2) ist unverkennbar. Konventionelle Weisen der Beschäftigung mit Biografie, wie etwa Horoskope lesen und sich daraus die Zukunft deuten lassen, werden deutlich abgelehnt (16). Neben neuartigen Orten der Meditation (Seminare) werden auch klassische Stätten hierfür wie religiöse Weihestätten oder die Begegnung mit der Natur als neuzeitlicher Ort der Subjektwerdung bevorzugt.

Dritte Dimension: Zwiesprache mit ,,Höheren Wesen'' (Gott, Eltern, Natur) und introvertierter Rückzug in die Privatheit

Bei dieser Dimension handelt es sich um die Gewinnung von Identität durch die Bezugnahme auf eine tradierte und geheiligte Ordnung sowie durch die Pflege einer gediegenen Privatheit in diesem Rahmen. Jugendliche, die diese Strategie verfolgen, pflegen Alltagspraxen, die auf einem Dialog mit Repräsentanten einer größeren und gegliederten Ordnung beruhen. Unverkennbar ist die Eingliederung der Person in die umfassendere(n) Hierarchie (Hierarchien): Zwiesprache mit einem göttlichen Wesen, Zwiesprache mit der Natur und enger Gesprächskontakt mit der älteren Generation, Vater, Mutter, ältere Menschen, deren Lebenserfahrung man sich erzählen läßt (7). Jugendliche, die die Bezugnahme auf diese Ordnungen suchen, wählen in bezug auf die soziale Umwelt offenkundig eine besondere Form des Rückzugs in eine gepflegte Privatheit. Das verraten uns einige weitere Praxen, die mit den zentralen Tätigkeiten dieser Dimension positiv assoziiert sind. Wir finden darunter die Beschäftigung mit alten Briefen und persönlichen Fotoalben — worin die gepflegte und geschlossene Privatheit aufbewahrt ist. Ein Hobby wird häufiger gepflegt (4), man läßt sich u. U. auf ein Tier ein (25), beschäftigt sich in seiner Phantasie mit einem Vorbild (26).

Vierte Dimension: Träumen, Reden und narzißtisches Vergnügen

Für diese Dimension sind Alltagspraxen kennzeichnend, die der Entspannung des Ichs dienen. Ohne Verpflichtetsein auf den Alltag vor sich hin träumen und dösen; oder Entspannung durch das lockere Gespräch mit Freunden und Vertrauten suchen — wobei obenan die Praxis des Telefonierens rangiert. Unverkennbar ist der narzißtische Charakter solcher Vergnügungen: man pflegt sich mal richtig, verstärkt seine Stimmungen durch Musik. Wer auf diese Weise sein Ich und dessen Stimmungen pflegt, der ist auch einem kleinen Bewegungs-Abenteuer („mit dem Auto/Motorrad in der Gegend herumfahren“, 32) oder einem sorglosen Bummel durch die Straßenöffentlichkeit („durch die Straßen schlendern“, 5) nicht abgeneigt.

Tabelle 25: Dimensionen von Alltagspraxen „mit sich und seinem Leben beschäftigen" (Vorerhebung Jugend '84 [n = 261])

Nr.	Alltagspraxis	Dimensionen Rotierte Gewichtszahlen der Faktoren 1	2	3	4	Titel
13	Gedichte über eigene Gefühle schreiben	.65	.18			Faktor 1 „Literarisch-künstlerische Tätigkeit im Dienste der biografischen Reflexion"
15	ein Tagebuch führen	.64				
12	kleine Aufsätze schreiben	.55				
23	selbst Bilder malen	.49			.21	
11	Briefe von früher lesen	.46		.32	.22	
14	persönliche Briefe schreiben	.46	.18	.32		
36	meditieren		.68			Faktor 2 „Selbsterfahrung und Gruppenerfahrung"
19	ein paar Tage auf ein Seminar fahren		.58			
24	mit einem Fachmann für Lebensprobleme sprechen		.48			
35	autogenes Training/Entspannungsübungen		.48		.15	
20	in einer Gruppe Lebenserfahrungen durchsprechen	.22	.46			
22	allein in die Natur gehen		.45	.21	.16	

2	an einer Andacht oder einem Gottesdienst teilnehmen		.32	.57	-.34	Faktor 3 ,,Zwiesprache mit ‚Höheren Wesen' (Gott, Eltern, Natur) und introvertierter Rückzug in die Privatheit''
1	beten	.17	.37	.54	-.36	
37	in den Garten gehen			.50		
29	sich mit seinem Vater unterhalten			.50		
28	sich mit seiner Mutter unterhalten			.45		
10	Fotos/Fotoalben ansehen	.28	-.17	.43	.17	
33	einfach mit irgendjemand telefonieren	.21		.21	.48	Faktor 4 ,,Träumen, Reden und narzißtisches Vergnügen''
18	einen Teil des Tages verträumen		.18		.47	
31	in der Badewanne herumdösen			.29	.46	
9	mit einer guten Freundin sprechen		.19	.20	.43	
8	mit einem guten Freund sprechen		.18	.20	.43	
6	Musik hören	.26	-.19		.43	
34	sich mal richtig pflegen	.21		.22	.43	
3	ein gutes Buch lesen	.37	.20	.18		
4	seinem Hobby nachgehen			.22		
5	durch die Straßen schlendern	.22			.27	
7	sich von älteren Menschen ihre Lebenserfahrungen erzählen lassen	.25		.36	.17	
16	Horoskope lesen	.29	-.31	.24	.25	
17	Leserbriefe zu persönlichen Fragen in Zeitschriften lesen	.23		.22	.16	
21	zus. mit anderen an einer Demonstration teilnehmen		.37	-.16	.19	
25	sich auf ein Tier einlassen	.23	-.15	.27	.19	
26	von einem Vorbild träumen			.20		
27	eine Lebensgeschichte (Biografie /Autobiogr.) lesen	.32	.33			
30	wandern		.29	.39		
32	mit dem Auto/Motorrad in der Gegend herumfahren				.36	

Programm: Hauptachsen-Faktorenanalyse mit anschließender Varimax-Rotation. Autoren: P. Schnell/(PAFAG) DRZ-Darmstadt. F. Gebhardt

Bedeutsame Ladungen auf einem Faktoren (größer/gleich .40) sind umrandet. Ladungen zwischen .30 und .39 sind gestrichelt. Werte unter .15 sind ausgelassen worden.

8. BERICHT ÜBER FÜNF LITERARISCH-ÄSTHETISCHE PRAXEN

Erläuterndes zur Frage und ihren Vorläufern

In die Haupterhebung '84 nahmen wir fünf literarisch-ästhetische Praxen auf. Jugendliche und Erwachsene wurden in identischer Weise danach gefragt (Frage 22 beziehungsweise 26). Wir entschieden uns nach einiger Diskussion für eine einfache Verhaltensfrage: „Machst Du (Sie) eines oder mehrere der folgenden Dinge?" Die Befragten sollten die Häufigkeit ihrer Praxis anhand einer vorgegebenen vierstufigen Skala selbst einschätzen: sehr häufig — häufig — gelegentlich — nie. Wie oben (7. „Kulturelle Praxen und Biografie Jugend '81 — '84") dagestellt, handelt es sich um einen Fragenbereich, der bereits in der Jugendstudie '81 angesprochen wurde (Zinnecker 1981, 436-444). Gegenüber 1981 wurden verschiedene Änderungen vorgenommen, die einen direkten Vergleich nicht gestatten. Damals fragten wir ausschließlich nach literarischen Praxen, die einleitend in einen unmittelbaren Zusammenhang biografischer Reflexion gestellt („über sich und sein Leben nachdenken") und gemeinsam mit anderen (zusammen acht) Formen biografischer Tätigkeit abgefragt wurden (S. 436). 1981 blieben nur drei literarische Praxen für die Interviews der Haupterhebung übrig:

— „kleine Aufsätze, Gedichte über die eigenen Gefühle schreiben"
— „sich mit Brieffreunden auch über persönliche Probleme schreiben"
— „ein Tagebuch führen"

Die Einschränkung geschah aus pragmatischen Erwägungen (Interviewzeit) und aus dem Interesse heraus, die Tätigkeiten als Möglichkeiten biografischer Reflexion zu erweisen.

Die ursprüngliche Intention der Frage zielte auf einen anderen Zusammenhang ab: Die Jugendstudie '81 sollte bekanntlich die Jugendlichen (das Jugendalter) als kulturell produktiven Teil der Gesellschaft ins Blickfeld rücken. Wir intendierten ein Gesamtinventar kultureller Produktivität der Jüngeren, wobei — um dies zu können — der weitere Begriff von Kultur zugrundegelegt wurde. Kultur nicht im Sinne des professionalisierten Kulturbetriebs verstanden, als Literatur, Theater, Konzert usw., sondern als produktive Aneignung unmittelbarer Umwelt, als alltagsgebundenes Tätigsein (Hartwig 1980). Der schließlich zurückgestellte Entwurf für eine Inventarisierung alltagskultureller Tätigkeiten spiegelt diese Absicht anschaulich wieder. Jugendliche sollten im Interview (1981) wie folgt gefragt werden:

(Alltagskulturelle Praktiken im Jugendalter) — nicht realisierter Entwurf einer Interviewfrage Jugend '81

1. Jetzt möchte ich Dich fragen, welche der Aktivitäten auf dieser Liste Du auch machst (Liste vorlegen)?
Und zwar (nur eine Möglichkeit)
☐ Ja, regelmäßig
☐ Ja, aber nur gelegentlich
☐ Nein, in früherer Zeit einmal
☐ Nein, eigentlich noch nie
Kannst Du auch sagen, wo Du diese Aktivität betreibst?
☐ in der Schule/bei der Arbeit
☐ privat in der Freizeit, und zwar allein
☐ in einer Gruppe, in einem Club, einem Verein
(Mehrfachantwort möglich!)

Flugblätter schreiben
Transparente bemalen
„Romane" erfinden (science fiction, Liebesromane, Jugendgeschichten ...)
ein persönliches Tagebuch schreiben
Gedichte scheiben/Verse reimen
Merksätze oder Sprüche ausdenken
Witze erfinden
Briefe schreiben (private, auch an Brieffreunde)
Leserbriefe an Zeitungen, Zeitschriften, Redaktionen schreiben
Bilder malen, zeichnen
„Kritzelzeichnungen" (als Nebenbeschäftigung)
Gegenstände, die mir gehören, bemalen
Fotografieren
Filmen (Super 8)
Videofilme machen
in Theaterstücken mitspielen/Rollenspiele
zum Ausgehen richtig „herausputzen" und „verkleiden"
raffiniert schminken
an meiner Kleidung herumbasteln (nähen, reparieren, bemalen...)
mir selbst Kleidungsstücke herstellen (stricken, nähen)
an meinen Möbeln herumbasteln

mir selbst Möbel herstellen
an meinem Fahrzeug herumbasteln
mir selbst Fahrzeuge basteln (Welche?.......)
Erfindungen ausdenken (welche?.....)
Technische Konstruktionen entwerfen (auch utopische – science fiction) (Welche?......)
„Jugend forscht" (eigene Untersuchungen und Experimente)
Geheimzeichen oder Geheimsprachen ausdenken (für sich und/oder die Freunde)
eigene Spiele basteln (Welche?.........)
Spielregeln für Spiele erfinden (Welche?.......)
Phantasie-Länder und Phantasie-Landkarten ausdenken (Orte, Menschen, Tiere)
Leben in der Zukunft ausdenken
Sich ausdenken, wie eine ideale Gesellschaft aussehen müßte
Sich ausdenken, wie ein idealer Partner für einen selbst sein müßte
Zauberkunststücke erfinden/üben (Welche?.......)

2. Kannst Du mir jetzt die drei wichtigsten Dinge nennen, wofür du die meiste Zeit opferst und was dir wichtig ist?
1. ....
2. ....
3. ....

Themen für ein explorierendes Gespräch mit Jugendlichen (N = 40)

Was findest du daran?
Wie oft widmest du dich dieser Tätigkeit?
Bei welchen Gelegenheiten? Mit wem?
Kannst du mir Produkte zeigen? Zeigst du deine Produkte anderen — wem?
Seit wann widmest du dich dieser Tätigkeit? Wie hast du sie gelernt, von wem?
Wie steht deine Umgebung dazu, deine Bekannten und Freunde und Eltern usw.
Kostet es dich viel Geld — hast du schon mal Geld damit verdient?
Wie hoch schätzt du deine Tätigkeit ein — nur für dich, auch für andere nützlich — im Vergleich zu anderen Leuten?
Willst du die Tätigkeit zu deinem Beruf machen später — geht das, oder möchtest du es gern, wenn es ginge?

Von diesem anspruchsvollen Plan konnte lediglich eine Vorerhebung mit 25 explorierenden Tiefeninterviews realisiert werden, die in ,,Accessoires — Ästhetische Praxis und Jugendkultur" (Zinnecker 1983) beschrieben ist. Auch 1984 bot sich aufgrund veränderter Fragerichtung der Jugendstudie keine Gelegenheit, den ursprünglichen Plan aufzugreifen. Immerhin entschied die Projektgruppe sich dafür, die literarischen Alltagspraxen in erweiterter Form erneut in die Befragung einzubeziehen. Die einzelnen Tätigkeiten sollten in ihrem Verhaltensaspekt eindeutiger herausgearbeitet werden. Statt vermischt nach ,,kleine Aufsätze, Gedichte über die eigenen Gefühle" (1981) zu fragen, heißt es jetzt, getrennt und versachlicht: ,,kleine Aufsätze schreiben"; ,,Gedichte schreiben". Neu in das Interview wurde eine Praxis aus dem ästhetischen Bereich aufgenommen: ,,Bilder malen/zeichnen".

Jugendliche Schreib- und Kunstpraxis nach Geschlecht und Alter

Tabelle 26: Ästhetische Praxis als bevorzugte Freizeittätigkeit. Jugend '84

	Alle Jugendlichen (n = 1472) 15–24 Jahre					
	sehr häufig (4)	häufig (3)	gelegentl. (2)	nie (1)		$\bar{x}$
kleine Aufsätze schreiben	2	5	27	66	= 100	1,4
Gedichte schreiben	1	4	17	79	= 101	1,3
persönliche Briefe schreiben	9	26	48	17	= 100	2,3
Bilder malen/zeichnen	7	14	34	46	= 101	1,8
Tagebuch schreiben	5	6	16	72	= 99	1,5

Frage 22 — Fragetext: ,,Machst Du eines oder mehrere der folgenden Dinge?"

Literarische Tätigkeiten wie Aufsätze, Gedichte, Tagebücher verfassen, sind Praxen von Minderheiten (Tabelle 26). Rund 5 bis 10 Prozent der Jugendlichen geben an, häufig bis sehr häufig einer entsprechenden Praxis nachzugehen. Im einzelnen sind dies (häufig und sehr häufig zusammengefaßt):

Gedichte schreiben	5%
kleine Aufsätze schreiben	7%
Tagebuch schreiben	11%

Gleichwohl fällt auf, daß diese Prozentwerte deutlich über jenen liegen, die bei allgemeinen Umfragen zur Freizeit Jugendlicher angegeben werden, wo literarische Praxen („Schreiben als Hobby" u.ä.) mit 1 bis 2 Prozent zu Buche schlagen — zumeist verborgen in der Restkategorie „sonstige Freizeitaktivitäten". Wie ist diese Differenz zu interpretieren? Zum einen müssen wir in Rechnung stellen, daß in Freizeit-Surveys Schreiben selten als eigene Kategorie auftaucht. Sei es, daß Jugendliche sie unter „Hobby" versteckt mit nennen können, sei es, daß keine festen Listen vorgegeben werden, Jugendliche sich also frei erinnern müssen. In der Jugendstudie '84 werden die Befragten dagegen ausdrücklich — und nicht in Konkurrenz zu anderen Freizeitaktivitäten — darauf angesprochen. (Innerhalb der offenen Frage nach Freizeittätigkeiten erhalten wir das bekannte Ergebnis.) Wir dürfen weiter schlußfolgern, daß Schreibpraxen möglicherweise nicht zu den herausgehobenen Freizeitaktivitäten zählen, die leicht und bewußt erinnert werden.

Tabelle 27: Ästhetische Praxis als bevorzugte Freizeittätigkeit

Jugend '84	Alle	Geschlecht	
		männlich	weiblich
n:	(1472)	(725)	(747)
Zeichnen, malen, Grafik, Plastik	4%	2%	6%
Musik machen (z.B. Instrument spielen, singen)	10%	11%	9%
Schreiben (z.B. Gedichte, Briefe, Aufsätze, Tagebuch)	2%	1%	2%
Theaterspielen	1%	1%	1%
Fotografieren, Filmen	2%	3%	1%
Ballett	0%	–	1%
Kreative Dinge tun	1%	0%	1%
Prozentsatz aller Nennungen	20%	18%	21%
Prozentsatz der Jugendlichen, die ästhetische Praxis nennen	17%	16%	18%

Frage: „Womit befassen Sie sich in Ihrer Freizeit am liebsten?" — offene Frage/mehrfachantworten möglich — (Frage 35/Auszug)

In Tabelle 27 sind alle Angaben der Jugendlichen zusammengefaßt, die sich im Rahmen der offen gestellten Freizeitfrage („am liebsten") auf ästhetisch-literarische Tätigkeiten beziehen. Jeder 5. bis 6. Jugendliche (genauer 17%) führt von sich aus wenigstens eine solche Tätigkeit als bevorzugte Freizeitpraxis an. Mit deutlichem Vorsprung rangiert darunter Musikmachen an erster Stelle (10%), mit Abstand gefolgt von malen/zeichnen. Geschlechtsunterschiede zeichnen sich nicht ab — ganz im Gegensatz zu den Ergebnissen der geschlossenen Frage nach literarisch-künstlerischer Praxis, die in Tabelle 28 zusammengefaßt sind.

Tabelle 28: Schreib- und Kunstpraxis nach Geschlecht. Jugend '84 – Angaben in Prozent

	Alle Jugendlichen (15-24 Jahre)											
	männlich (n=725)					weiblich (n=747)						Kramers phi
**	4	3	2	1		4	3	2	1			
1. kleine Aufsätze schreiben	2	4	23	71	=100	2	6	30	63	=101		0,09
2. Gedichte schreiben	1	3	12	84	=100	1	4	21	74	=100		0,12*
3. persönliche Briefe schreiben	5	17	53	26	=101	14	34	44	9	=101		0,31*
4. Bilder malen/zeichnen	6	10	31	53	=100	7	17	37	38	= 99		0,17*
5. Tagebuch schreiben	1	2	8	89	=100	9	11	25	55	=100		0,39*

* = Differenz zwischen Jungen und Mädchen signifikant (Chi-Quadrat kleiner/gleich 0,001)

**(Frage 22) sehr häufig (4); häufig (3); gelegentlich (2); nie (1)

Tagebuch und persönliche Briefe sind charakteristische weibliche Praxen. Das Assoziationsmaß weist Werte von 0,39 (Tagebuch) und 0,31 (Briefe) auf. Etwas mehr schreiben Mädchen und junge Frauen Gedichte und etwas mehr malen bzw. zeichnen sie auch. Nahezu kein Unterschied besteht beim Schreiben kleiner Aufsätze zwischen Jungen und Mädchen.

Gedichte und Briefe schreiben sind unabhängig vom Alter. Dagegen finden wir eine ganz leicht negative Rangkorrelation (um

0,15) zwischen Intensität der Praxis und zunehmendem Alter bei Aufsätzen, Tagebüchern und Bildern. Je älter Jugendliche werden, um so weniger üben sie die entsprechende Praxis aus.

Der Zusammenhang zwischen Praxis und Alter im Einzelnen:

	Rangkorrelationskoeffizient Kendalls *Tau*
kleine Aufsätze schreiben	-0,13
Gedichte schreiben	0,01*
persönliche Briefe schreiben	-0,05*
Bilder malen/zeichnen	-0,14
Tagebuch schreiben	-0,15

* nicht signifikant

Tabelle 29 belegt, daß die Altersabhängigkeit — ausgenommen Bilder malen/zeichnen — nur für weibliche Jugendliche gilt. Mehr Mädchen in der frühen Adoleszenz (15 - 17 Jahre) schreiben Tagebücher oder kleine Aufsätze als junge Frauen mit 21 - 24 Jahren.

Tabelle 29: Schreib- und Kunstpraxis nach Alter und Geschlecht. Jugend '84 – Angaben in Prozent

Kriterium: sehr häufig, häufig, gelegentlich	Geschl.:	männlich			weiblich		
	Alter:	15-17	18-20	21-24	15-17	18-20	21-24
	n:	(169)	(244)	(312)	(253)	(229)	(265)
Kleine Aufsätze schreiben		29	31	28	<u>53</u>	33	26
Gedichte schreiben		15	13	20	27	24	27
persönliche Briefe schreiben		72	74	77	91	90	92
Bilder malen/zeichnen		<u>56</u>	49	40	<u>75</u>	56	55
Tagebuch schreiben		13	8	11	<u>60</u>	40	35

(Frage 22)

In Grafik 30 ist die Beteiligung von Mädchen an den Schreib- und Kunstpraxen jahrgangsweise aufgegliedert. Sieht man von eher zufallsbedingten (d.h. stichprobenbedingten) Schwankungen ab — die einzelnen Jahrgänge sind durch jeweils weniger als 100 Personen repräsentiert — ergibt sich folgendes Bild:

Grafik 30: Biografisch-kulturelle Praxen (sehr häufig/ häufig). Jugend '84 – Mädchen/junge Frauen –

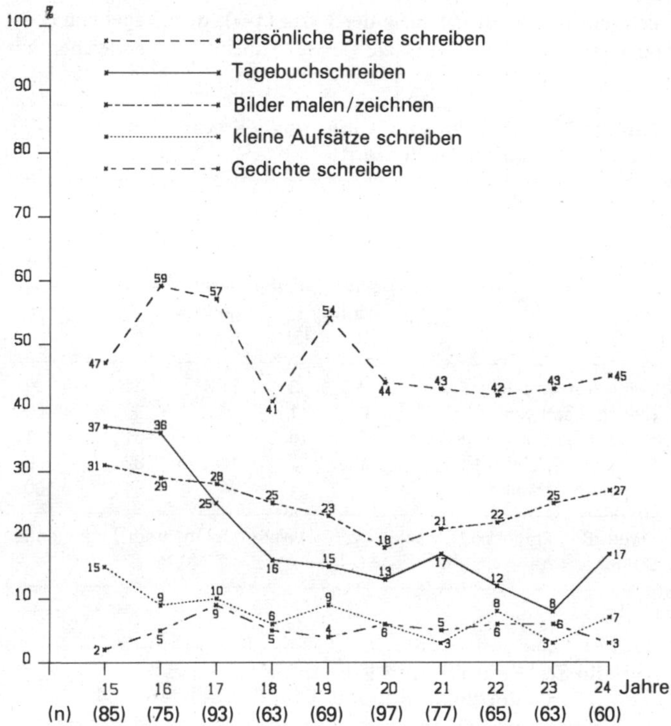

Die biografisch-kulturellen Praxen von Mädchen halten sich über den gesamten Zeitraum auf einem gewissen Niveau. Das Tagebuchschreiben ist die Praxis, die am stärksten mit den Jahren verliert. Zwischen 15 und 17 Jahren berichten mehr Mädchen hiervon als in späteren Jahren. Zwischen 18 und 24 Jahren stabilisiert sich die Beteiligung am Tagebuchschreiben auf geringerem Niveau. Die Briefkultur wird zwischen dem 15. und 19. Lebensjahr von jeweils rund 10 Prozent mehr Mädchen angegeben, obwohl auch hier Ausnahmen zu konstatieren sind (15., 18. Lebensjahr). Aufsätze schreiben und Gedichte verfassen zählt in allen Jahren zur Praxis einer Minderheit.

Schreib- und Kunstpraxis der Erwachsenen im Vergleich

Erwachsene sind entschieden weniger literarisch und künstlerisch tätig als Jugendliche. Nur eine verschwindende Minderheit widmet sich häufig oder sehr häufig der Lyrik (1%), dem Tagebuch (2%) oder schreibt kleine Aufsätze (5%). (Tabelle 31) Vergleichen wir

Tabelle 31: Schreib- und Kunstpraxis Erwachsene '84 — Angaben in Prozent —

	Alle Erwachsenen (n = 729) 45–54 Jahre				
	sehr häufig (4)	häufig (3)	gelegentlich (2)	nie (1)	
kleine Aufsätze schreiben	2	3	11	84	= 100
Gedichte schreiben	0	1	9	90	= 100
persönliche Briefe schreiben	5	16	49	31	= 101
Bilder malen/zeichnen	1	3	14	82	= 100
Tagebuch schreiben	1	1	4	94	= 100

Frage 26 — Fragetext: „Machst Du (Sie) eines oder mehrere der folgenden Dinge?"

Tabelle 32: Schreib- und Kunstpraxis. Vergleich Jugend '84 - Erwachsene '84

	Jugendliche 15–24 Jahre	Erwachsene 45–54 Jahre
	(n = 1472)	(n = 729)
Briefe	83%	70%
Bilder	55%	18%
Aufsätze	34%	16%
Tagebücher	27%	6%
Gedichte	22%	10%

Kriterium: sehr häufig/häufig/gelegentlich
Fragen 22 (Jugendliche); 22 (Erwachsene)

alle Jugendlichen, die einer Praxis nachgehen, egal ob sie dies sehr häufig, häufig oder nur gelegentlich tun, mit der entsprechenden Erwachsenengruppe, so werden die Unterschiede noch deutlicher (vgl. Tabelle 32). Beispielsweise malen/zeichnen 55% der Jugendlichen im Vergleich zu 18% der Erwachsenen; oder: 27% der Jugendlichen schreiben Tagebuch gegenüber 6% der Erwachsenen. Es gibt nur eine Praxis, nämlich Briefeschreiben, an der auch Erwachsene mehrheitlich beteiligt sind.

Männer und Frauen unterscheiden sich bei den Erwachsenen nicht im Hinblick auf die Intensität und Beteiligung an Schreibpraxen — sieht man einmal von der leichten Tendenz bei Frauen ab, häufiger an der Briefpraxis zu partizipieren (Tabelle 33). ,,Kleine Aufsätze" schreiben sogar einige Prozente Männer mehr als Frauen. Dieses Bild unterscheidet sich grundlegend von dem bei jungen Männern und Frauen.

Tabelle 33: Schreib- und Kunstpraxis nach Geschlecht. Erwachsene '84 — Angaben in Prozent

	Erwachsene '84										
	männlich (n=358)					weiblich (n=371)					Kramers Phi
**	4	3	2	1		4	3	2	1		
1. kleine Aufsätze schreiben	3	4	13	81	=101	1	2	9	87	= 99	0,10
2. Gedichte schreiben	0	0	8	92	=100	0	2	11	88	=101	0,09
3. persönliche Briefe schreiben	3	12	48	37	=100	7	19	49	26	=101	0,16*
4. Bilder malen/zeichnen	1	3	13	83	=100	0	4	14	81	= 99	0,07
5. Tagebuch schreiben	1	1	4	95	=100	2	2	4	92	=100	0,09

* = Differenz zwischen Männern und Frauen signifikant (Chi-Quadrat kleiner/gleich 0,001)

**(Frage 22) sehr häufig (4); häufig (3); gelegentlich (2); nie (1)

Nur-Briefeschreiber

Briefe schreiben ist eine vergleichsweise breite nichtspezifische literarische Ausdrucksform. Aufsätze, Gedichte, Tagebücher bieten einen engeren Ausdrucksrahmen, sind spezialisierter als Mittel. Es nimmt daher nicht wunder, daß manche Jugendliche nur Briefe schreiben, über dieses Medium ihre Ausdruckswünsche realisieren. Dagegen gibt es praktisch niemanden, der nur Tagebuch oder nur Gedichte oder nur Aufsätze schreibt. Diese engeren, spezifischen literarischen Traditionen verlangen nach begleitenden Formen — wenigstens nach einer Ergänzung durch Briefeschreiben. Von allen Jugendlichen, die eine Praxis ausüben, betreiben diese ausschließlich:

23% der Briefeschreiber
6% der Maler/Zeichner
3% derAufsatzschreiber
2% der Tagebuchschreiber
1% der Gedichteschreiber

Zusammenhänge zwischen den einzelnen Praxen

Die literarisch-künstlerischen Praxen hängen recht gleichmäßig miteinander zusammen (Tabelle 34). Wie die Matrix zeigt, ergeben sich bei Jugendlichen wie bei Erwachsenen überwiegend Korrelationen, die zwischen 0,20 und 0,30 liegen. Bemerkenswert ist die Einbindung der ästhetischen Praxis malen/zeichnen in die literarischen Tätigkeiten. Malen/zeichnen hängt mit literarischen Praxen gleich hoch zusammen wie diese untereinander. Bei Jugendlichen hängen Aufsätze und Gedichte am engsten miteinander zusammen (0,37). Ansonsten unterscheiden sich Jugendliche und Erwachsene nicht wesentlich voneinander.

Vergleichbare Korrelationen stehen für die Jugenduntersuchung 1981 zur Verfügung. Dort betrugen die positiven Werte

	r
Aufsätze/Gedichte — Briefe schreiben	0,26
Aufsätze/Gedichte — Tagebuch	0,39
Briefe schreiben — Tagebuch	0,33

Die Korrelationen mit dem Tagebuchschreiben waren 1981 demzufolge leicht höher, der Zusammenhang Briefe und Aufsätze/Gedichte schreiben ist 1981 und 1984 gleich ausgeprägt.

Berücksichtigen wir Alter und Geschlecht (Tabelle 34), und zwar kombiniert, so nähern sich einige der Zusammenhänge in Untergruppen dem Wert 0, d.h. es ist kein Zusammenhang mehr erkenn-

Tabelle 34: Zusammenhänge zwischen literarisch-künstlerischen Praxen. Vergleich Jugend '84 und Erwachsene '84

Alle Jugendlichen (N = 1472)

	Aufsätze schreiben	Gedichte schreiben	Briefe schreiben	Malen/ zeichnen	Tagebuch schreiben
Aufsätze schreiben		0,37	0,28	0,23	0,21
Gedichte schreiben	0,31		0,25	0,26	0,23
Briefe schreiben	0,31	0,30		0,21	0,29
Malen/ Zeichnen	0,20	0,31	0,21		0,21
Tagebuch schreiben	0,33	0,22	0,24	0,18	

— Pearson Korrelationskoeffizienten —

Jugendliche: Frage 22
Erwachsene: Frage 26

Erläuterung: Korrelationen — Jugendliche rechts von der Diagonale; Erwachsene links davon.

Alle Erwachsenen (n = 729)

bar (auch sind diese kleinen Differenzen — bei verringerter Fallzahl — statistisch nicht mehr gesichert). Am Beispiel des Tagebuchschreibens und seiner Zusammenhänge sei dies demonstriert. Es läßt sich erkennen, daß das Tagebuchschreiben je nach Alter und Geschlecht der Schreibenden mehr mit dieser oder mehr mit jener literarisch-künstlerischen Praxis zusammengeht. Bei den Jungen zwischen 15 und 17 Jahren schreiben Tagebuchführende auch vermehrt Briefe, während zu anderen Praxen kein klarer Zusammenhang nachweisbar ist. Bei der Gruppe von Jungen, die mit 18-20 Jahren Tagebücher schreiben, hat sich das Bild verändert. Jetzt ist das Tagebuch mit gesteigerter lyrischer Praxis verbunden, während die Bedeutung des Briefeschreibens für diese Gruppe kleiner geworden ist. Mit 21-24 Jahren spielt das Briefeschreiben keine

Rolle mehr, die Bedeutung der Lyrik ist zurückgegangen. Dafür ist (leicht) das Aufsatzschreiben und (deutlich) Malen und Zeichnen gewachsen.

Eine ähnliche Entwicklungskurve läßt sich für die Mädchen / jungen Frauen, die Tagebücher führen, ausmachen. Ein Unterschied besteht darin, daß Briefeschreiben in jeder Altersgruppe gleichbedeutend positiv mit dem Tagebuch verbunden ist.

Die geschlechtsspezifischen Assoziationen, die sich bei den 21-24jährigen Tagebuchschreibern / schreiberinnen einstellen, lassen sich auch bei den 45-54jährigen erkennen. Bei Männern ist Tagebuch mit lyrischer und künstlerischer Praxis mehr verknüpft, bei Frauen geht Tagebuchschreiben mehr mit brieflicher Kommunikation und Aufsatzschreiben einher.

Welche Schlußfolgerungen lassen sich aus dieser Entwicklungskurve ziehen? (besser: welche Vermutungen werden nahegelegt?) Selbstverständlich ist, daß wir es hier mit Gruppenunterschieden nach Alter, nicht mit individuellen Entwicklungsverläufen zu tun haben. Mit dieser Einschränkung läßt sich vielleicht folgendes aussagen: Bei den Jüngeren steht das Tagebuch mehr als Äquivalent für Kommunikation mit anderen. Die unterdrückten, nicht gut möglichen Dialoge werden nicht selten in Tagebuchform niedergelegt. Es ist die letzte Phase der intensiven Brieffreundschaften der Pubertät. Wir würden aufgrund dieses Ergebnisses vermuten, daß Briefelemente im Tagebuch eine größere Rolle spielen als in späteren Jahren, jedenfalls bei Jungen.

Mit 18-20 Jahren ist ein Höhepunkt des Zusammenhanges von Tagebuch und Lyrik zu erkennen. Jugendliche Lyrik faßt teils diffuse Gefühlserlebnisse in eine prägnante, auch mitteilbare Form zusammen, bändigt diese gleichsam über die Strenge der Form. Zum anderen ist Lyrik in der Adoleszenz nicht zuletzt Gedankenlyrik. Einsichten, Erfahrungen werden in Aphorismenform, als Philosophie in kurzen Versen, niedergelegt. Wir dürfen vermuten, daß entsprechende Elemente jetzt verstärkt im Tagebuch auftauchen.

In späteren Jahren, mit 21-24, verstärkt sich für junge Männer und für junge Frauen der Zusammenhang des Tagebuchschreibens mit dem Verfassen von Aufsätzen. Das weist auf das verstärkte reflexive Element in diesem Lebensabschnitt hin.

Bleibt die Frage: Warum steigt der Zusammenhang Tagebuchführen und künstlerische Praxis im Alter von 21-24 Jahren deutlich an? Wird das Tagebuchschreiben in der Spätphase der Adoleszenz zu einem Mittel der Jugendlichen, die sich verstärkt literarisch-künstlerischer Praxis generell verbunden fühlen? Ist das Tagebuch

Tabelle 35: Interkorrelationen Tagebuchschreiben — andere Schreib- und Kunstpraxen in einzelnen Geschlechts- und Altersgruppen. Jugend '84 — Erwachsene '84 — Pearson Korrelationskoeffizienten —

Zusammenhang Tagebuch - Malen

Alter	15-17 Jahre	18-20 Jahre	21-24 Jahre	Erwachsene '84 45-54 Jahre
männlich	(0,15)*	(0,05)*	(0,25)	(0,24)
weiblich	(0,10)*	(0,16)*	(0,22)	(0,16)

* nicht signifikant (größer 0,001)

Zusammenhang Tagebuch - Briefe

Alter	15-17 Jahre	18-20 Jahre	21-24 Jahre	Erwachsene '84 45-54 Jahre
männlich	(0,24)	(0,16)*	(0,12)*	(0,13)
weiblich	(0,20)*	(0,26)	(0,24)	(0,29)

Zusammenhang Tagebuch - Gedichte

Alter	15-17 Jahre	18-20 Jahre	21-24 Jahre	Erwachsene '84 45-54 Jahre
männlich	(0,03)*	(0,35)	(0,27)	(0,29)
weiblich	(0,18)*	(0,26)	(0,20)	(0,18)

Zusammenhang Tagebuch - Aufsätze

Alter	15-17 Jahre	18-20 Jahre	21-24 Jahre	Erwachsene '84 45-54 Jahre
männlich	(0,09)*	(0,18)	(0,22)	(0,29)
weiblich	(0,15)*	(0,15)*	(0,25)	(0,42)

in dieser Phase bereits stärkster Teil einer vorberuflichen Sozialisation als Künstler/Literat? (Bei männlichen Jugendlichen ist dies mit Gewißheit nachzuweisen — und männliche Jugendliche schreiben insbesondere in dieser Altersstufe.) Auf ähnliche Weise erhöhen sich übrigens die Korrelationen zwischen Gedichteschreiben und malen/zeichnen bei den 21-24jährigen und bei Erwachsenen von + 0,14 auf + 0,25 (bei männlichen) und von +0,28 auf 0,38 (bei weiblichen) Jugendlichen. Dies spricht für die oben vorgetragene Vermutung.

Schreib- und Kunstpraxis und „kulturelles Kapital"

Schreiben und malen sind zwar private Alltagspraxen, aber gleichwohl dem offiziellen Kulturbetrieb — verglichen mit mancher „kulturneutralen" Tätigkeit — eng verbunden. Das macht diese Alltagspraxen abhängig von der Wirkungsweise des „Bildungs"- bzw. „kulturellen Kapitals" (P. Bourdieu). Eine empirische Möglichkeit, den Einfluß des Bildungskapitals auf die Ver-

Tabelle 36: Schreib und Kunstpraxis. Vergleich Jugend '84 — Erwachsene '84 nach eigener und elterlicher Schulbildung — Angaben in Prozent —

Jugend '84

Kriterium: sehr häufig/häufig/gelegentlich	Angestrebter/erreichter Schulabschluß: Hauptschule n=564	Realschule n=465	Abitur n=443	Bildungsniveau Eltern: Volksschule n=801	Realschule n=425	Abitur n=246
kleine Aufsätze schreiben	24	36	43	31	36	37
Gedichte schreiben	15	25	26	19	24	25
persönliche Briefe schreiben	78	84	89	80	85	88
Bilder malen/zeichnen	48	56	61	50	60	60
Tagebuch schreiben	22	28	35	25	28	36

Fragetext: „Machst Du eines oder mehrere der folgenden Dinge?"
Jugend: Frage 22 — Anwortvorgaben: sehr häufig; häufig; gelegentlich; nie

breitung von Schreib- und Kunstpraxis zu prüfen, sind die — erreichten oder angestrebten — Schulabschlüsse der Befragten und ihrer Eltern. Beides steht uns als Datum sowohl für die Jugend- wie für die Erwachsenenpopulation zur Verfügung (Tabelle 36).

Alle literarisch-künstlerischen Praxen hängen mit dem Bildungsstatus zusammen. Je höher die Schulabschlüsse, um so mehr Befragte betätigen sich literarisch-künstlerisch. Die Prozentdifferenzen zwischen gering- und hochwertigen Abschlüssen halten sich dabei in Grenzen (zwischen 11% und 19%). Der Zusammenhang zwischen literarisch-künstlerischen Praxen und Schulbildung stellt sich in annähernd gleichen Proportionen bei Jugendlichen und bei der Elterngeneration her. Das Bildungsmilieu des Elternhauses besitzt nahezu die gleiche differenzierende Wirkung wie der eigene Bildungsgang der Befragten. Bei der Erwachsenengeneration sind die Unterschiede etwas stärker ausgeprägt: Wer Eltern mit gehobenem Bildungsniveau hat, der beteiligt sich an literarisch-künstlerischen Praxen deutlich mehr als jemand, dessen Eltern eine Volksschule besuchten. Bei Jugendlichen schrumpfen die Unterschiede z.T. auf unter 10 Prozent.

Erwachsene '84

Kriterium: sehr häufig/häufig/ gelegentlich	Schulabschluß Volksschule n=560	Schulabschluß Realschule n=105	Schulabschluß Abitur n=61	Bildungsniveau Eltern Volksschule n=594	Bildungsniveau Eltern Realschule n=95	Bildungsniveau Eltern Abitur n=40
kleine Aufsätze schreiben	14	20	(28)	14	(21)	(25)
Gedichte schreiben	9	10	(21)	8	(19)	(22)
persönliche Briefe schreiben	66	73	(85)	65	(86)	(80)
Bilder malen/zeichnen	15	25	(34)	14	(30)	(40)
Tagebuch schreiben	5	7	(18)	5	(12)	(17)

Fragetext: „Machen Sie eines oder mehrere der folgenden Dinge?"
Erwachsene: Frage 26 – Anwortvorgaben: sehr häufig; häufig; gelegentlich; nie

Zwei Einflüsse könnten zur unterschiedlichen Akzentsetzung bei den beiden Generationen beitragen. Zum einen verlieren gehobene Bildungsabschlüsse mit ihrer Tendenz zur Verallgemeinerung auf die Mehrheit der Bevölkerung an Bedeutung als soziokulturell differenzierendes Merkmal. Als Jugendlicher heute aus einem Elternhaus mit höheren Bildungsabschlüssen zu kommen, hat nicht mehr ganz die distinguierende Wirkung, die einer solchen Auszeichnung in den 40er oder 50er Jahren bei der Erwachsenengeneration zukam (Müller 1979).

Denkbar ist aber auch der Einfluß des Lebenszyklus. Im Jugendalter ist die Tatsache, auf weiterführende Schulen zu gehen, für die literarisch-künstlerische Praxis von erheblicher Bedeutung; im Lebenslauf relativiert sich der Einfluß des Schulbereiches etwas und der lebensgeschichtlich vorgängige Einfluß, das Bildungsmilieu des Elternhauses, kommt — im Sinne eines latent wirksamen Sozialisationsfaktors (Lüdtke 1981) — wieder stärker zur Geltung.

Im Rahmen unserer Studie lassen sich die möglichen sozialisatorischen Wirkungen in ihrem Einfluß nicht weiter aufschlüsseln. Zudem müssen wir bedenken, daß Prozentunterschiede wie die Fallzahlen (bei der Elterngeneration) z.T. recht gering ausfallen, was weitere Ausdeutungen spekulativ werden läßt. Bei Jugendlichen finden wir zwischen Realschule und Abitur kaum Prozentunterschiede der Beteiligung an den Praxen. Die (sehr kleine) Gruppe der Erwachsenen mit gymnasialer Bildung dagegen hebt sich deutlich von denen mit Mittlerer Reife ab. Das deutet auf eine Verlegung des soziokulturellen „Einschnittes" hin. Historisch bedeutet der Gymnasialbesuch eine entsprechende Grenzziehung, für die gegenwärtige Jugendgeneration ist — auf der Gegenseite — die Hauptschule in eine entsprechende Sonder- (und Rand-) Stellung gerückt.

Die Rolle des Ausbildungs- und Berufsstatus

Literatur und Kunst sind traditionellerweise ein Privileg jener, die, von gewissen Zwängen der Erwerbsarbeit freigesetzt, sich dem „kulturellen Müßiggang" widmen dürfen (und zugleich sollen). Eine Adoleszenz, die zu erheblichen Teilen verschult ist, rückt alle Jüngeren als Angehörige einer Altersklasse in die Nähe der Kategorie kultureller Müßiggänger. Die Besonderheit besteht in der akkulturierenden Funktion von Schule, wodurch kulturelle Teilhabe gleichsam zur Berufsaufgabe für Jugendliche avanciert. Eine Schreib- und Kunstpraxis vorzuweisen, sollte daher Statusmerkmal

Tabelle 37: Schreib und Kunstpraxis. Jugend '84 nach Ausbildungs-, Berufsstatus und Alter. – Angaben in Prozent –

		Jugend '84				Jugend '84 (nur 15-19 Jahre)		
Kriterium: sehr häufig häufig, gelegentlich	Alter: Schüler/ Student	15 bis 19 J. Ja n = 579	Nein n = 143	20 bis 24 J. Ja n = 233	Nein n = 517	Berufstätige Fabrik n = 140	Büro n = 103	noch nie berufstät. n = 468
kleine Aufsätze schreiben		43	22	42	22	21	34	46
Gedichte schreiben		22	13	30	19	14	16	23
persönl. Briefe schreiben		83	79	84	84	72	85	85
Bilder malen/zeichnen		64	46	57	44	50	54	66
Tagebuch schreiben		36	26	27	20	19	29	39

Frage 22

derer sein, die sich in Bildungsinstitutionen befinden — und zwar unabhängig von der spezifischen kulturellen Mitgift des Elternhauses.

Tabelle 37 zeigt, daß literarisch-künstlerische Praxen unabhängig vom Alter von Schülern und Studenten erheblich häufiger ausgeübt werden als von Befragten außerhalb der Bildungsinstitutionen. Ganz ähnliche Unterschiede zeigen sich beim Vergleich von Berufstätigen — getrennt nach „Fabrik" und „Büro" — und Nicht-Berufstätigen.

Die schulnahen Praxen — Aufsätze schreiben, Bilder malen —, die auch im Unterricht eine Rolle spielen, unterscheiden erwartungsgemäß Schüler von Nicht-Schülern besonders klar. Während hier die Differenzen rund 20 Prozentpunkte betragen, sinken sie im Fall von Gedichten, Briefen, Tagebüchern auf 10 Prozent und weniger. Tagebuchschreiben trennt allerdings berufstätige Arbeiter / gewerbliche Lehrlinge von Nicht-Berufstätigen gleichfalls um 20 Prozent.

Bilder des Selbst und gesellschaftliche Orientierung

Jugendliche und Erwachsene mit Schreib- und Kunstpraxis sind durch bestimmte Orientierungen und Bilder des Selbst in der Gesellschaft charakterisiert. Zwei Orientierungen mit Schlüsselbedeutung sollen kurz dargestellt werden. Die Ausübung literarisch-künstlerischer Praxen geht mit einem vermehrten Glauben an die Bedeutung von Traum und Phantasie in unserem Leben einher. Das gilt für jede einzelne der fünf Praxen und sowohl bei Jugendlichen als auch — wenngleich weniger ausgeprägt — bei Erwachsenen. Literarisch-künstlerisch Tätige stimmen Sätzen wie ,,Träume erhalten die Welt", ,,Ich find es geht, wenn die Menschen noch Träume haben" oder ,,In unseren Träumen verrät sich unser eigenes Ich" mehr zu als die nicht oder wenig Tätigen. Traum und Phantasie werden dem gesellschaftlichen Realitätsprinzip also auf ähnliche Weise gegenübergestellt, wie dies in bestimmten Kunst- und Literaturtheorien für den Bereich offizieller Kultur geschieht. (Literatur als Utopie bei Christa Wolf; Kunst und das ,,Prinzip Hoffnung" bei Ernst Bloch.)

Das negative Bild hierzu, das literarisch-künstlerisch Tätige unter den Befragten ablehnen, ist das privatisierte, privatisierende Ich (,,Ich bin zufrieden, wenn ich mein Privatleben und geordnete Verhältnisse habe"). Das deutet bereits an, daß Jugendliche und Erwachsene mit ästhetisch-literarischer Praxis mehr als andere sich engagieren (möchten). Sie lehnen z.B. eine Einstellung ab, die sich in Sätzen ausdrückt wie: ,,Ich will in Frieden für mich leben und komme gar nicht auf die Idee, mich gegen alles aufzulehnen." Die Orientierung von literarisch-künstlerisch Tätigen geht zu gesellschaftlichen Gruppen und Lebensstilen hin, die gesellschaftliche Protesthaltung signalisieren: Alternative, Bürgeriniativen, Anti-Atomkraft-Bewegung und ähnliche. Gering ist demgegenüber ihre Neigung zu Stilen und Gruppen, wo es um hedonistisches Vergnügen, Action, konsumbezogene Techniknähe geht (Disco, Video, Body-Building, Fußball, Motorrad u.ä.).

9. INTENSITÄT DER SCHREIBPRAXIS

Die Skala und ihre Eigenschaften

Da die vier erfragten Schreibpraxen vergleichsweise eng zusammenhängen, wurde ein gemeinsamer Index gebildet, der die Intensität des Schreibens beim einzelnen notieren soll. (Vgl. Tabelle 38) Der Index ist als Mischgebilde von Summenindex und Konfiguration konzipiert. Zunächst wurden die Befragten in drei Gruppen unterteilt. In die erste Gruppe kamen die, die wenigstens eine oder aber mehrere Schreibpraxen regelmäßig betreiben (Angaben häufig oder sehr häufig). Eine zweite Gruppe bildeten alle diejenigen, die nur gelegentlich eine oder mehrere dieser Praxen nannten. Die dritte Gruppe bildeten die Nicht-Schreibenden. Innerhalb dieser Konfiguration wurden die Befragten noch nach einem Intensitätsmerkmal (Zahl der häufig bzw. gelegentlich ausgeübten Schreibweisen) unterschieden. Auf diese Weise erhalten wir sieben Abstu-

Tabelle 38: Intensität der Schreibpraxis (Aufsatz, Gedicht, Tagebuch, Brief). Jugend '84 - Erwachsene '84

		Jugend '84 (15-24 J.)			Erwachsene '84 (45-54 J.)		
		n	%		n	%	
(A)	1. drei bis vier Schreibpraxen häufig/sehr häufig	(43)	3		(10)	1	
	2. zwei Schreibpraxen häufig/ sehr häufig	(140)	10	43	(24)	3	23
	3. eine Schreibpraxis häufig/sehr häufig	(437)	30		(135)	19	
(B)	4. drei bis vier Schreibpraxen gelegentlich	(72)	5		(14)	2	
	5. zwei Schreibpraxen gelegentlich	(173)	12	46	(53)	7	47
	6. eine Schreibpraxis gelegentlich	(424)	29		(280)	38	
(C)	7. keine Schreibpraxis (alle Praxen nie)	(183)	12		(213)	29	
		(1472)	101		(729)	99	

Jugendliche: Frage 22/ Erwachsene: Frage 26

fungen, mit von unten nach oben zunehmend intensiver werdender Schreibpraxis. Hierbei haben wir darauf geachtet, daß die einzelnen Stufen des Index anschaulich und beschreibend bleiben — ein Merkmal, das bei Quantifizierung und Summenbildung leicht verlorengeht. Ein gewisser Nachteil besteht — gegenüber reinen Konfigurationen - in dem Überlappen einzelner der gebildeten Gruppierungen. So stellt die Gruppe derer, die drei bis vier Schreibpraxen gelegentlich betreiben (4), gewiß einen Sonderfall dar. Entsprechende Angaben lassen sich auch dahingehend deuten, daß Jugendliche oder Erwachsene mit einer entsprechend breit gestreuten Praxis in der Realität bedeutend mehr schreiben als ein Befragter, der nur eine Schreibpaxis als regelmäßig angibt.

Welche Art der Schreibtätigkeit verbirgt sich hinter den Kategorien „eine Praxis" bzw. „2-4 Praktiken häufig"? Bei Befragten mit nur einer intensiv betriebenen Schreibpraxis haben wir es überwiegend — d.h. zu rund 80 Prozent — mit extensiven Briefschreibern zu tun. Nur eine Minderheit wagt sich auch an andere, weniger alltägliche literarische Formen heran. Bei der Gruppe mehrfacher intensiv betriebener Schreibpraxis finden wir die Briefeschreiber gleichfalls. Darüberhinaus wagen diese Schreibenden sich jedoch auch an andere literarische Gattungen heran.

Jugendliche und Erwachsene im Vergleich

Die Skala stellt die Unterschiede in der Schreibpraxis von Jugendlichen und Erwachsenen klar heraus (Tabelle 39). Unter den häufig Schreibenden — und sei dies auch nur Briefeschreiben — finden sich 43 Prozent der Jugendlichen gegenüber 23 Prozent der Erwachsenen. Keinerlei Praxis geben dagegen 12 Prozent der Jugendlichen und 29 Prozent der Erwachsenen an.

Die Differenz der Schreibpraxis zwischen Jugendlichen und Erwachsenen geht vorrangig auf die Sonderstellung der Mädchen und jungen Frauen zurück (Tabelle 39). Weibliche Jugendliche pflegen eine weit intensivere Schreibtätigkeit als die anderen Gruppen, die — was die Verteilung der Intensitätsgrade in der Population angeht — enger beieinander liegen. Junge Männer und erwachsene Männer bzw. erwachsene Männer und Frauen differieren im direkten Gruppenvergleich jeweils nur um einige Prozentpunkte voneinander. Dabei erweisen sich junge Männer gegenüber erwachsenen Männern und erwachsene Frauen gegenüber erwachsenen Männern als etwas schreibfreudiger. Zwischen der Hälfte und zwei Dritteln aus diesen Gruppen sind jedoch den nicht bzw. den wenig

Tabelle 39: Intensität der Schreibpraxen (Konfiguration) Jugendliche und Erwachsene nach Geschlecht.

	Jugend '84			Erwachsene '84		
	Alle	männl.	weibl.	Alle	männl.	weibl.
n:	(1472)	(725)	(747)	(729)	(358)	(371)
	%	%	%	%	%	%
3 bis 4 Schreibpraxen häufig/sehr häufig	3	1	4	1	1	2
2 Schreibpraxen häufig/sehr häufig	10	5	14	3	3	4
1 Schreibpraxis häufig/sehr häufig	30	21	38	19	15	22
3 bis 4 Schreibpraxen gelegentlich	5	3	6	2	3	1
2 Schreibpraxen gelegentlich	12	12	11	7	9	6
1 Schreibpraxis gelegentlich	29	38	20	38	36	41
keine Schreibpraxis	12	20	5	29	35	24
	101	100	100	99	102	100

Schreibenden zuzurechnen. Was die Mädchen und jungen Frauen angeht, so können wir sagen, daß rund zwei Drittel eine ausgedehnte Schreibpraxis angeben.

Der Anteil intensiv Schreibender unter Frauen wird noch größer, wenn wir nur Mädchen zwischen 15 und 17 Jahren betrachten. 28 Prozent dieser Gruppe betreiben 2-4 Schreibpraxen häufig/sehr häufig, was sich in erster Linie auf Briefe und Tagebücher bezieht. Mädchen dieses Alters ohne jegliche Schreibpraxis kommen faktisch nicht vor (2%).

Schreiben und Jugendstatus

Die Skala ,,Intensität der Schreibpraxis" bestätigt das Gruppenporträt, also die soziodemographische Kennzeichnung der Schreibenden, das wir aufgrund der einzelnen literarischen Tätigkeiten im vorangegangenen Kapitel erhalten haben. Bei den Jüngeren (15-24 Jahre) ist eine intensive Schreibpraxis eng an den sozialen Status als Jugendlicher geknüpft. Wer intensiv schreibt, der weist vermehrt Merkmale eines soziologisch definierten Jugendstatus auf:

Er/sie besucht häufig noch eine Schule (Gymnasium, Berufsfachschule, Fachoberschule) oder Hochschule; ist gegenwärtig nicht bzw. war noch nie erwerbstätig; ist weder verheiratet noch lebt mit einem festen Partner zusammen; hat keine eigenen Kinder, ist also (noch) nicht im Status eines Vaters oder einer Mutter. Intensive Schreibpraxis und soziologischer Jugendstatus gehen sowohl bei männlichen wie bei weiblichen Befragten zusammen.

Intensität des Schreibens und Bildungskapital

Das Niveau der Bildungsabschlüsse liefert einen guten Indikator dafür, ob jemand schreibt. Rechnet man alle Befragten zu den Schreibenden, die wenigstens auf zwei Schreibformen ,,gelegentlich'' zurückgreifen— eine weitgefaßte Bestimmung des Begriffs —, so erhalten wir je nach Niveau der Schulbildung folgende Prozentsätze von Schreibenden :

Jugendliche mit	Prozentanteil der Schreibenden
— Hauptschulabschluß	47%
— Realschulabschluß	61%
— Abitur	71%
Erwachsene mit	
— Volksschulabschluß	29%
— Realschulabschluß	32%
— Abitur	64%

Bei Jugendlichen wächst der Anteil Schreibender um 24 Prozent von der Hauptschule zum Abitur, bei Erwachsenen ist der Zuwachs mit 35 Prozent noch etwas ausgeprägter. Der ,,qualitative Sprung'' in der Teilhabe an privater Schreibkultur liegt bei Jugendlichen und Erwachsenen an unterschiedlichen Stellen. In der gegenwärtigen Jugendgeneration bleiben Befragté mit Hauptschulniveau deutlich gegenüber Realschule und Gymnasium zurück. In der Elterngeneration liegt die Schnittstelle beim Besuch des Gymnasiums. Die Gruppe der Abiturienten, die schreibt, liegt um 32 Prozent über dem Anteil schreibender Erwachsener mit mittlerer Reife.

Kaum weniger groß fallen die Unterschiede aus, wenn wir die Schulabschlüsse der Eltern in Rechnung stellen. Auch hier übt das Bildungskapital in der Generation der Erwachsenen einen deutlicheren Einfluß auf die Beteiligung an Schreibkultur aus als in der Jugendgeneration.

Jugendliche, deren Eltern eine Schulbildung haben auf	Prozentanteil der Schreibenden
— Volksschulniveau	54%
— Realschulniveau	59%
— Gymnasialniveau	71%
Erwachsene, deren Eltern eine Schulbildung haben auf	
— Volkschulniveau	28%
— Realschulniveau	47%
— Gymnasialniveau	57%

Bei Jugendlichen steigt der Anteil Schreibender je nach Bildungsniveau des Elternhauses um 17%, bei Erwachsenen um 29%. Ein Sprung liegt im ersten Fall, bei Jugendlichen, zwischen Realschule und Gymnasium. Bei der Elterngeneration wird die Trennungslinie der Elternhäuser zwischen Volksschule und Realschule sichtbar.

Als Tendenz können wir festhalten, daß bei der Generation der Erwachsenen das ererbte wie das erworbene Bildungskapital eine größere Wirkung zeitigt als in der Jugendgeneration. Zwei Erklärungsmuster bieten sich für den Unterschied an. Die eine Erklärung geht von der bewährten Annahme aus, daß Bildungsdifferenzen um so mehr Bedeutung haben, je selektiver und exklusiver sie sind. Ein Abitur, das nur wenige Prozent eines Altersjahrganges erreichen können, hat mehr kulturell unterscheidende Wirkung als ein Abitur, das vergleichsweise vielen offen steht. Da der Anteil Abiturienten im Verlauf der drei Generationen (Großeltern — Eltern — Jugend) gewachsen ist, hat sich folglich die kulturelle Bedeutung des Gymnasiums entsprechend verringert.

Diese Erklärung, die mit dem soziokulturellen Wandel zwischen historischen Generationen argumentiert, erscheint plausibel genug. Wir können allerdings nicht ausschließen, daß — allein oder zusätzlich — ein lebenszyklischer Effekt im Spiel ist. Es ist ja durchaus möglich, daß ein ererbtes oder selbsterworbenes Bildungskapital erst im Verlauf des Lebens seine Wirkung voll entfaltet. In der Jugendphase sind manche noch kulturell tätig, die eine spezifische Bildungs-Mitgift nicht aufzuweisen haben. Beispielsweise können die alltagskulturellen Traditionen der gleichaltrigen Jugendlichen oder der Schülerstatus (auch der des Volksschülers) vorübergehend private Schreibtätigkeiten anregen.

Ganz im Sinn dieser Argumentation ist es, wenn bei 15-17jährigen das ererbte oder das selbst angeeignete Bildungskapital nahezu ohne Einfluß auf die Verbreitung der Schreibtätigkeit unter den Jugendlichen bleibt. Erst bei den älteren Jugendlichen wirkt sich ein gehobener eigener Bildungsstatus oder ein entsprechender der Eltern positiv auf die Verbreitung der Schreibpraxen aus.

(Spätestens) im Erwachsenenalter sind diese lebenszyklischen Motive nicht mehr wirksam. Jetzt erst entfalten ererbte oder lebensgeschichtlich erworbene kulturelle Ressourcen ihre volle Bedeutung. Im Rahmen der Vergleichsstudie ist es nicht möglich, eine Entscheidung für das eine oder das andere Erklärungsmuster zu treffen.

Schreibpraxis und kulturelle Interessen in der Jugendgeneration

Jugendliche mit Schreibpraxis, männlich wie weiblich, berichten von Vorläufern dieses ästhetisch-literarischen Interesses in der

Tabelle 40: Schreibpraxis und Spielinteressen in der Kindheit. Jugend '84 — Angaben in Prozent — Intensität der Schreibpraxis nach Geschlecht

	männlich				
Im Alter zwischen 3 und 14 Jahren spielten sehr häufig/ häufig:	2-4 Praxen häufig (43)	1 Praxis häufig (154)	2-4 Praxen gelegentl. (113)	1 Praxis gelegentl. (272)	keine Praxis (143)
alles Mögliche sammeln, Sammlungen anlegen	58	50	43	49	39
Basteln	51	49	47	50	42
Singen	16	14	19	7	11
ein Musikinstrument spielen	30	29	20	15	17
Lesen	65	56	45	40	29
Malen, Zeichnen	54	44	34	34	22
selbst Spiele erfinden	42	33	28	24	22
sich selbst Spielsachen basteln	35	24	26	24	13
Theater spielen, sich verkleiden	40	21	14	14	11

Fragetext: „Als Du im Alter so zwischen 3 und 14 Jahren warst, welche Spiele hast Du da gerne gespielt?" (Liste mit 38 Vorgaben) (Frage 12)

Kindheit. Sie spielten danach mehr als andere Kinder Spiele mit spezifisch kultureller Bedeutung, indem sie beispielsweise mehr sangen, Musikinstrumente spielten, malten, sich verkleideten usw. (Vergl. Tabelle 40). Bis auf zwei Ausnahmen handelt es sich hierbei um eine ästhetische Praxis, die nicht eindeutig geschlechtstypischen Kinderspielen, Jungen- oder Mädchenspielen, zuzuordnen ist. (Die Ausnahmen sind singen und Theater spielen, die zu den typischen Mädchenspielen zählen.) Bedeutsam ist die Sammeltätigkeit der jugendlichen Schreiber in ihrer Kindheit. Spielt das Sammelmotiv doch — das erkannte bereits Bernfeld (1931) in seiner Kulturpsychologie des Tagebuchschreibens — eine nicht unerhebliche Rolle als Antriebskraft für jugendliche Schreibtätigkeit: das Aufbewahren eigener biografischer Spuren, geistreicher Einfälle usw. Ähnlich bedeutsam ist, daß die Phantasietätigkeit der schreibenden Jugendlichen mehr als bei anderen Kindern auf die Erfindung von Regeln, ganz allgemein auf Selbsttätigkeit ausgerichtet war: selbst Spiele erfinden; sich selbst Spielsachen basteln (bei Jun-

	weiblich				
Im Alter zwischen 3 und 14 Jahren spielten sehr häufig/ häufig:	2-4 Praxen häufig (140)	1 Praxis häufig (283)	2-4 Praxen gelegentl. (132)	1 Praxis gelegentl. (152)	keine Praxis (40)
alles Mögliche sammeln, Sammlungen anlegen	<u>49</u>	38	42	30	33
Basteln	<u>54</u>	<u>54</u>	49	42	33
Singen	<u>39</u>	<u>40</u>	33	32	23
ein Musikinstrument spielen	<u>41</u>	35	24	20	13
Lesen	<u>68</u>	<u>67</u>	<u>68</u>	59	38
Malen, Zeichnen	<u>71</u>	65	55	48	43
selbst Spiele erfinden	<u>42</u>	36	33	26	20
sich selbst Spielsachen basteln	19	21	18	14	18
Theater spielen, sich verkleiden	<u>51</u>	<u>48</u>	42	42	28

Fragetext: „Als Du im Alter so zwischen 3 und 14 Jahren warst, welche Spiele hast Du da gerne gespielt?" (Liste mit 38 Vorgaben) (Frage 12)

gen). Beachtenswert scheint uns ferner der klare Zusammenhang, der sich zwischen kindlicher Lesetätigkeit und jugendlicher Schreibpraxis für beide Geschlechter herauskristallisiert. Das bestätigt in biografischer Tiefendimension die oben mitgeteilte Untersuchung zur Verknüpfung von Schreib- und Lesekultur.

Die Rückerinnerung an die eigene Spieltätigkeit ist gewiß nicht interesselos. Wir werden in Rechnung zu stellen haben, daß die schreibenden Jugendlichen mehr oder weniger bewußt auch die biografische Selbststilisierung betreiben, wie berufsmäßige Künstler und Schriftsteller dies ja vorleben. Die künstlerisch-literarischen Ambitionen werden möglichst weit zurück in die Kindheit verfolgt und dort solide als kontinuierliches Persönlichkeitsmerkmal verankert, um eine eindrucksvolle Lebenslinie zu demonstrieren. Allerdings würden wir nicht so weit gehen zu sagen, daß dieses Moment

Tabelle 41: Schreibpraxis und kulturelle Freizeitinteressen. Jugend '84 — Angaben in Prozent — Intensität der Schreibpraxis nach Geschlecht

	männlich				
	2-4 Praxen häufig	1 Praxis häufig	2-4 Praxen gelegentl.	1 Praxis gelegentl.	keine Praxis
Bevorzugte Freizeitaktivitäten (Auswahl)	(43)	(154)	(113)	(272)	(143)
Lesen	30	33	23	13	8
Weibliche Handarbeit/ Haushalt Kochen/basteln, reparieren/ Wohnung einrichten	9	5	4	7	6
Auto, Motorrad, Mofa (fahren, reparieren)	12	20	23	30	32
unterhalten, diskutieren/spielen /mit Freunden, Freundinnen zusammensein	42	37	33	31	27
Musik machen	33	12	11	9	8
Zeichnen, fotografieren, Kreatives	16	8	5	4	2

Fragetext: „Womit befaßt Du Dich in Deiner Freizeit am liebsten?" (Frage 35) — offen; Mehrfachnennungen möglich —

der biografischen Selbststilisierung als ,,ästhetisch tätiges Kind" für den ganzen Umfang der Spielinteressen verantwortlich zu machen ist. Das belegen unseres Erachtens die Angaben der Jugendlichen in den Bereichen, die im Sinne der kontinuierlichen Selbstpräsentation vielleicht weniger verdächtig sind, also etwa basteln oder Sammlungen anlegen. Unterschiede in diesen Bereichen wird man nicht ohne weiteres darauf zurückführen dürfen, daß die Jugendlichen interessegeleitet die Kinderspiele erinnerten, die für die Selbstdarstellung als schreibender, künstlerisch tätiger Jugendlicher von Nutzen sein könnten. (Ohnehin standen Fragen nach der Schreibtätigkeit nicht im Vordergrund der Interviews, sondern wurden als eine Frage neben anderen gestellt.)

Ein zweiter Zugang zum Interessenprofil schreibender Jugendlicher bezieht sich auf die Gegenwart. In den Interviews wurde u.a.

Bevorzugte Freizeitaktivitäten (Auswahl)	weiblich				
	2-4 Praxen häufig	1 Praxis häufig	2-4 Praxen gelegentl.	1 Praxis gelegentl.	keine Praxis
	(140)	(283)	(132)	(152)	(40)
Lesen	44	44	46	31	35
Weibliche Handarbeit/ Haushalt Kochen/basteln, reparieren/ Wohnung einrichten	21	26	30	31	45
Auto, Motorrad, Mofa (fahren, reparieren)	4	8	3	7	5
unterhalten, diskutieren/spielen /mit Freunden, Freundinnen zusammensein	46	43	35	41	25
Musik machen	11	10	10	4	3
Zeichnen, fotografieren, Kreatives	15	11	6	7	13

Fragetext: ,,Womit befaßt Du Dich in Deiner Freizeit am liebsten?" (Frage 35) — offen; Mehrfachnennungen möglich —

gefragt: ,,Womit befaßt du dich in deiner Freizeit am liebsten?" Die freigestellten Antworten — d.h. es wurde ohne Vorgabe gefragt — sind für unser Thema von Interesse (Tabelle 41). Schreibende Jugendliche geben im Schnitt mehr Freizeitaktivitäten an als wenig/nicht Schreibende. Das heißt, sie sind möglicherweise ganz allgemein vielseitiger in ihrer Interessenausrichtung. Einschränkend ist darauf hinzuweisen, daß bei offen gestellten Fragen sprachlich-kulturelle Vorteile bestimmter Gruppen eine Rolle spielen. Schreibende Jugendliche sind unter Umständen schlicht sprachlich beweglicher und geben schon deshalb mehr Freizeitaktivitäten an. Bei dieser Gelegenheit sei folgende kulturelle Differenz notiert: Die Interviewer berichten von unterschiedlichem Sprachverhalten schreibender und nichtschreibender Jugendlicher während des Interviews. Schreibende Jugendliche sprachen nach Einschätzung der Interviewer häufiger ,,Hochdeutsch", d.h. sie drückten sich ,,gewählt" aus, akzentuierten sehr korrekt. Bei wenig oder nicht Schreibenden notierten die Befrager mehr lockeres Umgangsdeutsch oder Dialektfärbung. (Frage 72)

Schreibende Jugendliche sind auch in der Gegenwart mehr als andere in ästhetischer Praxis engagiert. Sie spielen häufiger Musik oder zeichnen, fotografieren, beschäftigen sich mit kreativen Dingen. Dies wird durch weitere Fragen untermauert. Auf die Frage ,,Spielst Du ein Musikinstrument?" (Frage 35) antworten zustimmend:

Männliche Jugendliche	
— mit Schreibpraxis (2-4 Praxen häufig)	44%
— ohne Schreibpraxis	19%
Weibliche Jugendliche	
— mit Schreibpraxis	46%
— ohne Schreibpraxis	13%

Auf die Frage, ob sie Bilder malen/zeichnen, antworten mit ‚häufig' oder ‚sehr häufig' (Frage 22):

Männliche Jugendliche	
— mit Schreibpraxis (2-4 Praxen häufig)	35%
— ohne Schreibpraxis	9%
weibliche Jugendliche	
— mit Schreibpraxis	39%
— ohne Schreibpraxis	10%

Festzuhalten ist, daß laut Freizeitfrage Schreibpraxis nur bei Jungen mit vermehrter Lesetätigkeit verknüpft ist. Der Anteil derer, die viele Zeitschriften lesen, ist bei den intensiv Schreibenden leicht höher (Frage 40). Bei männlichen Jugendlichen unterscheiden sich Schreibende und Nichtschreibende deutlicher durch die Art der gelesenen Zeitschriften. Männliche Jugendliche mit Schreibpraxis lesen häufiger Stern und Spiegel, die gehobene Frauenzeitschrift Brigitte und seltener Bravo, Motorrad, Auto Motor Sport. Bei weiblichen Jugendlichen trennt nur die Spiegellektüre Schreibende und Nichtschreibende deutlich. Bravo-Leserinnen finden sich unter den Schreibenden eher noch zahlreicher (Schreibende sind jünger!).

Jugendliche mit Schreibpraxis weisen eine hohe Affinität zum Fach Deutsch auf. Ähnlich klar ist der Zusammenhang bei der Vorliebe für Fremdsprachen (neue wie alte), Religion und — nur für den männlichen Teil — Gesellschaftslehre. Jugendliche mit Schreibpraxis, Jungen wie Mädchen, interesssieren sich generell für mehr Schulfächer als Jugendliche ohne oder mit geringer Schreibpraxis. Das Engagement der Schreibenden bezieht sich entweder nur auf geisteswissenschaftliche Fächer oder auf beides, Natur- und Geisteswissenschaften. Unterrepräsentiert sind Jugendliche, deren Aufmerksamkeit ausschließlich naturwissenschaftlichen Fachgebieten gilt.

Gesellschaft der Altersgleichen und Mitgliedschaften im Jugendalter

Gemeinsam ist schreibenden Jugendlichen — wie die Frage nach den Freizeitinteressen aufweist (Tabelle L40) — auch das Interesse, sich mit andern Gleichaltrigen diskursiv auszutauschen. Damit korrespondiert die stärkere Integration in informelle Gruppen der Altersgesellschaft.

Schreibende Jugendliche sind etwas häufiger in „einem Kreis von jungen Leuten, der sich regelmäßig oder öfters trifft und sich zusammengehörig fühlt“ (Frage 41). (10% Differenz bei weiblicher und 15% Differenz bei männlicher Jugend.) Bei nichtschreibenden Jugendlichen finden wir eine qualifizierte Minderheit (jede(r) vierte bis fünfte) von Jüngeren, die überwiegend ihre freie Zeit zu Hause verbringen und die zugleich keine informelle Gruppe Gleichaltriger als sozialen Bezug haben.

Schreibende sind häufiger in Gruppen und Organisationen Mitglieder. Mehrfach organisiert sind 53% der intensiv Schreibenden gegenüber 25% der nicht schreibenden männlichen Jugendlichen. Einfach und mehrfach Organisierte finden sich zu 57% unter den schreibenden und zu 33% unter den nichtschreibenden jungen Frauen. Der männliche Teil ist in kirchlichen Jugendgruppen, politisch-weltanschaulichen Organisationen überrepräsentiert. Schreibende junge Frauen besuchen überdurchschnittlich Sportvereine und gleichfalls Interessen- und politisch-weltanschauliche Gruppen.

Alle schreibenden Jugendlichen treiben mehr Sport als nichtschreibende, wobei der Unterschied bei den Mädchen/jungen Frauen deutlicher ausfällt. (Bei männlichen Jugendlichen 10 Prozentwerte Differenz, bei weiblichen 23 Prozentwerte.) Bei den intensiv schreibenden männlichen Jugendlichen finden wir allerdings eine relativ große Gruppe von rund einem Drittel, die sich extensiv dem Sportgeschehen hingibt. Sie betreiben laut eigener Aussage drei und mehr Sportarten, wobei die Trainings-Sportarten (z.B. Jogging) überwiegen. Bei den schreibenden Mädchen finden wir derart weitgefächerte Sportaktivitäten nicht. Nichtschreibende männliche Jugendliche widmen sich vermehrt spielbezogenen Sportarten, vorrangig dem Fußballspiel.

Schreiben, Technik und die beiden Kulturen

Intensität der Schreibpraxis und Intensität technischer Interessen hängen nicht zusammen. (Nur bei Mädchen gibt es eine, allerdings geringfügige Tendenz, daß schreibende Mädchen sich etwas interessierter zeigen.) (Frage 39 a,b) Allerdings: Die inhaltliche Stoßrichtung des Technikinteresses geht deutlich auseinander. Schreibende Jugendliche äußern Prioritäten in Richtung „weicher Technik", also Photo/Optik, Umweltschutz, Fahrrad, Neue Formen der Energie (z.B. Wind). Nichtschreibende Jugendliche neigen mehr der industriebezogenen „harten Technik" zu: z.B. Motoren und Maschinen, Video. Unter den Jugendlichen gibt es relativ große Gruppen, die ausschließlich der einen oder der anderen Technik-Version anhängen. Unter den Schreibern finden wir eine größere Gruppe ausschließlich an „weicher" und alternativer Technik Interessierter, bei Nichtschreibenden ist das Pendant — nur an harter Technik Interessierte - zu finden. Hierbei müssen wir den Einfluß in Rechnung stellen, den die hohe Korrelation von Geschlecht und Technik bzw. Schreibpraxis ausübt. Technikinteresse ist männlich, Schreiben weiblich besetzt. Eine Aufschlüsselung nach Geschlecht belegt, daß Schreibpraxis bei Mädchen/jungen Frauen eher positiv mit Technikinteresse einhergeht, sowohl mit Vorliebe für weiche wir für harte Technik. Bei Jungen/jungen Männern besteht gleichfalls ein positiver Zusammenhang zwischen Schreiben und weicher Technik, allerdings ein leicht negativer zwischen Schreiben und harter Technik. Die geschlechtsspezifischen Ergebnisse deuten auf die unterschiedliche Besetztheit dieser Praxis mit Weiblichkeits- und Männlichkeitsvorstellungen hin. Während für Mädchen/Frauen Schreiben mit einer eher ausgreifenden, die konventionelle Weiblichkeit überschreitenden Frauenidentität verknüpft zu sein scheint, hat Schreiben für Männer die Bedeutung, das weibliche Selbstbildnis zu aktualisieren.

Weiblichkeit und Männlichkeit

Jugendliche mit Schreibpraxis haben Elemente der gegengeschlechtlichen Identität in ihre Persönlichkeit integriert. Bei Jungen ist diese Tendenz deutlicher ausgeprägt als bei Mädchen. Je intensiver die Schreibpraxis bei Jungen, um so deutlicher zeigt sich Offenheit für gewisse Aspekte von Weiblichkeit. Ein Beispiel hierfür bieten die Antworten auf die Freizeitfrage (Tabelle L41). Schreibende Jungen und Mädchen sind auffallend oft zurückhaltend, was geschlechtstypische Aktivitäten angeht. Die einen sind relativ wenig in Handarbeit oder Haushaltstätigkeiten engagiert; die anderen beschäftigen sich seltener mit technischen Fahrzeugen (Auto, Motorrad).

Ein anderes Beispiel für diese Offenheit gegengeschlechtlichen Tendenzen gegenüber sind die Erinnerungen der Jugendlichen an die Spiele der Kindheit. Aus dem Angebot von 38 Spielen kristallisierten sich acht bzw. neun geschlechtstypische Mädchen- und Jungenspiele heraus. Schreibende Jungen nennen häufiger als nicht schreibende Jungen Mädchenspiele, die sie gespielt haben. Darunter befinden sich z.B. Singspiele, Handarbeit, Puppen, Theater spielen und sich verkleiden, singen, Rollschuhlaufen. (Dabei müssen wir berücksichtigen, daß nur ein vergleichsweise geringer Prozentsatz von schreibenden Jungen sich an entsprechende „Mädchenspiele" erinnert, verglichen etwa mit einem durchschnittlichen Mädchen.) Aus der Liste geht hervor, daß einige der mädchen-typischen Spiele eng mit ästhetischer Praxis zusammenhängen: Singen, Handarbeit, Theater spielen etwa. Die Typik der Kinderspiele verrät etwas über die Zuordnung von ästhetischer Praxis zum Pol der Weiblichkeit, wie er in unserer Gesellschaft gegenwärtig definiert wird. Hierin können wir eine der Verbindungslinien erkennen, die Schreibpraxis männlicher Jugendlicher an eine erhöhte Offenheit für weibliche Anteile in der Person bindet. Wer in dieser Kultur Angst vor der Weiblichkeit in sich hat, der muß auch die Konnotationen fürchten, die mit Literatur und Kunst verknüpft sind.

Der Fall der schreibenden Mädchen liegt etwas anders. Die Affinität zur Schreibkultur läßt sich recht gut mit einem gewissen Verständnis von Weiblichkeit vereinen. Um so auffallender ist, daß schreibende Mädchen durchaus eine gewisse Offenheit für „Männlichkeit" erkennen lassen, wie er sich z.B. in den „typischen Jungenspielen" ausdrückt. Je intensiver die Schreibpraxis, um so häufiger geben Mädchen an, daß sie in der Kindheit Cowboy und Indianer gespielt haben, geklettert sind, mit Spielzeugpistolen umgegangen sind. Allerdings, genauer, müssen wir von einer leichten Kurvilinearität sprechen. Die jungen-spezifischen Spielinteressen sind am höchsten bei den Mädchen mit mittlerer Schreibintensität (2-4 Schreibpraxen gelegentlich), zu den Rändern hin — intensiv schreibende und gar nicht schreibende Mädchen und junge Frauen — fallen die Werte etwas ab. Die Typik des Jungenspiels führt — so können wir vielleicht deuten — von der introvertierten Schreibsituation eher weg. Gleichwohl halten schreibende Mädchen eher einen gewissen Abstand zur konventionellen Nur-Weiblichkeit der Interessenausprägung.

Träumen und Entspannung

Schreibende Jugendliche stimmen deutlich mehr den Einstellungssätzen der Skala „Träume" zu („Träume erhalten die Welt" — „Ich finde es gut, wenn die Menschen noch Träume haben" usw.). Je intensiver die Schreibpraxis, um so mehr glauben die Jugendlichen — Jungen wie Mädchen — an die Macht der Phantasie, die in dieser Skala beschworen wird. Bei Jungen wächst der Mittelwert — und damit die Zustimmung — entsprechend der Schreibintensität von 12,9 auf 16,1; bei Mädchen von 13,5 auf 15,7. (Der Mittelwert der Gesamtpopulation liegt bei 14,2.) Keine der sechs Skalen zum Verhältnis Ich — Gesellschaft (Frage 21) kennzeichnet die Besonderheit der schreibenden Jugendlichen ähnlich gut wie die Skala „Träume" (siehe oben).

Je intensiver die Schreibpraxis, um so mehr werden Entspannungstechniken im Alltag gepflegt (Frage 24). Bei Jungen ist der Zusammenhang noch etwas ausgeprägter als bei Mädchen. Allen intensiv Schreibenden gemeinsam ist, daß sie, „um zu sich zu kommen und sich wieder gut zu fühlen", häufiger „einen Teil des Tages verträumen", „in den Garten / in die Natur gehen", „mit irgendjemand telefonieren" bzw. „mit Freund / Freundin sprechen". Männliche Schreibende geben darüberhinaus hoch vermehrt an, „in der Badewanne herumzudösen", „sich mal richtig zu pflegen" — Techniken, die bei Mädchen keine Verbindung mit der Schreibpraxis eingehen.

Bei den Entspannungstechniken handelt es sich zunächst einmal um phantasiebezogene Tätigkeiten. Wer sie betreibt, der zieht sich von äußeren Aktivitäten zurück, konzentriert sich auf sich, seine Stimmungen und Gefühle, seinen Körper. Wir sehen hier also Zusammenhänge mit der narzißtischen Komponente der schreibenden Jugendlichen wie auch mit der vermehrten ichbezogenen Phantasietätigkeit. Zwei Entspannungstätigkeiten, die vorgegeben wurden, beziehen sich auf informelle Sozialkontakte mit Bekannten, Freunden (sprechen, telefonieren). Hier findet man über Zuspruch und Problemgespräch seine psychische Balance wieder — gleichsam narzißtische Wiederbesetzung der eigenen Person zu zweit und mit Hilfe eines/einer engen Vertrauten.

Mädchen/junge Frauen pflegen die selbstbezogenen Entspannungstechniken insgesamt etwas mehr als Jungen. Insbesondere körper- und konsumbezogene Techniken sind für sie selbstverständlicher als für Jungen/junge Männer. Wenn männliche Schreiber entsprechende Techniken überproportional häufig pflegen (und auch zugeben), so deutet dies auf die relativ exponierte Stellung dieser Gruppe hin. Männliche Schreibende weichen in ihrem selbstbezogenen Narzißmus und in ihrem Hang zur handlungslosen Phantasietätigkeit mehr von der durchschnittlichen männlichen Identität ab als dies für weibliche Schreibende in bezug auf ihre Frauenidentität gilt.

Religion

Schreibende Jugendliche sind religiöser orientiert als nicht schreibende. Die Unterschiede sind erheblich (zwischen 20 und 30 Prozent), beziehen sich auf männliche und weibliche Jugendliche gleichermaßen. Jugendliche mit intensiver Schreibpraxis

— glauben häufiger an ein Weiterleben nach dem Tod
— beten zahlreicher
— besuchen zu größeren Anteilen Gottesdienste.

Politik, Zukunftsorientierung, Neue Werte

Intensive Schreibpraxis geht mit verstärktem politischem Interesse einher (Frage 31). Der Anteil der politisch Interessierten wächst bei männlichen Jugendlichen von 49% (keine Praxis) auf 74% (2-4 Praxen häufig) und bei weiblichen Jugendlichen von 33% auf 52%. Als Begründung verweisen schreibende Jugendliche verstärkt auf Partizipationsansprüche und auf die persönliche Betroffenheit durch Politik („es geht um mein Leben und um meine Zukunft") (Frage 31 a). Nichtschreiber(innen) begründen das Desinteresse vorwiegend mit dem Gefühl der eigenen Machtlosigkeit und ihrem mangelnden Verständnis für diesen Handlungskontext (Frage 31 b). Im Hinblick auf die Parteipräferenz zeichnen sich Jugendliche mit Schreibpraxis durch größere Nähe zu Grünen und Alternativen

Tabelle 42: Schreibpraxis und Sympathie für Gruppenstile. Jugend '84. Intensität der Schreibpraxis nach Geschlecht — Angaben in Prozent —

Geschlecht:	männlich				
Kriterium:	2-4 Praxen häufig	1 Praxis häufig	2-4 Praxen gelegentl.	1 Praxis gelegentl.	keine Praxis
Öffentliche Stilgruppen — Kriterium Sympathie (1, 2) — n:	(43)	(154)	(113)	(272)	(143)
Fußball-Fans	26	23	32	<u>40</u>	<u>36</u>
Kernkraftgegner/Anti-Atomkraft-Bewegung	<u>61</u>	53	53	43	30
Gruppen mit alternativer Lebensweise	<u>72</u>	58	52	46	33
kirchliche Initiativgruppen	<u>47</u>	<u>41</u>	27	24	20
Dritte Welt-Initiativen	<u>77</u>	71	68	58	46
Friedensbewegung	<u>81</u>	73	73	68	50
Frauenbewegung/Feministinnen	<u>42</u>	27	23	15	16
Bürgerinitiativen	<u>72</u>	63	62	46	40
Biodynamische Ernährung/natürlicher Anbau	<u>72</u>	46	52	38	33
Vegetarier/fleischlose Ernährung	<u>47</u>	24	24	18	12
Fans von Videospielen	19	23	19	30	<u>39</u>
Motorrad-Fans	54	58	51	61	<u>70</u>

Frage 33

und größere Distanz vor allem zur CDU/CSU aus. Mit der Schreibpraxis wächst z.B. bei männlichen Jugendlichen die Vorliebe für die Grünen von 15% (keine Praxis) auf 47% und fällt die Zuneigung zur CDU/CSU von 22% auf 14%. Nichtschreiber fühlen sich häufiger keiner Partei verbunden (31%) als intensiv Schreibende (21%).

Schreibende Jugendliche sympathisieren mehr mit politischen Protestbewegungen und Stilrichtungen (Tabelle 42) als nichtschreibende Jugendliche. Nur bei Jungen/jungen Männern tritt dies deutlich zutage. Schreibende Frauen orientieren sich insbesondere mehr an alternativen Lebensstilrichtungen (vegetarische Lebensweise, biodynamische Ernährung, alternative Lebensweise). Bei schreibenden männlichen Jugendlichen tritt das politische Engagement deutlich

	Geschlecht:	weiblich				
	Kriterium:	2-4 Praxen häufig	1 Praxis häufig	2-4 Praxen gelegentl.	1 Praxis gelegentl.	keine Praxis
Öffentliche Stilgruppen	Kriterium Sympathie (1, 2) n:	(140)	(283)	(132)	(152)	(40)
Fußball-Fans		16	20	17	20	28
Kernkraftgegner/Anti-Atomkraft-Bewegung						
Gruppen mit alternativer Lebensweise		60	56	52	52	33
kirchliche Initiativgruppen						
Dritte Welt-Initiativen						
Friedensbewegung						
Frauenbewegung/Feministinnen		43	38	35	37	33
Bürgerinitiativen						
Biodynamische Ernährung/natürlicher Anbau						
Vegetarier/fleischlose Ernährung		39	29	24	27	18
Fans von Videospielen						
Motorrad-Fans						

Frage 33

(Fehlende Prozentangaben: Differenz kleiner 10%.)

als differenzierendes Kennzeichen in den Vordergrund. Sie zeichnen sich durch ihre Nähe zur Friedensbewegung, zur Anti-Kernkraft-Bewegung, zu politischen Bürgerinitiativen aus. Nichtschreibende Jugendliche identifizieren sich häufiger mit Stilrichtungen, die sich durch die Konfiguration Sport, Technik, (Konsum-) Vergnügen bezeichnen lassen. Zu solchen Gruppen, zu denen schreibende Jugendliche (insbesondere die männlichen) Distanz signalisieren, gehören beispielsweise Fußball-Fans, Disco-Fans, Bundeswehr-Anhänger, Aerobic, Body-Building, Jogging, Motorrad-Fans, Fans von Video-Spielen.

Bei männlichen Jugendlichen stellen intensiv Schreibende vermehrt Forderungen an die Bundesregierung, was die jugendpolitischen Aktivitäten angeht (Frage 34). Sie unterscheiden sich von nicht/wenig Schreibenden durch Forderungen nach verbesserten Bildungsmöglichkeiten, nach Treffpunkten für Jugendliche, nach mehr politischer Bildung, verbesserten Mitbestimmungsmöglichkeiten und allgemein kulturellen Forderungen. Bei weiblichen Jugendlichen unterscheiden sich Schreibende und Nichtschreibende hinsichtlich ihrer jungendpolitischen Forderungen nicht, weder zahlenmäßig noch inhaltlich.

Kein Unterschied ergibt sich im Hinblick auf die Beurteilung der gesellschaftlichen Zukunft. Schreibende wie nicht schreibende Jugendliche sehen je zur Hälfte optimistisch oder pessimistisch dieser Zukunft entgegen (Fragen 27, 28). Allerdings geht Schreibpraxis mit anderen Einschätzungen einher, „was jeder von uns für eine bessere Zukunft tun könnte“ (Frage 29). Je intensiver die Schreibtätigkeit, um so deutlicher halten Jugendliche politisch-alternatives Handeln für angebracht (in Bürgerinitiativen mitmachen; Alternativen selbst erproben; auf übertriebenen Luxus /Konsum verzichten). Männliche Schreiber unterscheiden sich darüberhinaus von männlichen Nichtschreibern durch die Akzentsetzung, die sie bei pädagogisch-sozialen Handlungsformen vornehmen. Sie finden mehr als andere männliche Jugendliche, daß es für die Zukunft wichtig sei, für ein gutes Familienleben zu sorgen, die Mitmenschen besser zu verstehen oder sich gegenseitig mehr zu helfen. Während die Zustimmung zur Skala alternativ-politisches Handeln etwas über das politische Selbstverständnis schreibender Jugendlicher aussagt, dürften bei der zweiten Skala die weiblichen Anteile eine Rolle spielen, die schreibende männliche Jugendliche gegenüber Nichtschreibern auszeichnen.

Mit der Intensität der Schreibtätigkeit nimmt die Befürwortung Neuer Werte zu. Schreibende Jugendliche vertreten die Neuen und lehnen die Alten Werte eher als unwichtig ab. Wer wenig oder nicht schreibt, neigt tendenziell der konservativen Wertrichtung zu (Frage 3).

Jugendliche mit und Jugendliche ohne Schreibpraxis kritisieren unterschiedliche Dinge an Erwachsenen. Jungen mit geringer Praxis werfen den Älteren vor, die Jugend nicht zu verstehen, sie zu bevormunden, autoritär unter Druck zu setzen. Schreibende Jugendliche, Jungen wir Mädchen, haben politisch an den Älteren etwas auszusetzen. Sie finden Erwachsene politisch zu konservativ, zu bürgerlich, eng, verklemmt, nicht lernfähig, bemängeln deren falsche Lebensweise, deren mangelndes politisches Bewußtsein, üben generell Kritik an Politikern und Politik (Unterschied bei Mädchen). Nicht schreibende Jugendliche haben tendenziell etwas weniger Kritik, beschränken sich eher auf erzieherische Vorbehalte (Unterschied bei Mädchen). Schreiber monieren an anderen Jugendlichen, zu kritiklos die vorgelebten Werte der Erwachsenen zu übernehmen (Frage 2 a). Männliche Jugendliche mit Schreibpraxis sind häufiger der Auffassung, daß beide Seiten, Jugendliche wie Erwachsene, Dinge falsch machen (Fragen 1, 2). (Keine Differenz bei jungen Frauen.)

Vorbilder

Schreibende Jugendliche nennen etwas häufiger ,,Vorbilder", denen sie ,,ungefähr gleichen" möchten (Frage 25, a,b). Welcher Gruppe gehören solche Vorbilder an? Schreibende Mädchen/junge Frauen nennen zahlreicher den eigenen Vater als nichtschreibende; schreibende Jungen/junge Männer erwähnen — gerade umgekehrt — den Vater seltener als dies nichtschreibende männliche Jugendliche tun. Dies erlaubt die Vermutung, daß gegengeschlechtliche Identifikationen bei schreibenden Mädchen bzw. daß das Ausbleiben attraktiver männlicher Modellpersonen bei den schreibenden Jungen von Bedeutung sein könnten.

Für einige Jungen und Mädchen mit Schreibpraxis spielen Lehrer als Vorbilder eine Rolle (andere Jugendliche erwähnen diese kaum). Nimmt man die Vorbilder aus dem öffentlichen Bereich, so ergeben sich folgende charakteristische Muster:
Intensiv schreibende Jungen/junge Männer nennen im Vergleich zu anderen männlichen Jugendlichen:
— mehr Wissenschaftler/Techniker, humane und religiöse Persönlichkeiten;
— weniger Filmschauspieler, Sportler, Politiker.

Intensiv schreibende Mädchen/junge Frauen:
— mehr religiöse und humane Persönlichkeiten, berühmte Frauen, Sportler(innen) (!);
— weniger Filmschauspielerinnen.

Etwas unterschiedlich fallen auch die Begründungen dafür aus, weshalb man kein Vorbild für sich akzeptiert. Intensiv Schreibende heben vermehrt auf Argumente ab, die die Individualität und Unverwechselbarkeit der eigenen Person betonen: Selbstverwirklichung (männlich) bzw. ,,will ich selbst sein", ,,will niemanden kopieren" (weiblich). Nichtschreibende bemühen eher das Bild der sozialen Unabhängigkeit (,,ich benötige niemanden").

Tabelle 43: Schreibpraxis und Lebensziele. Jugend '84 — Angaben in Prozent — Intensität der Schreibpraxis nach Geschlecht.

	männlich				
	2-4 Praxen häufig	1 Praxis häufig	2-4 Praxen gelegentl.	1 Praxis gelegentl.	keine Praxis
Leistungen im Leben	(43)	(154)	(113)	(272)	(143)
Schule und Beruf (z.B. Prüfungen; berufliche Selbständigkeit; Erfolge)	44	54	53	<u>62</u>	<u>72</u>
Heim und Familie (z.B. Heirat; eigenes Heim; Kindererziehung	37	46	40	44	40
Außerberufliche Leistungen (z.B. Sport)	<u>21</u>	9	14	9	14
Materielle Erfolge (z.B. Geld, Konsum)	9	7	<u>18</u>	<u>20</u>	13
Wunschträume u. utopische Phantasien	<u>14</u>	10	<u>15</u>	8	4
Persönlichkeitswerte (Identität/Entwicklung)	<u>30</u> (21)	25 (11)	20 (7)	16 (6)	11 (4)
Humane Leistungen für die Menschheit	<u>9</u>	5	<u>10</u>	3	1

Fragetext: ,,Auf welche beiden Leistungen, die Du gerne in Deinem Leben vollbringen möchtest, würdest Du besonders stolz sein?" (offen; Mehrfachnennungen möglich) (Frage 20)

Lebensziele

Schreibende Jugendliche setzen andere Akzente für ihr Leben als nichtschreibende (Tabelle 43). Die Unterschiede sind bei männlichen Jugendlichen stärker ausgeprägt. Junge Männer mit Schreibpraxis erträumen sich häufiger eine utopische Zukunft, möchten etwas für die Menschheit als Ganze vollbringen. Nichtschreibende möchten in ihrer Schul- und Berufsausbildung etwas leisten, sorgen sich etwas mehr um ihre berufliche Zukunft, werten materielle Dinge im Leben, wie den Besitz bestimmter Konsumgegenstände, höher. Bei schreibenden Mädchen/jungen Frauen fällt auf, daß sie etwas mehr an Schule und Beruf denken als die nichtschreibenden

	weiblich				
Leistungen im Leben	2-4 Praxen häufig (140)	1 Praxis häufig (283)	2-4 Praxen gelegentl. (132)	1 Praxis gelegentl. (152)	keine Praxis (40)
Schule und Beruf (z.B. Prüfungen; berufliche Selbständigkeit; Erfolge)	59	56	62	53	43
Heim und Familie (z.B. Heirat; eigenes Heim; Kindererziehung	41	54	50	58	65
Außerberufliche Leistungen (z.B. Sport)	9	11	9	5	5
Materielle Erfolge (z.B. Geld, Konsum)	6	7	4	9	5
Wunschträume u. utopische Phantasien	5	4	5	3	—
Persönlichkeitswerte (Identität/Entwicklung)	29 (14)	20 (9)	17 (11)	19 (13)	23 (5)
Humane Leistungen für die Menschheit	4	3	2	2	3

Fragetext: „Auf welche beiden Leistungen, die Du gerne in Deinem Leben vollbringen möchtest, würdest Du besonders stolz sein?" (offen; Mehrfachnennungen möglich) (Frage 20)

Frauen, die auf Heim und Familie stärker achten. Ansonsten finden wir keine bemerkenswerten Unterschiede, wenn man die etwas stärkere Akzentuierung von Persönlichkeitswerten bei Schreibenden noch berücksichtigt. Die Akzentuierung von Schule und Beruf verweist auf die Bestrebung schreibender Frauen, die weibliche Rolle weniger konventionell oder zumindest aktiver nach außen zu gestalten. Deutliche Zusammenhänge zwischen Schreibtätigkeit und Identitätsproblemen, wie wir sie bei allen Schreibenden erwarten würden, lassen sich nur für die männliche Seite nachweisen. Die weitreichenden Wünsche für das eigene Leben verweisen auf die mögliche narzißtische Komponente der Schreibtätigkeit: Man will nicht lediglich für sich selbst und seinen engeren Kreis, man möchte menschheitsübergreifend tätig sein, die persönliche Zukunft ist mit Wunschphantasien eigener Größe und Besonderheit durchsetzt.

10. TAGEBUCHSCHREIBEN IM LEBENSLAUF

Die Frage 22 zur Schreib- und Kunstpraxis bezieht sich auf die Gegenwart der Jugendlichen und Erwachsenen. Wenigstens hinsichtlich einer der Formtraditionen wollten wir die lebensgeschichtliche Dimension mit einbeziehen. In welchem Lebensabschnitt wurde mit dem Schreiben begonnen; wie lange hielt das Engagement an; zu welchem Zeitpunkt wurde die Schreibtätigkeit beendet — sofern sie bis zum Zeitpunkt des Interviews ein Ende fand? Die Wahl fiel auf das Tagebuchschreiben. Die Entscheidung rechtfertigt sich allein schon aus der Schlüsselbedeutung, die dieser literarischen Tätigkeit in der Geschichte der Jugendforschung in Deutschland zufiel (Ch. Bühler 1921; S. Bernfeld 1931; W. Küppers 1964). Zudem standen dem Verfasser auf diesem Gebiet eigene Vorarbeiten zur Verfügung.

Zwei Fragen im Eltern- und im Jugendinterview beziehen sich auf die lebensgeschichtliche Einbettung des Tagebuchschreibens (Jugendliche: Frage 23, 23 a, b; Erwachsene: Frage 27, 27 a, b). Zunächst wurde gefragt: „Hast Du in Deinem Leben schon mal Tagebuch geschrieben?"

☐ Ja, habe geschrieben
☐ Ja, schreibe noch
☐ Nein

Dic Nachfragen lauteten: (Falls ja, habe geschrieben:)
„Von wann bis wann hast Du Tagebuch geschrieben?"
Vor allem von ( ) bis ( ) (Lebensalter in Jahren)
(Falls ja, schreibe noch:)
„Seit wann schreibst Du Tagebuch? Seit ( ) (Lebensalter in Jahren)

Tagebuch als kulturelles Ausdrucksmittel weiblicher Adoleszenz in zwei Generationen

Beziehen wir die Lebensgeschichte mit ein, so erhöht sich der Anteil der Tagebuchschreibenden erheblich. Tabelle 44 gibt darüber Auskunft. Allerdings erwies sich die Unterteilung der Frage in „Haben Sie in Ihrem Leben schon einmal Tagebuch geschrieben" und „Schreiben Sie noch" als nicht recht trennscharf. Manche bejahten ersteres und meinten die Gegenwart gleich mit, wodurch die Prozentzahlen für die Gegenwart zu gering ausfallen (vgl. Grundauszählung, Bd. 5). Es empfiehlt sich daher, die Antwortmöglichkeiten „Ja, habe geschrieben" und „Ja, schreibe noch" zusammenzufassen.

Bei den 45-54jährigen spielt das Tagebuch eine marginale Rolle. 6 Prozent beschäftigen sich damit. Wie zu erwarten, vergrößert

Tabelle 44: Tagebuchschreiben in der Gegenwart und im Lebensverlauf. Vergleich Jugend '84 und Erwachsene '84 nach Geschlecht

Kriterium	Jugend '84 (15-24 J.)			Erwachsene '84 (45-54 J.)		
	Alle	Geschlecht		Alle	Geschlecht	
		männl.	weibl.		männl.	weibl.
	(1472)	(725)	(747)	(729)	(358)	(371)
Es haben schon einmal im Leben geschrieben oder schreiben noch (Frage J23/ E26)	46%	22%	70%	23%	11%	35%
Es schreiben gegenwärtig sehr häufig, häufig oder gelegentlich (Frage J22/E27)	27%	11%	45%	6%	6%	8%

sich der Anteil tagebuchschreibender Erwachsener mit Blick auf die Vergangenheit. Das Tagebuch gehört zum kulturellen Inventar der Adoleszenz. Beziehen wir Kindheit und Jugend der Elterngeneration mit ein, so erweist sich jeder Vierte als Tagebuchschreiber, und zwar vorwiegend auf die frühen Lebensphasen bezogen. Wie wir gleich noch sehen werden, begannen 90 Prozent der Erwachsenen, die überhaupt einmal Tagebuch führten, vor dem 20. Lebensjahr damit.

In bezug auf Lebensgeschichte und Adoleszenz stellt sich der weibliche Charakter des Tagebuchschreibens ein, den wir für die Gegenwart der Erwachsenengeneration vermißten. 35 Prozent der Frauen gegenüber 11 Prozent der Männer schrieben — vorwiegend in Kindheit und Jugend — Tagebuch. Trauen wir den Lebenserinnerungen der Befragten, so gilt also auch für die fünfziger Jahre, daß Tagebuchschreiben eher eine Angelegenheit der weiblichen Jugend war.

Nicht ganz so selbstverständlich ist, daß auch bei den 15-24jährigen der Anteil der Tagebuchschreibenden in die Höhe schnellt, sobald wir die Vergangenheit mit einbeziehen. Schreiben gegenwärtig 27 Prozent, so umfaßt die Gesamtgruppe der Jugendlichen mit Tagebucherfahrung 46 Prozent, also praktisch jeden zweiten Jugendlichen. Für junge Frauen und junge Männer verdoppelt sich jeweils der Anteil derer, die Tagebuch schreiben: Bei männlichen Jugendlichen von 11 Prozent auf 22; bei weiblichen von 45 auf 70 Prozent. Die Verdoppelung führt dazu, daß der Prozentvorsprung der tagebuchführenden Mädchen/jungen Frauen auf 48 Prozent ansteigt.

Wir können also festhalten: Auch bei der Jugendgeneration tritt der spezifisch weibliche Charakter der Schreibkultur in eklatanter Weise hervor, wenn wir über die Gegenwart hinaus die lebensgeschichtliche Vergangenheit ins Blickfeld nehmen.

Kulturelle Mitgift im Generationenvergleich

Die Perspektive: Tagebuchschreiben wirft ein interessantes Licht auf die Rolle der kulturschaffenden Mitgift des Elternhauses (Tabelle 45). Pointiert ausinterpretiert sagt die Tabelle: In der Elterngeneration ist das Tagebuchschreiben noch eng an den Status einer Tochter aus gebildetem Elternhaus gebunden. Bei den heutigen Frauen hat sich das Tagebuchschreiben als weibliche Kulturpraxis verallgemeinert. Mädchen lernen unabhängig vom elterlichen Milieu Tagebuchschreiben. Bei Jungen/jungen Männern ist die Bindung des Tagebuchs ans gebildete Bürgertum über die Generationen erhalten geblieben. Bei männlichen Jugendlichen steigt der Anteil Tagebuchschreibender im bisherigen Leben von 17 Prozent (Eltern mit Volksschulniveau) auf 39 Prozent bei Eltern mit Gymnasialbildung. Bei Männern der Elterngeneration beläuft sich der Anstieg von 9 Prozent (Volksschul-Eltern) auf 21 Prozent (Eltern mit Realschul-/gymnasialem Niveau).

Ein Blick zurück auf die Wiener Sammlung von Charlotte Bühler (1934), die knapp 100 Jugendtagebücher der Jahrgänge 1879 bis 1915 umfaßt, vermag den Generationenvergleich historisch bis zum Jahrhundertanfang zurückzutragen. 80% der männlichen und 95% der weiblichen Tagebuchschreibenden stammen aus Elternhäusern mit ausgeprägt kulturellem Kapital. Die Väter sind in klassischen akademischen Berufen tätig (Jurist, Arzt), Höhere Beamte in

Tabelle 45: Tagebuchschreiben im Lebenslauf (Nur Mädchen/ Frauen). Vergleich Jugend '84 – Erwachsene '84 nach Bildungsniveau des Elternhauses — Angaben in Prozent —

	Jugend '84 (weibl.)			Erwachsene '84 (weibl.)	
Kriterium:	Haupt-schule (401)	Real-schule (218)	Abitur (128)	Volksschule und weniger (309)	Realschule und mehr (73)
Es haben schon Tagebuch geschrieben oder schreiben noch: (Frage J23/E27)	70%	68%	73%	29%	65%

Staat und Kirche; gehören dem Geld- und Unternehmer„adel“ an (Bankier, Direktor, Fabrikant). Erwartungsgemäß finden wir viele Angehörige der literarisch-künstlerischen Intelligenz (Künstler, Redakteure, Gelehrte) darunter.

Beginn des Tagebuchschreibens

Ab welchem Alter haben Jugendliche und Erwachsene Tagebuch geschrieben? Genauer: Welches Alter erinnern sie? Tabelle 46 vermittelt die Grundinformation hierzu. Aus den Angaben der Erwachsenengeneration können wir entnehmen, daß der Einstieg ins Schreiben in Schulkindheit (31% beginnen mit 6 bis 12 Jahren) und Jugendphase (52% zwischen 13 und 18 Jahren) fällt. Bis zum Abschluß des 20. Lebensjahres haben 85 Prozent aller Schreibenden ihr Tagebuch begonnen.

Wir tun also gut daran, nur die 21-24jährigen Jugendlichen als Vergleichsgruppe heranzuziehen. In der Gesamtgruppe der Befragten ab dem 15. Lebensjahr ist eine relativ große Gruppe verborgen, die den biographischen Einstieg ins Tagebuchschreiben noch vor sich hat. Der Effekt: das Durchschnittsalter wird künstlich verjüngt. Die Größe dieses Effektes ist aus Tabelle 46 beim Vergleich 15-24jährige und 21-24jährige ablesbar.

Das Alter beim Beginn des Tagebuchschreibens hat sich zwischen Jugend- und Erwachsenengeneration nicht allzusehr verschoben. Erwachsene erinnern etwas häufiger ein Lebensjahr zwischen 6 und 12 Jahren — 31 Prozent gegenüber 24 Prozent bei den Jugendlichen. Mit anderen Worten: In der Elterngeneration kam dem Kinder- oder Schulkindtagebuch eine vergleichsweise große Bedeutung zu. Mit einem Jugendtagebuch im engeren Sinn startet dagegen die heutige Generation der Tagebuchschreiber etwas häufiger. Zwischen 13 und 20 Jahren haben 75 Prozent der Jugendlichen mit Eintragungen begonnen.

Wir dürfen aus den Verschiebungen im Lebensalter wohl schließen, daß der Beginn des Tagebuchschreibens in der Elterngeneration häufiger noch Teil der Welt der konventionellen Familienkinder war. Sie erhielten von Erwachsenen ein Tagebuch geschenkt (z.B.) und füllten dies zunächst in kindlicher Manier aus. Wenn heutige Jugendliche anteilsmäßig später mit dem Schreiben beginnen, so dürfen wir unterstellen, daß es sich hierbei bereits um eine mehr oder weniger deutliche Form des Adoleszenz-Tagebuches handelt. Die Jüngeren erfüllen keine kindliche Pflichtübung des Schreibens, sie steigen bereits in adoleszenter Manier ins Tagebuch-

Tabelle 46: Beginn des Tagebuchschreibens. Vergleich Jugend '84 und Erwachsene '84 — Angaben in Prozent —

Alter in Jahren	Jugend '84 15 - 24 J. Alle Jugendl.	Alle Tagebuchs.	Nur: 21 - 24 J. Alle Jugendl.	Alle Tageb.	Erwachsene '84 45 - 54 J. Alle Erwachs.	Alle Tagebuchs.
6 - 12	16	34	11	24	8	31
13 - 14	17	36	13	30	6	25
15 - 16	9	20	10	23	4	16
17 - 18	3	7	7	15	3	11
19 - 20	2	4	3	7	1	2
21 - 24	0	1	1	1	0	3
25 - 44	x	x	x	x	2	8
45 - 53	x	x	x	x	1	3
kein Tagebuch	53	x	56	x	76	x
(Fragen: J 23a,b; E 27a,b)	100 n = 1472	102 n = 682	101 n = 577	100 n = 251	101 n = 729	99 n = 170

schreiben ein. Dieser Funktionswandel des Tagebuch-Beginns kann hier nur Annahme bleiben, er lohnte jedoch eine inhaltliche Überprüfung anhand der Tagebücher bzw. anhand autobiografischer Erinnerungen. Jedenfalls wird dadurch erklärlich, warum die heutige Jugendgeneration nicht früher als ihre Eltern mit dem Schreiben beginnt. Das Ende der Kindheit, auch und gerade in soziopsychologischer Hinsicht, wird in der heutigen Generation früher erreicht. Wenn wir das Jugendtagebuch als eine kulturell überlieferte Form des Abschieds von der Kindheit und als Ausdruck jugendlicher Reorganisierung der kindlichen Persönlichkeit nehmen, so müßten Jugendliche heute eigentlich in einem früheren Lebensalter zum Tagebuch greifen. Daß dem nicht so ist, sollte wohl an der beschriebenen Doppelfunktion des Tagebuchschreibens liegen. Es kann sowohl kindlichem Gehorsam und der Erfüllung familialer Schreibkultur entspringen als auch dem jugendlichen Willen, diese kindlichen Schalen abzustreifen.

Wir müssen beim Vergleich berücksichtigen, daß anteilsmäßig mehr Jugendliche als Erwachsene schreiben oder einmal geschrie-

Grafik 47: Beginn des Tagebuchschreibens. Jugend '84 (21–24jährige) nach Geschlecht

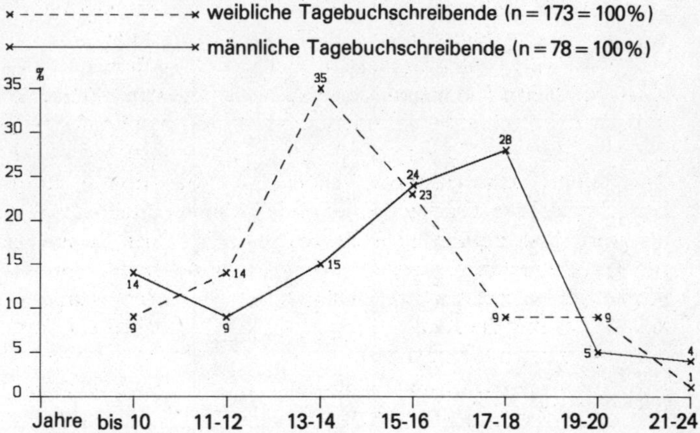

Frage: 23 a,b

Grafik 48: Beginn des Tagebuchschreibens. Erwachsene '84 nach Geschlecht

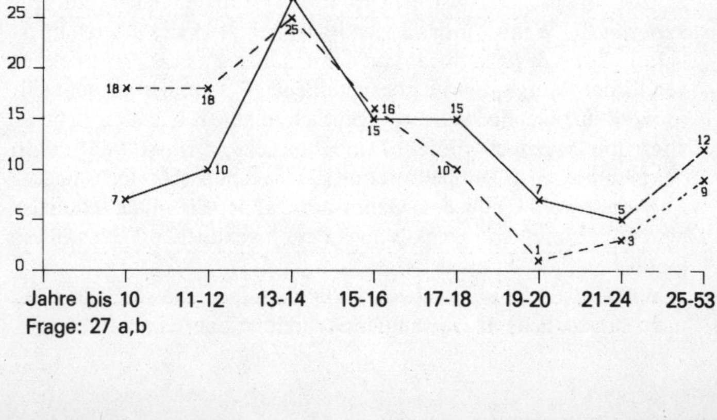

Frage: 27 a,b

ben haben. Dieser Umstand kommt zu kurz, wenn wir uns ausschließlich auf die Tagebuchverfasser stützen. Ein Blick in Tabelle 46 belehrt darüber, daß auf allen Altersstufen zwischen 6 und 24 Jahren Jugendliche etwas häufiger als Erwachsene mit dem Tagebuchschreiben begonnen haben. Die klarsten Prozentunterschiede entstehen in den Altersgruppen 13-14 und 15-16 Jahren.

Sowohl in der Eltern- als in der Jugendgeneration finden wir zwischen weiblichen und männlichen Tagebuchschreibern Unterschiede, was den Beginn der Eintragung betrifft. In den Grafiken 47 und 48 sind die geschlechtsstypischen Kurven des Einstiegs für beide Generationen veranschaulicht. Bei der Elterngeneration ist auffällig, daß weibliche Tagebuchschreibende in hohem Maße mit Kindertagebüchern begannen. 36 Prozent erinnern einen Beginn bis zum 12. Lebensjahr. In der Jugendgeneration finden wir das Schulmädchentagebuch zahlenmäßig nicht besonders häufig — hier sind es eher die Jungen, die bis zum 10. Lebensjahr ein Tagebuch angefangen haben (14%).

Der am häufigsten erinnerte Beginn liegt in der Elterngeneration bei 13-14 Jahren (25% weibliche und 27% männliche Tagebücher setzen hier ein). In der fortgeschrittenen Adoleszenz, ab dem 17.-18. Lebensjahr, beginnen etwas mehr erwachsene Männer und

Tabelle 49: Beginn des Tagebuchschreibens. Vergleich Jugendliche um 1900 - Jugend '84 nach Geschlecht — Angaben in Prozent —

	Jugendliche um 1900 (Jahrgänge 1870–1915)		Jugend '84 (21–24 J.) (Jahrgänge 1960–1963)	
Alter in Jahren	Tagebuchschreibende männlich (n=40)	weiblich (n=59)	Tagebuchschreibende männlich (n=78)	weiblich (n=173)
6 bis 12	(5)	(14)	(23)	23
13 bis 14	(15)	(<u>32</u>)	(15)	<u>35</u>
15 bis 16	(35)	(29)	(24)	23
17 bis 18	(30)	(12)	(28)	9
19 bis 20	(10)	(8)	(5)	9
21 bis 24	—	(5)	(4)	1
25 und älter	(3)	—	x	x
nicht bekannt	(3)	—	—	—
	(101)	(100)	(99)	100

Quelle: Ch. Bühler (1934, 2 ff.), eigene Auszählung

Frauen noch mit einem Tagebuch. In der Jugendgeneration fallen die Kurvengipfel von Mädchen und Jungen weiter auseinander. Die meisten weiblichen Tagebuchschreibenden (35%) beginnen zwischen 13 und 14 Jahren; die meisten männlichen (28%) mit 17-18 Jahren. Alles in allem beginnen Mädchen in der heutigen Jugendgeneration früher als Jungen mit einem Tagebuch.

Auf eine überraschende historische Kontinuität treffen wir, wenn wir den Anfang des Tagebuchschreibens um die Jahrhundertwende — nach Geschlecht aufgegliedert — zum Vergleich heranziehen. Der Vergleich wird aufgrund der gut dokumentierten Sammlung von Tagebüchern möglich, die in den zwanziger und dreißiger Jahren am Psychologischen Institut der Universität Wien durch Charlotte Bühler und ihre Mitarbeiter angelegt wurde (Bühler, 1967, 43 ff; 1934, 2 ff). Dabei handelt es sich um 99 Jugendtagebücher aus den Geburtsjahrgängen 1870-1915. Das Datum des Schreibbeginns ist den Diarien selbst entnommen. Tabelle 49 enthält den Vergleich zu den rückerinnerten Anfängen heutiger Tagebuchschreibender. Die Überraschung: Obwohl über ein halbes Jahrhundert historischer Wandel des Jugendlebens die Vergleichsgruppen trennt, sind die charakteristischen Altersjahrgänge gleichgeblieben. Mädchen beginnen früher zu schreiben, den höchsten Anteil vereint das 13-14. Lebensjahr (Um 1900: 32%; 1984: 35%). Jungen kommen später zum Tagebuch, die klarste Differenz zu Mädchen weisen damals wie heute die Jahre 17 bis 18 auf. Insgesamt beginnt das Tagebuchschreiben in der Adoleszenz zwischen dem 13. und 18. Lebensjahr. Um 1900 bei 80% der männlichen Schreibenden und bei 73% der weiblichen Schreibenden. 1984 bei 67% der männlichen Schreibenden und bei 67% der weiblichen Schreibenden.

Der einzig bemerkenswerte Unterschied bezieht sich auf den Beginn im Kindesalter, der 1984 häufiger erinnert wird. Dabei handelt es sich aber wahrscheinlich um eine künstliche Differenz, die der Auswahl der Tagebücher in der Wiener Sammlung anzulasten ist. Da man Tagebücher als Quelle von Jugendforschung sammelte, wurden nur solche Kinderdiarien aufgenommen, die bis ins Jugend- und Erwachsenenalter hinein fortgesetzt wurden. Dies ist nur ein Teil der im Schulalter begonnenen Tagebücher.

Vom Ende des Tagebuchs und von Zeiten der Unterbrechung

Nicht wenige der in der Kindheit gestarteten Versuche des Tagebuchschreibens enden bereits wieder in der Kindheit. 14 Prozent der männlichen Tagebuchschreiber haben bis zum 12. Lebensjahr mit Eintragungen aufgehört (bei weiblichen Jugendlichen ist der Anteil mit 4 Prozent geringer).

Das häufigste Alter, in dem Tagebuchschreiben beendet wird, liegt bei Jugendlichen und Erwachsenen '84 zwischen dem 15. und 18. Lebensjahr. Nehmen wir nur erwachsene Tagebuchschreiber, so haben bis zum 20. Lebensjahr mit Schreiben aufgehört:
— 83 Prozent der Frauen
— 76 Prozent der Männer.

Die Kurven, die das Ende des Tagebuchschreibens im Verlauf der Adoleszenz beschreiben, ähneln einander bei männlichen und weiblichen Schreibenden in beiden Generationen.

In der Vorerhebung berücksichtigten wir den Umstand, daß Tagebücher gelegentlich nicht in enger zeitlicher Abfolge, im lebensgeschichtlichen Block, sondern mit mehr oder weniger großen zeitlichen Unterbechnungen geschrieben werden. Bei Jugendlichen waren drei, bei Erwachsenen vier solcher Abschnitte im Fragebogen vorgemerkt. Die Frage (Nr. 21) im Wortlaut (in der ‚Jugendfassung'):

Falls Ja: „In welchen Lebensjahren haben Sie Tagebuch geschrieben?"
Int: Lebensjahre, in denen Tagebuch geschrieben wurde, eintragen! Es können auch mehrere Zeiträume sein
von ( )( ) bis ( )( )
von ( )( ) bis ( )( )
von ( )( ) bis ( )( )

Jugendliche und erwachsene Tagebuchschreiber machten etwa gleich häufig von der Möglichkeit Gebrauch, zeitliche Zäsuren des Tagebuchschreibens anzudeuten — jeder Fünfte machte entsprechende Angaben. Im Einzelnen:

Vorerhebung

alle Tagebuchschreiber	Jugend '84 n = 104	Erwachsene '84 n = 33
Davon geben an:		
— einen Zeitraum	81%	(82%)
— zwei Zeiträume	11%	(15%)
— drei Zeiträume	8%	(3%)
— vier Zeiträume	x	–
	100%	(100%)

In der Haupterhebung verzichteten wir aufgrund der geringen Prozentzahl derer, die deutliche Zäsuren des Schreibens angaben, und aus zeitökonomischen Gründen auf eine genauere Aufschlüsselung einzelner lebenszeitlicher Schreibphasen. Bei den folgenden Analysen sollten wir uns die Vereinfachung, die wir damit vorgenommen haben, einschränkend vor Augen halten.

Dauer des Schreibens

Tabelle 50 gibt die Länge der Schreibzeit für jugendliche Tagebuchführende in Einzeljahren an. Die am häufigsten genannte Zeit beträgt ein Jahr (25%) oder zwei Jahre (22%). Jeder Fünfte war oder ist fünf und mehr Jahre mit Tagebüchern beschäftigt.

In Jahresgruppen zusammengefaßt vergleicht Tabelle 51 die Schreibdauer bei Jugendlichen und Erwachsenen nach Geschlecht.

Tabelle 50: Dauer des Tagebuchschreibens in Jahren — Angaben in Prozent —

Dauer in Jahren	Jugend '84 Tagebuchschreiber (n = 682)	
unter 1	5	30
1	25	
2	22	47
3	14	
4	11	
5	7	21
6	4	
7	2	
8	3	
9	3	
10	1	
11	1	
12	0	
13	0	
14	0	
15	0	
	98	

Frage 23 a,b

Tabelle 51: Dauer des Tagebuchschreibens. Vergleich Jugend '84 und Erwachsene '84 nach Geschlecht. (Nur Tagebuchschreiber)
— Angaben in Prozent —

	Jugend '84 (15–24 Jahre)		
	Alle	männlich	weiblich
Dauer in Jahren	(682)	(159)	(523)
bis zu 1 Jahr	30	42	26
2 bis 4 Jahre	48	42	50
5 bis 15 Jahre	22	16	24
	100	100	100

	Jugend '84 (21–24 Jahre)		
	Alle	männlich	weiblich
Dauer in Jahren	(271)	(78)	(173)
bis zu 1 Jahr	23	(35)	18
2 bis 4 Jahre	45	(41)	47
5 bis 15 Jahre	32	(24)	35
	100	(100)	100

	Erwachsene '84 (45–54 Jahre)		
	Alle	männlich	weiblich
Dauer in Jahren	(170)	(41)	(129)
bis zu 1 Jahr	9	(20)	5
2 bis 4 Jahre	51	(49)	52
5 bis 15 Jahre	40	(32)	43
	100	(101)	100

Jugendliche: Frage 23 a,b
Erwachsene: Frage 27 a,b

Tagebuchschreiberinnen schreiben durchschnittlich länger als Tagebuchschreiber. Die Differenz ist für beide Generationen gültig —

wiederum ein Beleg für die Bedeutung dieser kulturellen Formtradition für die weibliche Sozialisation.

Die für unsere beiden Vergleichsgenerationen gewonnenen Ergebnisse lassen sich in die Vergangenheit hinein verlängern. Für jugendliche Tagebuchschreiber der Jahrgänge 1870 bis 1915 ermittelte Charlotte Bühler recht gleichartige Unterschiede zwischen männlichen und weiblichen Schreibenden. Wir müssen bei den folgenden Zitaten allerdings berücksichtigen, daß es sich bei den Vergleichsangaben der Jahrhundertwende um eine Auszählung von Tagebüchern der Sammlung des Wiener Psychologischen Instituts, nicht um befragte Tagebuchschreibende handelt. Zudem basieren die älteren Angaben auf der Auszählung einer kleinen Anzahl von Diarien (26 Mädchen- und 19 Knabentagebücher). Charlotte Bühler charakterisiert die geschlechtsspezifischen Unterschiede damals so (1929/1975, 44f):

„Im Mittel fangen Knaben etwa mit dem 15., Mädchen mit dem 14. Geburtstag zu schreiben an; die Streuung bei beiden um diesen Durchschnitt ist allerdings recht groß. Anders steht es mit dem Ende der Tagebuchperiode ... die Mädchen hören im Durchschnitt auch später zu schreiben auf, sie schreiben im allgemeinen länger ... Und zwar schließen Knaben im Durchschnitt mit 18 1/2 Jahren, Mädchen etwa am 19. Geburtstag. Das gibt immerhin einen beträchtlichen Unterschied in der Lebensdauer, die sich für ein Knabentagebuch im Mittel mit 2 1/2 Jahren, bei Mädchen mit 4 Jahren errechnet."

Die Tagebuchschreiber der Erwachsenengeneration schreiben laut eigenen Angaben länger als die der Jugendgeneration. Es ist schwer zu entscheiden, welche Rolle hierbei die längere Lebenszeit spielt. Rund ein Viertel der Erwachsenen schrieb über das Jugendalter hinweg Tagebuch. Bei den 21-24jährigen nähert sich die durchschnittliche Dauer des Tagebuchschreibens den Werten der Erwachsenen bereits an.

11. TAGEBUCHSCHREIBENDE JUNGEN UND MÄDCHEN. EIN DOPPELPORTRÄT

„Erfahrungsgemäß müssen wir immer wieder betonen, daß das Tagebuchschreiben, das Dichten, das Buchlesen nicht mehr generelle Bedeutung hat." F. Giese: Das freie literarische Schaffen bei Kindern und Jugendlichen, 1928, 259)
„Das Tagebuchschreiben verliert sich mehr und mehr." (H.H. Muchow: Jugend im Wandel (1953, 14))

Zwei Umfragen — eine Gruppe

	Jugend '81 (15-24 J.)	Jugend '84 (15-24 J.)	
	Es „führen ein Tagebuch"	Es „schreiben Tagebuch"	
sehr oft	5%	5%	sehr häufig
oft	9%	6%	häufig
selten	15%	16%	gelegentlich
nie	72%	72%	nie
	101% (n = 1077)	99% (n = 1472)	

Nach dem Tagebuch wurden Jugendliche in beiden Studien, 1981 und 1984, gefragt. Es liegt nahe, die Ergebnisse aus den Umfragen zusammenzufassen, zumal im Bericht Jugend '81 auf diese biographische Schreibpraxis nicht detailliert eingegangen wurde (Zinnecker 1982 b, 436-444). Die Voraussetzung ist gegeben: Tagebuchschreibende Jugendliche 1981 und 1984 weisen nahezu identische soziodemographische Merkmale auf (Tabelle 52). Das heißt, strukturelle Hintergrundsdaten wie Geschlecht, Alter, sozialer Status, Herkunft usw. unterscheiden sich nicht. Dieser Umstand stellt ein beachtenswertes Ergebnis dar, das das Vertrauen in die Zuverlässigkeit unserer Erhebung zur jugendlichen Schreibkultur empirisch stärkt. Und: der Umstand weitgehend gleicher Gruppenzusammensetzung läßt sich zu einem Doppelporträt nutzten, das Befunde aus beiden Studien zu einem Gesamtbild tagebuchschreibender Jugendlicher zusammenfaßt.

Sofern gleiche oder ähnliche Fragen 1981 und 1984 gestellt wurden, können wir die Verläßlichkeit von Merkmalen der Tagebuch-

Tabelle 52: Tagebuchschreibende Jugend '81 – Jugend '84. Vergleich soziodemografischer Merkmale – Angaben in Prozent –

		Tagebuchschreibende Jugend '81	Tagebuchschreibende Jugend '84
Alle Jugendlichen		29	28
Geschlecht	Jungen	13	11
	Mädchen	45	45
Alter	15 bis 17 Jahre	34	41
	18 bis 20 Jahre	29	23
	21 bis 24 Jahre	23	22
Schulabschluß (angestrebt bzw. erreicht)	Hauptschule	24	22
	Realschule	29	28
	Gymnasium	35	35
Soziale Schicht (nach Beruf des Vaters):	Unterschicht	21	
	Mittelschicht	34	?
	obere Mittelschicht	34	
Erwerbstätiger	(insgesamt)	20	22
	Angestellter	25	24
	Arbeiter	16	15
Lehrling	kaufmännischer	29	30
	gewerblicher	21	24
Schüler	Hauptschule	33	38
	Realschule	41	36
	Gymnasium	42	40
Student (FHS, Uni)		29	29
Familienstand	ledig	29	29
	Zusammenleben mit festem Partner	20	25
	verheiratet	12	12

1981: „ein Tagebuch führen". Kriterium: sehr oft / oft / selten
1984: „Tagebuch schreiben". Kriterium: sehr häufig / häufig / gelegentlich

Lesebeispiel: Von allen Jungen schreiben 1981 13% und 1984 11% Tagebuch.

schreiber abschätzen; ansonsten vergrößert sich der Fundus empirischer Zusammenhänge um Fragen, die nur 1981 oder nur 1984 zur Sprache kamen.

Ein ‚Doppelporträt' wird in diesem Kapitel noch in anderer Hinsicht gezeichnet: Wir vergleichen tagebuchschreibende Jungen und Mädchen. Aus der Jugendstudie '81 wie aus der Literatur zum Tagebuch in der Adoleszenz wissen wir um den geschlechtsspezifischen Charakter dieser alltagskulturellen Tätigkeit (siehe oben). Tagebuchschreiben bedeutet anderes im weiblichen und männlichen Lebens- und Biographiezusammenhang; die Gruppen der Schreibenden sind distinkt.

Wie wir oben zeigten, stellt Tagebuchführen in gewisser Weise eine exklusiv weibliche Tätigkeitsform dar. Während knapp die Hälfte (45%) weiblicher Jugendlicher aktuell schreibt — und viele weitere in der Vergangenheit einmal geschrieben haben —, ist der Anteil männlicher Jugendlicher mit 13% (1981) bzw. 11% (1984) gering. Das hat zur Folge, daß die absoluten Zahlen der Tagebuchschreibenden bei Jungen/jungen Männern etwas gering ausfallen.

	Jugend '81 Geschlecht		Jugend '84 Geschlecht	
	männlich	weiblich	männlich	weiblich
Tagebuchschreibende	(1) n = 73	(2) n = 229	(1) n = 77	(2) n = 335
Nicht Schreibende	(3) n = 489	(4) n = 282	(3) n = 648	(4) n = 412
Gesamt	n = 562	n = 511	n = 725	n = 747

Die geringe Anzahl von 73 bzw. 77 tagebuchschreibenden Jungen läßt es wünschenswert erscheinen, bei Bedarf auf beide Stichproben zurückzugreifen, um zu vertrauenswürdigen Aussagen zu gelangen.

Eine Vervielfachung der Vergleichsgruppen erhalten wir, wenn wir das Alter einbeziehen. Jüngere (15-19 Jahre) und ältere (20-24 Jahre) Tagebuchschreibende, nach Geschlecht unterschieden, öffnen einen Zugang zu einer Vielzahl von Besonderheiten schreibender Teilgruppen. Das Schema der acht Vergleichsgruppen:

Jugend '84 (15-24 Jahre)								
Geschlecht	Männliche Jugendliche				Weibliche Jugendliche			
Alter	15-19 Jahre		20-24 Jahre		15-19 Jahre		20-24 Jahre	
Tagebuch	Ja n = 38	Nein n = 299	Ja n = 39	Nein n = 349	Ja n = 205	Nein n = 180	Ja n = 130	Nein n = 232
	(1)	(2)	(3)	(4)	(5)	(6)	(7)	(8)

Das Problem, daß die Teilgruppen männlicher Tagebuchschreiber jeweils sehr klein ausfallen, sollten wir bei den folgenden Ausführungen nicht aus den Augen verlieren. Um die Darstellung zu entlasten, wird vielfach auf den Einzelnachweis von (Prozent)Zahlen in diesem Text verzichtet. Er erschien uns wichtiger, ein lebendiges Porträt tagebuchschreibender Jugendlicher zu zeichnen und dabei gewissen jugendtheoretischen Überlegungen den ihnen gebührenden Platz zukommen zu lassen.

Mädchen — engagiertere Schreiberinnen?

In der Umfrage '84 erweisen sich Schreiberinnen als die engagierteren, gemessen an der Häufigkeit der Eintragungen. Nach eigener Einschätzung schreiben nämlich

	Tagebuchschreiber	Tagebuchschreiberinnen
sehr häufig	(10%)	20%
häufig	(16%)	24%
gelegentlich	(74%)	55%
	100%	100%

Zur Vorsicht mahnt hier allerdings das Ergebnis der Umfrage '81, wo der Vorsprung der Schreiberinnen hauchdünn ist.

Die Regelmäßigkeit des Schreibens ist kein bedeutungsleeres Datum. Zur kulturellen Norm des Tagebuchschreibens gehört ja die Pflichterfüllung; das befriedigende Gefühl, zu einer regelmäßigen Lebensberichterstattung befähigt zu sein — eine Leistung, auf die nicht wenige Jugendliche in diesem wie in anderen Lebensbereichen Wert legen (Bernfeld 1931/1978).

Wir können nicht feststellen, daß Tagebuchschreiber generell weniger als Tagebuchschreiberinnen mit Schreibtätigkeit befaßt sind. Beide Seiten unterscheiden sich von anderen Jugendlichen ja, wie oben bereits eingehend besprochen, durch ihr zeitlich intensives Engagement in Schreibaktivitäten aller Art. Unterschiede ergeben sich erst, wenn wir die jeweiligen Formtraditionen mit bedenken. Männliche Tagebuchschreiber stützen sich vermehrt auf das Verfassen persönlicher Aufsätze und lyrische Produktionen. Schreiberinnen pflegen vermehrt den persönlichen Briefverkehr. (Vgl. weiter oben die Aufschlüsselung des Zusammenhangs zwischen Tagebuch und anderen Schreibtraditionen nach Alter und Geschlecht.)

Sammler und Buchhalter

Bei einer Durchmusterung der literarischen Formtraditionen, die ins (Jugend-)Tagebuch einfließen, stößt der Tagebuch- und Jugendforscher S. Bernfeld auf den Charakter dieser Schreibform als Sammlung (1931/78,7ff). ,,Das Motiv sich Andenken durch das Tagebuchschreiben herzustellen oder zu sammeln, wird sehr häufig von den Tagebüchlern ausdrücklich erwähnt. ... Tagebücher ... erscheinen in dieser Hinsicht als Entwicklungsprodukte, als Transformationen oder Variationen, als Spezialisierungen oder Differenzierungen der kindlichen Sammlungen. Eine besonders enge Verwandtschaft hat eine Gruppe von Sammlungen zum Tagebuch, die man geradezu als ‚autobiographische' Sammlungen bezeichnen könnte: die Sammlung von Andenken, Fetischen, Reliquien.'' (17f)

Die Umfrage '81 bestätigt die vor fünfzig Jahren — aufgrund der Inhalts- und Formanalyse des Tagebuchmaterials — gewonnene Auffassung. Tagebuchschreibende, Jungen wie Mädchen, zeichnen sich vor Nichtschreibenden dadurch aus, daß sie häufiger ,,Spaß daran'' haben, ,,verschiedene Dinge zu sammeln''. Unter den Sammelnden sind Tagebuchschreibende aktiver als Nichtschreibende; das heißt, sie tragen durchschnittlich mehr Dinge als diese zusammen.

Bei den Jungen sammeln Tagebuchschreiber mehr als andere: Erinnerungsphotos (Urlaub; Bekannte); Briefmarken; Bücher; ,,Erfahrungen'' (!); Zeitschriften; Bilder/Zeichnungen; Liedtexte/Gedichte. Bei den Mädchen sammeln sie mehr als andere: Erinnerungsphotos; Pflanzen; Briefe (Liebesbriefe); Krimskrams; Schmuck; Andenken; Liedtexte/Gedichte.

Der biografische Erinnerungswert vieler der aufgeführten Sammelgegenstände ist unübersehbar. So, wenn Photos, die an Urlaubstage oder an alte Bekannte erinnern, aufgehoben werden; oder wenn Briefe von Brieffreunden beiseite gelegt werden. Bei männlichen Jugendlichen läßt sich literarisch-künstlerisch Ambition hinter der Auswahl der Sammelgegenstände erkennen. Die biografische Verfeinerung des Sammelmotivs bei männlichen Schreibenden: „Erfahrungen" zusammenzutragen.

Es ist nicht schwer vorzustellen, daß einige der angeführten Sammelgegenstände an die Kunstform des Tagebuches angepaßt werden und so bearbeitet ins Diarium wandern. Eine eigene kleinere Erhebung unter einer sehr speziellen Gruppe von Tagebuchschreibenden — sechzig zumeist weibliche Studierende der Sozialpädagogik aus Marburg/L. — belegt die große Beliebtheit, die eine „Ausschmückung" der Schreibtexte mit erinnerungsbesetzten Objekten genießt.

Noch eine weitere Vorform des Tagebuches, die S. Bernfeld nachdrücklich betont, läßt sich durch die Umfrage '81 einfangen. Gemeint sind die verschiedenen Formen der Buchhaltung über das eigene Leben, Notizbücher, Kalender usw. Die entsprechende Frage im Interview lautete: „Schreibst Du Deine Verabredungen auf (z.B. in einem Kalender)?"

	Tagebuch-schreibende	Nicht-Tagebuch-schreibende
immer	16%	12%
gelegentlich	51%	34%
nie	33%	54%
	100%	100%

Tagebuchschreibende notieren Verabredungen häufiger als Nichtschreibende. Das gilt bei Jungen wie bei Mädchen. Bei dem Aufschreiben handelt es sich ja nicht lediglich um eine Rationalisierung der persönlichen Lebensführung. Die Rechenhaftigkeit des eigenen Lebens ist nur die eine Seite. Zum anderen will bedacht sein, daß Eintragungen in Kalender auch der Erinnerung dienen, also Teil der Sammlung biografischer Lebensspuren sind.

Kulturelles Ambiente

Tagebuchschreibende leben in einem ästhetisch geprägten Lebensraum. Mehr als andere Jugendliche bringen sie sich in Alltag und freier Zeit mit Kunst und Literatur handelnd in Berührung. Kulturell geprägt ist bereits die Erinnerung an die kindliche Spielwelt. Lesen, Malen, Singen beanspruchen größeren Raum als bei anderen Kindern; hinzu kommen — allerdings nur bei männlichen

Schreibern — die Erfindung von Spielen, das Selberbasteln von Spielsachen.

Was die Gegenwart der Tagebuchschreibenden betrifft:

Je intensiver die Tagebuchpraxis, um so häufiger spielen Jugendliche (wenigstens) ein Musikinstrument. Ältere Tagebuchschreibende unterscheiden sich deutlich in diesem Punkt von Altersgenossen, jüngere nur wenig. Ein Musikinstrument, dem Schlüsselbedeutung zukommt, ist die Blockflöte. Sie ruft die familiale Mitgift (Kindheit) der Tagebuchschreibenden ins Gedächtnis — und auch die Symbiose kultureller Tätigkeit mit tradierter Weiblichkeit. Ein zweites Instrument, vergleichbar mit der kulturellen Wertigkeit bürgerlicher Kindheit belastet, ist das Klavier. Auch hier sind Tagebuchschreibende besonders zahlreich engagiert.

Aufschlußreich bei männlichen Tagebuchschreibenden ist, welche weiteren Musikinstrumente die jeweiligen Altersgruppen bevorzugen. Für die 15-19jährigen Schreiber sind es Orgel/Heimorgel und besondere Schlaginstrumente — vielleicht als Stichworte zur jugendkulturellen Ausrichtung dieser Gruppe zu lesen. Bei den 20-24jährigen Tagebuchschreibern sind die charakteristischen Instumente: Folk-Gitarre (nicht E-Gitarre) und Mundharmonika. Besonders bei letzterem denkt man an privates Lerninteresse (alternativ) und an persönliche Improvisationen, die das Instrument nahelegt.

Künstlerische Praxen — zeichnen, malen, musizieren — haben für Tagebuchschreibende auch in der Jugendzeit — allerdings erst in der späteren Adoleszenz — die Bedeutung von favorisierten Beschäftigungen in freier Zeit. (15-19jährige Tagebuch-Jugendliche unterscheiden sich nicht von ihren Altersgenossen.)

Künstlerisch-literarische Ambitionen verraten in erster Linie die tagebuchschreibenden Jungen. Einige Indizien sind:

— sie geben häufiger an, in jugendlichen Musikgruppen zu spielen;
— sie interessieren sich auffallend häufiger fürs Fotografieren;
— sie assoziieren sich Gleichaltrigengruppen, in denen kulturelle Tätigkeiten (Musik; Theater u.ä.) im Mittelpunkt des Gruppeninteresses stehen (27% gegenüber 10% Gruppen bei nichtschreibenden Jungen);
— sie ,,vergraben" sich mehr als andere männliche Jugendliche in ,,Liebhabereien" (49% zu 34%);
— die 20-24jährigen männlichen Schreibenden sind die Gruppe, die auffällig oft das Fach Deutsch zum Lieblingsfachgebiet erklärt.

Die ästhetisch-kulturelle Orientierung der Tagebuchschreibenden zieht einen weiten Umkreis in die verschiedenen Lebensäußerungen hinein. Beispielsweise finden wir die Grundorientierung in dem außerordentlichen Interesse wieder, das Tagebuchschreibende kunstgemäßen Körpertechniken wie Aerobic, Gesellschaftstänze u.ä. entgegenbringen.

Biografisch reflektieren

Tagebuchschreiben ist für die meisten Jugendlichen Teil biografischer Reflexionstätigkeit. Tagebuchschreibende betreiben biografisches Nachdenken noch auf vielfältig andere Weise. Tagebuchschreiben ist eingebettet in eine erhöhte Aufmerksamkeit für Fragen der eigenen Identität und Lebensgeschichte. Das Bild des einsam vor sich hin grübelnden Jugendlichen wäre in bezug auf die Gruppe der Tagebuchschreibenden falsch. Wir müssen berücksichtigen, daß Tagebuchschreibende sich mehr als Nichtschreibende auch mit Freunden und Freundinnen über ihre Lebensprobleme verständigen. Oder auch: das solipsistische Tagebuchschreiben geht bei relativ vielen mit intensiven brieflichen Kontakten zu Brieffreunden einher. Besonders bei männlichen Tagebuchschreibern ist ein gesteigertes biografisches Tätigsein zu notieren. Sie lesen mehr als andere männliche Jugendliche ,,Leserbriefe zu persönlichen Fragen in Zeitschriften, um daraus etwas für sich zu lernen''; sie lernen vermehrt ,,Lebensgeschichten von anderen Menschen in Filmen, Büchern kennen''; ja sie greifen sogar vermehrt auf Horoskope zurück, ,,um für sich ein paar Anregungen zu bekommen''.

Träumer und Traumorte

Die Bedeutung der Phantasie wird von den Tagebuchschreibenden mehr als von anderen Jugendlichen geschätzt, und zwar unabhängig von Alter und Geschlecht der Schreibenden (Skala ,,Träumen''). Die Wertschätzung des Träumens und der Phantasie nimmt mit der Intensität des Tagebuchschreibens noch zu. Jugendliche, die häufig/sehr häufig Tagebuch führen, stimmen den Einschätzungen der Skala am stärksten zu. Tagebuchschreibende der späten Adoleszenz, Männer wie Frauen, weisen Einstellungssätze sehr deutlich zurück, die ihnen eine Einfügung ins Gegebene nahelegen wollen (Skala ,,Anpassung''). Eine vorschnelle ,Realistik' der Lebensziele und Handlungsmotive paßt denn auch schlecht zu den Parolen der ,,Träume''-Skala, die einen offenen, erprobenden Handlungshorizont nahelegt. Utopien und Wunschträume spielen besonders bei (männlichen) Tagebuchschreibenden eine größere Rolle, wenn sie daran denken, was sie in ihrem Leben persönlich gern vollbringen möchten. Manche von ihnen träumen narzißtisch besetze Träume vom Unmöglichen.

Tagebuchschreibende pflegen mehr als andere Entspannungstechniken, allerdings nach Alter und Geschlecht differenziert. ,,In den Garten gehen/in die Natur gehen" wird von allen mehr als von anderen Jugendlichen angegeben. Jungen zwischen 15 und 19 ,,verträumen einen Teil des Tages" häufiger. Bei den 15-19jährigen Tagebuchschreiberinnen ist es das ,,Sich-was-Neues-Kaufen", das einen Unterschied markiert. ,,Entspannungstechniken" und ,,Flips" zusammen, also ein Aussetzen von Zwängen und Pflichten des Alltagshandelns, werden vermehrt von männlichen Tagebuchschreibenden gepflogen.

Tagebuchschreiber, besonders Jungen, neigen zu Traumorten, die Alternativträume zur Zivilisation darstellen. So: ,,ein einsames Blockhaus am Wald", ,,ein Bauernhof vor 100 Jahren", ,,ein Fischerdorf, wo man mit den Nachbarn lebt, ganz ohne Industrie." Seltener als bei Nichtschreibenden kommt die Phantasie von einer ,,Traumvilla" ins Spiel, ,,wo jeder Luxus möglich ist." Diese Orte sind für viele Schreibende nicht mit ihren konsumkritischen Idealen vereinbar. Eine Minderheit der tagebuchschreibenden Jungen hängt mehr als andere Jungen dem Traum an, einen Ort jenseits der Menschenwelt einzunehmen: ,,Sehr gern" wollen 18% ,,auf einem Raumschiff oder einem Planeten im Weltall" sein — eine Vorstellung, die bei tagebuchschreibenden Mädchen — wie bei Mädchen überhaupt — übrigens nahezu nicht vorkommt.

Soziokulturelle Mitgift

In welchem Umfang intensive Schreibtätigkeit sich kulturellem Kapital als Mitgift verdankt, wurde weiter oben im einzelnen ausgeführt und belegt. Tagebuchschreibende machen hier gegenüber anderen Gruppen von Schreibenden keine Ausnahme. Charakteristisch für die Gruppe Tagebuch ist, daß das kulturelle Kapital sich insbesondere bei männlichen Tagebuchschreibenden bemerkbar macht. Für Mädchen und junge Frauen ist die Bedeutung von sozialer Klasse und Schicht zugunsten der sozialen Tatsache: Geschlechtszugehörigkeit abgeschwächt.

Ein Maßstab für überliefertes kulturelles Kapital ist das Niveau der väterlichen Berufstätigkeit. In Tabelle 53 sind die Väterberufe in drei Niveaugruppen aufgeteilt und entsprechend einem sozialen Schichtungsmodell zugeordnet. Es zeigt sich, daß der statistische

Tabelle 53: Anteil der Tagebuchschreibenden nach Niveau der väterlichen Berufstätigkeit (Jugend '81)

	Tagebuchschreibende Alle	männlich	weiblich
,,Unterschicht" (ausführende Angestellte; ungelernte Arbeiter; angelernte Arbeiter; Facharbeiter)	21%	7%	37%
,,Mittelschicht" (kleine Selbständige; qualifizierte Angestellte; untere Beamte; mittlere Beamte; selbständige Landwirte)	34%	20%	49%
,,Obere Mittelschicht" (mittlere u. größere Selbständige; leitende Angestellte; höhere Beamte; freie Berufe; selbständige Akademiker)	33%	15%	51%

Tabelle 54: Anteil der Jugendlichen mit gehobenem Schulniveau des Elternhauses nach Geschlecht und Alter (Jugend '84)

	Tagebuchschreibende	Prozentabstand gegenüber Nichtschreibenden
15-19jährige/weiblich	18%	+ 3%
20-24jährige/weiblich	22%	+ 6%
15-19jährige/männlich	29%	+14%
20-24jährige/männlich	36%	+22%

Lesebeispiel: 18% der 15-19jährigen Schreiberinnen kommen aus einem Elternhaus mit gehobenem Schulniveau im Vergleich zu 15% der entsprechenden Nichtschreiberinnen.

,,Sprung" zwischen ,,Unterschicht" und ,,Mittelschicht" liegt. Bei Kindern von Arbeitern und kleinen Angestelten finden wir vergleichsweise wenig Tagebuchschreibende, wenn wir die Anteile in ,,Mittelschicht" und ,,Obere Mittelschicht" dagegenhalten.

Ein weiterer Maßstab: Das vom Elternhaus repräsentierte Bildungsniveau. Greifen wir nur Befragte heraus, deren Eltern ein gehobenes Schulniveau aufzuweisen vermögen. Es zeigt sich, daß der Anteil der Jugendlichen, deren Eltern diesem Kriterium entsprechen, bei Tagebuchschreibenden erheblich höher ist. Die Unterschiede sind am geringsten bei 15-19jährigen und bei weiblichen Schreibenden. Die stärksten Bildungsunterschiede zu ihren Gunsten können aufweisen: 20-24jährige männliche Tagebuchschreiber (Tabelle 54).

Wie sehen die Prozentanteile aus, wenn wir bereits erreichte Schulabschlüsse von Tagebuchschreibenden zugrundelegen? Für die Umfrage '81 ergeben sich folgende Anteile.

Es schreiben Tagebuch ...

männliche Jugendliche	
... mit Hauptschulabschluß	10%
... mit Realschulabschluß	18%
... mit Abitur/Hochschulreife	14%
weibliche Jugendliche	
... mit Hauptschulabschluß	40%
... mit Realschulabschluß	39%
... mit Abitur/Hochschulreife	46%

Die Aufstellung demonstriert die überragende Bedeutung der Geschlechtszugehörigkeit gegenüber der begrenzten Wirksamkeit des selbsterworbenen Bildungskapitals der Jugendlichen.

Eine andere Aufgliederung — jetzt anhand von Daten der Erhebung '84 — verdeutlicht jedoch, daß das selbsterworbene Bildungskapital (ausgedrückt im angestrebten oder bereits erreichten Abitur, eventuell mit zusätzlicher Hochschulbildung) in einzelnen soziodemografischen Teilgruppen eine außerordentliche Bedeutung erhält. Für männliche Jugendliche zwischen 20 und 24 Jahren stellt die Perspektive Abitur/Hochschule nahezu eine conditio sine qua non für die Teilhabe an der Tagebuchpraxis dar. Bei Jüngeren und bei weiblichen Jugendlichen fällt dem Bildungskapital eine — verglichen hiermit — eingeschränkte Rolle zu.

Über Abitur / Hochschulbildung verfügen bzw. streben an:

	Tagebuchschreibende	Prozentabstand gegenüber Nichtschreibendenden
15-19jährige / weiblich	32%	+ 6%
15-19jährige / männlich	32%	+ 13%
20-24jährige / weiblich	36%	+ 14%
20-24jährige / männlich	56%	+ 28%

Die kulturelle Mitgift der Tagebuchschreibenden äußert sich u.a. auch in überlieferten Kulturtechniken und kulturellen Institutionen, die im Rahmen bürgerlich-familiärer Kinder- und Jugenderziehung — als Teil von deren ‚Gesellschaftsfähigkeit' — weitervermittelt werden: Tanzstunde und Gesellschaftstanz, kirchlich-rituelle Praktiken; Musikinstument(e) spielen (die Klavierstunde, der Blockflötenunterrricht); Einübung bestimmter Sportarten u.a.

‚Kulturpubertät' — Ein Bild der Sublimierung und Askese?

Kulturell produktive Jugendliche — Schreibende an erster Stelle — gehören bekanntlich zur Modellvorstellung von Jugend, die seitens der deutschen Jugendforschung (Ch. Bühler, E. Spranger und andere) in den zwanziger Jahren entworfen wurde. In manchen Punkten stimmt das aktuelle Bild schreibender Jugendlicher, das wir empirisch ermittelt haben, gut mit den älteren Vorstellungen einer ‚Kulturpubertät' überein. In einem Punkt allerdings stoßen wir auf unterschiedliche Ergebnisse. Schreibende Jugendliche '84 entsprechen keinesfalls dem Bild einer von Sublimierung geprägten Pubertät, wie die ältere Entwicklungspsychologie (Spranger 1924) oder Psychoanalyse (A. Freud 1936) dies verstand. Kulturelles Tätigsein in der Pubertät entspringt danach einer Abwehrtätigkeit des Ich gegen die aufbrechende Triebdynamik, insbesondere auch sexuelle Impulse.

Natürlich ist es nicht möglich, psychodynamische Theorien im Rahmen von Umfrageforschung auf ihre empirische Stichhaltigkeit hin zu prüfen. Gleichwohl ist mitteilenswert, daß wir bei der Gruppe schreibender Jugendlicher keine Tendenz fanden, mehr als andere Jugendliche kulturelle Ziele und Tätigkeitsformen an die Stelle z.B. sexueller Wunscherfüllung zu setzen. Im Gegenteil: Mehr schreibende Jungen als nichtschreibende berichten von frühen sexuellen Erfahrungen mit Mädchen. Bei sexuellen Kontakten bis zum Alter von 14 Jahren z.B. variieren die Angaben zwischen: 18% bei Nichtschreibenden und 33% bei intensiv Schreibenden. Bei Mädchen finden wir keine entsprechende Differenzen. (Zwischen 15% und 19% geben an: bis zum Alter von 14 Jahren sexuelle Erfahrungen mit Jungen.)

Genauer aufgeschlüsselt, nur für die jüngeren Tagebuchschreibenden unter Jungen (15-19 Jahre): Es geben als Jahr erster sexueller Erfahrungen mit Mädchen an:

	Schreiber	Nichtschreiber
bis 14 Jahre	29%	19%
mit 15 Jahren	24%	17%
16 Jahre und später	21%	31%
(noch) nicht erlebt	26%	30%
	100%	97%

Auch bei den 15-19jährigen gilt: Junge Tagebuchschreiberinnen unterscheiden sich nicht wesentlich von gleichaltrigen Mädchen.

Die geringe Askese- und Sublimierungsneigung der 15-19jährigen (männlichen) Tagebuchschreiber äußert sich ganz allgemein in der — im Vergleich zu anderen Jugendlichen — häufigeren Hingabe an alle möglichen Entdeckungen und Vergnügungen, die erotisch-sexuelle Beziehungen zum andern Geschlecht und darauf aufbauende Freizeitaktivitäten verheißen. Tanzen, Flirten, Ausgehen, mit der Freundin zusammen sein, unterwegs sein (Reise), den Körper sportiv erproben — zusammengenommen also das Bild einer aktionsbezogenen, erlebnishungrigen, frühen Adoleszenz. Dazu passen Details wie die folgenden, die für Mädchen und Jungen gelten: Jüngere Tagebuchschreibende nahmen früher und häufiger an einem (ersten) Tanzkurs teil; sie erinnern häufiger Doktorspiele aus der Kindheit.

Die Tagebuchschreibenden sind früher als mancher Altersgleiche unabhängig vom Elternhaus geworden. Die biographische Tiefendimension, wie und warum es dazu kam, entzieht sich der Umfrage. Was wir aber beschreiben können, ist die handlungspraktische Konsequenz, die die jungen Tagebuchschreiber daraus gezogen haben. Sie erprobten vermehrt den Umgang mit der von Eltern und Erwachsenen separierten Welt der persönlichen Liebe und der konsumptiven Vergnügen innerhalb der Gleichaltrigengesellschaft.

Frühes Ende der Kindheit

Wir fanden bei den tagebuchschreibenden Jugendlichen eine charakteristische Tendenz, biographische Stationen des Übergangs von der Kindheit in die Adoleszenz lebensgeschichtlich relativ früh anzusteuern. Dies zeigte sich plastisch bei der Untersuchung biographischer Fixpunkte in der Jugendstudie '81. Frühes Ende der Kindheit und intensive Tagebuchtätigkeit sind miteinander verknüpft (Skala Ende der Kindheit). Jugendliche, die überdurchschnittlich früh psychologische, soziokulturelle Verselbständigung zum ersten Mal erfahren, schreiben häufiger Tagebuch (und auch

Tabelle 55: Tagebuchschreiben und frühes Ende der Kindheit (nach Geschlecht) — Jugend '81 —
Durchschnittsalter, zu dem biografische Erfahrungen zum erstenmal gemacht wurden

(Mittelwerte in Jahren)	Tagebuch Jungen		Tagebuch Mädchen	
Biografische Fixpunkte	Ja (n=73)	Nein (n=489)	Ja (n=229)	Nein (n=282)
zum ersten Mal sehr verliebt sein	14,3	15,5	14,7	15,1
selbst bestimmen, wie man aussehen will	15,1	15,6	15,0	15,0
selbst sexuelle Erfahrungen mit Jungen/Mädchen machen	15,5	15,9	15,7	16,0
Weggehen und heimkommen, wann man will	16,2	16,5	17,1	17,1
Zum ersten Mal auf eigene Faust eine Urlaubsreise machen	16,2	16,7	16,1	16,7
Größere Anschaffungen selbst bestimmen und aussuchen	16,4	16,9	16,6	17,5

(Frage 18).
Die ausgewählten sechs Fixpunkte sind identisch mit der Skala ,,Ende der Kindheit''. 90 und mehr Prozent der Befragten datierten die jeweiligen Ereignisse.

Ergänzende Fixpunkte zum Ende der Kindheit (hier verweigerte ein höherer Prozentsatz der Befragten die Datierung bzw. hatte ihn noch nicht erreicht):

	Tagebuch Jungen		Tagebuch Mädchen	
	Ja	Nein	Ja	Nein
(Mittelwerte in Jahren) n:	(73)	(489)	(229)	(282)
Von den meisten Leuten mit ,Sie' angesprochen werden	16,7	17,0	16,5	16,8
Aus dem Elternhaus ausziehen	18,7	19,2	18,2	18,9
Eine Lebensversicherung abschließen	17,9	18,2	17,9	18,6
Gegenüber Vorgesetzten seinen Standpunkt vertreten können	17,0	17,5	16,5	17,7
Mir muß niemand mehr über die Schulter gucken	16,9	17,3	16,4	17,3

Aufsätze/Gedichte oder Briefe) als Jugendliche, die später diese Verselbständigung erreichen.

Tabelle 55 verdeutlicht, daß Tagebuchschreibende viele der biografischen Fixpunkte, die eine psychologische und kulturelle Verselbständigung des Jugendlichen signalisieren, um durchschnittlich ein halbes, ein ganzes Jahr früher als Nichtschreibende erreicht haben.

Die lebensgeschichtlich frühe Freisetzung der Tagebuchschreibenden bestätigt sich auf der Ebene von altersbezogenen Normen. Die älteren Tagebuchschreibenden haben in einigen Punkten andere Altersnormen als die Vergleichsgruppe. In jedem dieser Fälle wollen sie — durchschnittlich um ein Jahr — Jugendlichen früher zu biographischen Erfahrungen verhelfen: erste sexuelle Erfahrungen (das wollen nur die Männer); größere Anschaffungen selbst bestimmen und aussuchen (nur junge Frauen); selbst bestimmen dürfen, wie man aussehen will (beide).

Ein solches Ergebnis stimmt zwar nicht gut mit der Sublimierungsthese im engeren Sinn überein; wohl aber läßt sich eine Verbindungslinie zur allgemeinen Theorie der Pubertät ziehen, wie sie im Rahmen psychoanalytischer Entwicklungspsychologie konzipiert wurde. Das Ende der Kindheit stellt danach die lebensgeschichtlich relativ gefestigte Persönlichkeitsstruktur, das bewährte Zusammenspiel der Instanzen Ich-Es-Über-Ich in Frage. Die Pubertät macht es notwendig, die Persönlichkeit in einer Weise zu reorganisieren, daß sie den neuartigen Aufgaben — inneren wie äußeren — gewachsen ist. Es stellt sich die Frage, welche Hilfskräfte das kindliche Ich zur Verfügung hat, eine jugendliche Persönlichkeit und eine entsprechende Identität zu entwickeln, insbesondere wenn der lebensgeschichtliche Übergang im Vergleich zu Altersgleichen früh erfolgt. Es liegt nahe, in diesem kritischen Abschnitt u.a. auf die Ressourcen zurückzugreifen, die die überlieferte Schreib- und Lesekultur für solche Zwecke bereitstellt. Im Rahmen eines solchen Gedankenganges läßt sich erklären, warum Jugendliche, denen sich beim Übergang aus der Kindheit früh Probleme der Reorganisation psychischer Strukturen und der Identitätsfindung stellen, mehr als andere zu intensiver privater Schreibtätigkeit neigen.

Unsere Untersuchungsdaten bestätigen eine Beobachtung, die S. Bernfeld (1923/1969, 705) für den Entwicklungstypus der ‚genialen Pubertät' mitteilte. Er wies seinerzeit auf die ‚Frühreife' hin, die manche Jugendzeit von Künstlern und Dichtern kennzeichne.

Theoretisch erläuternd fügte er hinzu: „Wir wundern uns nicht, bei der genialischen Kulturpubertät wenn auch nicht ausnahmslos, doch allgemein eine auffallende Frühreife zu finden. Das heißt, schon die Latenzperiode verläuft ein wenig anders, als schematisch feststeht... Und zwar handelt es sich um Differenzen nach zwei Richtungen. Erstens ist die sexuelle Aktivität in diesem Fall während der Latenzperiode größer als sie sonst zu sein pflegt. Die angenommene narzißtische Kränkung hat also nicht zur völligen Lahmlegung des sexuellen Interesses und der sexuellen Betätigung geführt, sondern zu Weiterführung beider. Aber — und dies bewirkt die Abweichungen in der zweiten Richtung — schon in der Latenzperiode und in der Vorpubertät ist dabei Vermehrung der Ichlibido und Steigerung ihrer Tätigkeit zu bemerken und als Folge der erlebten Einschränkung des Narzißmus die Entwicklung des Idealichs. So daß die eintretende Pubertät bereits mit einem ausgebildeten Idealich zu tun hat..." (S. 765f) (Vgl. zur Erläuterung des psychodynamischen Entwicklungsmodells weiter oben, Kapitel zwei.)

Biografische Krisen?

Wir verfügen über einige — allerdings aufs Ganze gesehen zu wenige — Indikatoren zur Frage, ob die frühere lebensgeschichtliche „Freisetzung" der Tagebuchschreibenden mit biografischen Krisen und Konflikten verbunden ist. Der gewichtigste Befund vielleicht: Von den Jugendlichen, die schon einmal daran gedacht haben, daß sie nicht mehr weiterleben wollen, schreiben 38% Tagebuch. Unter den übrigen, denen ein solcher Gedanke an Freitod fern liegt, befinden sich 25% Tagebuchführende. Ferner: Unter 15-19jährigen Tagebuchschreibenden (Jungen und Mädchen) ist der Anteil derer, die der Einstellungsskala „Selbstentfremdung" des Ich in der Gesellschaft zustimmen, höher als bei anderen Gleichaltrigen. Und schließlich: Tagebuchschreibende berichten von etwas mehr Konfliktpunkten mit ihren Eltern in Kindheit und Jugend als andere Jugendliche. Bei Mädchen wächst mit der Intensität des Schreibens das mitgeteilte Spannungspotential. Die meisten Konflikte geben 20-24jährige Schreiberinnen zu Protokoll. Allerdings gilt in bezug auf das Elternhaus auch: Tagebuchschreiber, Jungen wie Mädchen, haben genau so häufig wie Nichtschreibende den Eindruck, von zu Hause in psychologischer Hinsicht unterstützt zu werden. Es zeigen sich keine Unterschiede bei der Antwort auf die Fragen „Sind deine Eltern für dich da, wenn du mal Probleme hast?" (Mädchen geben dies allgemein etwas häufiger als Jungen an.) Und: „Biegen deine Eltern Sachen wieder gerade, die du verbockt hat?" (In diesem Fall erhalten tagebuchschreibende Mädchen eher mehr Unterstützung als Nichttagebuchschreibende.) Mädchen, die angeben, von den Eltern materiell und psychisch unterstützt zu werden, sind häufiger Tagebuchschreiberinnen. Wer sich materiell und psychisch wenig unterstützt glaubt, der schreibt seltener. Bei Jungen besteht kein entsprechender Zusammenhang.

Gebremstes Engagement fürs Erwachsenwerden

Während Tagebuchschreibende biografische Fixpunkte der Verselbständigung, die den Übertritt vom Status des Kindes zu dem des Adoleszenten anzeigen, früher als andere erreichen, verhält es sich mit dem Übergang ins Erwachsenenalter genau umgekehrt. Später als andere
— verlassen Tagebuchschreibende die Schule;
— schließen Tagebuchschreibende die (erste) Berufsausbildung ab;
— verdienen Tagebuchschreibende genügend Geld, um für sich selbst zu sorgen;
— heiraten Tagebuchschreibende;
— werden Tagebuchschreibende Mutter oder Vater.

Genauer müssen wir sagen: Tagebuchschreibende verzögern die genannten Statuspassagen real; oder sie planen sie für einen späteren Zeitpunkt ein, im Fall daß sie sie noch nicht erreicht haben. Die Vorbehalte und die hintangestellten Bindungen in bezug auf den Erwachsenenstatus äußern sich bei Tagebuchschreibenden noch auf eine andere charakteristische Weise. Bestimmte Stationen der Normalbiografie wollen Schreibende nicht erreichen. Das heißt, sie behalten sich mehr als andere Jugendliche bestimmte Optionen für den Erwachsenenstatus offen. Männliche Tagebuchschreibende ziehen vermehrt für sich in Zweifel: den Wehrdienst; das Image eines „typischen Erwachsenen" bei Jugendlichen; weibliche Tagebuchschreiberinnen wollen häufiger nicht wissen, „wie Jungen /Mädchen eigentlich sind. Beide Gruppen melden vermehrt Vorbehalte an, wenn es um die Frage geht, elterliches Erbe (z.B. Hof, Betrieb usw., soweit dies in Frage kommt) anzutreten.

Beide biografischen Strategien und Erfahrungen zusammengenommen — früheres Ende der Kindheit und stärkeres Zögern beim Erwachsenwerden — ergeben das Bild einer verlängerten Phase der Adoleszenz. Tagebuchschreibende sind vermehrt Anhänger eines ausgedehnten jugendlichen Moratoriums, das eine längere Zeit des relativ eigenverantworteten Experimentierens mit sich und seinem Lebensplan vorsieht.

Sozialer Status: Jugendlicher

Bezogen auf den sozialen Status zum Zeitpunkt der Befragung läßt sich feststellen: Tagebuchschreibende befinden sich zahlreicher als Gleichaltrige in der sozialen Altersgruppe „Jugend". Anhand verschiedener Indikatoren läßt sich dies feststellen. Tagebuchschreiben ist eng an den Schülerstatus geknüpft. Je intensiver das Schreiben, um so größer der Anteil der Schüler (und Studenten.

	Anteil der Schüler/Studenten ...	
Es schreiben Tagebuch	bei männlichen Jugendlichen	bei weiblichen Jugendlichen
sehr häufig/häufig	75%	69%
gelegentlich	67%	61%
nie	53%	49%

Ein anderer Hinweis ergibt sich aus dem Wohnstatus. Tabelle 56 demonstriert, daß der Anteil der Tagebuchschreibenden bei einem bestimmten Typus von Wohnsituation hoch, bei anderen Typen des Wohnens gering ist. Die Reihenfolge — von oben nach unten zu lesen — deutet das Voranschreiten in Richtung Erwachsenenstatus an. Das eindeutigste Ergebnis, das sich der Tabelle entnehmen läßt: Jugendliche, die den Schritt zur Etablierung einer festen Beziehung oder zur Gründung einer eigenen Familie vollzogen haben — und diese Passage durch eigenständigen Wohnraum dokumentieren —, schreiben nur (noch) selten Tagebuch.

Unschwer erkennbar ist, daß die Entscheidung, in einer Wohngemeinschaft zu leben, mit erhöhter Schreibtätigkeit einhergeht. Diese Wohnform signalisiert ein gewisses Interesse am Status des

Tabelle 56: : Anteil der Tagebuchschreibenden nach Wohnsituation und Geschlecht — Jugend '81 —

Wohnsituation	Alle	Jungen	Mädchen
zu Hause in der Herkunftsfamilie	29%	12%	49%
Allein (möbliertes Zimmer/Wohnung)	30%	(20)%	(40)%
Wohngemeinschaft	(47)%	(23)%	(66)%
Wohnung mit festem Partner/selbst gegründeter Familie	15%	(4)%	(23)%

soziokulturellen jugendlichen Moratoriums. In gleicher Richtung, jedoch nicht eindeutig, ist der Status der Alleinwohnenden bestimmbar. In diesem Fall ist nur bei männlichen Jugendlichen ein erhöhter Anteil von Tagebuchschreibern — gegenüber der Wohnsituation in der Herkunftfamilie — auszumachen.

Verlässlicher werden unsere Aussagen, wenn wir die beiden besprochenen Aspekte des soziologischen Jugendstatus miteinander kombinieren. In der folgenden Aufstellung ist dies geschehen, wobei die Anordnung — von oben nach unten gelesen — wiederum eine Stufenleiter im Sinne der Normalbiografie darstellt. Der obere Status ist der Kindheit am nächsten, der untere dem Erwachsensein. Der Anteil der Tagebuchschreiber in den jeweiligen Statuskombinationen beträgt:

... bei Jugendlichen mit den Statusmerkmalen	Jugend '81 alle	männlich	weiblich
Zu Hause im Elternhaus und Schüler/Student/Auszubildender	38%	16%	58%
Nicht zu Hause und Schüler/Student/Auszubildender	25%	9%	44%
Nicht zu Hause und nicht Schüler/Student/Auszubildender	22%	17%	25%

Ersichtlich wird der Anteil derer, die Tagebuch führen, mit jedem Schritt in Richtung Erwachsenenstatus geringer. Die Aufteilung nach Geschlecht belehrt darüber, daß diese Aussage nur für weibliche Jugendliche gilt. Bei ihnen fällt der Anteil der Schreiberinnen vom ersten bis zum dritten Status von 58% über 44% auf zuletzt 25%. Bei männlichen Jugendlichen gibt es offenkundig eine Gruppe, die auch und gerade angesichts der Statuspassage Jugend — Erwachsener ein Tagebuch führt.

Männliche und weibliche Statuskriterien

Wir dürfen unterstellen, daß die Statuskriterien, die Erwachsensein markieren, für männliche und weibliche Jugendliche nicht ganz identisch sind. Um diesem Gedanken nachzugehen, greifen wir die Gruppe der Befragten zwischen 20 und 24 Jahren heraus, die mehrheitlich der Statuspassage zum Erwachsenen näherstehen als die Jüngeren.

Kennzeichnend für männliche Tagebuchschreibende ist der aktuelle Stand von Ausbildung und Erwerbstätigkeit. Die Tagebuchschreiber besuchen häufiger als männliche Nichtschreibende Schulen oder Hochschulen (54% gegenüber 32%). 62% der Tagebuchschreiber haben (noch) keine Berufsausbildung abgeschlossen — im Vergleich zu 40% unter den nicht Schreibenden. Für Tagebuchschreiberinnen zwischen 20 und 24 Jahren ergibt sich dieser klare Zusammenhang nicht. Sie sind ebenso häufig berufstätig wie andere junge Frauen ihres Alters, nämlich zu zwei Dritteln. (Dagegen sind nur 39% der 20-24jährigen männlichen Schreiber erwerbstätig.) Die Tagebuchschreiberinnen zeichnen sich allerdings auf einer anderen Statusdimension vor Altersgenossinnen aus. Seltener als diese sind sie in den Verantwortungsbereich künftiger Familiengründung eingerückt:

	Tagebuch-schreiberinnen (20-24 J.)	Nichtschreibende junge Frauen (20-24 J.)
Es haben bereits Kinder	5%	13%
Es sind verheiratet	9%	23%
Es sind nicht erwerbstätige Hausfrauen	2%	9%

Ältere Tagebuchschreiberinnen sind seltener häuslich-familiär in die Pflicht genommen als Nicht-Schreiberinnen. Sie sind weniger zu Hause mit ihren Hobbies beschäftigt (18%: 29%); sie sind häufiger in Vereinen und Gruppen organisiert (55%: 38%).

Das soziologische Pendant zum psychologischen Jugendstatus ist also nicht unabhängig vom Geschlecht. Für männliche Jugendliche bedeutet — nach wie vor — die Lebenslaufachse Schule-Ausbildung-Beruf mehr, wenn wir das soziostrukturelle Äquivalent zum psychologischen Jugendstatus bestimmen wollen. Bei weiblichen Jugendlichen ist an erster Stelle die Linie weiblicher Normalbiographie einflußreich: Partnerbindung-Heirat-Mutterschaft.

Psychologischer Jugendstatus und Orientierung an Gleichaltrigen

Das Pendant eines soziologischen ist der psychologische Jugendstatus. Jugendliche, die aktuell Tagebuch schreiben, befinden sich häufiger inmitten des psychologischen Status eines Jugendlichen. Diese Auffassung vertrat bereits die Entwicklungspsychologie des Jugendalters, die sich in den zwanziger Jahren im deutschsprachigen Raum konstituierte. Schenken wir dieser Auffassung Vertrauen, so lassen sich daraus einige Merkmale tagebuchschreibender

Jugendlicher erklären, die diese gegenüber anderen Jugendlichen auszeichnen.

Wir konzentrieren uns zunächst auf die Aspekte der psychologischen Orientierung an Gleichaltrigen.

Wenn es um Gesprächspartner für Sorgen und Nöte geht, beziehen sich Tagebuchschreibende mehr auf Gleichaltrige: männliche Schreibende vorwiegend auf Freundin und gleichgeschlechtliche Freunde; weibliche (20-24jährige) vermehrt auf die gleichgeschlechtliche Freundin.

Die Aktivitätsmuster tagebuchschreibender Jugendlicher innerhalb von informellen Gruppen Gleichaltriger unterscheiden sich von nicht Schreibenden in charakteristischer Weise: Tagebuchschreibende, männliche wie weibliche, geben häufiger an, in der Gruppe ,,rede man miteinander", man ,,bespreche eigene Probleme", es werde vor allem ,,diskutiert". Weibliche Tagebuchschreibende telefonieren häufiger als andere Mädchen ,,einfach mit irgendjemand" oder ,,sprechen mit Freund/Freundin".

Mädchen/junge Frauen, die ausschließlich gleichgeschlechtliche Gesprächspartner für Sorgen und Nöte nennen, schreiben häufiger Tagebuch (52%); solche, die nur andersgeschlechtliche Gesprächspartner anführen, schreiben seltener Tagebuch (32%). Bei den Jüngeren (15-19 Jahre) gilt: Wer ausschließlich Gleichaltrige als Gesprächspartner in persönlichen Fragen (,,Sorgen und Nöte") angibt, schreibt vermehrt Tagebuch (39%). Jugendliche mit Eltern als einzigem Ansprechpartner schreiben weniger (26%).

Wir dürfen die mitgeteilten Zusammenhänge vielleicht in folgender Richtung deuten. Der psychologische Jugendstatus schließt eine Umorientierung im Bereich psychosozialer Bezugsgruppen ein. Eltern werden als Ratgeber und Gesprächspartner zugunsten Gleichaltriger zurückgedrängt. Bei weiblichen Jugendlichen kommt der gleichgeschlechtlichen Beraterin, der persönlichen Freundin, eine besondere Bedeutung zu. Die Ausrichtung auf den gegengeschlechtlichen Freund und Partner markiert dagegen bereits eher das Ende des psychologischen Jugendstatus. Der männliche Freund ist für weibliche Jugendliche tendenziell ein Beginn der Statuspassage zum Erwachsensein. Bei männlichen Jugendlichen fällt der gegengeschlechtlichen Partnerin dagegen eher eine Rolle im Rahmen psychosozialen Jugendmoratoriums zu. Das gleichgeschlechtliche Äquivalent ist nicht der individuelle Freund, sondern die Freundesgruppe. Je ausschließlicher Gleichgeschlechtliche als Berzugspersonen und -gruppen favorisiert werden, um so tiefer dürfte der psychologische Jugendstatus durchlebt werden. Es ist festzuhalten, daß gerade in diesem Fall der Anteil der Tagebuchführenden besonders hoch ist.

Teilhabe an der Kultur der Altersgleichen

Als zweiten Aspekt stellen wir die soziale Teilhabe an der Gesellschaft der Altersgenossen und deren Kultur heraus.

Die Verbindungslinien zwischen Kultur der Altersgleichen und jugendlichen Tagebuchschreibenden zeigen sich zunächst im Bereich freier Zeit. Tagebuchschreibende pflegen vielfachere und vielseitigere Freizeitinteressen, frönen zahlreicher als durchschnittliche Altersgenossen musikalischen Vorlieben, denen sie auch aktiver (Musikinstrumente mit jugendkultureller Bedeutung) nachgehen; sind überdurchschnittlich an sportlichen Aktivitäten beteiligt — dem Hauptstrom jugendlicher Separation und Alterseigentümlichkeit nach wie vor. Die körperbezogenen Mehr-Interessen der Tagebuchschreibenden eignen sich gut, ihr besonderes Engagement in der Kultur der Altersgesellschaft aufzuzeigen.

Alle Tagebuchschreibenden sind häufiger Mehrfachmitglieder in Vereinen/Organisationen, was auf einen größeren soziokulturellen Aktionsradius hinweist. Ältere Tagebuchschreiberinnen sind mehr als ihre Altersgenossinnen in informelle „Keise junger Leute“ integriert (11% Differenz). Etwas seltener als diese verbringen sie ihre freie Zeit zu Hause, mit häuslichen Hobbies beschäftigt (13% Differenz). Auch der Mitgliedstand in Vereinen und Organisationen ist mit 55% zu 38% bei Schreiberinnen höher.

Seltener als andere Jugendliche sind Tagebuchschreibende dem Typus eines „erwachsenenorientierten Einzelgängers“ zuzurechnen. Allerdings sind Tagebuchschreibende nicht generell „jugendzentrierter“ (Skala) als andere. Eine entsprechende Tendenz läßt sich allenfalls für 20-24jährige Schreiberinnen konstatieren (10% Differenz). Mädchen aller Altersgruppen, die intensiv Tagebuch schreiben, nehmen vermehrt Spannungen zwischen den Generationen wahr. Tagebuchschreiberinnen sind es auch, die wir als Jugendliche mit subkultureller Tendenz bezeichnen können — worunter zu verstehen ist: ausgeprägter Jugendzentrismus, verknüpft mit fester Zugehörigkeit zu informellen Gruppen Altersgleicher. Entsprechend finden wir bei Tagebuchschreiberinnen mehr „Expertinnen“, die sich in den Symbolsystemen von Jugendkultur auskennen, als bei Nichtschreiberinnen.

Die kulturelle Differenz zur Erwachsenengesellschaft wird bei Tagebuchschreibenden weniger durch „Ausagieren“ (action,

Spannung, Abenteuer) markiert als vielmehr durch expressive Körperlichkeit. Tagebuchschreibende, Jungen wie Mädchen, geben häufiger als andere Jugendliche an, daß sie sich häufig einmal „anders bewegen als ‚vernünftige Erwachsene'" oder daß sie es lieben, „ganz verrückte Sachen anzuziehen." Es ist einsichtig, daß in dieser jugendkulturellen Akzentuierung die besondere soziokulturelle Mitgift und die ästhetische Orientierung der Tagebuchschreibenden zum Ausdruck kommt. Vermehrt greifen Schreibende auch auf den Alltagsflip zurück, „zwischendurch mal blau zu machen". Das psychosoziale Moratorium, in dem Tagebuchschreibende zahlreicher als andere Jugendliche leben, wird von ihnen also durch entsprechende Techniken in den Alltag hinein erweitert.

Die Teilhabe der Tagebuchschreibenden an der Kultur der Altersgleichen zeigt sich in folgendem Umstand: „Ihr Anteil ist hoch bei allen Gruppen, die sich als Repräsentanten exponierter Jugendkultur begreifen: bei Anhängern öffentlicher Gruppenstile, nicht zuletzt bei engagierten Proteststilen; ...bei denen, die sich häufig einmal durch Alltags-„Flips" aus den Zwängen der Erwachsenen ordnung verabschieden; und schließlich bei denen, die Sprüche von ... „Leben jetzt" und Hoffnungslosigkeit — Leitmotive alterskultureller Verortung also — ausnehmend oft bejahen. ... Jugendliche, die sich als Vorreiter jugendlicher Alterskulturen zu erkennen geben, verfügen überhäufig auch über einschlägige (Tagebuch-) Schreiberfahrungen. Der Zusammenhang zwischen Bejahung jugendlicher Sprüchekultur und Schreibpraxis verstärkt sich im übrigen mit dem Alter. Tendieren die Unterschiede bei den 15-17jährigen gegen Null, wachsen sie bei den Älteren. Bei den 21-24jährigen, die die Spruchkultur gut finden, betätigen sich viele auch als (Tagebuch-)Schreiber; während sich bei den Ablehnern in dieser Altersgruppe wenige schreibend betätigen." (Zinnecker 1982, 444).

Auseinandersetzung mit ideologischen Gehalten der Erwachsenengesellschaft

Theoretiker des Jugendalters sind sich seit langem, spätestens seit dem 18. Jahrhundert (Rousseau), darin einig , daß ein Charakteristikum dieser Lebensphase darin bestehe, prüfend die ideologischen Gehalte der Erwachsenengesellschaft zur Hand zu nehmen. In gedanklicher Nachfolge zur Studentenbewegung Ende der 60er Jahre wurde dieser Aspekt von Jugend seitens der Jugendforschung besonders akzentuiert (z.B. Erikson 1974). Wenn Tagebuchschreibende in besonderer Weise dem psychologischen Status von Jugend verbunden sind, so dürfen wir erwarten, daß sie mehr als nicht schreibende Jugendliche ihre Identität aus der Auseinandersetzung mit der vorfindlichen Erwachsenenkultur und deren Widersprüchlichkeiten zu gewinnen suchen. Belege dafür finden wir an verschiedenen Stellen unserer beiden Umfragestudien. Beginnen wir mit den Stellungnahmen der befragten Jugendlichen, die sich auf Jugendliche und Erwachsene als Repräsentanten Neuer und Alter Werte beziehen. Männliche Tagebuchschreibende jeden Alters sind Vertreter ,,Neuer Werte". Sie stimmen überdurchschnittlich oft der Auffassung zu, Erwachsene und Jugendliche, beide also, sollten lernen:

— neue Lebensformen zu finden
— lockerer, spontaner zu leben
— nicht nur an materielle Dinge zu denken.

Bei weiblichen Tagebuchschreibenden sind es nur die älteren (20-24 Jahre), die in gleicher Weise von Neuen Werten überzeugt sind. Ältere Tagebuchschreibende, männliche wie weibliche, halten die Berücksichtigung ,,Alter Werte" nicht für so wichtig. Dazu zählen: sparsam sein, Ordnung und Sauberkeit, Pflichtgefühl, Fleiß. Diese überlieferten bürgerlichen Tugenden, die in der frühen Adoleszenz, auch bei Tagebuchschreibenden, noch eine größere Rolle spielen, stehen in der späteren Adoleszenz auf dem Prüfstand — vermehrt bei den Schreibenden.

Die Stoßrichtung der Erwachsenenkritik ist bei männlichen Schreibern politisch. Die Erwachsenen haben ein falsches Verhältnis zum politischen Handlungsbereich, sie sind zu konservativ, gehen mit Randgruppen falsch um, machen verkehrte Friedens- und Umweltpolitik. Diese Gesichtspunkte werden vor allem von den älteren Schreibenden geltend gemacht. Die kritische Prüfung macht vor den Altersgenossen nicht Halt. Tagebuchschreibende Jungen und Mädchen (nur: 20-24jährige) entscheiden sich mehr als Nicht-Schreibende dafür, daß beide, Erwachsene und Jugendliche, Fehler begehen. Tagebuchschreibende Jungen (vor allem 15-19jährige) wissen überdurchschnittlich häufig um Dinge, die vor allem Jugendliche heute falsch machen.

Ansprüche an Zukunft und eigene Persönlichkeitsentfaltung

Tagebuchschreibende Jugendliche unterziehen die gesellschaftliche Zukunft einer kritischen Prüfung. Sie schätzen sie durchweg — unabhängig von Alter und Geschlecht — skeptischer ein (Skala zu

Frage 28) und stellen der Gesellschaft ungünstigere Prognosen als andere Jugendliche. Sie sagen öfters voraus, daß wahrscheinlich oder bestimmt eintreten wird:

— Technik und Chemie werden die Umwelt zerstören
— Die Welt wird in einem Atomkrieg untergehen
— Die wirtschaftliche Krise wird sich verschärfen.

Die Skepsis gegenüber der Zukunft ist bei männlichen Tagebuchschreibenden stärker ausgeprägt als bei weiblichen.

Der Anteil technisch Interessierter ist gleich hoch wie bei anderen Jugendlichen. Aber die Art des Technikinteresses unterscheidet Tagebuchschreibende. Sie orientieren sich häufiger an Photo/Optik, Neuen Formen der Energie, an Umweltschutz und an Fahrrädern — einer ,weichen' Technologie also, die zudem alternativer politischer Sinngebung unterliegt (keine Differenz bei 15-19jährigen Schreiberinnen).

Als beste Vorsorge für die Zukunft sehen ältere Tagebuchschreibende politisch-alternative Handlungsformen an. Auch hierin äußert sich die Tendenz, von konventionellen politischen Handlungsformen abzuweichen und neue Wege zu erproben. Es werden demzufolge nicht nur gesellschaftliche Zielwerte befragt, sondern auch die überlieferten Handlungs-Mittel in die Prüfung einbezogen. ,Anpassungsbereitschaft' gehört zu den Persönlichkeitsvorstellungen, die bei Tagebuchschreibenden (insbesondere bei den älteren) nicht sehr positiv besetzt sind. Besonders männliche Tagebuchschreibende setzen anspruchsvolle Akzente bei der Entwicklung ihrer Persönlichkeit — Charakter, Identität, geistige Reifung — als persönliches Lebensziel. Zu ,privatisieren', sich auf sein privates Glück zurückzuziehen, verträgt sich nicht gut mit einem psychologischen Jugendstatus, der alle Lebensbereiche prüfend zur Hand nehmen will. Diese Einstellung wird von Tagebuchschreibenden entsprechend häufiger abgelehnt. Eine dezidierte Zurückweisung entsprechender Einstellungen ist erst bei der älteren Gruppe der Tagebuchschreibenden (20-24 Jahre) zu beobachten. Die Jüngeren weichen nur geringfügig vom Durchschnitt ab.

Religion und Kirche auf dem Prüfstand

Verschiedene Anzeichen deuten darauf hin, daß Tagebuchschreibende sich mehr als andere mit religiösen und kirchlichen Fragen auseinandersetzen. In diesem kulturellen Bereich gibt es gleich eine Vielzahl von Anknüpfungspunkten für die Schreibenden. Zum einen sind hier einige der existenziellen Sinnfragen lokalisiert, die manche der Jüngeren während ihres psychosozialen Moratoriums vorrangig beschäftigen. Zum anderen stellen kirchliche Institutionen ein traditionsbeladenes Handlungsfeld dar, dessen Regeln und Ritualien zur Auseinandersetzung reizen. Zum weiteren müssen wir bedenken, daß Tagebuchschreibende vermehrt Anknüpfungspunkte in kulturellen Traditionen suchen, die die scheinbare Allmacht des gesellschaftlichen Realitätsprinzips transzendieren (Phantasie, Träume, Utopie, das Irrationale usw.). Schließlich spielt eine nicht zu vernachlässigende Rolle, daß Religion und Kirche in besonderer Weise zur klassengebundenen kulturellen Mitgift der Tagebuchschreibenden zu zählen sind.

Wir finden in unseren Umfragedaten, daß der Anteil der Tagebuchschreibenden, die beten, größer ist als bei anderen Jugendlichen. Tagebuchschreibende neigen auch häufiger als andere dazu, an ein Weiterleben nach dem Tod zu glauben. Dagegen finden wir unter ihnen viel weniger die ,,Taufschein-Christen'', deren religiöses Engagement sich auf die Kirchenzugehörigkeit beschränkt.

Ältere männliche Tagebuchschreibende zeichnen sich durch vermehrte Mitgliedschaft in kirchlichen Jugendgruppen (19% zu 4%) und in politisch-weltanschaulichen Gruppen (26% zu 11%) gegenüber Nichtschreibern aus. Sie gehören dafür seltener den großen Konfessionen an. Sie sind entweder mehr Mitglieder kleinerer Religionsgemeinschaften (11% Differenz) oder rechnen sich keiner Religion zu (14% Differenz). Entsprechend zerfallen sie in zwei Gruppen: Religiös besonders engagierte und entschieden A-Religiöse. Die Polarisierung deutet darauf hin, daß persönliche Auseinandersetzungen mit dem religiös-kirchlichen Kultursektor stattgefunden haben — mit unterschiedlichem Ausgang. Nur, was wir in dieser Gruppe weniger finden, ist die konventionelle Akzeptanz dieses gesellschaftlichen Bereichs.

Stellungnahme zum politischen Handlungs- und Orientierungssystem — eine männliche Version?

Tagebuchschreibende prüfen ferner vermehrt den Gehalt des politischen Handlungssystems. Allerdings gilt dies uneingeschränkt nur für den männlichen Teil. Schreiberinnen sind in dieser Hinsicht weniger profiliert. Wir sollten dabei bedenken, daß männliche und weibliche Jugendliche andere Akzente setzen, wenn es darum geht, kulturelle Bereiche ausfindig zu machen, die sich vorrangig als Objekt der Auseinandersetzung eignen, um die eigene Identität zu erproben. Für weibliche Tagebuchschreibende stellen etwa die Auseinandersetzungen mit überlieferten Erziehungsnormen einen solchen Schlüssel dar. Männliche Schreibende greifen mehr den politischen Gehalt der Erwachsenengesellschaft als Anknüpfungspunkt für Identität auf.

Zunächst nur nach Alter differenziert das Politikinteresse: Ältere Tagebuchschreibende interessieren sich etwas häufiger für Politik als Nichschreibende. Bei Jüngeren finden wir hier keine Differenz. Nach Geschlecht getrennt fällt erst die Begründung für das Politikinteresse auf: Tagebuchschreibende Jungen (besonders ältere) verweisen darauf, daß sie mitbestimmen, mitentscheiden wollen. Und: Sie sehen einen Zusammenhang häufiger zwischen persönlichem Wohl und Politik. Männliche Tagebuchschreiber sympathisieren häufiger mit politisch-alternativen Gruppenstilen, auch ist unter ihnen die Minderheit derer größer, die sich mit solchen Stilen identifiziert (bis zur Mitgliedschaft). Je intensiver das Schreiben, um so ausgeprägter die Zuneigung zu den politisch Alternativen. Zu den politisch-alternativen Vorlieben der Tagebuchschreibenden, insbesondere der männlichen und der über 20jährigen, gehören z.B.: Kernkraftgegner, kirchliche Initiativgruppen, Dritte-Welt-Initiativen, Friedensbewegung, Bürgerinitiativen, Biodynamische Ernährung, Vegetarier. Die größte Identifikationsbereitschaft besteht bei den 20-24jährigen männlichen Tagebuchschreibern.

Tagebuchschreibende neigen politisch überdurchschnittlich oft den Grünen/Alternativen zu. Diese Tendenz ist bei Älteren und bei männlichen Schreibenden stärker ausgeprägt. Diese Favoritenrolle der Grünen gilt für beide Untersuchungszeitpunkte, November 1981 und Mai 1984. Verschoben hat sich für Tagebuchschreibende in diesem Zeitraum allerdings die Rolle von SPD und CDU/CSU. 1981 ist es vor allem die CDU/CSU, die geringe Sympathie bei Schreibenden genießt. 1984 ist die SPD in diese ungeliebte Rolle eingerückt.

Männliche Tagebuchschreibende (20-24 Jahre) nehmen Konflikte und Spannungen zwischen Gruppen häufiger auf der sozialstrukturellen Ebene wahr. Mit dieser Politisierung oder ‚Versozialwissenschaftlichung‘ unterscheiden sie sich von den Nichtschreibenden, aber auch von den anderen Tagebuch-Gruppen. Die älteren Tagebuchschreiber sehen häufiger Probleme zwischen Ausländern — Deutschen, Mittelstand — Arbeiterschaft, radikaler politischer Minderheit — schweigender Mehrheit.

Männliche Tagebuchschreibende beziehen sich vermehrt auf Schulfächer, die gestatten, sich mit dem ideologischen Gehalt kultureller Werte zu beschäftigen. Als Lieblingsfächer geben sie daher an: Sozialkunde, Religion, Geschichte, Deutsch. Ein entsprechendes Profil der Lieblingsfächer gilt für weibliche Tagebuchschreibende nicht.

Kritische Stichworte zur Erziehung — die Tagebuchschreiberinnen zwischen 20 und 24

Jüngere Tagebuchschreibenrinnen im Alter von 15-19 Jahren unterscheiden sich in vieler Hinsicht nicht von anderen gleichaltrigen Mädchen. Für ältere Schreiberinnen zwischen 20 und 24 gilt das nicht. Sie zeigen ein ausdifferenziertes Profil gegenüber Altersgenossinnen. Tagebuchschreiberinnen, die bereits älter sind (20-24 Jahre), zeigen vermehrt Konfliktbereitschaft gegenüber Eltern oder normativen Festlegungen — z.B. Altersnormen. Ein größerer Prozentsatz von ihnen weigert sich, ein ,,richtiges Alter, in dem man dies oder das machen kann oder darf" anzugeben. 20-24jährige Tagebuchschreiberinnen haben einiges mehr als ihre Alters- und Geschlechtsgenossinnen an Erwachsenen auszusetzen: rigide Denkweise (starrköpfig, verklemmt), falsche Lebensweise (zu konservativ u.ä.). Überdurchschnittlich viele nehmen einen Konflikt zwischen den Generationen wahr. Sie orientieren sich etwas häufiger ,,jugendorientiert". Es möchten ihre Kinder einmal ,,anders"/ ,,ganz anders" erziehen, als sie selbst erzogen worden sind:

63% der Tagebuchschreiberinnen	20-24 Jahre
49% der Nichttagebuchschreiberinnen	

Weibliche Schreiber und männliche Schreiberinnen — über gegengeschlechtliche Anteile in der Identität

Tagebuchschreibende gehören nicht unbedingt zu denen, denen man eine ,,typisch weibliche" oder eine ,,typisch männliche" Identität bescheinigen möchte. Die Jungen und jungen Männer unter ihnen halten eher Abstand zum männlichen ,,Normalcharakter". Statt dessen finden wir eine Vielzahl weiblicher Spurenelemente in ihren Orientierungen, Interessen, Handlungsmustern. Ein gleiches läßt sich auf der Gegenseite von Mädchen und jungen Frauen, die Tagebücher schreiben, konstatieren. Sie zeigen eine gewisse Öffnung ihrer Persönlichkeit in Richtung von Eigenschafts- und Handlungsmerkmalen, die gesellschaftlich eher als ,,männlich" typisiert sind.

Entsprechende Tendenzen, die wir sogleich noch eingehend dokumentieren werden, lassen sich nach dem gleichen Grundmuster interpretieren, wie wir dies oben mit den Orientierungen der Tagebuchschreibenden gegenüber kulturellen Segmenten wie Religion/Kirche, Politik, Zukunftsentwicklung usw. praktiziert haben. Tagebuchschreibende, als charakteristische Vertreter eines psychosozialen Moratoriums im Jugendalter genommen, prüfen die verschiedenen Muster und Institutionen der Erwachsenengesellschaft auf ihre Tragfähigkeit und Sinnhaftigkeit hin. In diesem Prozeß der engagierten Auseinandersetzung bildet sich (oder scheitert) eine eigenständige jugendliche Identität.

In gleicher Weise wie religiöse oder politische Gehalte der Gegenwartskultur unterziehen junge Tagebuchschreibende auch das überlieferte Bild von Weiblichkeit und Männlichkeit einer mehr oder weniger gründlichen Prüfung, bevor sie und indem sie aus diesem Stoff die je eigene Identität als junger Mann oder junge Frau formen.

Es wird sich allerdings sogleich weisen, daß nicht alle Gruppen von Tagebuchschreibenden gleich intensiv mit dem Problem geschlechtsspezifischer Identität befaßt sind. Jedenfalls stellt sich die Sachlage so dar, wenn wir uns auf die Unterlagen und Ergebnisse unserer beiden Jugendumfragen berufen. Gewiß ist nicht auszuschließen, daß bei allen Tagebuchschreibenden tieferliegende und langfristig verlaufende Prozesse weiblicher/männlicher Identitätskonstitution auszumachen wären. Im Rahmen der Interviews jedenfalls ergeben sich gewisse Unterschiede nach Alter und Geschlecht.

Am stärksten lebt die Gruppe der älteren männlichen Tagebuchschreiber Momente der gegengeschlechtlichen Identität aus. Die geringsten Hinweise finden wir auf der Antipoden-Seite, bei jüngeren weiblichen Schreibenden. Anders ausgedrückt: Ältere Tagebuchschreibende experimentieren offenkundig mehr mit dem überlieferten Bild männlicher und weiblicher Identität als jüngere Tagebuchschreibende. Und in bezug auf das Geschlecht: Männliche Tagebuchschreiber unterscheiden sich mehr von anderen männlichen Jugendlichen als weibliche Schreiberinnen von anderen weiblichen Jugendlichen — alles in Bezug auf Anzeichen für unkonventionelle oder kritische Umgangsweisen mit der eigenen Geschlechterrolle formuliert.

Daß Tagebuchschreibende sich erst in der späten Adoleszenz (20-24 Jahre in unserer Untersuchung) durch kritische Überprüfung kultureller Gehalte auszeichnen, wissen wir bereits aus der Analyse ihrer kirchlichen und politischen Orientierungen. Ganz ähnliches gilt offensichtlich für die Auseinandersetzung mit vorfindlichen geschlechtsspezifischen Identitätsmustern. Wie ist es aber um die Unterschiede zwischen männlichen und weiblichen Tagebuchschreibenden bestellt? Es bietet sich an, hier auf den Umstand zurückzuverweisen, daß die persönliche Schreibkultur, allen voran das Tagebuch, selbst zu den weiblich typisierten Tätigkeitsfeldern in unserer Gesellschaft gehört. Wenn also männliche Jugendliche das Tagebuchschreiben in ihr alltägliches Handlungsrepertoire übernehmen, so ist dies in sich bereits ein Akt (stillscheigender; nicht bewußter (?)) Kritik gängiger Aufteilung alltagskultureller Handlungsfelder. Eine entsprechende Bedeutung hat das private (Tagebuch)Schreiben für weibliche Jugendliche nicht. Darauf wurde weiter oben bereits hingewiesen. Für Mädchen und junge Frauen ist die Betätigung als Tagebuchschreibende für sich genommen zunächst eher eine Erfüllung weiblicher Identitätszuschreibung — selbst dann, wenn die Inhalte der Eintragungen sich kritisch-reflexiv auf den Prozeß der Formierung von Weiblichkeit beziehen sollten. Männliche und weibliche Tagebuchschreibende sind demzufolge bereits in bezug auf Geschlechtsidentität unterschiedlich selegierte Gruppen. Es darf daher nicht verwundern, wenn Kritik und Distanz zum überlieferten Bild von Männlichkeit bei den tagebuchschreibenden Jungen und jungen Männern eindeutiger ausgeprägt sind, als dies auf der Gegenseite bei schreibenden Mädchen und jungen Frauen der Fall ist. Gleichwohl bleibt festzuhalten, daß auch Tagebuchschreiberinnen von der Norm dessen abweichen, was konventionellerweise weibliche Orientierungen und Handlungsweisen heißt. Nur: keinesfalls widmen sich Tagebuchschreiberinnen weniger als andere Mädchen und junge Frauen weiblichen Vorlieben und Aktivitäten; eher schon etwas mehr. Was Mädchen und junge Frauen, die Tagebücher verfassen, aber auszeichnet, ist eine gewisse Tendenz zur Offenheit gegenüber männlichen Anteilen ihrer Identität. Schreiberinnen sind, anders formuliert, häufiger als andere Geschlechtsgenossinnen ein wenig mehr „andrygon" (Hagemann-White 1984).

Androgyne Tendenzen, die Offenheit von Männern oder Frauen für die jeweils gegengeschlechtlichen Anteile der eigenen Persönlichkeit, lassen sich durchaus als Teil der kulturellen Mitgift deuten, über die Tagebuchschreibende mehr als andere aufgrund ihrer besonderen Klassenherkunft verfügen. Männlichkeit und Weiblichkeit sind in der Arbeiterschicht traditionellerweise strikter voneinander geschieden als in bürgerlichen Kreisen, die sich eine gewisse Lockerung solcher Geschlechtstypisierungen eher gestatten und in den letzten Jahrzehnten auch eher Schrittmacher einer solchen Liberalisierung waren. Hängt die relative Offenheit tagebuchschreibender Jungen und jungen Männer für Weiblichkeit also mehr mit ihrem bürgerlichen Kulturererbe zusammen — als daß sie Produkt einer intensiven jugendlichen Auseinandersetzung mit vorfindlicher Geschlechtstypik wäre?

Durch unsere Umfrage läßt sich die mögliche interpretative Alternative nicht gut zu einer Entscheidung bringen. Andererseits erscheint es uns theoretisch plausibel, einem Reproduktionsmodell von Klassenkultur zu folgen, bei dem die Eigenanteile der Sozialisierten nicht unterschlagen werden. Wir möchten demzufolge annehmen, daß bei mehr Tagebuchschreibenden als bei nicht schreibenden Jugendlichen Prozesse der geschlechtsbezogenen Identitätsfindung stattfinden, deren Ausgangsmaterial allerdings in der klassenspezifischen ‚Mutter-Kultur' zu suchen ist.

Androgyne Tendenzen in Stichworten

Nach den grundsätzlichen Ausführungen möchten wir im folgenden in stichwortartiger Form einige der empirisch ermittelten Tendenzen gegengeschlechtlicher Identität bei Tagebuchschreibenden anführen. Verglichen mit anderen Jungen blättern männliche Tagebuchschreiber öfter einmal in Frauenzeitschriften. Sie lesen mehr als andere Jugendliche die — kulturell „gehobene-" — Frauenzeitschrift ‚Brigitte'. Männliche Tagebuchschreibende schätzen mehr als ihre Geschlechtsgenossen modische Expressivität und Extravaganz (15% mehr ziehen häufig einmal „verrückte Sachen" an). Ihre vermehrten Tanzinteressen lassen sich gleichfalls dem Konto: Offenheit in Richtung weibliche Anteile gutschreiben.

Viele Entspannungstechniken im Alltag sind weiblich ‚besetzt'. Sie beinhalten u.a. eine Negation des Bildes von aktiv in die Welt hinein Handelnden. Wenn tagebuchschreibende Jungen sich vermehrt dieser Technik bedienen, können wir dies gleichfalls als ein Zulassen weiblicher Persönlichkeitsanteile interpretieren.

Unter männlichen Tagebuchschreibenden gibt es mehr Jugendliche, die ausschließlich die eher weiblich geprägten geisteswissenschaftlichen Schuldisziplinen als Lieblingsfächer angeben. Nur-Naturwissenschaftler sind unter ihnen ausgesprochen selten. Die Trennung der ‚zwei Kulturen' läßt sich nur bei männlichen Jugendlichen finden. Weibliche Tagebuchschreibende haben in dieser Hinsicht kein eigenes Profil der Fachvorlieben.

Aufmerksamkeit verdient das Interesse an der „Technik im Haushalt", bei dem beide Seiten — männliche wie weibliche Tagebuchschreibende — entgegengesetzt zum geschlechtstypischen

Trend votieren. Unter allen Mädchen sind 24%, unter allen Jungen 14% an Haushaltstechnik interessiert. Bei Tagebuchschreibenden kehrt sich das Verhältnis um. Jungen und junge Männer, die schreiben, sind eher mehr; schreibende Mädchen und junge Frauen eher weniger interessiert.

Interesse an Technik im Haushalt zeigen:

Tagebuchschreibende/männlich	21%
Nichtschreibende/männlich	13%
Tagebuchschreibende/weiblich	19%
Nichtschreibende/weiblich	28%

Dem entspricht: Männliche Tagebuchschreiber verweigern seltener als andere männliche Jugendliche die biografische Perspektive, einmal „Hausmann" zu werden/sein. Religiöses Bewegtsein ist kulturell stärker weiblich besetzt. In der Hinwendung zu religiösen Praktiken, besonders beten, äußert sich indirekt eine weibliche Seite tagebuchführender Jungen. Auffallend ist der hohe Anteil männlicher Tagebuchschreiber, die sich religiös orientieren: Dabei ragen besonders die 20-24jährigen heraus. Auch für neue religiöse Bewegungen haben relativ viele etwas übrig: Identifikation und Sympathie zusammen ergeben 23% bei männlichen Schreibern (6% im Durchschnitt aller Jugendlichen).

Weiblichkeit als Qualitätsmarke — Tagebuchschreiber zwischen 20 und 24

Die älteren männlichen Tagebuchschreibenden verweisen seltener als ihre männlichen Altersgenossen auf ‚typische Jungenspiele' in der Kindheit (Skala). Auf der anderen Seite erinnern sie sich weit überdurchschnittlich an Mädchenspiele (Skala) im Alter zwischen 3 und 14 Jahren. Einige weiblich geprägte Kinderspiele, die von ihnen häufiger genannt werden:

	Junge Männer (20–24 J.)	
	Tagebuchschreibende	Nichtschreibende
Handarbeiten	13%	2%
Singen	23%	10%
Schule spielen	13%	5%
Theater spielen/ sich verkleiden	33%	17%

Während 15-19jährige Tagebuchschreiber an Jungenspielen durchschnittlich partizipieren, ist bei den 20-24jährigen Schreibenden gerade diesen Spielen gegenüber häufig eine Distanzierung zu konstatieren.

	Junge Männer (20-24 Jahre)	
Es spielten häufig/sehr häufig	Tagebuch-schreibende	Nicht-schreibende
— Fußball „auf der Straße"	59%	74%
— Krieg, Soldaten spielen	18%	34%
— Mädchen ärgern	23%	49%
— mit anderen die Körperkräfte messen	44%	54%
— Spiele mit dem Ball	69%	83%
— Wettkämpfe oder Schlachten mit anderen Kindergruppen auf der Straße	36%	49%

Die von älteren männlichen Tagebuchschreibenden favorisierten Sportarten sind die gleichen, die von weiblichen Jugendlichen bevorzugt werden: Aerobic / Fitneß / Jogging; Schwimmen; Basket-, Korb-, Volleyball und ähnliche Ballspiele. Bei den 20-24jährigen Schreibern finden wir gehäuft den Liebhaber des ‚Schönen Geistes', der erklärter Nicht-Sportler ist.

Traditionell von männlicher Adoleszenz besetzte Technikbereiche wie Auto / Motorrad, Elektrotechnik oder Motoren und Maschinen werden von älteren männlichen Schreibenden weniger als von anderen jungen Männern zu ihren Interessengebieten gezählt (Differenzen zwischen rund 15% und 25%). Diese Gruppe ist es auch, die allgemein das geringste Engagement für harte Technik äußert. 20-24jährige Tagebuchschreiber sind ausgesprochen oft Nichtleser von Zeitschriften mit traditionell männlichem Interessenprofil: Motorrad, ADAC, Auto Motor Sport oder die Sportillustrierte Kicker. Das erste eigene Auto, in der Jugend noch männlich besetztes Symbol, fahren mehr 21-24jährige Tagebuchschreiber später als andere junge Männer; beziehungsweise haben dies biographisch noch gar nicht versucht (31%: 15%). Männliche Tagebuchschreibende zwischen 20 und 24 Jahren können sich häufiger als die Vergleichsgruppe vorstellen, daß Familiengründung und Kinder zu ihren Lebenszielen gehörten; seltener, daß berufliche Erfolge, berufliche Selbständigkeit dazu gehören. Weibliche Tagebuchschreibende (20-24 Jahre) akzentuieren dagegen etwas weniger

Heim und Familie und dafür mehr Schule und Beruf als lebensrelevante Zielsetzungen.

Ältere männliche Tagebuchschreiber besitzen ausgesprochen egalitäre Vorstellungen über das „richtige Alter", in dem Jungen und Mädchen zum ersten Mal sexuelle Erfahrungen sammeln sollen, d.h. sie plädieren für das gleiche Lebensjahr. Sie sind weit mehr als andere empfänglich für das Spannungspotential der Mann-Frau-Beziehung. 51 Prozent dieser Gruppe ist der Auffassung, daß Männer und Frauen „weniger gut" bzw. „überhaupt nicht gut" miteinander auskommen (gegenüber 16 Prozent aller Jugendlichen).

Tagebuchschreibende junge Männer identifizieren sich in außerordentlich starker Weise mit Frauenbewegung/Feminismus. (Die Anteile der Sympathisierenden sind so hoch wie bei jungen Frauen!)

	Schreibende	Nicht-schreibende
Es identifizieren sich (gehöre dazu/lebe so ähnlich)	8%	1%
Es sympathisieren	44%	23%

Tagebuchschreiberinnen sympathisieren nur ein wenig mehr als andere weibliche Jugendliche mit Frauenbewegung und Feminismus. In diesem Punkt unterscheiden sich allerdings die 1984 Befragten von den Tagebuchschreiberinnen '81. Damals betonten Tagebuchschreiberinnen häufiger als andere Mädchen/junge Frauen, daß das Frauenzeichen, das ihnen während des Interviews vorgelegt wurde (mit einer Faust auf lila Untergrund) gut zu ihnen passe (45% gegenüber 31%). (Die Differenz könnte mit der zeitbedingten Aktualität der Frauenbewegung 1981 und 1984 zusammenhängen.)

Ältere und Jüngere

Bei männlichen Tagebuchschreibenden lassen sich in beiden Altersgruppen ausgesprochene Unterschiede zu den jeweiligen Nicht-Schreibenden konstatieren. Dabei müssen wir uns daran erinnern, daß es sich bei den Jungen/jungen Männern um ausgesprochen kleine und exponierte Gruppen von Tagebuchschreibern handelt, die einer überwältigenden Mehrheit von Nichtschreibenden gegenüberstehen.

Die jüngere Gruppe (15-19 Jahre) männlicher Tagebuchschreiber ist ‚in Bewegung'. Sie leben körperbezogen, zum Beispiel im

Tanzen und beim Sport. Sie schätzen Geselligkeit, Flirt mit Mädchen, Erotik und Sexualität. Tanz, Flirt und Vergnügen als Freizeitaktivität geben 63% der Schreibenden im Vergleich zu 36% der Nichtschreibenden an. Oder: Sie schätzen es besonders, ,,Musik irrsinnig laut zu hören". Die starke Freizeitorientierung der jüngeren männlichen Tagebuchschreibenden zeigt sich u.a. in ihren positiven Schuleindrücken, die sich vermehrt auf Freizeit, Ferien, Schulausflüge richten. Die Jüngeren nehmen besondes häufig Konflikte zwischen den Generationen wahr. Sie kritisieren auch viel häufiger das Erziehungsverhalten der Eltern und möchten eigene Kinder einmal (ganz) anders erziehen (63% zu 37%).

Die älteren Tagebuchschreiber (die jungen Männer zwischen 20 und 24 Jahren) bilden das introvertiert-kultivierte Gegenstück zur Gruppe der Jüngeren. Sie zeichnen sich durch die Ernsthaftigkeit ihres weltanschaulichen und politischen Engagements und ihrer Aktivitäten aus, z.B. Lesen, fortbildende Beschäftigungen, und nicht zuletzt ästhetische Tätigkeit (zeichnen, malen, musizieren). Das Tagebuch ist hier Teil eines anspruchsvollen Lebenstils, der um eine individuelle identitätsstiftende Aneignung kulturellen Erbes sich bemüht. Bezeichnend für die älteren männlichen Tagebuchschreibenden sind die besonderen Sportarten, denen sie vermehrt huldigen. Dazu zählen in erster Linie Trainingssportarten: Aerobic, Fitneß, Jogging; aber auch Schwimmen, Rudern, Segeln (traditionellerweise zugleich Sportarten mit einer klassenspezifischen Aura). Harte Kampfsportarten finden keinen Anklang bei ihnen, insbesondere wenn sie mit dem Bild traditionell harter Männlichkeit sich verbinden (Fußball). Diese Gruppe der Tagebuchschreibenden liebt die innere Auseinandersetzung mit sich selbst, die Überwindung der eigenen Körpergrenzen, der Trägheit, die Schulung und den Lerneffekt des Körpers. Wenn wir diese Interpretation des kulturellen Zeichens ernstnehmen, sind wir inmitten des Phänomens jugendlicher Askese, wie die klassische Jugendpsychologie sie als Kennmerkmal ‚gebildeter Jugend' (gleich: männliche Jugend) beschrieben und gedeutet hat (vergl. A. Freud).

Das Spranger'sche Jugendmodell 1921 — live in den achtziger Jahren

Die männlichen Tagebuchschreiber in der späten Adoleszenz kommen dem Idealbild der Spranger'schen Jugendlichen am nächsten. Der psychologische Status des Jugendalters, wie Eduard

Spranger ihn 1921 für die Generation der Jugendbewegten im Geist einer ‚verstehenden Psychologie' beschrieben hat, lebt in unseren Tagebuchschreibern fort. Auch die soziokulturelle Einbettung unserer Tagebuchschreiber ist dem Spranger'schen Typus männlicher Jugend verwandt. Will Spranger doch für die ‚großstädtische, gebildete Bevölkerungsschicht' sprechen, wo „die Dauer dieser seelischen Entwicklungsstufe bei den männlichen Jugendlichen auf das 14. — 22." Lebensjahr anzusetzen sei (1928, 20).

E. Spranger stellte drei Kennzeichen der „seelischen Organisation" dieser Jugend in den Mittelpunkt der Betrachtung:
„1. die Entdeckung des Ich;
2. die allmähliche Entstehung eines Lebensplanes;
3. das Hineinwachsen in die einzelnen Lebensgebiete." (38)

„Das erste ist das (metaphysische) Grunderlebnis der Individuation... Die Entdeckung des Fürsichseins ... die Wendung des Blickes nach innen (Reflexion), die Entdeckung des Subjekts als einer Welt für sich, die auf immer inselhaft getrennt ist von allem andern in der Welt, Dingen und Menschen, — und damit das Erlebnis der großen Einsamkeit." (38)

Eine kulturelle Form, in der sich „diese Versenkung in das Geheimnis der Individuation" äußere:

„Tagebücher werden angelegt. Briefwechsel werden geführt, nicht um sich „gegenseitig" auszusprechen, sondern um sich selbst zu bespiegeln im Schreiben und Empfangen. Lyrische Gedichte sollen Gefühlsentladungen bringen. Freundschaften dienen in diesem Alter der subjektiven Selbstverständigung. Aber natürlich: man sieht sich durch einen Phantasieschleier, der alles im eigenen Ich sehr interessant, sehr bedeutsam macht." (41)

Im Zusammenhang mit intensiver — Leben vorwegnehmender — Phantasietätigkeit des Jugendlichen erfolgt die „allmähliche Entstehung eines Lebensplanes", nach Spranger die zweite Grundbewegung dieses Entwicklungsabschnittes. Wieder spielt das kulturelle Tätigsein eine besondere Rolle hierbei:

„Das Tagebuch bedeutet ein wichtiges Symptom für dieses Streben, die Kontinuität in sich selber zu finden und nach rückwärts festzuhalten. Kindheitserinnerungen spielen darin vielfach eine Rolle. Natürlich ist der Blick jedoch zunächst mehr vorwärts gerichtet. Ganz von selbst formt sich ein stilles Ideal. In diesem Zukunftsbild sind anfangs die sog. Realitäten nur spärliche Punkte. Die weiten Zwischenräume werden noch durch eine produktive Phantasie ausgefüllt. Diese Phantasieteile treten im Lauf des späteren Lebens immer mehr zurück. Sie werden in Realistik verwandelt, ähnlich wie sich die knorpeligen Teile des Schädels mit fortschreitendem Wachstum in Knochen verwandeln. Es scheint, als ob mit zunehmender Verwicklung und Differenzierung der Kultur die Dauer der seelischen Pubertät sich verlängere. Es wird immer schwerer, in die geformte objektive Kultur hineinzuwachsen, sich mit ihr auseinanderzusetzen und seinen Platz in ihr zu finden. Es handelt sich darum — ohne daß es so ins Bewußtsein träte — unter den vielen möglichen Ichs, die man noch in sich hat, das Königsich herauszuheben.“ (45)

Ein drittes Charakteristikum der Jugend des gebildeten jungen Mannes ist nach Spranger „das Hineinwachsen in die einzelnen Lebensgebiete“. Der Jugendliche nimmt die verschiedenen Manifestationen des „objektiven Geistes“ prüfend, subjektiv stellungnehmend, nach-schaffend zur Hand — ganz im Unterschied zur Kindheitsepoche:

„Die objektiven Sinngebilde werden nicht mehr bloß hingenommen als selbstverständliche Gegebenheiten, sondern sie werden jetzt — das ist das Entscheidende — mit eigenem Erlebnis ausgefüllt; sie werden überhaupt jetzt erst beachtet, bewertet, erlebt; ... Jetzt aber beginnt eigenes Werten, weil eigenes Sinnerleben und eigenes Urteilen eingesetzt hat. Endlich ergibt sich daraus, daß erst mit der Reifezeit eine aktive Mitarbeit an der Kultur möglich wird. Das Kind verhält sich den Kulturgütern gegenüber rezeptiv, allenfalls nachahmend tätig. ... Es beginnt eigenes Kunstschaffen, eigenes Nachdenken, eigene Gesellschaftsbildung, eigenes religiöses Welterleben.“ (50)

Spranger sieht dieses Erwachen einer „geistigen Zeugungsfähigkeit“ des Jugendlichen zugleich als den Beginn einer „schweren Lebensproblematik“, da die „Wertsetzungswidersprüche“ der Erwachsenengesellschaft nun auf den Jugendlichen zurückwirken und ihn in biografische und — würden wir heute verstärkt hinzufügen — politische Konflikte hineinziehen (50f).

Von der lebensgeschichtlichen Bedeutung des Tagebuchschreibens

Die typologisierenden Porträts von vier nach Alter und Geschlecht geschiedenen Gruppen von Tagebuchschreibenden legen gewisse Vermutungen über die lebensgeschichtliche Bedeutung („Funktion“) des Tagebuchschreibens nahe. Diese Vermutungen werden durch die statistischen Analysen der Jugendumfragen ’81 und ’84 zwar angeregt, sie lassen sich im Rahmen dieser Studien aber nicht mehr empirisch belegen. Unsere Vermutungen sind also eher als Anregungen für künftige Forschungen zur kulturellen, speziell zur literarischen Produktivität im Jugendalter verstehen. Diese Forschung sollte person- und biografiebezogen erfolgen, müßte psychologische Diagnostik ebenso wie die Begleitung jugendlicher Lebensläufe über mehrere Jahre einschließen.

Eine Bedeutungsschicht des Tagebuchschreibens, der wir wiederholt begegneten, bezieht sich auf das besondere Verhältnis von Jugendlichen zu den gesellschaftlich vorproduzierten Entwürfen von Normalbiografien; seien dies nun „Lebensläufe von der Stange" (P. Berger), die für die soziale Altersgruppe, oder solche, die für die soziale Geschlechtsrolle bereitgehalten werden. Aufgrund der empirischen Befunde ziehen wir den Schluß, daß Tagebuchschreiben besonders jene Personen oder Gruppen unter den Jüngeren anzieht, die — aus welchen Gründen immer; sei dies nun freiwillig oder gezwungenermaßen — mit der Konfektionsware „Normalbiografie" uneins sind. So nutzen Jungen oder (in geringerem Umfang) Mädchen, deren „Männlichkeit" oder „Weiblichkeit" in besonderen Bereichen vom Hauptstrom dessen abweicht, was gesellschaftlich (und das heißt also auch innerhalb der Altergesellschaft) als männlich und weiblich verstanden wird, das Tagebuchschreiben und verwandte künstlerisch-literarische Praxen als ein kulturelles Medium, um diese individuelle Differenz zur Normalität reflexiv zu bearbeiten. Ähnlichen Bedarf an identitätssichernden Strategien haben Jugendliche, die aus der normativ geregelten Zeittafel des Erwachsenwerdens an irgendeiner Stelle herausgefallen sind. Sei es, daß sie sich generell „verfrüht" haben; sei es, daß die Abfolge (Sequenzierung) der Lebenslauf-Ereignisse durcheinander geriet.

Entsprechende Hinweise auf Trennungen von der alters- und geschlechtsbezogenen Normalbiografie konnten wir bei drei der vier Gruppen von Tagebuchschreibenden entdecken.

Die 15-19jährigen männlichen Jugendlichen: Hier endete für die Tagebuchschreibenden früher als für andere die Kindheit. Früher als für andere begann das Leben in der Gesellschaft der Altersgleichen; die Erfahrung individuierender Liebe; die Konfrontation mit der Konsumgesellschaft u.ä.

Die 20-24jährigen männlichen Jugendlichen: Bei ihnen fanden wir das gesamte Gewicht jugendlichen Moratoriums vereint. Auf anspruchsvollem Niveau erarbeiteten sich diese Tagebuchschreibenden eine eigene Weltorientierung, das komplexe Modell der eigenen Persönlichkeit. Wenn eine Gruppe der Vorstellung dieser Lebensphase als einer der Identitätskrise und Identitätssuche entspricht, so ist es diese. Am eindrücklichsten bestätigt sich der individuierende Weg der Jugendlichen in den Bereichen gesellschaftlicher Werte und Ideologien; und in der Umgehensweise mit überlieferter Männlichkeit-Weiblichkeit. Diese Gruppe von Tagebuchschreibern unterzieht eine große Bandbreite dominierender Wertsetzungen, überkommener Handlungsrepertoires und vorherrschender Selbstdefinitionen von Institutionen einer kritischen Revision, verbunden mit der Ausarbeitung separater Aktionspläne für die eigene Biografie. Nicht weniger umfassend ist die Modellierung persönlicher Identität entgegen den Mustern überlieferter Männlichkeit.

Die 20-24jährigen weiblichen Jugendlichen: In dieser Gruppe finden wir gleichfalls — wenn auch nicht in gleich ausgeprägter Form — Elemente jugendlichen Moratoriums und jugendlicher Identitätssuche. Die jungen Frauen versuchen ein komplexeres Modell von weiblicher Identität zu entwickeln, das Rückbezüge auf kulturell geringer eingeschätzte Formen weiblicher Lebensweise (z.B. Nur-Hausfrau) vermeidet. Biografisch äußert sich dies u.a. darin, daß sie sich im Zeitplan weiblicher Normalbiografie des Erwachsenwerdens (z.B. Heirat — Mutterschaft) „verspäten"; sich zögernd und kritisch prüfend hierzu verhalten.

Die Gruppe, in der wir keine gewichtigen Belege für die angesprochene Differenz-Hypothese finden konnten, war die der 15-19-jährigen Tagebuchschreiberinnen. Wie ist die Abweichung zu erklären? Wir vermuten, daß ein Grund hierfür in dem Ausmaß liegt, in dem sich für diesen Teil weiblicher Jugend das Tagebuchschreiben als kulturelle Praxis verallgemeinert hat. Tagebuchschreiben gewinnt für diese Gruppe möglicherweise den Charakter einer konventionellen Erfüllung der Norm im Rahmen der Mädchen-Normalbiografie, statt die Bedeutung einer kulturellen Technik zu besitzen, sich in Distanz zu dieser Normalbiografie zu bewegen. Einen gewissen Beleg für die Annahme sehen wir darin, daß sich sehr wohl Unterschiede zwischen Tagebuchschreiberinnen und Nicht-Schreiberinnen einstellen, wenn wir das empirische Kriterium präzisieren. Trennen wir nämlich Mädchen, die intensiv Tagebuch führen („häufig" bis „sehr häufig") von denen, die nur „gelegentlich" schreiben, so stellen sich einige der vermißten Differenzen in der Untersuchung durchaus ein.

Vielleicht ist es aber gewichtiger, an dieser Stelle auf die Tatsache zu verweisen, daß Tagebuchschreiben in hohem Maß von weiblichen Jugendlichen als kulturelle Praxis angeeignet wurde. Unsere Hypothese ließe sich in diesem Fall auf die Lebensweise von Frauen generell in einer patriachalisch geprägten Gesellschaft beziehen. Weibliche Jugend ist demzufolge durch die Anstrengung geprägt, eine gewisse Unabhängigkeit von der Übermacht der für Frauen vorgesehenen Normal-Biografie zu erlangen. „Lebenslauf von der Stange" heißt im Patriarchalismus für Frauen und Männer eben zweierlei. Für manche männliche Jugendliche ist es möglicherweise nicht notwendig, auf die kulturelle Technik des Tagebuchschreibens zurückzugreifen, um den eigenen Lebenslauf ausreichend und für den Einzelnen befriedigend genug zu individuieren. Jungen Männern stehen dazu andere biografische Techniken zur Verfügung und — die Normalbiografie selbst enthält mehr Angebote zur Realisierung von Modellen individuierter Persönlichkeit.